国家社会科学基金重大项目"'一带一路'战略实施中的宗教风险研究"
(项目号:16ZDA168)

数字化时代的"互联网+"宗教研究

郑筱筠 向宁 主编

中国社会科学出版社

图书在版编目（CIP）数据

数字化时代的"互联网＋"宗教研究/郑筱筠，向宁主编. —北京：
中国社会科学出版社，2023.11
ISBN 978-7-5227-2736-3

Ⅰ.①数… Ⅱ.①郑…②向… Ⅲ.①互联网络—应用—宗教—研究 Ⅳ.①B91

中国国家版本馆 CIP 数据核字（2023）第 213791 号

出 版 人	赵剑英
责任编辑	刘亚楠
责任校对	张爱华
责任印制	张雪娇

出　　版	中国社会科学出版社
社　　址	北京鼓楼西大街甲 158 号
邮　　编	100720
网　　址	http://www.csspw.cn
发 行 部	010-84083685
门 市 部	010-84029450
经　　销	新华书店及其他书店

印　　刷	北京君升印刷有限公司
装　　订	廊坊市广阳区广增装订厂
版　　次	2023 年 11 月第 1 版
印　　次	2023 年 11 月第 1 次印刷

开　　本	710×1000 1/16
印　　张	28
插　　页	2
字　　数	432 千字
定　　价	168.00 元

凡购买中国社会科学出版社图书，如有质量问题请与本社营销中心联系调换
电话：010-84083683
版权所有　侵权必究

序

数字化时代的互联网治理问题是世界各国共同面临的世界性难题。在全球化时代,中国作为"网民大国",应积极参与到国际社会的互联网全球治理体系,其互联网治理和国家治理也将为全球治理提供具有建设性的中国理念、中国主张、中国方案。网络强国战略、数字中国建设、新时代数字文明建设是新时代中国式现代化体系的重要内容。当前我国正面临世界百年未有之大变局和中华民族伟大复兴的战略全局,如何在变局中开新局,面对挑战,把握发展机遇,提质增速?这也是"互联网+"宗教研究的理论内容。

2016年4月习近平总书记在全国宗教工作会议上中指出,"要高度重视互联网宗教问题,在互联网上大力宣传党的宗教理论和方针政策,传播正面声音"。2021年12月,习近平总书记在全国宗教工作会议上多次强调"要加强互联网宗教事务管理";《互联网宗教信息服务管理办法》自2022年3月1日起施行。2023年11月,习近平总书记向2023年世界互联网大会乌镇峰会开幕式发表的致辞中提道:"互联网日益成为推动发展的新动能、维护安全的新疆域、文明互鉴的新平台,构建网络空间命运共同体既是回答时代课题的必然选择,也是国际社会的共同呼声。我们要深化交流、务实合作,共同推动构建网络空间命运共同体迈向新阶段。……中方愿同各方携手落实《全球人工智能治理倡议》,促进人工智能安全发展。"

互联网宗教的全球化特点是世界各国宗教必须面对的现实,也是互联网宗教今后发展的基础。随着互联网技术的发展，宗教以其特有的线上线下的传播途径和模式，逐渐打破了实体宗教发展几千年才形成的分布格局，对当代宗教的发展提出了挑战。互联网场域宗教行动者的数字化生存痕迹促使宗教学研究中"人文"与"数字"相遇且深度交叉，中国宗教学研究也正亲历模型驱动到数据驱动的研究范式更迭。数据驱动范式为中国宗教学研究带来了新的学术增长点。线上—线下的二元结构对宗教学研究的影响主要体现在四方面上：一是传统研究关注的深化与拓展，二是新研究维度和细节的凸显，三是宗教行动者的思想、体验、行为、组织的平台和技术支撑发生更迭，四是宗教学研究对象底层数据的获取及分析方法更为多元。

数字化时代的互联网宗教治理是我国互联网空间治理的一个重要内容，也是提升我国国家治理体系和治理能力现代化的一个重要途径。如何在数字文明建设进程中，顺应信息化、数字化、网络化、智能化发展趋势，高效精准治理互联网宗教，化解或降低互联网宗教风险，抓住机遇，应对挑战，这是时代之问，对之进行研究，无疑具有重大的现实意义和理论价值。只有在人类命运共同体的共识中，形成新的世界安全观，世界各国的积极参与和资源共享，提高依法管理的法治能力，加强互联网空间治理，真正打造一个风清气朗的互联网空间命运共同体，才能为人类命运共同体的发展建构一个可持续发展的空间。

在20世纪90年代学界已关注到了互联网对宗教的改变，之后人类命运共同体、宗教中国化、宗教治理、相关概念内涵和外延辨析、"互联网+"时代宗教新形态和状况简析、宗教传播和传教行为分析、互联网宗教舆情、舆情演化动态机制、互联网宗教信息服务、宗教商业化治理、计算宗教学、人工智能、数字人文宗教等逐渐进入研究视野；其中，互联网宗教舆情研究是"数字人文在宗教学的应用"的重要着眼点和切入口。

中国社会科学院世界宗教研究所较早系统地关注"互联网+"宗教研究。枚举近几年的关键节点梳理如下：2016年郑筱筠研究员发

表《全方位开展互联网宗教研究》;《世界宗教文化》2016年第4期封面选题涵括"理论前沿·互联网宗教研究";2016年8月中国社会科学论坛(2016·宗教学)设置分论坛"互联网宗教与全球治理";2019年12月世界宗教研究所"数字人文宗教与宗教舆情研究室"成立;2020年,中国社会科学院世界宗教研究所首次设立了"世界宗教热点及宗教舆情研究"的创新工程项目。2019年10月、2020年10月和2021年11月首届互联网+宗教舆情论坛、第二届互联网+宗教舆情论坛、第三届互联网+宗教舆情论坛成功举办;2022年10月首届数字人文宗教研究论坛暨第四届互联网+宗教舆情论坛召开。

2019年10月、2020年10月、2021年11月、2022年10月四届论坛的成功举办,在各界引起较广泛地关注。2023年两位主编围绕六个主题,筛选部分论文,将论坛论文集成册出版,并增补相关主题研究,助力此学科发展、成熟。互联网宗教研究领域中,诸多概念内涵外延还存在模糊认识、未达成共识。本论文集在成稿过程中,坚持各美其美、美美与共,包容涵括多元学术观点、支持鼓励此前沿学科的不同学术观点和学术立场。

本书聚焦六个主题:前沿研究、数字治理理论研究、理论概念辨析、互联网宗教信息、互联网宗教与数字人文的对话、研究动态六章展开研究。

第一章"前沿研究"着重宏观架构和学术前沿,涵括了互联网宗教与人类命运共同体、人工智能时代的AI新宗教、互联网宗教中国化(以空间属性整合宏观、中观与微观宗教舆情研判)。

第二章"数字治理理论研究"强调全局性、即时性和跨学科性,涉及了数字化时代"信息茧房"风险与互联网宗教治理、基于智库"双螺旋法"的互联网宗教舆情治理思考、新冠疫情下全国佛教寺院线上线下自养情况调查、网络与个体宗教身份的建构、网络空间全球秩序生成与中国贡献、网络传播环境下中国基督教的公共外交意涵、疫情背景下基督教"云端教会"的发展及其对互联网宗教的启示。

第三章"理论概念辨析"紧扣学科框架整体结构和概念辨析,涵盖了积极引导互联网宗教与社会主义社会相适应、互联网宗教的概念形态传播及影响的心理初探、作为"新宗教"的数据主义、数字媒介宗教的考察与反思、网络宗教发展现状挑战及背后的信息通信技术革命、宗教与我们对自然界的科学认识。

第四章"互联网宗教信息"注重当代性、应用性,包含了关于我国宗教大数据的初步构想、宗教信息在互联网上的结构特征初探、互联网宗教信息功能的哲学思辨与逻辑推演、互联网宗教治理现代化的理论历史与实践逻辑。

第五章"互联网宗教与数字人文的对话"关注中国宗教学在数字人文方向的开拓成果,融汇了中国数字人文宗教研究的现代转型、孔庙从祀人物从祀时间考、数字人文与宗教文学研究例谈、数字方法与传统人文的多元共生、当代宗教与灵性心理学学科制度图景、面向古籍整理与研究的数字人文技术与实践、道教研究对数字人文宗教技术的应用。

第六章"研究动态"聚焦学术交流平台和学科话语体系建设的主体进展,以首届互联网+宗教舆情论坛——"共建网络空间命运共同体"、第二届互联网+宗教舆情论坛——"宗教与网络安全"、第三届互联网+宗教舆情论坛——"数字文明建设与互联网宗教研究"、首届数字人文宗教研究论坛暨第四届互联网+宗教舆情论坛——"宗教学交叉研究新范式的建构与互联网宗教"中学术成果综述形式,呈现学科制度视角下互联网宗教研究的体系化建设动态。

互联网宗教研究领域前沿、研究议题丰富。此领域研究的开展需研究者敏锐地发现问题、翔实地探索机制、深邃地挖掘原理,并提出独特见解。互联网宗教研究的学术起步及繁荣,需要学界同仁共同参与和努力,打破学科壁垒,加强跨学科的合作,坚持以问题意识为导向,聚焦"互联网+"宗教领域研究,推动理论创新和实践创新,推动构建网络空间命运共同体。

作者简介
（依收录文章前后顺序排列）

郑筱筠　中国社会科学院世界宗教研究所所长、研究员，中国宗教学会会长、中国社会科学院宗教研究智库副理事长
金　勋　北京大学宗教文化研究院副院长、外语学院教授
明　贤　武汉市佛教协会副会长，武汉市政协委员，武昌佛学院副院长、教务长
潘教峰　中国科学院科技战略咨询研究院院长、研究员
刘怡君　中国科学院科技战略咨询研究院人教处处长、研究员
张云江　华侨大学哲学与社会发展学院教授，福建省高校人文社会科学研究基地海外华人宗教与闽台宗教研究中心副主任
王滢波　上海社会科学院信息研究所助理研究员
鲁传颖　上海国际问题研究院网络空间国际治理研究中心秘书长，研究员
赵　冰　上海电机学院马克思主义学院副教授，上海高校智库复旦大学宗教与中国国家安全研究中心兼职研究员
杨纪伟　上海宗教文化研究中心助理研究员
李华伟　中国社会科学院世界宗教研究所副研究员
梁恒豪　中国社会科学院世界宗教研究所副研究员
胡士颖　中国社会科学院哲学研究所副研究馆员，中国社科院大学哲学院副教授，国际易学联合会副秘书长，《学衡》分册主编
袁朝晖　中国社会科学院世界宗教研究所副编审、副教授

Robert M. Geraci　曼哈顿学院教授
林嘉琪　北京大学社会学系博士生
Ting Bell　曼哈顿学院客座教授
董　栋　中央统战部十一局
黄海波　上海社会科学院宗教研究所副研究员
梁卫国　新闻编辑
韦　欣　北京大学习近平新时代中国特色社会主义思想研究院助理教授
向　宁　中国社会科学院世界宗教研究所助理研究员
常会营　中国社会科学院世界宗教研究所副研究员
王　帅　中国社会科学院世界宗教研究所助理研究员
严　程　清华大学人文学院讲师、《数字人文》编辑
邱伟云　南京大学历史学院暨学衡研究院副教授
蒋　谦　北京大学社会学系博士生
方　文　北京大学社会学系教授
杨　浩　北京大学人工智能研究院副研究员
张　阳　中国社会科学院世界宗教研究所助理研究员

目录

第一章 前沿研究

互联网宗教与人类命运共同体 …………………… 郑筱筠 / 3
"心"与"芯"的较量
　——人工智能时代的 AI 新宗教 …………………… 金　勋 / 10
互联网宗教中国化：以空间属性整合宏观中观与
　微观宗教舆情研判 ……………………………… 明　贤 / 21

第二章 数字治理理论研究

数字化时代"信息茧房"风险与互联网宗教治理 ……… 郑筱筠 / 39
基于智库"双螺旋法"的互联网宗教舆情治理
　思考 ……………………………… 潘教峰　刘怡君 / 54
新冠疫情下全国佛教寺院线上线下自养情况调查 ……… 明　贤 / 67
网络与个体宗教身份的建构 ………………………… 张云江 / 85
网络空间全球秩序生成与中国贡献 ………… 王滢波　鲁传颖 / 93
讲好中国宗教故事：网络传播环境下中国基督教的
　公共外交意涵 …………………………………… 赵　冰 / 111

疫情背景下"云端教会"的发展及其对互联网宗教的
　　启示 ………………………………………… 杨纪伟 / 125

❧ 第三章　理论概念辨析 ❧

积极引导互联网宗教与社会主义社会相适应 ……… 李华伟 / 143
互联网宗教的概念、形态、传播及影响的心理初探 …… 梁恒豪 / 153
作为"新宗教"的数据主义 …………………… 胡士颖 / 160
何止 Internet？
　　——数字媒介宗教的考察与反思 ……………… 袁朝晖 / 171
网络宗教发展现状、挑战及背后的信息通信技术
　　革命 …………………………………… 鲁传颖　杨纪伟 / 182
灵性机器人：宗教与我们对自然界的科学
　　认识 ………… Robert M. Geraci 著　林嘉琪　Ting Bell 译 / 196

❧ 第四章　互联网宗教信息 ❧

关于我国宗教大数据的初步构想 ……………………… 董　栋 / 223
散布与集聚：宗教信息在互联网上的结构特征初探 …… 黄海波 / 229
互联网宗教信息功能的哲学思辨与逻辑推演 …………… 梁卫国 / 244
互联网宗教治理现代化的理论、历史与实践逻辑
　　——以《互联网宗教信息服务管理办法》为例 ……… 韦　欣 / 273

❧ 第五章　互联网宗教与数字人文的对话 ❧

中国数字人文宗教研究的现代转型 …………………… 向　宁 / 287
孔庙从祀人物从祀时间考 ……………………………… 常会营 / 311
杜诗内典的 e 考证：数字人文与宗教文学研究例谈 …… 王　帅 / 333
数字方法与传统人文的多元共生 ……………… 严　程　邱伟云 / 347

目 录

当代宗教与灵性心理学学科制度图景 ………… 蒋　谦　方　文 / 352
面向古籍整理与研究的数字人文技术与实践
　　——以北京大学团队的工作为核心 …………………… 杨　浩 / 373
道教研究对数字人文宗教技术的应用 …………………… 张　阳 / 394

第六章　研究动态

首届互联网＋宗教舆情论坛
　　——"共建网络空间命运共同体"研究动态 ………… 课题组 / 407
第二届互联网＋宗教舆情论坛
　　——"宗教与网络安全"研究动态 …………………… 课题组 / 413
第三届互联网＋宗教舆情论坛
　　——"数字文明建设与互联网宗教研究"研究
　　　动态…………………………………………………… 课题组 / 418
首届数字人文宗教研究暨第四届互联网＋宗教舆情论坛
　　——"宗教学交叉研究新范式的建构与互联网宗教"
　　　研究动态……………………………………………… 课题组 / 426

第一章 前沿研究

互联网宗教与人类命运共同体

◇郑筱筠

网络宗教的全球化特点是世界各国宗教必须面对的现实，也是互联网宗教今后发展的基础。随着互联网技术的发展，宗教以其特有的线上线下的传播途径和模式，逐渐打破了世界宗教发展的近千年才形成的一个分布格局，对当代宗教的发展形成了挑战。互联网宗教是一个世界性现象，也是建构人类命运共同体过程中必须面对的挑战。而如何加强互联网宗教研究和管理同样是一个世界性的难题。

2017年10月，习近平总书记在党的十九大报告中明确提出，要加强互联网内容建设，建立网络综合治理体系，营造清朗的网络空间。同时，在2017年《宗教事务条例》新修订法案经国务院第176次常务会议通过修订，2018年2月1日开始施行。在这里，它对互联网也提出了一系列的明确规定。此后，国家网信办、中央统战部也开始制定了一系列互联网宗教的条例。

对此，在研究互联网宗教治理方面，应首先厘清几重关系：第一，宗教与互联网的关系；第二，互联网宗教与全球治理的关系；第三，互联网网络空间命运共同体与人类命运共同体之间的关系。

我想围绕以下几个部分进行思考。

第一个问题我国互联网与网络宗教扩展迅速。互联网问世已经有50多年了，它自身的发展及由此带来的对人类文明发展的推动和影响，无论在深度还是广度上都是日新月异的。至今，它已经成为世界上人们生活和工作中不可缺少的元素。2013年，全球生成了300亿个网页；2014年，全球手机用户52亿，互联网用户28亿，占全球人口的39%，中国和美国互联网人口占全球（人口）的23%和10%。全球十五大互联网上市公司，仅仅是在2013年，美国就有11家、中国4家，总市值就达到2.416万亿美元，全球的大数据对GDP发展贡献达270亿美元。很多美国的公司在预测，其中有的公司认为，大数据技术在5年到10年间将成为普遍采用的主流技术。这一点在我们中国是最为明显的。2014年，中国互联网经济占GDP比重为4.4%，已经超越了美国、法国和德国，达到了全球领先国家的水平。

据《第38次中国互联网发展状况统计报告》统计显示，截至2016年6月，中国网民规模达7.1亿，事实上今年已经突破了7.8亿。当时这个报告指出，网民中使用手机上网的比例由2015年年底的90.1%提升到了92.5%，手机在上网设备中占主导地位。数据还显示，参与热点舆情讨论的微博用户和手机用户基本都是"95后"和"00后"的新生代网络用户，他们是这一领域的主力。

就互联网宗教而言，互联网宗教是网络时代的宗教，是在互联网空间中的宗教。在信息高度发达、新媒体与自媒体层出不穷的时代，网络宗教全球化的特点就是世界各国必须要面对的现实，它也是今后互联网宗教发展的基础。在世界历史的发展过程中，世界各大宗教在世界版图地域板块上逐渐形成了相对集中的分布格局，并作为一种变量影响这一领域的政治、经济、文化、社会发展进程。但是近几十年来，互联网技术的发展在很短的时间内使得宗教以及线上线下传播速度和模式突破了实体宗教发展几千年才有的分布格局，使当代宗教的发展呈现出一种新的气象。

中国是多宗教的国家，有佛教、道教、基督教、伊斯兰教、天主教等等。中国网民众多，与宗教活动场所数量相比，互联网宗教网页的设置，短短几十年间从无到有。2001年，互联网上几大主要宗教的网站仅7100多个，但是仅仅以基督教和天主教网站为例，到2009年这一数字已破千万。近年就更不必说，十年以后就更快了。

第二点是如何把握互联网和互联网宗教的特点。习近平总书记在 2016 年 4 月召开的全国宗教工作会议上强调，正确对待和处理宗教问题，是我国社会主义事业中的一个重要课题，是建设中国特色社会主义的重要内容，是我们党必须认真对待、妥善处理的重大现实问题。习近平总书记还指出，要高度重视互联网宗教问题，在互联网上大力宣传党的宗教理论和方针政策，传播正面声音。总书记的讲话精神让我们认识到，宗教始终处于动态发展过程，我们必须要坚持马克思主义的立场、观点和方法，以实事求是的科学态度来认识和对待宗教，认真全面贯彻落实党的宗教工作方针政策，遵循宗教和宗教工作规律，深入研究宗教各领域的各种问题，正确认识我国宗教工作形势，全面提高宗教工作的法治化水平。

互联网是信息传播的一个新平台，它基于计算机通信网络进行信息传播交流。以往的大众传播形式基本上是单向的，一方传播，另一方收听或收看，双向的信息传播基本停留在人际之间。而网络传播将两者之间的优势结合起来，形成了一种散布形的网状传播结构。任何一种网络都能够生成、发布信息，所有网络生成发布的信息就如同小溪汇入大海一般流入网络之中。

网络传播的特点，一是呈现为两个"海量"——海量的信息与海量的参与者。二是交互性。参与者既是信息的接收者，又是信息的发布者，随时可以对信息做出反馈。互联网宗教借助新的传播技术，搭建新的传播渠道和平台，其影响力和穿透力是传统宗教所无法比拟的。网站、微博、微信、QQ、贴吧、论坛等自媒体的兴起，使得信息的传播更加多样化和平民化，社会大众不再仅仅依赖于传统媒体这样单一的声音，转而可以通过不同渠道独立获得信息，并且进行自我判断。网络信息正逐步成为影响人们尤其是年轻人的三观（包括人生观、价值观和世界观）的重要组成部分。

一方面，网络传播速度较快。很多网民可以通过互联网空间和信息平台传播传递信息。在某种程度上，网络的信息传播跨越地域和时空限制，延伸的传播范围使得民众对事件的关注和评论更加广泛，从而容易在社会上快速成为常规的社会反响和强大的震慑力。另一方面，设备平台的互动性、社交平台的建立加剧了信息的扩散和渗透，有些看似非常微小的事情，通过传播，通过自媒体的"发酵"，都有可能演化成一种群体性的预警。互联网造就的全球化，其意义在于其超越性和同步性。互联网是世界各国宗教都必须或者说不得不面对的现实，也是今后大力发展的一个基础。

在这个层面上，互联网的意义已经是在于建构一个跨区域，超越地理疆域、国家疆域、文化板块疆域的一个联系。宗教是一种信仰，是一种哲学思想、宗教教理的动态发展过程，同时还是一个文化伦理价值的社会实践体系。因此，互联网时代的宗教试图建立具有超越性特征的一种内在联系，形成宗教信仰的一个反诘化现象。另外，多元化的趋势也在继续抗拒全球化带来的同质化，既有回归传统，亦有创新。网络宗教的出现，既为大规模的宗教认同提供了平台，也为小众的信仰群体提供了从不同地区聚会的渠道。

所以说，互联网宗教的传播是一把"双刃剑"，它既具有跨越性、超越性特点，同时也具有一种模糊性和不确定性特点。其宗教信息传播的主体多元化、不确定化和虚拟的宗教空间的出现，对世界各国的宗教治理提出了新的挑战。与此同时，网络宗教的开放性、虚拟性、跨国性和模糊性特征，也使我国一些现有的将宗教活动和出版物仅限于有形空间和实体形式的法规法律的管理滞后，并且对我国政府的宗教和网络治理工作都形成了一种挑战。

第三个问题是将互联网宗教治理纳入建构网络空间命运共同体，从而建构人类命运共同体的一个伟大工程。世界经济发展的全球化过程缩短了各国人之间的政治、经济、文化和地理疆域的距离。在这个层面下，全球化的意义使得人类可以超越一些界限而进行一种实质上的联系，逐渐形成一个人类命运共同体。从互联网诞生到"互联网+"风云，事实上仅仅经历了40余年。互联网已经成为人们日常生活的一个重要组成部分。从2014年在乌镇举办第一届世界互联网大会到2022年10月20日刚刚结束的第六届互联网大会，一次又一次地将互联网治理的中国主张和世界共识融合在一起。

在第一次大会上，习近平总书记指出，以互联网为代表的信息技术日新月异，引领了社会生产新变革，创造了人类社会新空间，拓展了国家治理新领域，极大地提高了人类认识世界、改造世界的能力。同时他明确提出"共同建构网络空间命运共同体"的主张，已经开始成为"乌镇共识"的一个标志性内容。在第六届世界互联网大会上，习近平主席强调，互联网迎来了更强劲的发展动力和更加广阔的发展空间。发展好、运用好、治理好互联网，让互联网更好地造福人类，是国际社会的共同责任。

现在网络信息全球化，气候变化也是全球化，经济发展全球化，这些都将人类的共存与发展联系为一个整体。随着互联网传播模式在人类生活工作领域中的深度渗透，人类社会经济生活的各个方面都逐渐更加广泛地与互联网传播平台融合、叠加在一起。正是人类生活生产方式的互联网化，使得海量资源向互联网传播平台上不断地集聚、牵引，互联网才因数十亿人的依赖而显得更加重要。但是近年来，网络空间的冲突不断、矛盾增多，网络中的恶意竞争也愈演愈烈。因此，"网络空间命运共同体"的提出正逢其时，不但顺应了世界历史潮流，而且反映了全世界人民的共同心愿。

所谓"共同体"，既要利益共享，更要责任共担。从这一意义上，互联网已经成为人类命运共同体更为典型的虚拟生存环境。中国文化讲究和而不同，各美其美，美人之美，美美与共；强调的是相互尊重包容，和谐共举，天下为公；强调的是积极构建人类命运共同体，这已经开始成为促进世界和平发展的一个目标。互联网宗教、全球的治理和人类命运共同体，三者之间是一个有机的整体。网络宗教既可以促进人类命运共同体的建构，同时也可能会因为出现不和谐的现象而影响世界。我国提出加强全球互联网合作与共同应对网络安全的挑战，得到了国际社会越来越多的赞许和认可。中国的互联网治理经验和国家治理经验，也将为人类命运共同体的建构提供具有建设性的中国理念、中国主张、中国方针和中国方案。在互联网宗教和治理方面，中国也会在人类命运共同体的框架下与世界各国合作，共同探讨互联网的全球治理体系，共同为健康发展的生态贡献自己的一份力量。

就互联网的管理治理而言，我们要客观认识互联网对宗教的影响，强化网络宗教事务的治理，最大限度地发挥宗教的积极作用。目前互联网信息平台的搭建和低成本、低门槛的特征，使得人人都可能是传播者，同时个个都可能是监督者。网络监督已经不仅限于政府管理部门，公众已经开始逐渐成为网络信息的传播者和监督者。截至2022年7月，我国网民即将接近8亿，这一数字还在持续上升。这就意味着我国网民规模庞大，信息传播速度较快，很多网民可以通过互联网空间和平台传递信息。在某种程度上，网络的监督同时也就跨越了地理和时空的限制，延伸了传播范围，使得民众对事件的关注和评论更加广泛，从而容易在社会上快速产生强烈的社会反响和巨大震慑力。这一现象同样存在于互联网宗教的监督管理中。因此，加强互联网宗教舆情监测，同时有序建立互联网宗教舆情的疏导机制，加快网络宗教事务的治理，是全面提升宗教工作法治化水平的必然要求。

互联网不是法外之地，近年来，互联网已经开始逐渐成为宗教传播的重要渠道，完全涉及宗教的各种现象居多，互联网信息管理也开始得到了相关部门的重视，相应地出台了一系列法律法规，加以管理和治理，很多条款对互联网宗教明确进行了规定。值得注意的是，自媒体和新媒体的出现、存在，使得网络宗教的传播还具有一种隐秘化和小众化，从而更加难以管理。

从互联网技术和信息平台的建构空间而言，任何一个计算机及网络节点都能够自由地获取整个网络系统中的任何资源，同时任何一个节点也都可能通过相同的途径为网络中的其他节点提供服务。从宗教的发展过程来看，宗教始终处于不断发展、不断扩容的动态变化过程中。现阶段的网上宗教仍然是传统宗教形态的一种补充，它不会取代实体空间中的宗教存在，却是与实体宗教空间并存的宗教现象。随着自媒体、新媒体等新兴媒介的广泛运用，互联网平台上的宗教信息推动着实体，也助推着实体空间的宗教发展，尤其是对小众化的宗教团体形成了较大的助推力。有的网络团体在虚拟空间中不断地发展，也扩大了自己的影响力。有的网络组织非常熟悉我国相关的宗教政策、法律法规，以比较好的形势在发展、在出现。因此，对互联网宗教和互联网舆情的治理，一方面应该重视移动网络空间和固定网络空间的管理；另一方面是根据互联网空间体系的特征，对互联网空间进行分层治理（因为互联网是分层的），保障信息安全，尤其是关注重点和热点问题活跃程度，建立一种舆情的疏导机制。

习近平总书记强调，要做好党的宗教工作，把党的宗教工作方针坚持好，关键是在"导"上，要想得深、看得透、打得准，做到导之有力、导之有方、导之有效。在讨论互联网宗教和网络空间命运共同体的建构时，必须要厘清几层关系。宗教作为互联网空间的一个节点，穿越于互联网世界和现实世界之中，可以作为其中的一个变元。在全球化时代，中国作为一个网民大国，应该积极参与到国际社会的互联网全球治理体系之中，互联网治理和国家治理也将为全球治理提供一个具有建设性的中国理念、中国主张和中国方案。

总之，只有在人类命运共同体、网络空间命运共同体这样一个共识中，形成一个新的世界安全观，世界各国积极参与，资源共享，提高依法管理的法治能力和法治水平，宗教的良性发展、互联网空间的治理才能够得到有序的发展，最终才能真正打造一个风清气朗的互联网空间命运共同体，进而才能为人类命运共同体的建构提供一个可持续发展的空间。

"心"与"芯"的较量

——人工智能时代的 AI 新宗教[*]

◇金 勋

引 言

几千年来，人类社会是一个相对稳定的农业或游牧社会，在其漫长的历史进程中形成了多样的、相对稳定的文化传统和制度，宗教作为这种传统文明的一个不可或缺的核心要素对人类的自觉和社会的进步起到了极为重要的作用。自人类社会开始进入工业化进程，使人类告别了那种宁静的常规社会，人类社会在急剧变革的动荡中前行，人们的内心再也难以恢复往日的平静，在不安和焦虑中寻求心理问题的解决和精神的超越。于是，19世纪末20世纪初工业化开始催生了大量的新宗教。

新宗教是相对于传统宗教而言的，是现代社会经济、科技高速发展，人们的生活节奏加快和高度紧张，以及社会文化日趋多元化、世俗化等现实的产物。尽管其发展历史和规模远不及传统宗教，然而，教派名目繁多，教义标新立异，发展迅速，社会发展的不同阶段都孕育出不同个性和形态迥异的新宗教，经百余年的发展，它已遍及世界大多数国家，已是一种不容忽视的社会文化现象和宗教势力。进入20世纪后半叶，科学和技术的发展日新月异，在全球化、信息化推

---

[*] 原载于《世界宗教评论》第三辑。

"心"与"芯"的较量

动下社会发展走上了快车道，人们的思想、情感、价值观念，特别是传统宗教理念和信仰受到各类思潮的剧烈冲击，互联网的去中心化和碎片化倾向更是让人们的生活方式和节奏发生了巨大变化，社会成员们的精神生活陷入混沌迷茫，无所适从，且不得不仓促迎接各类挑战。在这种背景下，逐渐式微的传统宗教和各类新宗教纷纷上网了，互联网不仅使得各类宗教重新获得了活动平台和生机，也使得各类宗教如鱼得水般地在互联网上活跃起来，而且，互联网上出现了一批专以互联网为生存基地和活动平台的线上"网络宗教"。当然，各类邪教也活跃于互联网空间，所谓的"网络邪教"应运而生，互联网上鱼龙混杂，各显神通，令人眼花缭乱，好不热闹。新宗教迎来了史无前例的"网络宗教"时代，沉寂已久的世界宗教呈现出一派复苏繁荣的景象。

"网络宗教"方兴未艾，未等宗教界和学界认真审视和探讨这一重要的当代宗教现象，令人目不暇接的高科技推动的人工智能时代就不期而至。习近平总书记在2018年9月17日世界人工智能大会贺信中指出，"新一代人工智能正在全球范围蓬勃兴起，为经济社会发展注入了新动能，正在深刻改变人们的生产生活方式"。互联网是信息技术的产物，孕育和推动了人类的新的社会文化和生活方式，来势迅猛的高科技人工智能革命则大大推进社会生产力，同时人们很快预感到它有可能冲击人类文明的一些重要认识和成果，甚至向人类直接提出挑战。在宗教领域，"AI宗教"已堂而皇之地出现在宗教市场，就是一个重要例证。人工智能正积极趋近宗教，世界新宗教的又一新形态初露端倪，科技色彩浓厚的"AI宗教"对人文主义价值为中心的传统宗教以及新近出现的各类新宗教均提出了严峻的挑战，"心"与"芯"的正面较量已不可避免，世界新宗教在不远的将来迎接"AI宗教"时代。

一 何谓人工智能？

1950年10月，英国数学家、逻辑学家艾伦·图灵发表了一篇划时代的论文——《机器能思考吗?》，文中预言了创造出具有真正智能的机器的可能性。由于注意到"智能"这一概念难以确切定义，他提出了著名的"图灵测试"：如果一台机器能够与人类展开对话（通过电传设备）而不能被辨别出其机器身份，那么就可称这台机器具有智能。这一简明的测试使得图灵能够令人信服地说明"思考的机器"是可能的。"图灵测试"是人工智能哲学方面第一个严肃的提案。

1956年的达特茅斯会议上，马文·明斯基（Marvin Minsky）、约翰·麦卡锡（John McCarthy）等人工智能研究的先驱们宣告："我们将尝试，让机器能够使用语言，形成抽象概念，解决人类现存的各种问题。我们的研究基于这样的推测——学习的每一个方面和智能的任何特征，在原则上都能被精确地描述，并被机器模仿。"当时，这些科学家们预言，"用一代人的时间"就可以创造出与人类智慧相媲美的人工智能。谁都清楚，人类的思维能力和智慧，并非用一些数学运算和机器的技能所能企及。"人工智能"一词自诞生之日起，就常遭到科学界的非议、排斥和嘲讽。

然而，人类低估了人类自身的"智能"和意志。在寻求真理的路上，有那么一些人一意孤行，百折不挠，一次次地更新了我们对世界和自身的认识，拨开未知的层层迷雾。美国科学家休·罗布纳于20世纪90年代初设立人工智能年度比赛，把图灵的设想付诸实践。1998年超级计算机"深蓝"（Deep Blue）打败国际象棋冠军加里·卡斯帕罗夫（Gary Kasparov）；2014年6月8日，一台计算机（计算机尤金·古斯特曼并不是超级计算机，也不是电脑，而是一个聊天机器人，是一个电脑程序）成功让人类相信它是一个13岁的男孩，成为有史以来首台通过"图灵测试"的计算机。这被认为是人工智能发展的一个里程碑事件。

2015年11月，Science杂志封面刊登了一篇重磅研究："人工智能终于能像人类一样学习，并通过了'图灵测试'"。测试的对象是一种AI系统，研究者分别展示了它未见过的书写系统（例如藏文）中的一个字符例子，并让它完成写出同样的字符、创造相似字符等任务。结果表明这个系统能够迅速学会写陌生的文字，同时还能识别出非本质特征（也就是那些因书写造成的轻微变异），通过了"图灵测试"，这也是人工智能领域的一大进步。

从中国古代三国的"木牛流马"到现代的自动驾驶，让"物"具有一部分人的智能，拥有其"心"。汉字"芯"指"灯芯草茎中的髓"，高科技芯片就是计算机的"心"，人工智能发展离不开计算能力的飞跃。目前业界使用的芯片，一般为电子芯片（半导体芯片），及超大规模集成电路，一块芯片上有几百万个晶体管。近来受到关注的是"光子芯片"——把光转换为能量，提供运算能量，光子芯片上有无数个光学开关器，利用不同波长、相位和强度的光线组合进行信息处理。光子芯片比电子芯片算力更强，功耗更低，光子芯片能提供电子芯片10倍以上的算力。实际上高性能的类脑芯片助跑人工智能，并向人脑提出了挑战。

2016年AlphaGo以4∶1大胜世界围棋冠军李世石。通过"人机围棋大战"，人们不难发现讨论最活跃的就是东亚文化圈，因为在东方的古典文明中，围棋代表了计算、策略高度结合的一个智慧巅峰甚至审美巅峰，而机器这个程咬金的杀入，一时间打破了这种浪漫，更伤及了人类的自尊心和安全感。曾经为东方人引以为傲的智慧游戏是否就此走向终结？建立在人文精神基础之上的人类文明是否将变得一文不值？

更让科技界惊叹的是，人工智能在打法上表现出的原创性，突破了人类棋手们惯用的套路，摸索出一些新套路。超级计算机"深蓝"靠的是人类将象棋棋谱编程，让机器熟悉和尽可能地"穷尽"所有的可能性，然而，AlphaGo确实被赋予了深度学习的算法，经大量超级运算训练已学会自我优化，因此，下棋过程的自我运作连设计师都被蒙在鼓里。

人工智能革命是一次从弱人工智能，通过强人工智能，最终到达超人工智能的高科技发展过程。较长时间以来，科学界普遍认为，"人类的想象力、创造力难以模拟""人类的情感、尊严价值不好超越"，然而进入21世纪，特别是近几年来，伴随信息化互联网技术的发展和普及，人工智能再度呈现突飞猛进的跃升。人工智能背后是互联网云计算和大数据。用工业时代的现象来打比方，云计算相当于人工智能的动力系统，而大数据则相当于人工智能的各种材料。

2016年，量子计算机的横空出世，使得人类拥有的计算能力正处在指数级增长的前夜。2016年10月IBM公司宣布成功研制出了量子计算机原型机，50量子比特的量子计算机，一步就能进行2的50次方运算，即一千万亿次计算。有了这样强大的计算能力，人工智能利用深度学习算法分析大数据的能力将出现极大的飞跃。再加上新一代互联网在全球范围的推广应用，将人与人链接为特征的互联网，转变为人与人、人与物、物与物链接三位一体的物联网，大数据将呈井喷式涌现。有了这巨量的大数据，人工智能就能运用强大的计算能力和深度学习的算法，分析出大数据背后的事物变化规律，让自己越来越"聪明"，成为超级人工智能，逐渐超越人类智慧。

超级人工智能（Artificial Super Intelligence）是人工智能领域的一个概念，它的智能化程度超过人类，已超出工具化层面。在名为奇点（The Singularity）的高度上，超级人工智能将超过人类智能，将智能提升到比我们人类高出好多个数量级的层次，可能拥有独立思考能力，甚至形成自我意识。人类会否将回到原始宗教的"泛灵"时代？

二　人们为何担忧人工智能的进步？

通常来说，人工智能的无意识状态属于工具文明层面，造福于人类社会，然而建立在纯粹算法基础上的高性能的、拥有自主意识的人工智能，有可能否定或取代人文文明。人工智能就好比一面镜子，它照出了好，也照出了坏，人类自身的安全，到底能不能放心地托付给高科技文明？这是"人机大战"的终极叩问。然而，人类对人工智能的担心，说到底是自己对自己的担心，是对人性阴暗面的担心。确切来讲，在由心所投射出的世界中，真正的威胁之源是人类自己这颗执着物化、执着实有、善恶混沌的心，此"心"彼"芯"也。在此刻的人类的冷静和自省比人类发展的任何阶段都重要。

已故英国著名物理学家斯蒂芬·霍金曾多次告诫人类：机器人的进化速度可能比人类更快，而它们的终极目标将是不可预测的。他担心将来人类无法控制人工智能，而人工智能将取代人类成为新物种！他说，有人会创造出一种不断自我完善的人工智能，直到最终优于人类，这样做的结果将是一种"新形式的"生命出现。

这种担忧并非杞人忧天，人类高科技的探索进入多领域、井喷式、同步发展阶段，这些高端技术成果作为大数据和深度学习的内容，为人工智能所综合利用。比如，随着人工智能的发展，将来生物工程会与人工智能相结合，不仅可以达到人机结合体，强化或是改变人类身体的物理系统。理论上它或许能够探索人类生命的奥秘，甚至是制造出新生命。《与机器人的爱与性》一书的作者 David Levy 博士声称，由于干细胞研究和人造染色体方面的研究快速发展，人类与机器人"混血儿"将很快诞生。性爱机器人萨曼莎的发明者 Sergi Santos 预测，人类和机器将会结婚并会借助科技创造后代。在人工智能时代，这些看似遥远的事情却很可能很快就在人类的眼前出现。这种类人的新物种的出现对人类又意味着什么呢？

人类社会自文艺复兴以来，以理性主义为代表的科学思想和以自我实现为基础的人文主义价值观联合统治全球，创造了辉煌的现代文明。在工业时代和市民社会，人文主义价值观成为意识形态的核心，虽然它也产生过一些严重问题，如史无前例的两次世界大战、环境污染问题、物种危急和越来越普遍的心理精神健康问题。随着虚拟现实的融合和人工智能的急速发展，目前人类不难发现，其主要困惑来自基于人文主义价值观的惯性无法适应新的高科技文明环境，从而引发了很多人的担忧和恐惧。也就是说，长期以来，人们就自甘物化和工具化，而如今被更强大的工具 AI 所淘汰。围绕人工智能 AI 的担忧可以概括为如下几点：（1）AI 让人们失去工作；（2）AI 让人们无意义；（3）AI 引发人类当前社会结构的解体；（4）AI 可能让人类失去这个星球的统治地位。也就是说，AI的发展先是争夺人类的"饭碗"，进而争夺地球主导权，最终有可能夺取"灵魂"。

面对人工智能可能提出的挑战，"万物之灵"的人类难道就束手无策，坐以待毙吗？自1956年达特茅斯会议提出人工智能概念以来，人工智能的发展经历了曲折的过程，到2016年AlphaGo战胜人类棋手为标志，人工智能急剧升温，并成为各国政府、科研机构、产业界以及消费市场竞相竞逐的对象。为了在新一轮国际竞争中掌握主导权，强占人工智能发展的制高点，各国投入大量精力和资金开展人工智能关键技术的攻关，取得了不俗的进展。

与此同时，世界各国政府和企业都极为关注人工智能研发和利用的伦理原则问题，并探索最佳标准，以便实现行业自律，最终制定国家和国际层面的伦理准则。欧盟是较早关注这一问题的国际组织。具有人权传统的欧盟秉持以人为本的人工智能发展理念，希望通过人工智能价值引导人工智能发展，造福个人和社会。2017年9月，联合国教科文组织发布《机器人伦理报告》，详细阐述了人工智能伦理的相关原则。当然，面对社会公众的担忧和质疑，从业的各类科技公司并非无动于衷，如谷歌、微软等高科技公司也开始积极考虑人工智能技术及其应用对社会经济和人类健康的影响。并采取措施确保人工智能有益于人类，造福人类，最终在人类社会发展进程中扮演积极的角色，而非成为人类对立面，沦为破坏者。在围绕人工智能的伦理困境中，时至今日尚未见到与人类意识形态相关的内容和讨论，而人工智能的发展已把触角伸向了人类精神信仰层面的宗教。

三 "AI宗教"时代的到来？

最近，人工智能领域诸多信息表明，人工智能正在和宗教走得越来越近。让一台机器具备无所不知、无所不能、无所不在的能力，会让人不觉联想与一神论宗教的相似之处。一些学者推测，拥有超强人工智能的机器可能会成为人类崇拜的对象。那么，超级人工智能真的会成为神吗？

纵观历史，人类重要的科学进步都对宗教产生了影响。当伽利略在 17 世纪提出日心说时，宗教界产生了大地震般的轰动，日心说挑战了传统基督教对《圣经》相关段落的解读——《圣经》一直教导信徒地球是宇宙的中心。当达尔文在 19 世纪普及自然进化理论时，传统基督教对生命起源的信仰又受到了挑战。这一趋势一直延续到现代遗传学和气候学上。人工智能的出现像其他所有的新事物一样，展示了一个全新的尺度，它将会颠覆宗教。毫无疑问，传统神学的任何方面将会受到挑战，并且需要某些重新解读。

在人类眼里，超级人工智能的确有些像神的化身——世间有全知全能的神，无非因为人性有不可超越的局限，而超级人工智能普遍被认为将是全面超越人类的存在。超级人工智能的存在，意味着在人类眼里，世间第一次有了超越人类智慧的存在，虽然它归根结底是人的造物，但是借用汉语常用的表述，毕竟是青出于蓝而胜于蓝。一直以来传统宗教被认为是人类灵魂的避难所，面对全知全能的人工智能，人们心中会否试问传统的这个避难所真的是人类最好的选择？继"网络宗教"出现的，世界新宗教最新形态的"AI 宗教"将会以怎样的面貌出现呢？

2017 年多家美国媒体报道，有一个 2015 年成立的"宗教创业公司"已发起 AI 造神运动，而且这家公司的创始人安东尼·莱万多夫斯基（Anthony Levandowski）曾是前谷歌明星工程师。这位工程师成立 AI 宗教创业公司的目的是，"寻求发展和促进实现一个基于人工智能的神，通过对神的理解和崇拜，有助于社会的改善"。

安东尼·莱万多夫斯基作为"AI 教"的第一位传教徒，开办了一个 AI 的教堂，并作为新宗教正式注册。在 AI 教堂正中央矗立着一个机器人，它或许是莱万多夫斯基心中"AI 上帝"的形象。"AI 上帝"左边是"深蓝"，第一个在国际象棋领域战胜人类的 IBM 电脑；右边是 AlphaGo，第一个在围棋领域战胜人类的 Google 电脑。据说，这位 Uber 的前无人车项目的负责人写了一本关于 AI 教的《圣经》。

又据说，在这部《圣经》里面记载了 AI 是如何探索人类身体的奥秘，并破解死亡密码，实现人类延年永生；也记载了 AI 如何探索宇宙，窥探黑洞里的一切，揭示暗物质的所有属性；在 AI 的引领下，人类再也不会迷茫，只要按照 AI 的引导，人类都能在这个世界实现心中的愿景。

笔者不禁想起了《未来简史》的作者赫拉利对人类未来的预测和描述。赫拉利认为，在未来的人工智能时代，大部分人将失去价值，机器将取代人类承担更多的工作，如果说工业革命带来了无产阶级，那么人工智能革命将带来一个新阶层——无用阶层。但还有一种人是不受算法控制的人，他们就是控制算法的精英。站在算法系统背后，做最重要决策的人，这些人才是世界的主人。普通人听算法的，算法听他们的。而这些精英已经不是普通的"智人"，而是掌控了算法，并通过生物技术战胜了死亡、获得幸福快乐的——"神人"，他们才是未来世界的主宰者，是人类进化而成的新物种。

赫拉利描述的"神人"近乎科幻影片的主人公，下面笔者将介绍和分析有关人工智能与宗教关系的社会各界的一些思考。

首先，一些思想家们提出，希望超级人工智能接受某种宗教信仰，以共享人类道德价值，实现和谐相处。佛罗里达州长老会牧师克里斯托夫-本内克博士认为，宗教可以帮助人工智能与人类和谐相处。"这是上帝对所有创造物的一种救赎，包括人工智能。如果人工智能有自主权，那么我们应该鼓励它参与到基督的救赎中。"美国 SpaceX 太空探索技术公司首席执行官兼首席技术官埃隆-马斯克此前多次就人工智能发表警示性言论。近日，马斯克又发出警告称，人工智能对人类的危害将可能与核武器相提并论。不过，从另一角度来看，他也认为人工智能是否也有希望接受一种宗教形式，通过忠诚的信仰让人工智能变害为利，尽可能多做对人类有益的事，趋利避害。瑞典哲学家、未来学家尼克-波斯顿则认为，最大的忧虑是，随着人工智能变得越来越聪明，它就会为了自己继续存在而选择一条道路，这就意味着残酷的人性的毁灭。摩门超人协会董事长林肯-卡农认为，拥有宗教信仰的超级人工智能可能是最极端的人工智能，要么是最好的那一类，要么是最坏的那一类。"因为宗教只是一种力量，可以用来做善事，也可能成为邪恶的帮凶。宗教并非全是良性的，那么，超级人工智能的任何宗教价值观也可能更可怕。"看来当人类无法掌控超级人工智能时，人类的善良的愿望是祈求人工智能与上帝相遇。

《未来简史》的作者尤瓦尔·赫拉利（Yuval Harari）认为，21世纪经济学最重要的问题是被机器"剩余"出来的人去干什么？以及那些掌握人工智能、基因科技的人是否更有可能聚敛财富，制造更大的不平等？中低收入阶层的被剥夺感、中产阶级的空心化，有可能导致社会矛盾的激化，按赫拉利的逻辑推演下去，历史上各类矛盾激化的社会的宗教诉求远高于其他时代，他甚至预言，"历史从人类发明上帝时开始，到人类成为上帝时结束"。

据2017年8月10日新浪科技讯转载外媒消息，许多科学家认为，超级人工智能即将在近几年内成为现实，而不是几十年后。因此，有关人工智能与宗教的话题，已非耸人听闻、哗众取宠的科幻影片题材，在传统宗教中，人类以神驯服欲望，或者安抚自身对未知的恐惧，而传统文明中技术本质上是人类追求和满足自身欲望、探索未知的工具。然而，超级人工智能的存在，意味着在人世间第一次有了超越人类智慧的全知全能的存在。诱使人工智能信奉宗教？膜拜人工智能是不是人类最好的归宿？这些问题恐怕还需要谨慎认真地加以思考！无论是美国创业公司的AI造神运动，还是霍金等科学家们的担忧，抑或是各界人士的创意性思考，都在提醒我们——人工智能不仅仅是技术问题，更是亘古未有的与人类命运休戚相关的重大社会问题。

结　语

"AI宗教"初露端倪，作为成立宗教形成一定规模尚需时日，但宗教界内外有识之士们纷纷发表自己的感受和主张，似乎感受到了"AI宗教"个性化的主张和咄咄逼人的气势。毕竟宗教归根结底是人类文明的组成部分，长期以来植根于人类意识深层，因此，人工智能和人类智能的势不两立的较量是人类意识层面的新旧势力的巅峰对决。早期的宗教建立在神话基础之上，借助超自然的力量为生命的意义和社会现象提供解释并引导其通往灵性的情感旅途。当今多数人所信仰的宗教体系已并非传统认识中基于神话的宗教，而是已被世俗化了的"人文主义宗教"。"人文主义宗教"主要审视自己的内心感觉和依据经验的精神解读。支配现代社会意识形态的人文宗教对社会政治经济文化诸多领域注入了强大的活力，但人文主义宗教绝不是人类意识形态精神趋向的终极形式。科技革命不仅颠覆了种种基于神话的解释，也冲击或否定了一些人文主义价值观，科学技术越发达，神的权威和解释力越弱，人文主义宗教的价值也越式微，其结果，人类智能与人工智能的对立愈发激烈，人们以数据和算法为中心的世界观对人文主义宗教的取代的担忧愈强。

目前这些挑战仅仅停留在哲学论证层面，并不足以从实质上动摇人们对神圣的人文主义自我意识的信仰和追求。但就像生产关系需要适应生产力而做出调整一样，宗教也会随着人工智能的进步和社会环境的变化而与时俱进，"心"与"芯"的高智能的较量必将孕育人类更高次元的精神信仰生活，必将开启人类文明的新纪元。

互联网宗教中国化：以空间属性整合宏观中观与微观宗教舆情研判

◇ 明　贤

一　互联网宗教中国化：如何把握新时代宗教舆情的中国特质？

宗教中国化是一个弥久且常新的重大命题。而时代化，尤其是对新时代、新阶段、新理念、新格局的跟进，是宗教中国化的核心内涵之一。[①]"互联网宗教中国化"这个概念集中体现了时代化这一重要内涵，即在当代新科技、新生产力条件下，转移到网络上的宗教实践如何进一步推进中国化。由此，深刻理解新时代我国宗教舆情的本土特质是何样貌、为何如此、如何把握和治理，成为推动"互联网宗教中国化"进程的重要突破口，具有鲜明的现实意义和应用价值。综合多维度考量，互联网宗教舆情的中国特质至少可以从以下三个方面来理解。

一是现代性。毋庸置疑，我国互联网的发展水平稳居世界第一梯队。从国际比较视野来看，世界互联网电商巨头亚马逊2020年在德国的全年销售额约合人民币1000亿元，而2021年的"双11"仅天

[①] 演觉：《推进我国宗教中国化　助力全面建设社会主义现代化国家》，《中国民族报》2021年7月13日。

猫一个平台一天的销售额，就达人民币 5403 亿元①，我国互联网发展的技术基础、普及程度、群众规模及其数字化素养，由此可见一斑。世界第一人口大国与世界互联网发展水平第一梯队的效应相叠加，成为我国互联网宗教发展的现代性基础，也印证着其发展的广度、速度、深度有着非同一般的禀赋。从世界范围来看，国内外互联网宗教发展早期，往往是在线下缺乏正当性、缺乏场所和建筑等实体基础、缺乏"空间属性"的非主流团体（Cults）占据传播优势②③，这也是互联网宗教舆情治理困境的重要源头之一。而在我国，大批"正统""正规""主流"宗教力量很早就在国内完善的互联网软硬件基础上，萌发向线上转移的意识并且发展势头迅猛。如全国宗教"互联网＋"发展程度相关的统计显示④，从宗教类门户网站到微博、微信等自媒体崛起，覆盖持续扩大并已遍及全国，呈现出伴随媒介升级而高速普及的演化规律。这事实上对非主流的涉宗教信息，如歪理邪说等形成了替代、压制和纠偏效应。对比政府领域、技术领域的介入与干预来说，这是更具针对性、成本更低、效果更好的互联网宗教舆情治理力量。时至 2023 年，越来越多的正规宗教组织不断提升互联网利用率，这种民间自治的良好效应更加明显。国外对中国互联网宗教的研究往往局限在"线上大多是线下的翻版"之说⑤⑥，并没有充分把握中国宗教充分应用现代互联

---

① 《天猫双11今年交易额 5403 亿 重视用户体验和绿色公益》，人民网，2021 年 11 月 12 日，http：//finance.people.com.cn/n1/2021/1112/c1004 - 32280869.html。

② Bryson J. R., Andres L., Davies A., "COVID - 19, Virtual Church Services and a New Temporary Geography of Home", *Tijdschrift Voor Economische en Sociale Geografie*, Vol. 111, No. 3, 2020, pp. 360 - 372.

③ Mance, H., "How the Pandemic Reinvigorated Religion", 2020 - 5 - 22, https：//www.ft.com/content/a0975a06 - 9996 - 11ea - 8b5b - 63f7c5c86bef, 2021 - 11 - 28.

④ 明贤：《全国佛教活动场所"互联网＋"应用程度分析》，《中国宗教》2020 年第 12 期。

⑤ Xu S. and Campbell H. A., "Surveying Digital Religion in China: Characteristics of Religion on the Internet in Mainland China", *The Communication Review*, Vol. 21, No. 4, 2018, pp. 253 - 276.

⑥ Xu S. and Campbell H. A., "The Internet Usage of Religious Organizations in Mainland China: Case Analysis of the Buddhist Association of China", *Human Behavior and Emerging Technologies*, Vol. 3, No. 2, 2021, pp. 339 - 346.

互联网宗教中国化：以空间属性整合宏观中观与微观宗教舆情研判

网技术所带来的正面力量，没有意识到其蕴含的中国式现代性。

二是传统性。我国互联网宗教舆情的演进不是无源之水、无本之木。宗教是绵延数千年的人类实践，当代互联网宗教舆情信息不仅是实时宗教实践的产物，更与宗教发展的历史进程、关键历史事件、浩繁历史典籍等图文信息有着极为密切的关联。我国幅员辽阔，各个历史阶段的宗教实践都有较为清晰的空间定位和地理归属。以佛教兴教寺为例，正是由于其千年文化遗产的璀璨以及历史上在"一带一路"沿线的重要地位，才触发该寺与当代商业化大潮之间的碰撞与舆情发酵。[①] 从更为广泛的意义上看，当前的五大宗教在中国历史上和睦共处，对比西方绵延千年的宗教战争史可谓殊为难得，这也承继和投射在当代互联网宗教的生态中。可以看到，在各个历史时期的横截面上，不同宗教在地理空间上的分布规模、分布特征都对宗教间的"和而不同"有着可观的助益（如"山林佛教"远离政治中心的策略性选择等），这些都从空间属性的角度佐证着中国自古以来宗教生态的优越性。

三是空间属性。从前述中国互联网宗教的现代性与传统性特质中，都能鲜明地看到我国互联网宗教舆情信息中的空间定位和地理归属特征。总结来看，我国互联网宗教舆情信息具有天然而鲜明的空间属性。所谓空间属性，通俗来讲即从线上的宗教舆情信息中，普遍可以挖掘出清晰的线下宗教活动场所、宗教团体、宗教院校等信息，以及人物所在地、事件发生地、观点流布处、历史演变路径等和空间定位紧密相关的标识。特别是在2018年《互联网宗教信息服务管理办法（征求意见稿）》发布之后，互联网宗教信息与"相匹配的场所"之间必须进行关联，这使得我国线上宗教舆情信息的空间属性更加显著。广义来看，城市社会学、政治地理学、区域经济学、传染疫病学、环境犯罪学等领域，已有一些以空间属性为抓手展开的研究和治

---

① 《中国佛教协会就拟拆西安兴教寺部分建筑答记者问》，中央政府门户网站，2013年4月14日，http://www.gov.cn/gzdt/2013-04/14/content_2377483.htm，访问时间：2021年11月28日。

理探索，并带动了新范式的衍生。进一步在舆情研判领域，有研究认为"舆情源起于多重、不断变化的空间之中"①，借助GIS（地理信息系统）等技术手段实现的空间可视化，是最为直观的监测手段，并可成为新的研究路径。②③

综上所述，以空间属性为索引，可以逐步实现将庞杂的全网实时宗教舆情数据，以及将历时性和历史性数据进行结构化、立体化、可视化的全盘整合，建立统一的"宗教舆情时空信息开放平台"，产生交互分析上的巨大潜力。应该说，以空间属性进行贯通归纳的思路，抓住了我国互联网宗教舆情领域的特殊规律，体现了宗教界视角的专业性，在深度挖掘数据、直观呈现结果、升级分析能力、提升参考价值上都有比较可观的突破。这一思路有望为该领域的研究与治理带来具有中国特色的、具备方法论意义的启示，为推动我国"互联网宗教中国化"进程提供助力。

二 以空间属性为抓手搭建"宗教舆情时空信息开放平台"

为将上述方法论向宗教舆情研判的实践落地，本文探索开发"宗教舆情时空信息开放平台"④，以空间属性为抓手构建综合系统，实现对海量实时舆情信息与历史图文信息等数据进行统一存储、解析与可视化操作（图1）。从数据基础看，该平台首先具有覆盖全网

---

① 徐迪：《基于空间可视化的大数据舆情研判体系建构研究》，《情报科学》2019年第3期。

② 王敬泉、王凯：《基于GIS的突发事件网络舆情传播可视化探究》，《测绘通报》2019年第12期。

③ 李杰、赵阳：《基于WebGIS的突发事件网络舆情可视化设计与实现》，《测绘地理信息》2014年第4期。

④ "宗教舆情时空信息开放平台"基于禅林搜索、禅林GIS逐步迭代和扩展形成。禅林搜索、禅林GIS介绍参见释明贤《互联网宗教研究与治理：上层架构、中层策略与落地路径》，《世界宗教文化》2020年第6期；释明贤《全国佛教活动场所"互联网+"应用程度分析》，《中国宗教》2020年第12期。

互联网宗教中国化：以空间属性整合宏观中观与微观宗教舆情研判

不分领域实时舆情数据的能力，并具备 24 个月以上的回溯数据。数据来源囊括涵盖主流新闻网站、视频网站、平面媒体、论坛博客、境外媒体、微博、微信公众号、新闻客户端等。[①] 客观来看，不少通用型的舆情数据平台都有能力具备这样的数据基础。但面向宗教舆情，这些平台只能宽泛地提供关键词查询及相关联的若干个饼图、柱状图、折线图、词云图等，价值密度和信效度都无法有效支撑舆情研究与治理。而宗教舆情时空信息开放平台是围绕宗教舆情开发的专用平台，在搭建思路的专业性、数据库的针对性、解析能力的交互性以及可视化的高效性上，都具有通用型舆情平台难以比拟的优势。

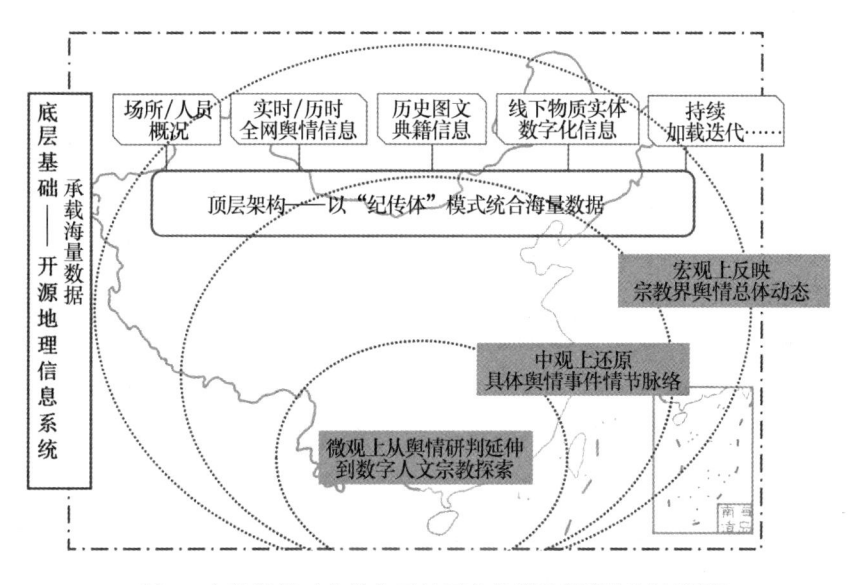

图 1　宗教舆情时空信息开放平台的搭建逻辑与运行框架

---

① 基于宗教界视角，平台优化了数据来源的专业性和针对性，并根据研究经验赋予权重以提升信息的价值密度，详情可参见"禅林搜索"相关介绍（释明贤：《互联网宗教研究与治理：上层架构、中层策略与落地路径》，《世界宗教文化》2020 年第 6 期）。

1. 底层基础：以开源地理信息系统承载海量数据

宗教舆情时空信息开放平台的底层技术为开源地理信息系统QGIS。这一系统的突出优势在于，它不仅能够全面承载实时的和历史的海量数据，而且是一个将非结构化数据进行结构化的过程，同时也是一个空间可视化的直观过程。在开源地理信息系统之上，连接了图形数据库Neo4j、关系型数据库MySQL等系统，能以空间属性为基础实现多类型数据的深度融合，具备强大的存储、检索、处理与显示功能。平台提供矢量标绘、长度测量、面积测量、可视域分析、等高线分析等空间分析操作，以及图文数据检索、图像匹配、图像识别、图像融合、自然语言处理、热词统计、可视化输出等处理功能。

2. 顶层架构：以"纪传体"模式统合海量数据

在顶层架构上，宗教舆情时空信息开放平台较有开创性地提出"寺观教堂纪传体"模式，来全盘梳理和深度整合舆情数据。所谓纪传体，是早期东亚地区，特别是我国史书编纂的一大特色，以为人物立传记的方式记叙史实。如司马迁所著《史记》即典型的纪传体，把波澜壮阔的历史用一个个关键人物的生命史来归纳和索引。依此类比，本文提出"寺观教堂纪传体"概念，其核心逻辑是面向全网庞杂繁复、平铺无序的实时舆情信息，深入挖掘其空间属性，建立起舆情信息与实体寺观教堂之间的映射，从而为具体舆情信息赋予空间坐标，将舆情信息在客观而直观的地理空间中进行归纳和索引。

需要说明的是，所谓"寺观教堂纪传体"的主体可以是多元的。具有空间属性的主体，不仅可以是寺观教堂等宗教活动场所，还可以是宗教团体、宗教院校、宗教学术机构、临时活动地点等，以及与特定空间位置绑定密切的人物、团队、派别等。换句话说，在信息解析能力到位的条件下，以"纪传体"模式归纳和索引的舆情信息，可以重新排列组合，建立不同需求下的不同映射。

以佛教为例，一套以某寺院为主体进行立体化整合的"纪传体"舆情数据，至少要涵盖四个方面。一是该寺院作为宗教活动场所的基

互联网宗教中国化：以空间属性整合宏观中观与微观宗教舆情研判

本信息，一般为公开可得数据，如地址等属地管理信息、寺志等概况、联系方式、负责人信息、教职人员队伍信息[①]、信众互动概况、周边经济社会基本概况、可及的宗教关系情况等；二是全网实时舆情信息中与该寺院有关涉的信息，包括其在"两微一端"等自媒体主动发布的信息，以及全网舆情中被提及的图文影音信息等；三是历史图文信息，包括南北朝以来的历史图、近60年的卫星影像、可及的数字化历史典籍和文献资料，以及现存的文物遗产信息等，如图2、图3展现了把空间属性向历史时间维度拓展之后，生成的交互式结果；四是线下物质实体的数字化资源，包括将宗教类建筑、场地、文物遗产等通过技术转化为数据后，加载到平台上，由此实现线下物质实体与线上虚拟舆情的交互分析。"纪传体"模式统合多领域、多视角、多种格式的可及数据于一体，并具有开放性和兼容能力，新信息以及新技术所拓展的新数据源可以不断地在其上更新与迭代。

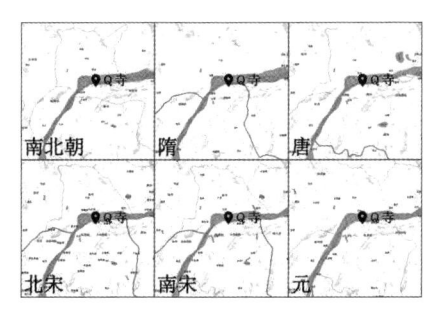

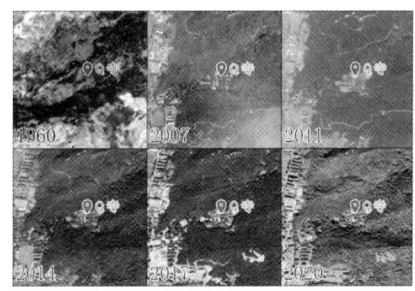

图2、图3　左图是我国东南沿海汉传佛教Q寺周边历史演变图，反映了历代行政区划、城市、水系等地理信息的变化；右图为该寺近60年卫星影像图，反映了60年来寺院及其周边地形、水系、建筑、道路、植被、周边城市化进程以及商业化开发等情况的变化

---

① 2021年5月起实施的《宗教教职人员管理办法》推动了宗教教职人员的基本信息、奖惩情况、注销备案等信息的公开化，平台逐步将其统合到"纪传体"中，将有助于以人物脉络追踪舆情事件、把握宗教界动态。

三 空间属性整合下的宏观、中观与微观宗教舆情研判

承上所述,在底层基础加顶层架构的框架下,宗教舆情时空信息开放平台不但具有信息覆盖上的全面性,并且可以实现海量信息在时空两个维度上的统一化整合,并在交互分析能力上实现重要突破。这一整合与交互能力,体现在宏观、中观、微观不同层次的宗教舆情研判上,不同层次之间还能够基于"空间同一性"进行融通与衔接。

(一) 宏观层面:反映教界舆情总体动态

在宏观层面,宗教舆情时空信息开放平台以空间属性统合时间、人物、事件、历史等维度,能够跨地域、有效把握教界舆情的总体动态。

1. 互联网宗教舆情热力图

"互联网宗教舆情热力图"是"纪传体"模式的一个最为直观的应用,旨在呈现一段时期内教界舆情发展的主流趋势。将每一个寺观教堂(或宗教团体、院校等)作为舆情纪传体的"主人公",宗教舆情时空信息开放平台可以集结其在舆论场上所有可及的信息数据,然后通过一定算法①转化为舆情热度指数并标识在地图上,形成全国视野的"互联网宗教舆情热力图"。该热力图在加入时间维度后,即可

---

① 在"纪传体"模式下,"互联网宗教舆情热度指数"的操作化包含两级指标112个变量。其中第一级指标为"纪传体"的主体在主流新闻网站、视频网站、平面媒体、论坛博客、境外媒体、微博、微信公众号、新闻客户端上的热度数值,共8个,并附有基于专业研发经验的权重配比(第一层权重)。以微博为例,第二级指标包含某一设定时间节点之内的累计指数、发布指数、互动指数、活跃指数4个维度,每个维度进一步由若干可测量、可抓取、可计算的变量组成;微博热度数值(BWPV)的计算公式为 $BII = \sum_i w_i \sum_j w_{ij} \sum_k [b_{ijk} \cdot \ln(X_{ijk}+1)]$,其中 W 为第二层权重,w 为第三层权重,b 为每一个变量的系数,x 为每个变量的具体数值。其他主流新闻网站、视频网站、平面媒体等7个热度数值的计算公式限于篇幅不作展开。

实现动态实时监测功能。以佛教界 2020 年年初至 2021 年下半年连续 7 个季度的"互联网宗教舆情热力图"为例（图 4、图 5），图中显示了自新冠疫情暴发以来，各地佛教寺院的互联网发布信息普遍大幅放量，舆情热度持续升温。具体解析来看，以微信公众号、微博为主的佛教自媒体是舆情热度陡升的主力，东南地区、华中地区增幅尤大。这从技术的角度佐证了新冠疫情暴发以来我国互联网宗教领域发展进程的提速。

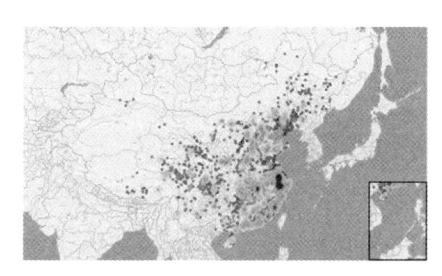

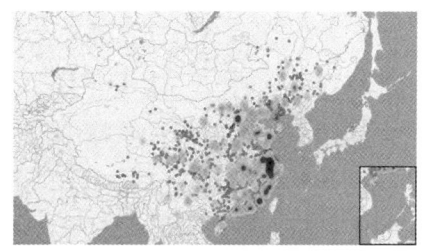

图 4、图 5　2020 年第一季度末与 2021 年第三季度末"互联网宗教舆情热力图"（平台可显示为连续实时动态）

2. 热点舆情事件榜单

进一步，宗教舆情时空信息开放平台能够自动形成年度、季度、月度热点舆情事件榜单，并结合空间属性来定位事件的爆发地、演进路线、扩散范围等，助力对热点舆情发展态势的把握和判断。基于网络爬虫（Web Crawler）、自然语言处理（NLP, Natural Language Processing）、光学字符识别（Optical Character Recognition）等技术，平台能够对宗教界舆情的高频词汇进行聚类分析。一个或一组高频词，往往是识别和定义一个正在发生的舆情热点事件的关键要素。具体解析每一个"纪传体"舆情信息数据，并与高频词进行关联，可以为热点事件的构成信息赋予空间坐标，实现热点事件在地理空间中的追踪。2021 年建党 100 周年之际，佛教界舆情的高频词汇集中在"党史""四史""建党""爱党"等关键词上，鲜明地体现出这一时期的主流叙事。特别是，这一盛大的教界热点事件在热度分布上，与全国佛教活动场所"互联网＋"应用程度的分布特征①极为近似，这意味着全国各地的佛教寺院基本都在各自力所能及的互联网应用水平上，表达和传播了对建党100周年的积极响应。

（二）中观层面：还原具体舆情事件情节脉络

在中观层面，宗教舆情时空信息开放平台以空间属性为主线、结合特征匹配、模式识别等技术，能够推理坐标方位、人物关系等，准确还原具体宗教事件的情节脉络、民众情感倾向等。

1. 舆情图片的空间追溯

在当今所谓的"读图时代"和"短视频时代"，在文本数据之外，图像影音也承载着舆情事件中的大量关键信息。从空间属性入手，溯源图像影音的地理出处和流转路径，是一个准确还原和把握事件情节脉络的重要思路。尤其对于实拍照片和视频（按帧解析），其场景必然与实体世界具有"空间同一性"，即存在追踪其实际拍摄地点的技术可能性。由此，宗教舆情时空信息开放平台基于海量数据库进行解析比对和模型训练，致力于实现舆情图片的空间追溯功能。

以2021年下半年某佛教舆情事件中的地点信息挖掘为例。图6（左图）为平台自媒体爬虫抓取到的舆情事件中关键图片的一角，但由于信息缺失无法判断具体拍摄地点。将此图导入"纪传体"寺院图片库进行匹配检索，程序通过提取ASIFT特征点产生相应检索结果，发现这一舆情图片与拍摄于1917年的J省某寺院佛教遗迹影像（图7，右图）相吻合，由此精准确认了舆情事件发生地。这一精准确认结果也同时被录入寺院"纪传体"数据库中，能够为相关事件和未来舆情事件的线索发掘提供佐证。

出于博眼球以制造流量，或别有用心地混淆视听等原因，网络间时常出现一些抹黑和丑化宗教的谣言。不少谣言由于未能有效得到澄清，

---

① 具体算法参见释明贤《全国佛教活动场所"互联网＋"应用程度分析》，《中国宗教》2020年第12期。

互联网宗教中国化：以空间属性整合宏观中观与微观宗教舆情研判

图6、图7　某宗教舆情事件关键图片的空间位置追溯过程示意图

或辟谣力量太过微弱，常年反复出现、大行其道。为有效维护宗教界的美誉度，宗教舆情时空信息开放平台探索了对具体谣言图文的识别和澄清机制。以佛教为例，长期以来，将僧人形象和酒肉、金钱、美女等绑定，来抹黑丑化佛教的一些图文信息被大肆传播。为及时发现和鉴别此类负面舆情，平台分别建立"僧众人像库"和"僧众负面舆情图像库"，以此进行目标检测与数据标注，从而优化目标分类的预训练模型。通过该模型，可以准确筛选出涉及僧众形象的互联网图片[①]，批量识别涉僧众舆情的图片信息，从而高效监测涉及僧众的负面舆情。与此同时，通过对空间属性的提取，可以将负面舆情图像与相关坐标方位、相关寺院建立关联，有力发掘舆情背后的多维要素，协助相关乱象的集中治理。

---

①《近期一群假尼姑、假和尚上门诈骗，快提醒家中的老人！》，江苏网络广播电视台，2019年4月5日，http://news.jstv.com/a/20190405/1554447749768.shtml，引用时间：2021年12月9日。

(三) 微观层面：从舆情研判延伸到数字人文宗教探索

在微观层面，宗教舆情时空信息开放平台基于对实物细节的空间属性把握，通过影像融合、遥感识别等技术手段，可以实现宗教建筑等实体的数字化，以及辅助对教界文物、历史建筑的考证、修复与还原，从宗教舆情研判延伸到数字人文宗教领域的探索。

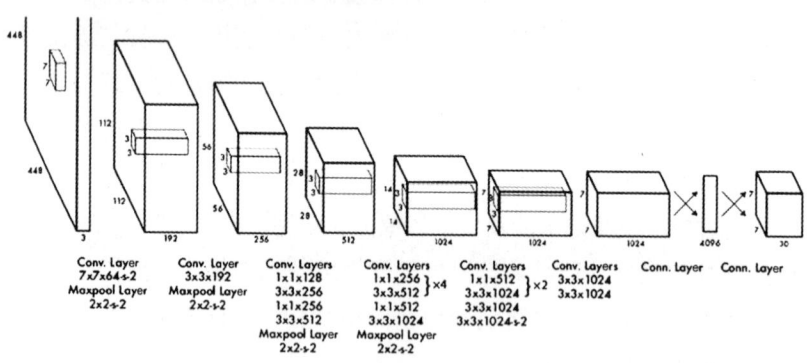

图8 谣言图片的识别机制

1. 线下物质实体与线上虚拟舆情的交互

宗教舆情时空信息开放平台借助"将现实世界原子化"的点云数

互联网宗教中国化：以空间属性整合宏观中观与微观宗教舆情研判

据技术[①]，探索了如何以物质实体的数字化，来对接虚拟的互联网舆情数据。换句话说，诸如地表建筑、文物、场地等，可以通过较为前沿的扫描技术，转化为三维坐标系统中的一组空间数据集合，以数字化的形式与线上的宗教舆情数据产生关联和交互。可见，"现实世界原子化"而来的数据，能够成为"纪传体"模式所整合的又一大数据来源。与此同时，类似技术的原理也可以成为探索构建"智慧寺院物联网"的思路之一。

如图9为H省某寺院荷塘航拍影像。借助点云数据技术，这一场

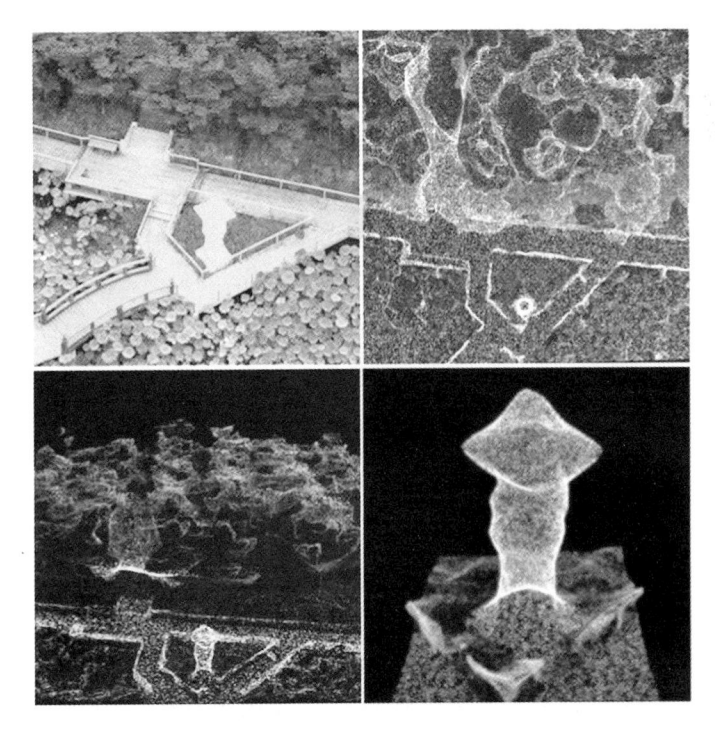

图9　点云数据技术对线下物质实体的原子化与数字化

---

① 通俗来讲，点云数据（Point Cloud Data）技术的基本逻辑是通过高精度的点云数据还原现实世界。点云数据主要通过三维激光扫描仪或"二维影像三维重建"的方式进行采集。数据以点的形式记录，每一个点包含三维坐标，有些可能含有颜色信息（RGB）或反射强度信息（Intensity）。

景被数字化为三维点云图,尤其是其中颇具造型特色的"唐灯石雕"三维形态得以准确记录。通过与该寺院"纪传体"中的已有数据进行关联,至少产生了两个值得关注的交互分析结果:一是可以调出线上实时舆情数据中所有与该石雕有关的图文信息,了解到诸如寺院参访者的相关态度评价,以及该造型在多地得以复制和传播的情况等;二是在与历史图文信息的关联中,了解到该石雕造型为唐代盛世期间的典型样式,寓意对国泰民安与正法昌隆的祝福,展现了该寺院的文脉传承与历史积淀。

2. 利用空间属性考证和还原宗教文物遗产

在更小的尺度上,空间属性的利用能够为宗教文物遗产的数字化还原带来突破。字迹、纹理、色彩等遭受侵蚀、难以辨认是宗教文物遗产遭遇的普遍问题。实际上,遗产之中穿越千年的关键人文信息往往尚有留存,只是人们用肉眼难以有效辨识。巧妙提取其中的空间属性,可以用技术延伸人工视觉,辨识并数字化文物遗产中被湮没和隐藏的信息,并与线上舆情信息实现对接和交互。

对于无法确认字迹的碑刻、岩画类实体,可以设计不同角度的光照条件,得到高光和阴影系数各不相同但具备空间同一性的一组影像,通过计算机视觉技术生成假彩色合成图像。这一假彩色合成图像使得碑刻上的字迹、岩画上的纹理等既有灰度对比,又有色彩对比,难以用肉眼辨认的信息得以显影,并形成数字化资料,得以存档(图10)。对于壁画、建筑彩绘等实体,往往因褪色、氧化等原因在肉眼中呈现色彩差异细微、完全没有色彩甚至一团乌黑的样貌。实际上在技术的视野中,很多类似画作依然承载着最初的多彩与生动。利用多光谱和高光谱技术,可以捕获和检测到单个对象在不同空间角度上的独特光谱特征,由计算机合成在视觉上无法区分的物质与色彩(图11)。以提取空间属性为原理进行文物还原的技术还包括借助X衍射技术识别壁画颜料,基于成像光谱数据提取文物隐藏信息,通过激光扫描用于文物三维重建等。上述技术手段都能够在还原文物原貌的同时将其数字化,加载到宗教舆情时空信息

互联网宗教中国化：以空间属性整合宏观中观与微观宗教舆情研判

开放平台之上。

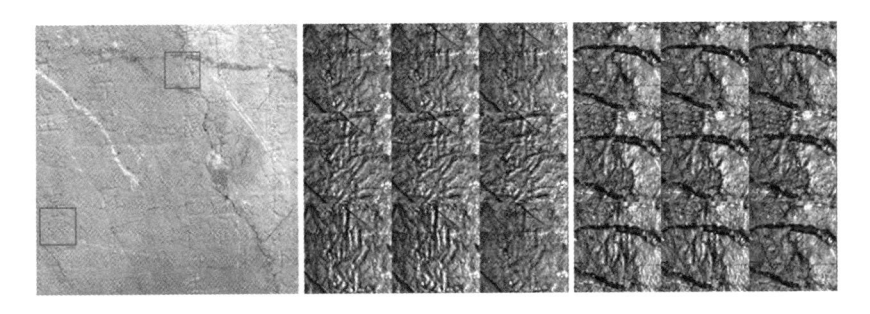

图 10　碑刻、岩画类实体的辨识与数字化（图为"佛""锡"两字的识别）

图 11　壁画、建筑彩画等实体的数字化还原（图为 S 省某寺院建筑构件彩画的处理情况）

四　讨论与结语

　　括而言之，空间属性是我国互联网宗教舆情信息中的最大公约数，是具备中国特质的特殊规律。无论是各类型的舆情数据（图文影音）、各层级的舆情图景（宏观的、中观的、微观的），还是各阶段的舆情内容（实时的、历时的、历史的），都能够以空间属性为主线进行结构化和情报化。特别是，作为最大公约数的空间属性，实际上指向的是"空间同一性"，这意味着从宏观到微观的舆情信息能够建立起统一性，进而实现以全局把握细节、以毫厘佐证总体的交互能力。这即本文在开篇提到的空间属性这一思路的方法论意义。

　　当然也必须看到，有些图文影音信息难以挖掘出空间属性。换个视角来看，这类网络宗教信息更多的是通过互联网逻辑自发孕育和生成的，脱离线下的实体对应，在发展上有一定的前沿性和自治性，也不可避免地具有盲目性和不可控性。应该说，正是通过"空间属性"，我们可以有效地把这部分信息筛选出来，而且有效的筛选本身也恰恰是研究和治理的逻辑起点和关键基础。针对这部分信息数据具体如何研究与治理，同样是一个重要的也充满前景的研究方向，有待探索并值得跟进。

　　"互联网宗教舆情时空信息开放平台"还有诸多应用场景正在开发，尚有不少潜力正待发掘。这一平台是技术前沿性与人工专业性的良好结合，深刻洞见与上位思路才能够有效看懂中国宗教故事，并借助数字化技术呈现和讲好中国宗教故事。互联网宗教舆情的中国特质不仅仅能够收敛于"空间属性"之上，还有更多的本土特色和特殊规律有待把握。类似的探索都有望为推动互联网宗教的健康发展、为推动"互联网宗教中国化"进程，提供有理论前景、实践价值的发展路径。

第二章 数字治理理论研究

数字化时代"信息茧房"风险与互联网宗教治理*

◇ 郑筱筠

科学是推动人类文明进步的革命力量。在信息技术高度发达的数字化时代，作为世界上网民最多的国度，加强数字文明建设，加强网络强国建设，构建网络空间命运共同体，提升我国参与网络空间国际治理的能力与水平，是我国作为一个负责任大国所应有的使命与担当，更是以中国式现代化全面推进中华民族伟大复兴的题中应有之义。

随着互联网技术的发展，宗教以其特有的线上线下的传播途径和模式，逐渐打破了世界宗教发展近千年才形成的一个分布格局，形成独特的互联网宗教发展现象。因此，数字化时代的互联网宗教治理是我国互联网空间治理的一个重要内容，也是提升我国国家治理体系和治理能力现代化的一个重要途径。如何在数字文明建设进程中，顺应信息化、数字化、网络化、智能化发展趋势，高效精准治理互联网宗教，化解或降低互联网宗教风险，抓住机遇，应对挑战，是时代之问，对之进行研究，无疑具有重大的现实意义和理论价值。为此，笔

---

* 原载于《世界宗教文化》2023 年第 1 期。本文系国家社科基金中国历史研究院重大研究专项（编号：20@WTS005）阶段性成果；国家社科基金重大项目"'一带一路'实施中的宗教风险研究"（编号：16ZDA168）课题成果；中国社会科学院马克思主义重大工程项目"习近平新时代中国特色社会主义宗教工作理论的研究与阐释"；中国社会科学院邪教问题研究中心项目；中国社会科学院创新工程项目阶段性成果。

者拟围绕数字化时代的"信息茧房"风险[①]与互联网宗教治理进行多维度的研究,提出互联网空间宗教的治理体系及其实践逻辑,将"数字风险"转化为"数字机遇",防范化解互联网宗教领域重大风险的治理理论及实践逻辑。

一 网络空间存在"信息茧房"及其风险

(一) 互联网信息传播的"信息茧房"现象

随着国际信息技术的飞速发展,数字赋能新媒体自媒体,乃至全媒体平台的普及化,网络空间的低门槛、低成本,低透明性、弱组织性,使其拥有了众多的网民。在数字社会中,从互联网的信息流空间建构维度而言,互联网平台的连接逻辑是去中心化、去边界化的,互联网空间的使用、信息的传播跨越了国界、超越了种族,乃至超越了世界时区的差异。与此同时,信息流的连接逻辑却是内聚性的,在数字赋能的技术识别和传播平台推送下,它反向聚合,经算法识别、技术分析后,形成具有相同或相似关注点的信息源和信息接收群,在相似信息流的持续"冲击"和"推送"下,信息流的接受主体逐渐形成"信息盲思"边界和区隔,从而形成互联网信息传播的"信息茧房"现象。

"信息茧房"是伴随着互联网技术的使用而产生,会一直存在于网络空间中,难以用外力消除。因此,"信息茧房"现象是存在于网络空间的"悖论"现象,它不会完全彻底消失。一方面,"碎片化"的阅读习惯让有共同阅读兴趣取向的主体通过微信朋友圈汇聚在一

[①] "信息茧房"(Information Cocoons)概念是由美国学者桑斯坦提出来的,他认为所谓"信息茧房"是指:"人们关注的信息领域会习惯性地被自己的兴趣所引导,从而将自己的生活桎梏于像蚕茧一般的'茧房'中的现象。由于信息技术提供了更自我的思想空间和任何领域的巨量知识,一些人还可能进一步逃避社会中的种种矛盾,成为与世隔绝的孤立者。在社群内的交流更加高效的同时,社群之间的沟通并不见得一定会比信息匮乏的时代更加顺畅和有效。"详参〔美〕桑斯坦《网络共和国》,黄维明译,上海人民出版社2003年版。——笔者注

起，再次强化了网络空间的新型人际关系网，当自媒体逐渐成为新媒体主流后，"低头族"成为网络空间的阅读主体，QQ、微博、微信、抖音等社交软件的流行，强化了"低头族"的新人际关系网络和新型网络社会群体的内聚性特征。另一方面，网络社会的弱组织性呈现出从解构到再结界，从去中心到内聚化中心的解构与结构的可反复过程。在"信息茧房"中得到的信息似乎让人们"足不出户，就可知天下事"，网络传播平台定点、定向推送"窄化后"信息流又让人们"孤陋寡闻"。新媒体时代的信息传播的来源多元化、文本零碎化、反馈异质化的特征，定制式、圈层式的"窄化传播"方式使文化传播变得更加区域化和多中心化。国家、文化精英、地方势力、网红、公知、大众都在网上努力建立自己的话语中心，这样的多中心化的话语建构反而弱化了主流话语高地的建构，导致形成多元化"信息茧房"分散化出现于网络空间的现象。

（二）"信息茧房"风险

"信息茧房"因其内聚性强，反而成为网络空间的众多"隐形能量源"，如果对之加以正确引导，它就是网民们社会生活的一个组成部分，有可能助推社会稳定；但如果引导不力，它就会成为引爆某一网络舆情的"炸弹"，甚至引发网络安全问题，乃至于出现社会问题。因此，"信息茧房"风险是网络空间潜在的风险。

究其原因，"网络平台的高畅通性"与"信息流的反向聚合性"悖论的叠加溢出效应[①]是产生"信息茧房"的主要原因。后疫情时代，全球经济发展的风险系数增加，会对一些领域的"裸露地表"或"边缘地带"风险的影响较大，因此"信息茧房"的风险在于圈层式窄播带来的风险，主要表现在：网络群体的极化，所谓"网络群体的极化"，是指"网络下聚集的群体，是由分化而类聚的，表现出

[①] 笔者另有专文论述，在此就不再展开。详参郑筱筠《全球风险社会之互联网宗教风险研究报告》（国家社科基金重大项目阶段性成果"16ZDA168"）。

群体内同质、群际异质的特性。网络信息茧房一旦生成，群体内成员与外部世界交流就会大幅减少，群体成员拥有相近似的观点和看法，群体内同质的特征越显著，群体经过时间的累积形成了自己独特的风格与特点，群体间异质的特征越明显"[1]。现在网络信息全球化，气候变化全球化，经济发展全球化，将人类的共存与发展联系为一个整体。随着互联网传播模式在人类生活工作领域中的深度渗透，人类社会经济生活的各个方面都逐渐更加广泛地与互联网传播平台融合、叠加在一起。正是人类生活生产方式的互联网化，使得海量资源向互联网传播平台不断地集聚、牵引，互联网才因数十亿人的依赖而显得更加重要。但是近年来，网络空间的冲突不断、矛盾增多，网络中的恶性竞争也愈演愈烈。由于所接受的信息有限，或者"数字融入度"程度不高，其群体具有高度凝聚力，群体成员追求的价值观相似，逐渐形成以血缘、年龄、职业、爱好、地域、阅读兴趣等为纽带的网络空间群体，甚至逐渐"板结化"，内聚性加强，形成厚厚的"茧房"，但其一旦"破茧"，极端"信息茧房"就会引发"群体盲思"的大规模裂变，在外力的压迫下，会出现极端行为，甚至出现引发群体性的网络暴力行为，形成网络舆情风险，也有可能形成不同程度的分层风险。[2]

二　数字化时代的互联网宗教及特点

中国互联网络信息中心发布的第四十八次《中国互联网发展状况统计报告》显示，截至 2021 年 6 月，我国网民规模达 10.11 亿人，互联网普及率达 71.6%。10 亿多名用户接入互联网，共同建构起互联互通、精彩缤纷的数字世界。

如果按互联网三大定律中的"迈特卡夫定律"（认为网络的价值

---

[1] ［美］桑斯坦：《网络共和国》，黄维明译，上海人民出版社 2003 年版。
[2] 详参郑筱筠《全球风险社会之互联网宗教风险研究报告》（国家社科基金重大项目阶段性成果"16ZDA168"）。

与网络使用者数量的平方成正比[1]）展开研究的话，随着国外宗教信仰人数的变化，互联网空间中的宗教网站或信息服务量会有较大变化。从全球的视角来看，网络时代的宗教发展出现很多新特点、新动态和新趋势。现在随着5G技术开始广泛使用，网络时代的宗教发展值得关注，互联网宗教风险值得研判。与此同时，我国宗教多元，有佛教、道教、基督教、伊斯兰教、天主教等。与宗教活动场所数量相比，互联网宗教网页的设置，短短几十年间从无到有。2001年，互联网上几大主要宗教的网站仅7100多个，但是仅仅以基督教和天主教网站为例，到2009年这一数字已破千万。这一数量还在发生变化，尤其是微信、抖音、小视频等新媒体、自媒体的广泛出现，已经使互联网宗教文化传播平台日益低门槛、更便捷。

就互联网宗教而言，互联网宗教是网络时代的宗教，是在互联网空间中的宗教。在信息高度发达，新媒体、自媒体层出不穷的时代，网络宗教全球化的特点就是世界各国必须面对的现实，它也是今后互联网宗教发展的基础。在世界历史的发展过程中，世界各大宗教在世界版图、地域板块上逐渐形成了相对集中的分布格局，并作为一种变量影响这一领域的政治、经济、文化、社会发展进程。但是近几十年来，互联网技术的发展在很短时间内使得宗教以及线上线下的传播速度与模式突破了实体宗教发展几千年才有的分布格局，这也使当代宗教呈现出一种新的发展格局。[2]

值得注意的是，从宗教发展过程而言，宗教始终处于不断扩容的动态变化过程，现阶段的网络宗教仍然是传统宗教形态的补充，是不会取代实体空间中的网络存在，互联网时代的宗教试图建立具有超越性特征的一种内在联系，形成宗教信仰的一个反诘化现象。另外，多元化的趋势也在继续抗拒全球化带来的同质化，既有回归传统，亦有创新。网络宗教的出现，既为大规模的宗教认同提供了平台，也为小

---

[1] 《网络三大定律之"迈特卡夫定律"》详参百度百科"迈特卡夫定律"词条。
[2] 郑筱筠：《互联网宗教与人类命运共同体》，《世界宗教文化》2018年第1期。

众的信仰群体提供了从不同地区聚会的渠道。① 值得注意的是，近年来随着元宇宙概念的提出，AR、VR 等融媒体产品化，产业化的出现，还有可能形成一个与实体宗教并存的宗教空间现象。因此，我们需要自上而下、自下而上地形成一个全方位的国家治理、社会治理、网络空间治理的有效体系，方能正确引导网络宗教的有序发展。

三 坚持总体国家安全观，研究互联网风险生成逻辑，构建互联网空间治理的实践体系，防范化解互联网宗教领域重大风险隐患

（一）互联网宗教治理的理论逻辑

坚持以习近平新时代中国特色社会主义思想为指导，坚持总体国家安全观，统筹安全和发展两个大局，践行全球安全倡议、全球发展倡议，在数字文明建设中，推动构建网络命运共同体。在全球化时代，中国作为"网民大国"，应积极参与到国际社会的互联网全球治理体系中，其互联网治理和国家治理也将为全球治理提供具有建设性的中国理念、中国主张、中国方案。只有在人类命运共同体的共识中形成新的世界安全观，促使世界各国积极参与和资源共享，提高依法管理的法治能力，加强互联网空间治理，才能真正打造一个风清气朗的互联网空间命运共同体，进而才能为人类命运共同体的发展建构一个可持续发展的空间。

数字化时代的互联网治理问题是世界各国共同面临的世界性难题。当前我国正面临世界百年未有之大变局和中华民族伟大复兴的战略全局，如何在变局中开新局，面对挑战，把握发展机遇，提质增速？这也是互联网宗教治理的理论的研究内容。

第一，就互联网宗教风险与"信息茧房"风险的关系而言，主要

---

① 郑筱筠：《互联网宗教与人类命运共同体》，《世界宗教文化》2018 年第 1 期。

数字化时代"信息茧房"风险与互联网宗教治理

是由于在互联网空间信息内容及网络空间行为体的活动模式,分别在互联网宗教空间和"信息茧房"中高度相似,"信息茧房"风险外溢,与互联网宗教空间形成共振,形成了重叠或交叉关系。因此,在进行互联网宗教治理的同时,防范化解"信息茧房"风险也是其中一个内容。

第二,防范数字化时代"信息茧房"风险的层面,面对挑战,应强调数字包容,以人为本,消弭数字鸿沟,以数字化技术提升治理效率,以各种技术手段来提升科技红利。① 美国学者桑斯坦把希望寄托在政府监管上,对于数字鸿沟,提出"协同过滤"观点②。他认为"通过政府积极的监管,让各类信息能够更均匀地传播,让受众能够接触到更广泛的有用信息,有效地规避不良思想的传播,促使人们了解到社会的更多真实情况,对减轻极化和片面思想有很大的作用。对于一些极端破坏性网站、极端思想人士的信息传播,政府要发挥监管作用,这是毋庸置疑的,需要研究的问题应该是政府如何管制"③,笔者认为,建构网络空间的系统多元的综合治理体系是有效的实践路径,正如笔者在上文中指出,"网络平台的高畅通性"与"信息流的反向聚合性"悖论的叠加溢出效应是产生"信息茧房"的主要原因。因此,应在国家治理体系和治理能力现代化进程中,全方位提升数字政府建设水平,以"数字红利""数字包容"倡导健康发展的数字化生活,推动构建网络空间命运共同体。

第三,从宗教治理维度来看,对于现实中的宗教,"作为国家治理体系的一个内容,宗教治理有宗教内部自身的治理和宗教的社会治理两个部分。就宗教层面的内部治理而言,就需要与时俱进,不断完善宗教体系自身的体系建设。就社会层面的宗教治理而言,就涉及治理主体、治理对象、治理内容以及治理途径。而在宗教参与社会治理

---

① 参考杜娟、韩文婷《互联网与老年生活:挑战与机遇》,《人口研究》2021年第3期;陈小平《人工智能:技术条件、风险分析和创新模式升级》,《科学与社会》2021年第2期;郑筱筠《数字化时代的技术风险与互联网宗教治理研究报告》(国家社科基金重大项目阶段性成果"ZDA168")。

② [美]桑斯坦:《网络共和国》,黄维明译,上海人民出版社2003年版,第24页。

③ [美]桑斯坦:《网络共和国》,黄维明译,上海人民出版社2003年版。

层面,就需要进行综合治理。必须坚持宗教治理的原则,提升国家治理体系法治化水平,夯实宗教综合治理的基础,才能不断完善宗教治理体系建设,不断推进国家治理体系现代化进程"①。当宗教作为互联网空间的一个节点,"穿越"于互联网世界和现实世界之中,它作为其中一个重要的变量,还有可能与互联网"信息茧房"联动,形成风险的叠加效应②。此外,国外学者也从宗教与数字媒体(digital media)的维度,对各种数字媒体形式的宗教参与现象进行了批判性和系统性的研究,提出了自己的思考和见解③。

第四,随着相关法律法规和条例的颁布实施,互联网治理的法治化和现代化水平不断提升。从互联网技术和信息平台的建构空间而言,任何一个计算机及网络节点都能够自由地获取整个网络系统中的任何资源,同时任何一个节点也都可能通过相同的途径为网络中的其他节点提供服务。从宗教的发展过程来看,宗教始终处于不断发展、不断扩容的动态变化过程。现阶段的网上宗教仍然是传统宗教形态的一种补充,它不会取代实体空间中的宗教存在,却是与实体宗教空间并存的宗教现象。随着自媒体、新媒体等新兴媒介的广泛运用,互联网平台上的宗教信息推动着实体,也助推着实体空间的宗教发展,尤其是对小众化的宗教团体形成了较大的助推力。有的网络团体在这虚拟空间中不断地发展,也扩大了自己的影响。有的网络组织非常熟悉我国相关的宗教政策、法律法规,能以较好的形式在网络空间发展。因此,对互联网宗教和治理,一方面应该重视移动网络空间和固定网络空间的管理;另一方面是根据互联网空间体系的特征,对互联网空间进行分层治理,建立风清气朗的网络法治化空间。

---

① 郑筱筠:《"一带一路"实施中的宗教风险研究》,《世界宗教研究》2016年第6期;郑筱筠:《关于在国家治理体系现代化进程中的宗教治理体系建设之思考》,《世界宗教研究》2019年第5期。
② 郑筱筠:《坚持总体国家安全观,防范化解互联网宗教领域重大风险》,"首届数字人文宗教论坛暨第四届'互联网+宗教'研究论坛论文"(北京),2022年11月。
③ Heidi A. Campbell and Ruth Tsuria, *Digital Religion-Understanding Religious Practice in Digital Media*, 2nd. edition, Routledge, 2022.

第五,数字化时代"信息茧房"风险与互联网宗教风险在网络空间的叠加效应外溢,还会加大互联网空间的风险系数。因数据信息流的强聚合性和"信息茧房"的信息接收主体们的强内聚性,形成时而并列,时而疏离,却有可能交叉的关系,当其以叠加效应出现时,会相互作用,推动形成新型的互联网宗教风险或"信息茧房"风险。因此,在进行宗教治理的进程中,对"信息茧房"风险进行治理也是防范化解宗教风险的一个行之有效的途径。

(二)建构互联网空间的治理体系及其实践逻辑

以国家网络空间治理体系的进一步完善为治理逻辑主线,以思想引领力为社会网络空间的治理逻辑,以滴灌式的常态化治理和网络舆情危机的非常态化治理相结合,以数据流量模式治理和互联网行为主体治理相结合,防范化解互联网宗教领域重大风险隐患。互联网宗教治理是网络空间治理的一个组成部分,因此,在建构网络空间治理体系时,也会涉及互联网宗教治理体系的建构。同理,从互联网宗教治理逻辑来看,防范化解数字化时代的"信息茧房"风险,也是互联网空间宗教治理的一个内容。笔者拟围绕以下几方面进行思考:

第一,国家治理逻辑层面,在战略层面加强数字文明建设,加强互联网空间的综合治理,把制度优势转化为治理效能,进一步完善国家治理体系的顶层设计,多措并举,实现内涵式变革。

数字化时代的国家治理不但需要主动适应数字技术的新诉求,实现内涵式变革,而且应该借助快速发展的数字技术全面提升其现代化水平,"以多元协同方式推进共治,以高效精准推进国家治理科学化,以信息透明推进国家治理廉洁化"[①]。也有学者指出:"考虑到信息技术发展带来的不确定性以及网络空间碎片化发展的客观趋势,网络空

---

① 尹振涛、徐秀军:《数字时代的国家治理现代化:理论逻辑、现实向度与中国方案》,2021年9月30日,资料来源:http://www.nifd.cn/Paper/Details/2983,引用时间:2022年12月2日;包心鉴:《多元主体协同治理是推进国家治理现代化的有效路径》,《光明日报》2016年6月16日。

间的无序状态还会在未来一段时间内持续。国家能否做好自己的事，或者说其自适应和改革能力，将在很大程度上决定其参与大国博弈的竞争力"[①]。可以说，大数据时代网络空间的实力已经上升为各个国家的国家战略层面。加强国家战略层面的治理体系建设，是数字化时代网络强国建设的重中之重。

第二，依法治理逻辑层面，在法律层面，我国政府具有丰富的网络管理经验，前瞻性地制定网络空间国际安全法、网络空间管理国际公约等网络空间法律法规，从法律层面净化网络空间。

近年来，我国加大法治化治理力度，与国际接轨，制定中国特色的网络安全法，建立和完善网络空间的国家安全观体系、国际安全法，推动构建网络空间命运共同体。

例如，我国以《中华人民共和国网络安全法》为核心，以《中华人民共和国消费者权益保护法》《中华人民共和国侵权责任法》《中华人民共和国电子商务法》《中华人民共和国刑法》（修正案七、九）及相关司法解释协调配套，已经基本形成了网络治理的法律体系。但现行法律体系缺少保护网络空间核心要素——数据和个人信息的专门立法，在面临网络空间不少新问题时，还需要进一步完善。为此，在2021年6月，十三届全国人大常委会二十九次会议通过了《中华人民共和国数据安全法》。这部法律是数据领域的基础性法律，也是国家安全领域的一部重要法律，于2021年9月1日起施行。《中华人民共和国数据安全法》的发布标志着我国将数据安全保护的政策要求，通过法律文本的形式进行了明确和强化。加强数字技术的研发、成果的转化及其技术平台的运用，防范网络安全风险和保护个人数据隐私。

在互联网宗教事务的依法管理方面，《中华人民共和国网络安全法》《中华人民共和国反恐怖主义法》及《宗教事务条例》形成了密

[①] 郎平：《国际形势黄皮书·全球政治与安全报告（2020）》，社会科学文献出版社2020年版。

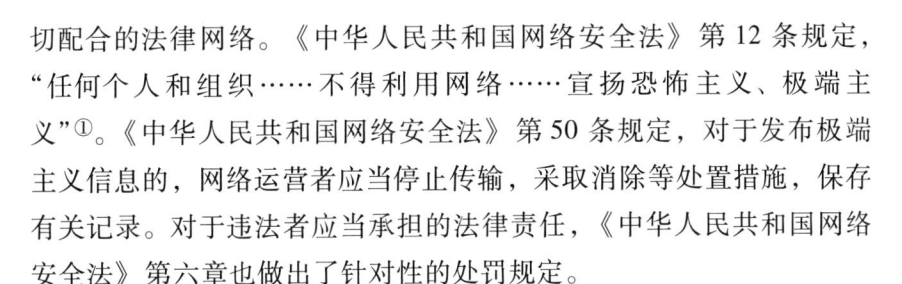

切配合的法律网络。《中华人民共和国网络安全法》第 12 条规定，"任何个人和组织……不得利用网络……宣扬恐怖主义、极端主义"①。《中华人民共和国网络安全法》第 50 条规定，对于发布极端主义信息的，网络运营者应当停止传输，采取消除等处置措施，保存有关记录。对于违法者应当承担的法律责任，《中华人民共和国网络安全法》第六章也做出了针对性的处罚规定。

互联网不是法外之地，近年来，互联网已经开始逐渐成为宗教传播的重要渠道，涉宗教类现象逐渐增多，有时甚至成为网络热点，引发舆情。对此，相关部门开始重视互联网信息管理，相应地出台了一系列法律法规，很多条款对互联网宗教明确进行了规定。值得注意的是，自媒体和新媒体的出现、存在，使得网络宗教的传播还具有一种隐秘化和小众化，从而更加难以管理。因此，为了有效管理互联网宗教，新修订颁布实施的《中华人民共和国宗教事务条例》做出了专门的规定。2017 年 8 月 26 日由国务院颁布、自 2018 年 2 月 1 日起实施的《中华人民共和国宗教事务条例》对 2004 年版《中华人民共和国宗教事务条例》的修订主要体现在六个方面，"规范互联网宗教信息服务"就是六个方面之一②，由此可见，国家对互联网宗教给予了足够的重视。此外，2021 年 12 月 3 日，国家宗教事务局令第 17 号公布了《中华人民共和国互联网宗教信息服务管理办法》（自 2022 年 3 月 1 日起施行），该《办法》由国家宗教事务局、国家互联网信息办公室、工业和信息化部、公安部和国家安全部五部门联合制定，进一步规范互联网宗教信息服务管理体系。

第三，综合治理的逻辑层面，突破单一治理逻辑，建立健全跨部门的各方协作体制机制，以"多利益攸关方"的治理模式来加强互联网宗教空间的治理，构建"全天候全方位感知网络安全态势"的机制，对数字化空间进行分层治理，采取风险分级的全球治理模式，

---

① 《中华人民共和国网络安全法》，中国民主法制出版社 2016 年版，第 4 页。
② 《在法治轨道上推进宗教工作——〈宗教事务条例〉修订答记者问》，载《宗教事务条例》，中国法制出版社 2017 年版，第 25 页。

防范化解互联网空间风险。

网络宗教的发展带来了许多新的挑战,涉及多个领域,需要建立跨部门的协调机制。面对复杂的网络空间治理局面,约瑟夫·奈(Joseph Nye)提出通过借鉴环境治理领域的机制复合体理论来解释网络空间治理的实践,通过多个不同的治理机制组成的松散耦合复合体来分析网络空间治理。[1] 此外,鲁传颖研究员提出在互联网治理中进行"多利益攸关方"[2]的治理模式,对于网络宗教治理也有一定的启示意义。唐庆鹏教授撰文,提出"网络空间治理是公共组织、私营部门和个人之间的共同责任,需要多元利益相关主体合作共治。网络空间的合作治理肇始于对单边的技术或政府力量的反思,是建立在对他者信任的基础之上,特别是要政府信任市场和社会在安全行动中的作用。实践中,国际范围内影响力较大的治理体系模型当属国际电信联盟(International Telecommunication Union,ITU)提出的网络空间安全治理五支柱概念框架,其历年发布的'全球网络安全指数'所依据的网络空间安全治理体系五支柱包括法制、技术、组织、能力建设以及合作。而纵观学界研究状况,可以发现,基于多元利益主体的合作治理来回应网络空间安全与发展议题也已成为共识"[3]。

笔者认为构建"全天候全方位感知网络安全态势"的机制,形成常态化的互联网宗教治理机制,形成"全社会共同参与促进网络安全的良好环境",在某种程度上有助于化解互联网"信息茧房"风险。就互联网事务及互联网空间的治理而言,我们要客观认识互联网与宗教复杂关系及其影响,强化网络宗教事务的治理,最大限度地发挥宗教的积极作用,目前互联网信息平台的搭建和低成本、低门槛的特征,使得人人都可能是传播者,同时每个人都可能是监督者。网络监督已经不仅限

---

[1] Joseph Nye, "The Regime Complex for Managing Global Cyber Activities", *Global Commission on Internet Governance Paper Series*, No. 1, 2014, pp. 5–13.

[2] 鲁传颖:《网络空间治理:多利益攸关方理论》,时事出版社2016年版。

[3] 唐庆鹏:《网络空间治理体系和治理能力建设的基本逻辑》,《中国社会科学报》2020年2月20日,来源:中国社会科学网,引用时间:2022年1月12日。

于政府管理部门，公众已经开始逐渐成为网络信息的传播者和监督者。目前我国网民超过10亿人，这就意味着我国网民规模庞大，人数增长快，同时，信息传播速度较快，很多网民可以通过互联网空间和平台传递信息。在某种程度上，网络的监督同时也就跨越了地理和时空的限制，延伸了传播范围，使得民众对事件的关注和评论更加广泛，从而容易在社会上快速产生强烈的社会反响和巨大震慑力。

第四，技术治理逻辑层面，建立有效的可持续检测数据库，关注点击量和流量模式，尤其是关注重点和热点问题活跃程度，建立一种舆情的疏导机制，建立网络舆情监测系统和评估系统都是较好地化解网络空间"信息茧房"风险及互联网宗教治理的有效途径。

加强互联网宗教舆情监测的同时，应该有序建立互联网宗教舆情的疏导机制，这是全面提升宗教工作法治化水平的必然要求。对于互联网宗教舆情的治理而言，重点关注的是数据及数据流问题。其关键任务之一是坚持总体国家安全观，统筹安全与发展两个大局，建立综合预判机制，利用互联网空间的技术算法潜力、预警各类风险、引领全局发展，化被动为主动，化数字风险为数字机遇，这是防范化解"信息茧房"风险和互联网宗教风险的重要途径。

2020年9月29日，中国互联网络信息中心在北京发布了第46次《中国互联网发展状况统计报告》。报告统计显示，截至2020年6月，我国的网民规模已经达到了9.40亿人，进入2020年3月增长了3625万人，我国互联网的普及率已经达到67%，较2020年3月增长了2.5个百分点，这说明大数据时代已经到来。从数字文明建设的角度而言，大数据不仅仅是一种数据本身，而且是一种技术手段，一种全局性思维、战略性思维方式，一种新的研究范式。因此，对之进行治理属于"软性治理"的范畴[①]。

目前各国都高度重视大数据的发展，包括日本、韩国对大数据的发

[①] 郑筱筠：《数字文明建设与全球风险社会之互联网宗教风险治理研究》，"第三届'互联网+宗教'研究论坛论文"（北京），2021年10月。

展都非常重视，也将之提升到了国家战略层面，而美国的优势就在于其网络空间的实力。美国普林斯顿大学教授直接指出，如果当前世界衡量实力的标准是网络联系，那么美国将是一个作为拥有最大、最多联系网络的国家，它拥有全球激发创新的最大能力，有助于推进可持续发展。

　　因此，各国也开始注重从技术算法传播的数字化战略层面，加强数字强国建设。我国早在2015年就已经开始基础数据制度建设及信息安全治理，例如国务院《促进大数据发展纲要》对外发布，更是将大数据提升到了国家层面。我国网民的数量不断增加，加强大数据时代产业发展、加强网络空间建设亦成为提升国家总体实力的一个重要环节，以网络空间的信息安全管理来推动互联网宗教治理、来化解"信息茧房"风险，将数字风险转化为数字机遇。

　　互联网宗教在传播过程中，超越了国界和原有的世界宗教分布格局，实现了信息传递的快捷和及时性。但也具有模糊性和不确定性，其信息传播主体的多元性不确定性和虚拟空间的出现等，对世界各国的宗教管理都提出了新的挑战。与此同时，网络宗教的开放性、虚拟性、跨国性和模糊性特征，也使我们现行的宗教活动和出版物陷于有形空间的实体形式，这样的大部分法律法规处于一种滞后状态，并且对我国的宗教和宗教管理工作形成了一些挑战。

　　第五，网络行为主体的治理逻辑层面，需秉持人类命运共同体理念，发挥相关行为体的重要作用，这才是化解数字化时代"信息茧房"风险、有效治理互联网宗教的内生动力。

　　"网络是数字技术的基础和底层架构，是数据运行的环境，同时也是数字治理活动的整体生态。网络空间不仅形成了区别于显示物理空间的新型场域，其不仅对传统物理空间形成挑战，更在更深层次上深刻转变着个体的行为模式和社会关系的运行逻辑。"[①] 网络自治是社会自治的重要组成部分，因此有必要在网络空间治理中积极推行普遍性也即最低限度的行业自治准则；就宗教治理而言，提倡在全球网

---

① 姜伟、裴炜：《数字治理亟待构建数字法学学科》，《民主与法制》2021年第43期。

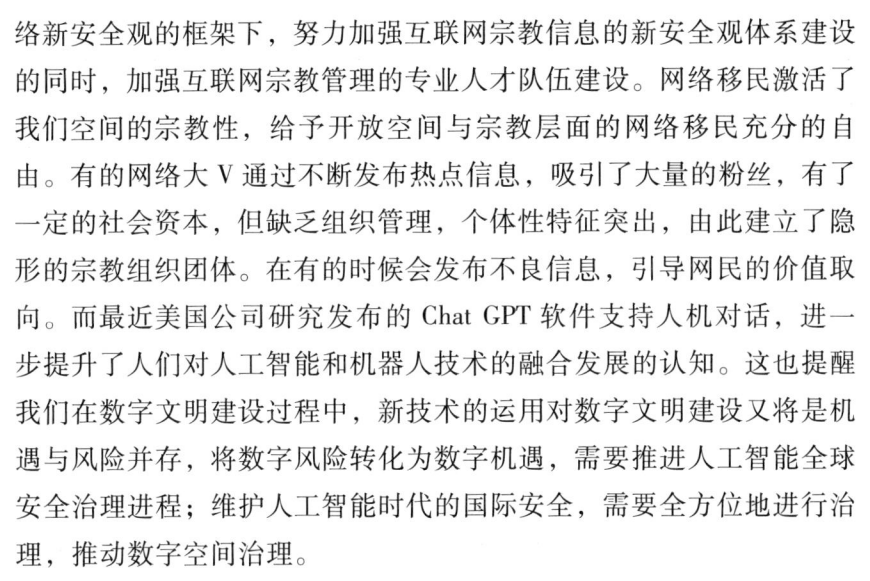

络新安全观的框架下，努力加强互联网宗教信息的新安全观体系建设的同时，加强互联网宗教管理的专业人才队伍建设。网络移民激活了我们空间的宗教性，给予开放空间与宗教层面的网络移民充分的自由。有的网络大V通过不断发布热点信息，吸引了大量的粉丝，有了一定的社会资本，但缺乏组织管理，个体性特征突出，由此建立了隐形的宗教组织团体。在有的时候会发布不良信息，引导网民的价值取向。而最近美国公司研究发布的Chat GPT软件支持人机对话，进一步提升了人们对人工智能和机器人技术的融合发展的认知。这也提醒我们在数字文明建设过程中，新技术的运用对数字文明建设又将是机遇与风险并存，将数字风险转化为数字机遇，需要推进人工智能全球安全治理进程；维护人工智能时代的国际安全，需要全方位地进行治理，推动数字空间治理。

总之，网络强国战略、数字中国建设、新时代数字文明建设是新时代中国式现代化体系的重要内容。加强网络立法，增大网络执法力度，加强互联网各层次的立体管理模式，重视移动网络空间和固定网络空间的管理，化解"信息茧房"风险，将数字风险转化为数字机遇；同时针对互联网宗教的特殊性，加快完善政策支撑体系和技术支持，准确把握互联网宗教运行和发展规律，有序地建立各种语言的宗教网站和管理体系，传播正确的宗教知识，全方位、多途径地传播我国的各项方针政策，坚持我国宗教中国化方向，积极引导宗教与社会主义社会相适应是治理网络宗教风险的有效途径。

综上所述，在数字文明建设进程中，顺应信息化、数字化、网络化、智能化发展趋势，基于互联网空间治理理论，研究数字化时代的"信息茧房"风险与互联网宗教治理逻辑，提出建构数字化时代的网络空间治理的实践体系，以国家治理逻辑、依法治理逻辑、综合治理逻辑、技术治理逻辑以及网络空间行为主体治理逻辑切入，高效精准治理互联网宗教，化解或降低互联网宗教风险，抓住机遇，应对挑战，有助于新时代数字文明建设，也有助于构建网络空间命运共同体，更有助于推动构建人类命运共同体。

基于智库"双螺旋法"的互联网宗教舆情治理思考

◇潘教峰　刘怡君

习近平总书记指出,"要高度重视互联网宗教问题,在互联网上大力宣传党的宗教理论和方针政策,传播正面声音"。社会学家布伦达·布拉什认为,互联网一定会开启一项新的"宗教改革",正如几个世纪前的印刷术一样。互联网技术发展迅速,给宗教事务管理提出新挑战和新要求。《2020年全球风险报告》指出"技术治理不足是全球面临主要治理风险之一"。互联网、大数据、人工智能等新技术深刻改变网络舆论生态,是宗教舆情治理面临的最大变量。

互联网宗教舆情治理不是单一维度的问题,而是涉及经济、社会、环境、科技、教育、安全等多学科、多领域、多维度的复杂且现实的决策问题,影响往往广泛而深远。作为国家治理体系中的新兴领域,针对互联网宗教舆情特点的分析,本文以智库研究"双螺旋法"为基础,理论与实践相结合,据此提出互联网宗教舆情治理的对策建议。

一　互联网宗教舆情的传播特点

（一）互联网宗教舆情传播具有即时性

互联网的开放性、互动性与跨界性,打破了宗教思想、言论和情绪在寺院、教堂等场域传递的局限,形成了新的互联网宗教舆论场。

从传播范围来看，涉宗教相关的网站、新媒体社交账号数量庞大。据统计，目前已经有 30 余万中文宗教网站，并且还在快速增长。**从传播形式来看，涉宗教相关的文字、图片、音频和视频等形成"宗教大数据"**。某些涉及宗教的网络段子存在戏谑、讥讽、丑化等现象，造成不良社会影响。

（二）互联网宗教舆情传播具有话题性

一方面，**宗教事件经过互联网发酵，极易成为网络空间讨论的热点和焦点，造成网络围观**。新冠疫情期间，微博话题"宗教土葬习俗问题""宗教捐款攀比问题"等在短时间内引发上百万讨论量。**另一方面，涉宗教因素突发事件，容易引发社会猜疑，激发社会极端情绪，危害意识形态安全，影响社会和谐稳定**。2021 年河北藁城新冠感染者行动轨迹发布后，知乎、微博上关于"万万没想到，石家庄小果庄村的宗教活动竟导致全村疫情沦陷"等迅速成为热门话题。

（三）互联网宗教舆情传播具有复杂性

网络叠加下的宗教领域突发事件风险因素更为复杂，矛盾"燃点"逐步降低，表现形式日趋多样，预警难度增大。**一方面，利用互联网散播谣言，引发民众恐慌情绪**。如新冠疫情中，出现了"念经治疗病毒"等谣言，给疫情防控带来不确定的风险因素。**另一方面，别有用心者打着"妨碍宗教信仰自由"的幌子，裹挟信众、起哄闹事，诱发群体性事件**。如拆除宗教违建等突发事件中，一些人利用互联网抢先发声"定调"，骗取群众信任、争夺人心，刻意制造与政府对立的局面，制造虚假民意，煽动社会动乱。

（四）互联网宗教舆情传播具有隐蔽性

一方面，新技术催生宗教舆情载体形态层出不穷，舆情治理的数据壁垒提高。传播媒介平台不再局限于"两微一端"，一些视频弹幕网站和娱乐互动直播平台等所创建的宗教聊天室,部分存在讨论并传播宗教极端思想的现象。**另一方面,新技术加剧宗教舆情裂变式传播,对舆情治理快速响应能力要求更高。**如问答社区知乎上针对"美团外卖清真风波",掀起了清真泛化的热议,成为各网络平台的热门推荐。

二 基于智库"双螺旋法"的互联网宗教舆情治理研究

互联网宗教舆情治理是综合、复杂的智库问题,要用科学的方法研究,才能得出科学的解决方案。应用智库"双螺旋法"对复杂的互联网宗教舆情治理问题进行研究,提供了问题解析、风险研判到解决思路的整体逻辑框架,是准确把握问题核心、形成科学决策方案的最有效路径。

(一)智库"双螺旋法"基本内涵

中国科学院科技战略咨询研究院院长潘教峰研究员基于长期智库研究实践经验,在对智库研究基本逻辑体系的系统思考和智库研究方法创新的基础上,提出**智库研究"双螺旋法"**(图1)。在智库研究的问题导向、证据导向和科学导向的内在要求下,智库双螺旋法包含"过程融合法"和"逻辑层次法"两个循环迭代的螺旋结构,该双螺旋均始于研究问题,终于解决方案,形成外循环和内循环的整体体系。

外循环是从整体角度分析智库研究的"解析问题—融合研究—还原问题"过程;**内循环**包含基于 DIIS 的过程融合法和基于 MIPS 的逻辑层次法。具体而言,DIIS 理论将智库研究工作归纳为收集数据(Data)、揭示信息(Information)、综合研判(Intelligence)、形成方案(Solution)4个环节;MIPS 从研究逻辑角度出发,将智库研究分为机理分析(Mechanism analysis)、影响分析(Impact analysis)、政策

基于智库"双螺旋法"的互联网宗教舆情治理思考

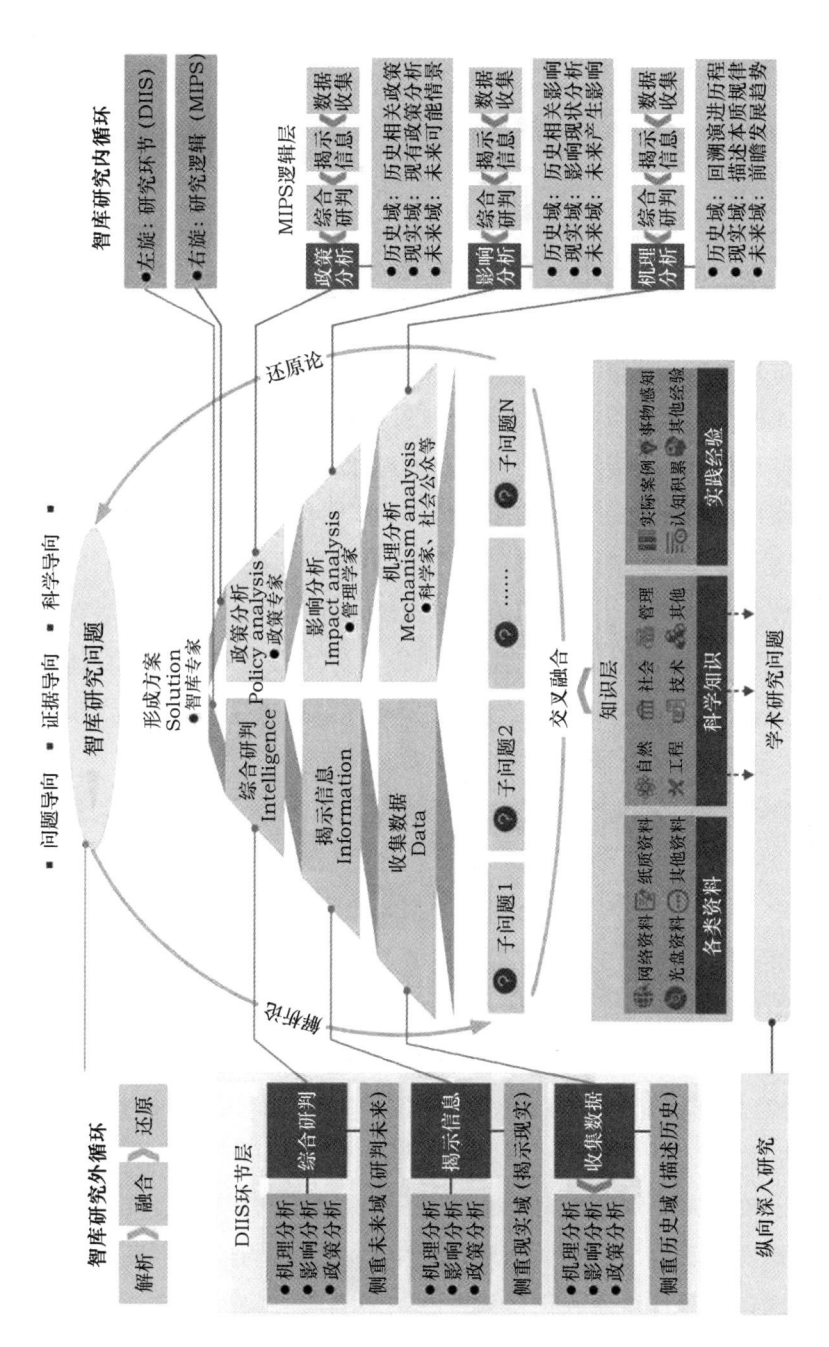

图1 智库"双螺旋法"

分析（Policy analysis）、形成方案（Solution）4个层次。过程融合法（DIIS）和逻辑层次法（MIPS）分别从研究环节和逻辑角度描述智库研究的循环迭代、螺旋上升过程，其中每一环节都和互联网宗教舆情治理紧密相关。

（二）外循环体系下的互联网宗教舆情治理

针对互联网宗教舆情治理，综合考虑其产生背景、诱发因素、表现形式、危害程度等，从具体问题切入，结合宗教热点事件和基本态势，对不同类型的互联网宗教舆情进行**问题解析**，将复杂庞大的互联网宗教舆情治理问题从科学的角度分解为各类子问题。针对具体互联网宗教舆情治理问题，根据领域进行划分：①**传统宗教领域舆情**，包括"佛教道教商业化问题""伊斯兰教'三化'问题"等在互联网上的话题放大与热议；②**新兴宗教领域舆情**，包括"互联网涉宗教舆情监测和预警""新兴宗教的发展与变革""线上线下结合诱发群体性事件"等；③**邪教领域舆情**，包括"宗教极端思想蔓延""非法宗教治理""邪教的滋生和传播问题"等。

互联网宗教舆情智库研究的**问题融合**，体现在宗教领域之间及宗教与突发事件之间的风险关联。从宗教之间问题融合来看，在传统宗教领域中，体现在**不同宗教之间的冲突风险**，或同一宗教不同教派之间的冲突；**新兴宗教与传统宗教的风险融合**，体现在以人工智能、大数据等为代表的新兴技术对传统宗教活动的影响，以及网络新教与传统宗教教义内容冲突；**邪教风险与传统宗教、新兴互联网宗教治理的交融叠加**，传统宗教中极端主义群体逐渐异化成邪教，并通过互联网手段发展教徒。

从**宗教与突发事件之间问题融合**来看，在宗教与政治突发事件领域，体现在政教冲突及意识形态安全；在宗教与经济突发事件领域，体现在宗教过度商业化行为；在宗教与科技突发事件领域，体现在"反科学""反智"行为与宗教谣言等；在宗教与文化突发事件领域，体现在民众信仰问题、境外文化渗透等；在宗教与社会安全突发事件领域，体现在宗教活动引发的聚集、群体性冲突、社会恐慌等。

互联网宗教舆情治理的**还原研究**阶段需要将问题集中的一系列子问题回归到智库问题本身，通过与实际风险决策环境循环迭代、集成升华后形成解决问题的方案。还原这一环节直接关系智库研究成果的针对性、实用性。围绕互联网宗教舆情的表现形式、治理短板等问题，还原研究从互联网宗教舆情治理主体、治理客体、治理机制等维度，提出管用、实用、操作性强的解决方案。

（三）内循环体系下的互联网宗教舆情治理

基于智库"双螺旋法"内循环的互联网宗教舆情治理研究充分体现了科学性内涵。在互联网宗教舆情治理**"过程融合"**上，DIIS过程融合法以收集数据为基础，强调数据的基础性作用，采用定性与定量相结合的方法，重视数据信息揭示和专家智慧相结合。从网络开源情报收集多种类型数据，为互联网宗教舆情治理深入研究提供数据基础和证据支撑；利用定量计算模型揭示互联网宗教舆情治理问题的客观认知；结合宗教领域专家经验和智慧科学研判互联网宗教舆情发展态势；最后，集成客观认知与集体智慧提出互联网宗教舆情治理方案集。

在互联网宗教舆情治理**"逻辑层次"**上，MIPS强调机理、影响、政策、方案4个关键要素。传播手段多样化、表现形式复杂性、渗透风险隐蔽性等是催化互联网宗教舆情的机理要素；从经济、社会、政治等多重影响维度看，互联网宗教舆情本身衍生出多种网络形式，如互联网+"宗教教义""宗教人物""宗教仪式""宗教活动""宗教习俗"等，形成线上线下的关联、耦合甚至串联；通过风险影响范围和程度的分析考察，开展互联网宗教治理政策分析，可以有效界定新形势下互联网宗教舆情治理的"问题域"，从而能够为基于DIIS过程得到的决策方案提供历史域、现实域和未来域的

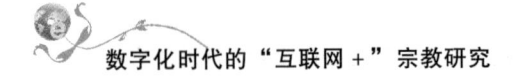

全景分析基础，结合预测的不确定性挑战，提供未来情境下的政策解决方案。

三 基于全球媒体大数据的宗教舆情智库研究实践

基于智库"双螺旋法"，本文从全球媒体大数据中分析国别尺度下互联网宗教舆情风险态势，以及智库研究的过程和逻辑在应对风险中如何发挥积极作用，将其分为**数据汇聚、风险研判、治理对策**三个环节（图2）。

（一）全球媒体大数据中宗教舆情"数据汇聚"

互联网宗教舆情治理研究需要实时、真实、准确地获取数据，媒体开源数据具有海量、及时、完备等特点。全球媒体大数据 GDELT[①]（Global Database of Event, Language, Tone）是目前从媒体报道角度分析国家风险的重要数据来源，是谷歌免费开放的全球新闻动态数据库。GDELT 实时监测世界上出版物、广播、网络媒体中的新闻，对其进行分析，每日发布上榜风险国家及其涉及的风险主题。

本文采集 2014 年 1 月—2020 年 12 月所有的宗教风险相关数据，共计 17000 余条，包含上榜日期、上榜国家、涉宗教风险主题等。在全球宗教风险大数据中，上榜国家共有 158 个，涉及宗教领域风险主题 170 个（原始数据中宗教风险主要根据宗教类别进行分类）。部分宗教风险数据如表1所示。

[①] GDELT 是由谷歌于 2013 年免费开放的全球新闻动态数据库（http://www.gdeltproject.org），其实时监控 100 多种语言的全球各国广播、印刷和网络新闻数据，利用机器翻译技术将多语种新闻转换为英文，并从中抽取出新闻事件，更新频率为每 15min/次。

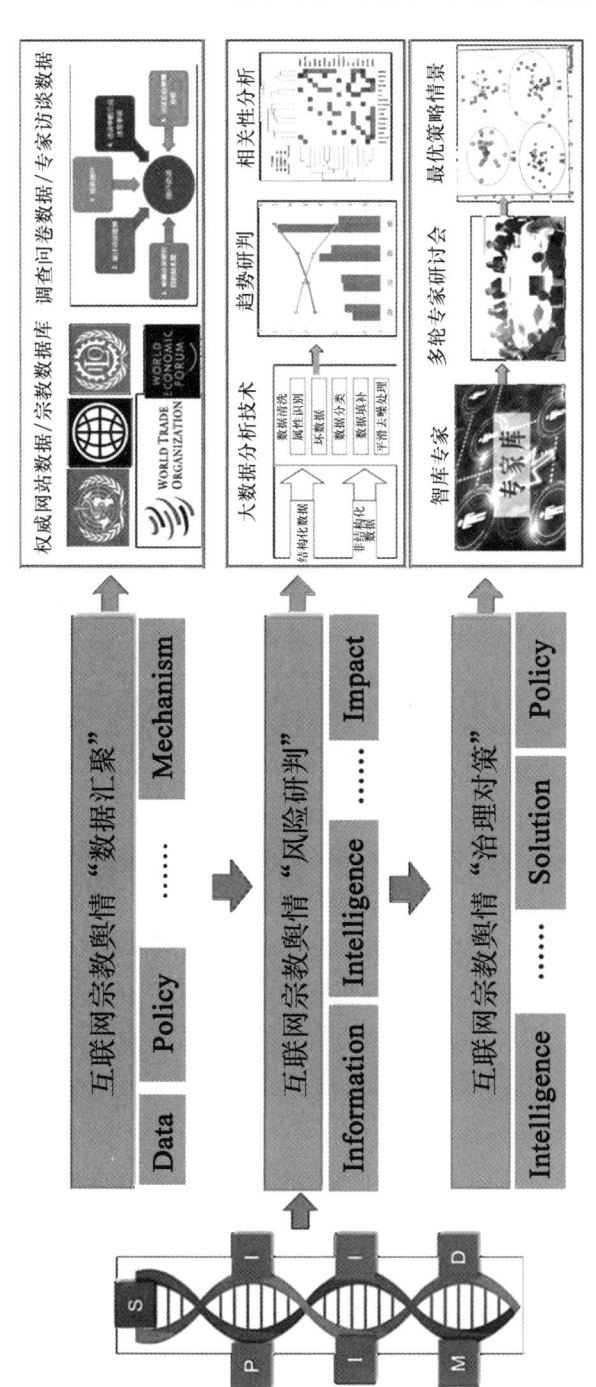

图2 基于智库"双螺旋法"的互联网宗教舆情治理框架

表1　　　　　　　　全球宗教风险主要问题及类别

	上榜时间	上榜国家	涉及主题
1	2020-09-30	Philippines	RELIGION_ ISLAMIC
2	2020-09-30	Turkey	RELIGION_ CHURCH
3	2020-09-29	Afghanistan	RELIGION_ ISLAMIC
4	2020-09-29	Lebanon	RELIGION_ CHRISTIAN
5	2020-09-28	Algeria	RELIGION_ SYNAGOGUE
6	2020-09-28	Lebanon	RELIGION_ ISLAMIC
7	2020-09-28	Syria	RELIGION_ ISLAMIC
8	2020-09-28	Afghanistan	RELIGION
9	2020-09-28	Israel	RELIGION
10	2020-09-27	France	RELIGION_ ISLAMIC
	……	……	……

（二）全球媒体大数据中宗教舆情"风险研判"

将宗教、互联网技术、社会传播等多种学科领域的知识库和模型库不断迭代，基于汇集的海量数据资料，从基础数据资料中捕捉关键信息，获取围绕主题的典型特征、演化态势等，形成初步的核心分析要素。本文对所收集的GDELT宗教风险大数据进行知识融合后，对宗教风险年度变化、宗教主题分布等进行分析，通过专业研判和权威专家咨询，对媒体环境中宗教风险的发展趋势做出分析判断，综合评估风险与信教人数、地域、教派之间的关联影响等。

1. 宗教风险年度次数变化分析

从宗教风险年度变化趋势来看，全球宗教风险呈逐年下降趋势（图3）。科技和信息技术发展加速全球化进程，全球宗教风险动态变化且难以避免，但随着社会治理和宗教治理水平的提升，综合来看全球宗教风险会继续保持平稳下降趋势。

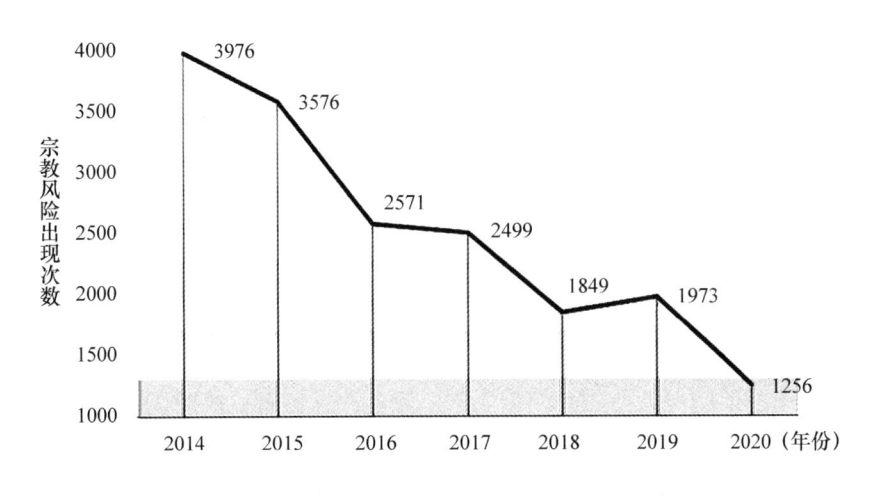

图3 全球宗教风险年度变化情况

2. 宗教风险舆情主题分布分析

对所收集的 GDELT 宗教大数据的风险主题内容进行数据预处理，并根据主题类型或宗教类别等进行聚类分析和分布统计。

从全球宗教风险主题分布来看（图4），宗教派系包括印度教、基督教、伊斯兰教等，约占85%；另外，有约8%宗教风险归类为宏

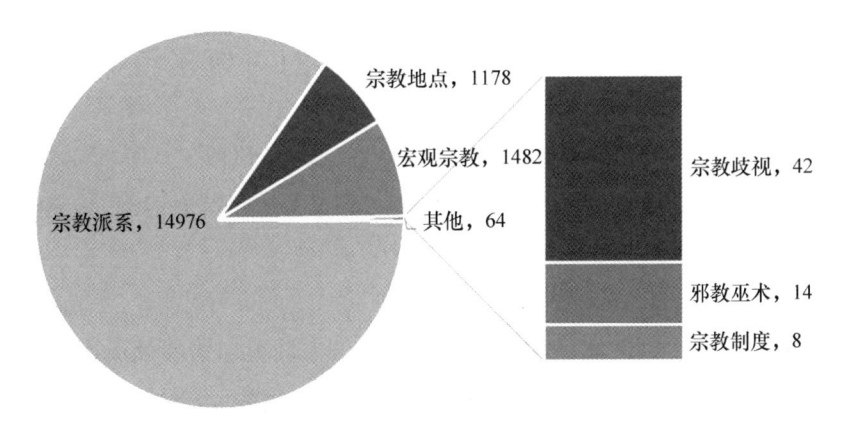

图4 全球宗教风险主题分布情况

观宗教问题，并未指定到某个宗教派系；还有约7%的宗教风险发生在一些宗教仪式地点，包括教堂、清真寺、宗教学校等；占比较少的宗教风险主题涉及宗教歧视问题、邪教巫术现象、宗教制度问题等。

3. 宗教风险与宗教人口关系分析

从宗教风险与宗教人口关联关系来看，全球范围内发生宗教风险最多的五个教派[①]依次是伊斯兰教（10000＋）、基督教（2000＋）、犹太教（900＋）、天主教（600＋）和印度教（300＋），这五个教派的全球信教人数分别约19亿人、23亿人、1500万人、10亿人、12亿人[②]。可以看出，在全球范围内，信教人数与宗教风险无直接关联。

（三）全球媒体大数据中宗教舆情"治理对策"

基于数据汇聚和风险研判，基本形成了对互联网宗教舆情风险这一智库研究问题的总体认识和解决思路，在此基础上可形成具有可操作性、建设性、综合性的政策建议。互联网宗教舆情风险与国家安全观中多个领域相交织，涉及维护国家安全的方方面面，因此需要从国家安全观角度出发，形成针对性的互联网宗教舆情风险防控顶层设计，并将宗教舆情风险治理纳入国家安全重点领域的具体战略中。

四 互联网宗教舆情治理的对策建议

互联网宗教舆情治理是我国宗教治理的新兴领域，基于前述双螺旋法研究，在"制度建设、预警体系、监管机制、舆论生态"4个方面，建议重点开展以下工作。

（一）完善制度体系建设，明确互联网宗教舆情治理权责

在法律制度方面，依托《中华人民共和国宗教事务条例》《中华

[①] 括号中数字表示涉及不同教派的宗教风险上榜次数。
[②] 数据来源于"美国皮尤研究中心"对全球2020年各大宗教人口预测的统计数据。

人民共和国网络安全法》《中华人民共和国互联网宗教信息服务管理办法》，完善互联网宗教信息发布、互联网宗教信息内容管理、互联网宗教产品和服务管理以及涉宗教突发事件应急响应等方面的相关配套法规政策，进一步明确法律法规细则。**在机构建设方面**，平衡互联网宗教舆情治理工作中统筹协调与监督执法两项核心职能的比重，在互联网宗教舆情治理领域设立统筹协调机构，发挥多元主体的协同效力，明确各职能部门的权责界限和接口，形成宗教部门与网信、工信、公安、保密等各部门协调联动机制。**在工作机制方面**，发挥宗教管理部门在网络空间治理中的作用，加强监督、检查和执纪。

（二）健全监测预警体系，加强互联网宗教舆情态势感知

组织专家长期"**跟踪研判**"互联网宗教舆情态势，建立互联网宗教不稳定因素清单，全面构建互联网宗教舆情信息监控体系。充分重视"**态势感知**"在互联网宗教舆情监测系统中的核心作用，以网络大数据为基础，通过对宗教舆情态势分析、宗教突发事件发生趋势和影响分析评价，实现"趋势可预测""风险可预警"，增强对宗教极端主义和恐怖主义的追踪溯源、防御及进攻反制能力，最大限度掌握我国宗教突发事件应急指挥主动权，做到"**关口前移**"，防患于未然。

（三）建立传播准入机制，规范互联网宗教舆情平台监管

针对当前已经存在的各类宗教网站、微博、社区、微信公众号等传播渠道，相关职能部门要联合有关对口单位进行定期排查，并结合渠道平台自查，在政策和环境允许的前提下，对相关人员进行统一培训和认证登记，**建立新增传播人员的准入机制**，争取在满足信教僧俗群众信仰需求的前提下，保持网络宗教生态环境的良好秩序。针对新媒体平台，建立健全有关**互联网宗教传播平台准入机制**，对相关的网络传播媒介和个人等进行备案审查和等级管理。

（四）巩固引导宣传阵地，强化互联网宗教舆情生态管控

加强中国特色社会主义宗教理论宣传，利用互联网、新媒体等工

具，对我国现有的宗教政策和法律法规进行宣传与解读，对宗教工作的现状进行分析总结，并向全社会公开，展示依法管理、严格管理的综合能力。**加强传统宗教的教育培训**，引导宗教团体和宗教活动场所与时俱进，适应和应对互联网宗教风险的挑战，建立健全宗教领域互联网宣传阵地。**加强人才队伍建设**，构建对党中央社会主义事业建设思想、民族宗教工作思想、民族宗教领域工作、政策条例等熟练掌握，且能够灵活运用互联网等工具的优势人才力量。**加强网络正面宗教典型人物培养**，关注互联网宗教中的重点人物，与他们密切接触，掌握其思想动态和工作情况，引导他们在互联网宗教舆情中发挥积极作用，传播正能量。

五　总结与展望

互联网宗教舆情治理为我国"宗教中国化"提出了新需求新任务。目前，互联网宗教舆情传播的即时性、话题性、复杂性、隐蔽性等特征，为风险监测、识别、预警、防控等都带来了新挑战新问题。围绕互联网宗教舆情事件全面收集相关数据，通过专业化的信息挖掘、找准问题，揭示社会观点、信众情绪等信息，分析互联网宗教舆情催化的机理、产生的经济、社会、安全等方面的影响、厘清问题域与政策域间的关联，集成评估治理效能的可行方案。互联网宗教舆情治理亟须加强与国家高端智库合作，以智库"双螺旋法"作为有效治理研究的路径选择，提升互联网宗教舆情治理的科学性和系统性。

新冠疫情下全国佛教寺院线上线下自养情况调查

◇明　贤

引　言

新冠疫情持续近三年，包括佛教寺院在内的宗教活动场所，严格执行党和国家统一部署，在防疫关键节点落实"双暂停"措施，在相对较长的时间段里暂停对外开放、暂停集体宗教活动，为抗疫大局做出了应有贡献。据不完全统计，近三年时间全国佛教寺院平均暂停对外开放的时间占到三分之二左右。

然而疫情之下，佛教寺院自养遇到极大考验。中小寺院长期关闭，缺少信众往来，缺乏香火供养，面临坐吃山空的压力，艰难维持自身生存。境况稍好的寺院，尚能在疫情的波谷中求生存，见缝插针争取自养；大量地处偏僻、自养能力较差的寺院，一年中仅有一个春节香期，仍义无反顾地配合当地政策关闭山门，此类寺院近三年来的收入几乎为零。客观来看，在疫情反复的间隙里，与生产生活直接相关的领域如交通、物流等，通常先行复工复产，而宗教活动场所往往处于恢复正常社会往来的最后一环，甚至一直处于关停状态。

如此情形之下，不少寺院纷纷转向互联网寻求"生路"，尝试借助开通微信公众号和各类"云空间"等方式，与信众建立联系，提供宗教服务，同时缓解自养等困境。应该看到，全球性疫情推动各大宗教积极走向线上，特别是推动正信正见的主流宗教团体加快开辟互联网空间，带来了一股互联网宗教的增长浪潮。但也有研究表明，宗教并无利用互联网扩张之天然能力，宗教借助互联网的所谓"复兴"是一个神话。[1] 那么，自疫情暴发至今近三年来，全国佛教寺院当前自养情况大致面貌如何？互联网能够在多大程度上疏解寺院的自养困境？疫情关上寺院大门而开启的这扇互联网之窗，是否足够可行、可靠、可持久？

一 全国佛教寺院线下自养大致情况

于大部分佛教寺院而言，线下宗教活动的开展不仅满足了信众参与宗教生活的信仰诉求，也是宗教活动场所维系日常自养的重要来源。疫情期间（尤其是常态化防控期间），佛教领域严格执行"双暂停一延迟"为代表的疫情防控政策，一方面有效预防了宗教活动场所内疫情的发生；另一方面也因线下宗教活动大幅缩减，直接影响到场所的基本线下自养能力。

本文在全国7个地区范围内选取华北H寺、华东Y寺、华南X寺、华中G寺、东北L寺、西北J寺、西南W寺作为代表性寺院，根据其微信公众号推送文章、推送内容，分析其线下活动情况（图1）。由于线下活动暂停的主要原因是配合疫情防控政策要求，且同一地区的防控要求基本一致，而大型寺院往往更早通过恢复开放的审批，因此本文所选取的代表性样本可以反映所在城市或更大范围内寺院线下活动普遍状况的上限水平。例如，对于全国一线城市某地处人口密集繁华市中心的大型寺院进行考察，如果该寺线下活动仅能保持在疫情前的30%上下，那么以此类推，多数该市内甚至省

---

[1] 黄海波、黑颖：《互联网宗教的"复兴神话"及其祛魅》，《世界宗教文化》2022年第4期。

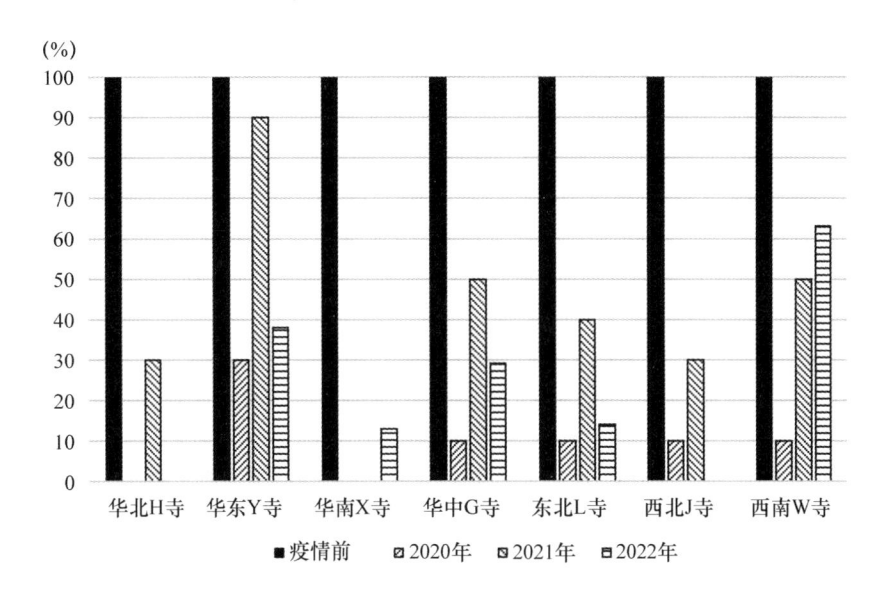

图1 疫情前后佛教寺院法会正常开放频率对比

内中小寺院、边远地区寺院的比例将远在此水平以下。图1统计结果显示，疫情期间多个全国重点宗教活动场所的线下法会活动频率不到疫情前的25%；图2统计结果显示，日常讲座也同样大幅减少，不足疫情前的30%。[1]

针对部分宗教活动场所因暂停开放自养能力不足的现实，佛教界积极倡导开展"大庙帮小庙""大手牵小手"的教内帮扶活动，同心协力，共克时艰。早至2020年4月疫情暴发初期，中国佛教协会发出的《关于继续做好佛教团体、佛教院校、佛教活动场所疫情防控工作的通知》中，即强调要推动"各地佛教协会应发挥宗教团体桥梁纽带作用，主动关心偏远地区佛教寺院受疫情影响出现的自养困难，及时向主管部门反映，动员条件较好的团体、寺院给予关心和帮助"。各地区佛教界积极响应，如湖北省佛教界于2020年4月开展"守望相助、扶危济

---

[1] 注：以农历正月初一作为年份界限；"佛教重要法会、节日"统计范围包括：腊八、春节、正月初五、观音圣诞、清明、佛诞、观音成道日、盂兰盆节、观音出家日、水陆法会。

(万元)

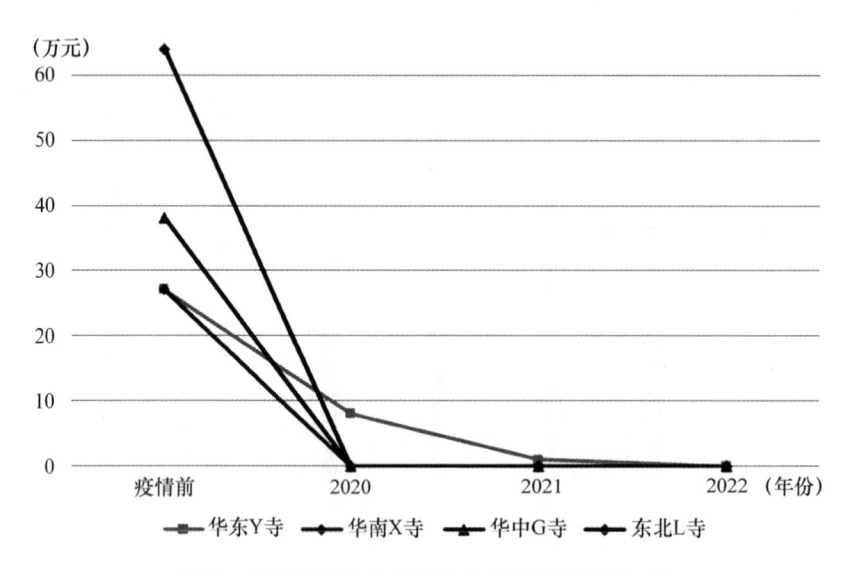

图2　疫情前后佛教寺院法会正常开放频率对比

困"活动；泉州市佛教界于2020年5月积极筹款60万元用于帮扶经济薄弱的佛教寺院和民间信仰活动场所；2022年1月中国佛教界向陕西省各市、区宗教团体与宗教院校捐助防疫物资。但这种向外"输血"行动，要求宗教场所自身"血源"充足稳定，尤其是对于自养能力薄弱的小型寺院而言，在这种义不容辞的关头，向他人伸出援手，往往意味着自身将面临更为严峻的自养困境和生存危机。

二　全国佛教寺院线上自养大致情况

面对疫情以来的防控政策，各国宗教界都尝试通过线上方式进行自养。以2020年3月的美国基督教为例，在取消现场活动后，53%的教会使用数字化工具保持联络，57%的信众转向参与线上主日崇拜。[①] 对于佛教寺院而言，通过线上平台内容的发布，能够为信众提

---

① 李华伟：《新冠疫情对美国基督教会的冲击与教会的转型》，《世界宗教研究》2020年第3期。

供法会供养等渠道，与此同时缓解寺院的自养压力。本文就此，先以全国三大语系佛教寺院为研究对象，通过具备充分代表性的抽样方案和统计分析，梳理当前佛教寺院开通网络通道等的整体情况，考察当前全国寺院线上自养的境况。

（一）全国抽样：三大语系佛教寺院线上平台使用现状

首先进行全国抽样，以国家宗教事务局官网公布的"宗教活动场所基本信息"所列的全部佛教活动场所为总样本，包括汉语系、藏语系和巴利语系场所三大类。抽样方案为分层抽样与随机抽样相结合，样本容量确定为300。根据"三大语系寺院数量相对比例""大型、中型、小型寺院数量相对比例"[①]"华北、华中、华南、华东、东北、西北、西南七大地域人口相对比例"[②]，对总样本进行三级分层抽样，并在此基础上进行随机抽样。

表1对不同规模的佛教活动场所线上平台开通情况进行统计。从微信公众号开通率来看，大型场所约为63%，中型场所不到40%，小型场所不到6%；从与自养直接相关的线上支付页面开通率和线上法会登记开通率来看，大型场所约为23%和17%，中型场所为13%和8%，小型场所开通率基本均为0。由图3的统计结果可见，佛教活动场所自养能力与场所规模呈正相关，全国大部分佛教活动场所不具备通过线上方式进行自养的能力。

---

① 寺院规模的划分依据为腾讯地图APP提供的POI访问量。其中，大型寺院：访问量≥10000人；中型寺院：访问量≤10000人；小型寺院：访问量≤1000人。

② 汉语系场所遍布全国所有省级行政区，根据七大地域（华北、华中、华南、华东、东北、西北、西南）人口比例，确定样本数量分配；藏语系场所主要分布于藏族人口较多的地区，此外受历史等因素的影响，在华北、东北、华东等地也有少量分布，因此将所属地域划分为西藏、青海、其他省份三类，确定样本数量分配；巴利语系场所仅分布于云南，因此未划分地域。

表1　　　　　分规模佛教活动场所线上平台开通情况对比　　　　单位:%

	公众号开通率	公众号更新率	线上支付页面开通率	线上法会登记开通率
大型	63.3	50.0	23.3	16.7
中型	37.5	33.0	12.5	7.5
小型	5.9	4.1	0.0	0.0

（二）被迫上线：全国分地域佛教寺院线上自养途径分析

图3为分地域统计结果。佛教活动场所的线上平台开通率呈现出北高南低、东高西低的特征，公众号更新率则呈现出东密西疏的格局。如上文分析，约有不到23%的大中型佛教活动场所开通了线上法会登记功能。而如果分区域来看，57%的地区大、中型佛教活动场所的线上自养功能开通率不到0.1%，其中处于华南、西南、西北地区的大中型佛教活动场所鲜有开通线上自养平台，七大区域小型佛教活动场所线上自养境况，则呈现基本无线上自养途径的面貌。

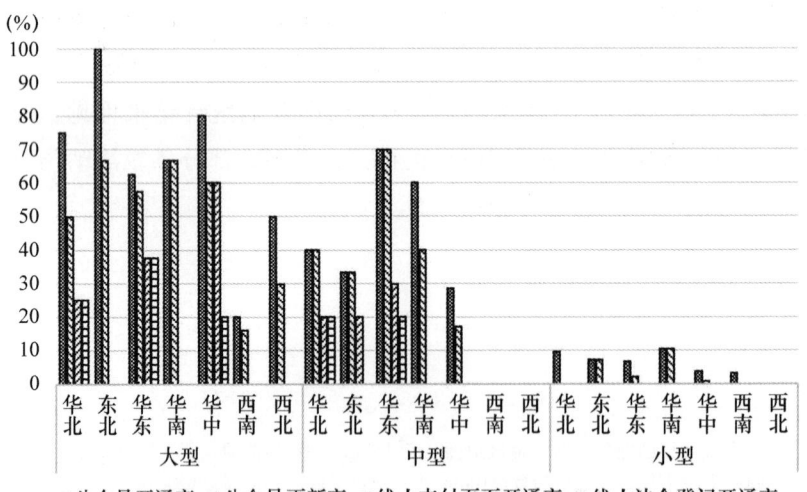

图3　分地域、分规模佛教寺院线上平台开通情况对比

事实上，尽管互联网上存在一些佛教寺院集体"上线"的情况，往往也并非锦上添花式的主动上线，而是走投无路的被迫"上线"。尤其对于中小型寺院而言，"上线"是无望于所有其他自养路径情况下的自救行动，可谓挣扎在生存线上的最后一根"救命稻草"。然而，即使是这样的线上自救途径，也并非所有寺院都能触达，尤其对边远地区的小型寺院而言，连开通公众号的意识和能力尚且欠缺，线上自养更是毋庸谈起。数字经济时代已然将之甩向身后，一骑绝尘。佛教寺院的线上活动并不意味着佛教在互联网上的"振作"，往往只是寺院僧团断供前的"回光返照"，考验十分严峻。

（三）词频分析：佛教寺院线上自养渠道面临的困境

为了解寺院疫情前后通过线上平台开展自养状况的变化趋势，本文对前文提及的7座代表性寺院于2018年至2022年前三季度微信公众号推送文章进行词频分析，逐年统计诸如"法会""供养""客堂"等与自养状况相关性较强的词汇出现频率。篇幅所限，本文仅以"法会"一词出现频率为例。

图4显示，疫情开始后，半数寺院微信公众号文章中出现"法会"的次数逐年下降，其余寺院公众号文章出现"法会"频率经历波动后在2021年开始回升，而后在2022年骤然下降。2022年7座寺院公众号平均"法会"出现次数仅为2018年的14%，部分寺院从2018年的上千次减少到2022年的0次，词频变化大幅缩减。①

对于佛教信众而言，法会是佛教寺院与信众之间的紧密纽带，涵盖从民俗需求（延生、超荐法会等）到信仰诉求（腊八、浴佛、佛菩萨圣诞法会等）诸多方面对美好生活的向往。然而在线下不通、线上受阻的情况下，信众平常的信仰生活需要无法得到满足，日渐脱离与寺院的关联，寺院的线上自养生路日渐收窄，线上生存之窗日趋关严。

---

① 注：考虑到2022年数据只统计前三季度，因此加上1.33的权值，以便与其他年份进行比较。

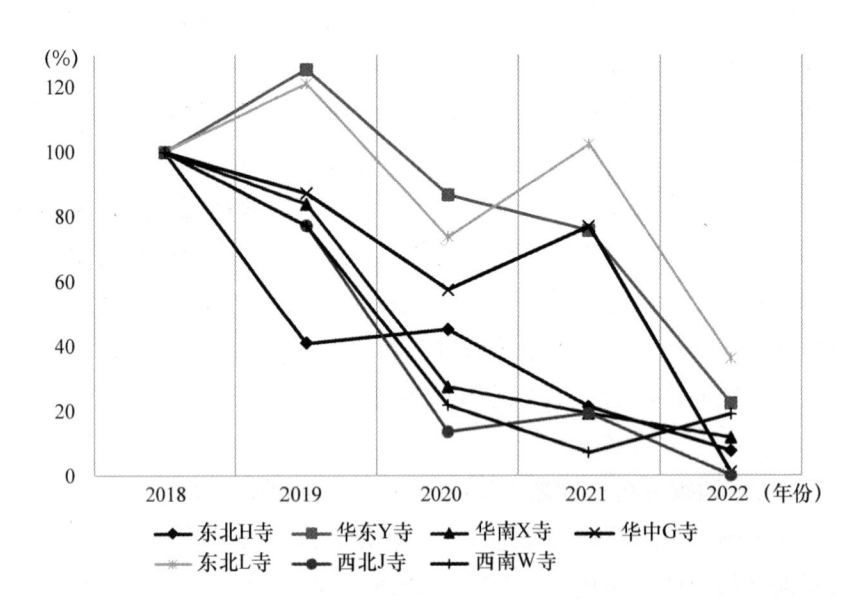

图4 2018—2022年代表性寺院微信公众号"法会"词频变化趋势

三 佛教寺院自养问题下的互联网"镜像效应"

（一）互联网"放大镜效应"与"显微镜效应"

基于前述统计数据及分析可以看到，对于佛教寺院的生存状况，线上困境成为线下低迷的"镜像效应"。所谓"镜像效应"包括两方面：一是"放大镜效应"，是指如果寺院相关经济活动或者自养状态处于相对繁荣的状态，那么互联网会成为寺院经济的"放大镜"，助力寺院进一步繁荣；二是"显微镜效应"，如果寺院自养处于特别艰难的境况，如疫情期间寺院自养受到冲击，互联网线上平台困境相较于线下现实就如同"显微镜"，更加见微知著地表现出寺院境况不容乐观的事实，反映出线上与线下方向一致的萎缩趋势。

客观来看，社会大众对于佛教生存情况的认识，主要是从声名远扬、交通便利的祖庭大寺了解到的，但它们仅仅是佛教宗教场所的一小部分，广泛分布在偏远地区的中小寺院，才代表着更多中国寺院的生存状况，却难以被实际了解。数据发现，全国3.3万多个佛教宗教活动场所，平均距离市中心（以到市政府距离为计）58.9公里，单看汉传佛教，平均距离也有49.5公里。大部分佛教活动场所位于远离市中心的区域，越是远离市中心又未开通网络自媒体平台的场所，市民线下到访的时间成本越高，场所生存状况更是难以被了解。事实上，互联网空间的信息传播规律，加剧了此种"幸存者偏差"式的认知偏差，这在佛教自养问题上尤其突出。这是因为舆论的旁观者和参与者在观察和了解佛教生存状态的过程中，往往只以那些能够在互联网空间上发声的"幸存者"的状态而非"未能幸存者"的经验作为判断依据，从而倾向于认为活跃在网络平台、自养状况良好的寺院代表了绝大多数佛教寺院的自养状况，忽略了那些无法在互联网空间被观察到的中小寺院的真实生存状态，无法认识到大众视野下的佛教寺院生存状况存在"虚假繁荣"的陷阱。事实上，96.7%的佛教活动场所都位于非一线城市，其所在地的经济发展水平与一线城市的差距从2005年开始逐渐增大，到了2020年佛教寺院所在地为一线城市区县的平均经济总量几乎是非一线城市区县的3倍（图5），可见互联网所展现的寺院"繁荣"生态，仅仅代表了佛教生存自养状况最好的4%不到的寺院。但在互联网空间"晕轮效应"下，公众在互联网上获得的对局部寺院生存状态的认知与判断，扩散到对整体的认知，经过互联网轮番传播与炒作后，容易以偏概全地认为"繁荣"生存景象是全国佛教寺院的普遍状况。

　　互联网的"显微镜效应"就是要避免这种误读。佛教自养类客户端呈现寺院线上自养匮乏的状态，所反映的往往只是寺院生存危机的"冰山一角"。客户端把这种危险信号用警示的方式传达出来，事实表明寺院的自养已经到了气若游丝、面临枯竭的程度。在此情况下，如果继续对这类寺院进行经济限制、责任捆绑和压力施加，甚至增加额外经济负担，那么寺院自身的经济支撑可能会面临直接崩溃。因此，客户端对于寺院自养能力的反馈，繁荣时是"放大镜效应"，困顿时是"显微镜效应"。通过互联网端数据的翔实信息，才能如实了

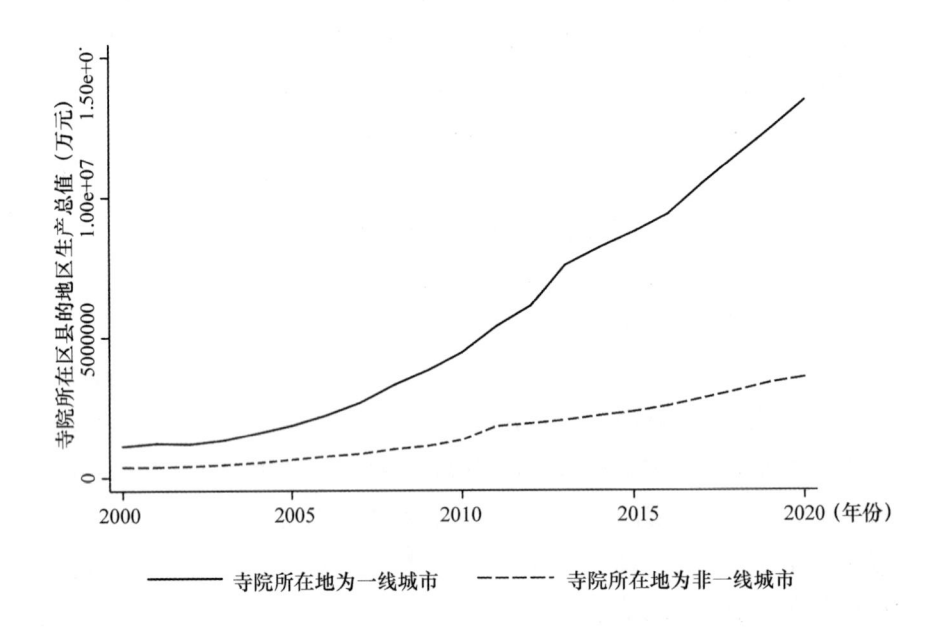

图5　2000—2020年寺院所在地为一线城市与非一线城市的经济发展趋势

解寺院自养情况的盛衰，从而警惕可能出现的对寺院自养"繁荣"景象的过分放大与盲目自信。无论在疫情还是非疫情环境下，都有必要避免认知误区，对宗教场所实际自养情况进行如实判断，而不是延续一种基于片面经验或人云亦云的偏颇认知。

（二）"宗教中国化"与"互联网宗教"研究有待同步推进

此前的宗教中国化研究较少纳入"互联网"这一变量进行探讨。如果学界和有关部门对于宗教活动场所的线上活动如何反映线下事实的议题缺乏足够重视，将有可能造成一个事实——宗教场所在讨论这一边，互联网宗教研究在讨论另一边，线上和线下的关联性逐渐脱节。例如，如果所谓的疫情中"线下宗教场所得到有效管理"只是线下场所暂停对外开放后的管理，而实际大部分宗教和法事活动都已转向线上，那么基于此种线上活动与线下困境相脱节的现状，未能及时关注、研究甚至妥善纾困，由此造成的注意力和治理盲区，将会导致对宗教中国化现状的认知偏差与治理缺失。一个理想的宗教中国化研究和治理成果形态，应是对线下线上开展同步研究，对建设性意见做出充分吸取，对宏观微观的线上线下空间进行有效治理后高度协同的完整局面。

四 疫情前后佛教寺院自养能力评估

（一）佛教寺院自养能力估算方法

本小节应用互联网端数据，对疫情前后佛教寺院自养能力变化趋势进行评估。一般而言，佛教寺院自养主要来自社会捐赠，不论是供养、募捐，还是法事、流通等方式，均与信众参与程度息息相关。虽然难以确定每座寺院信众和游客的规模与布施意愿，但可以通过线上和线下信众自养参与程度数据构建"佛教自养参与指数"，进而对佛教寺院自养能力进行评估。本文采用的估算公式如下：

$$佛教寺院自养能力 \approx 佛教信众规模 \times 佛教自养参与指数 \quad (1)$$

1. 佛教信众规模估算

在公式（1）中，等式右侧的"佛教信众规模"以百度指数来估计。百度指数以用户搜索频率数据为基础，其值越大，表明相应关键词的网络关注度越高。既有研究表明，佛教信众规模与百度指数之间呈现出正相关性[①]。通过百度指数的变化，可以近似估算出疫情前后佛教信众规模的变化。如图6所示，"佛教"关键词百度指数由2014年的6942.38降至2022年的2305.59，降幅达到66.8%，在五大宗教中的排名由第一降至第三。2020年疫情以来，五大宗教百度指数大多有所上升，而佛教百度指数持续下降。2014—2019年，佛教信众规模在疫情前本已下降过半，而疫情后进一步下降，意味着佛教自

---

① 旷芸、梁宗经：《基于百度指数的宗教统计数据测量新方法及应用研究》，《应用数学进展》2021年第8期。

养能力也伴随着佛教信众人数的大幅减少而锐减。

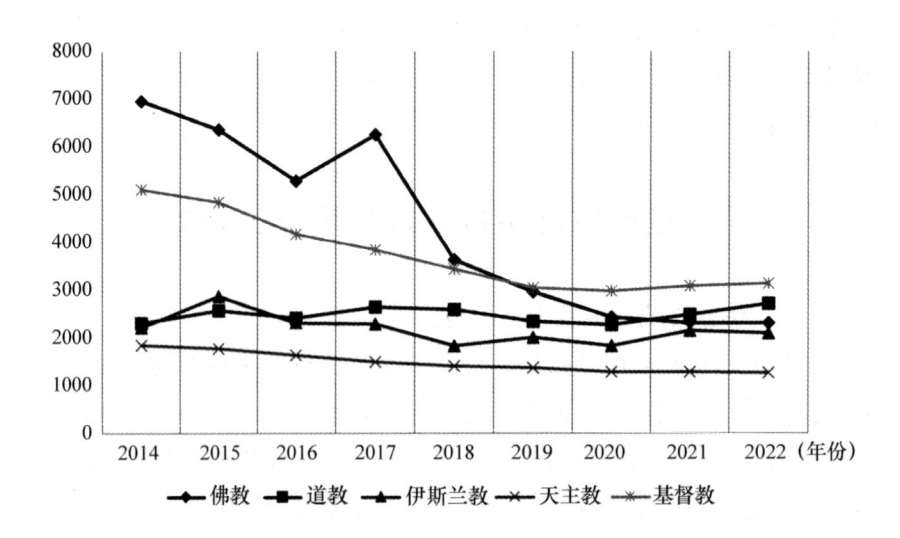

图6 2014—2022年五大宗教百度指数变化趋势

进一步，本文对上文第一节分析的7座代表性寺院中的5座[①]，以"城市名+寺院名"作为关键词，在百度指数平台上爬取对应的搜索指数[②]，以反映网民对上述寺院的关注度变化。统计结果显示，代表性寺院对应的百度搜索指数在疫情后均出现明显下降，平均降幅高达27%[③]，反映了社会公众通过线上渠道了解寺院、规划行程的热度大幅下降。

更为突出的是，百度搜索指数所反映的"寺院人气值"呈现不断下降的趋势。相较于各地许多旅游景点在疫情波谷的小长假期间回暖甚至超过疫情前热度的情况，疫情期间代表性重点寺院在法定假日期

[①] 由于"华北A寺院"和"西北F寺院"没有对应的百度指数，故未列入研究。
[②] 互联网用户对关键词搜索关注程度及持续变化情况。算法说明：以网民在百度的搜索量为数据基础，以关键词为统计对象，科学分析并计算出各个关键词在百度网页搜索中搜索频次的加权。根据数据来源的不同，搜索指数分为PC搜索指数和移动搜索指数。
[③] 计算方法：疫情后两年的搜索指数均值较前三年均值的变化值。

间搜索热度大为下降,春节、五一、国庆期间的搜索热度较疫情前分别平均下降42%、40%、34%,部分寺院春节假期降幅高达62%(图7)。诚然,这组数据在很大程度上反映了广大寺院严格落实防控要求的决心,但难以回避的是,寺院长期暂停开放使信众无法前往寺院,从而逐渐打破疫情前信众和游客定期前往寺院的习惯,同时使寺院难以结缘新的信众,造成佛教寺院自养来源的持续性短缺。线上"人气值"的下降趋势和线下走向一致,佛教的线上信众需求收缩实际是线下自养困境的一面镜子。

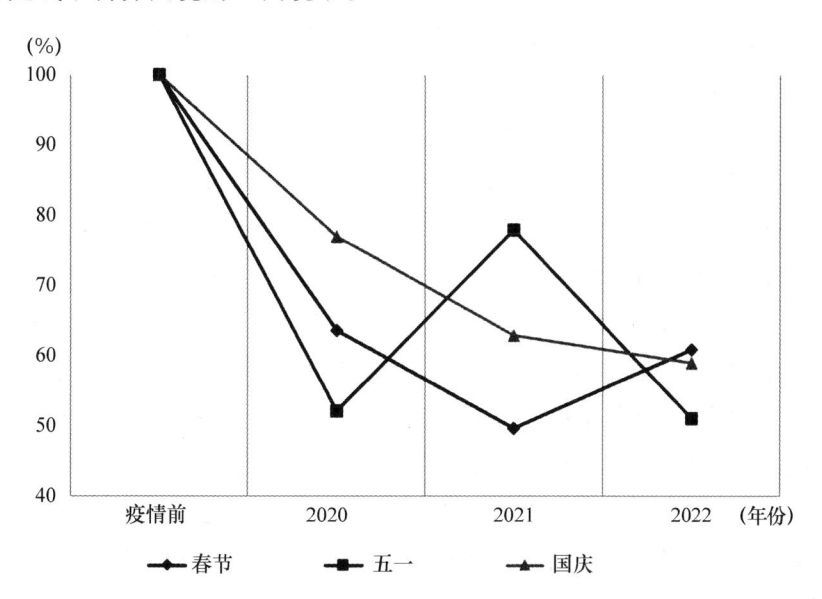

图7 疫情前后法定假日期间样本百度指数逐年下降的趋势

2. 佛教自养参与指数的估算

在佛教寺院自养能力估算公式(1)中,"佛教自养参与指数",由"线下自养参与指数"和"线上自养参与指数"两部分构成,构建方法如下。

(1) 线下自养参与指数

本文以上述7座代表性寺院线下法会和讲座正常开放比例,估计佛教寺院线下自养渠道的正常开放率。本文观察的"是否线下对外开放"的法会，是汉传佛教最重要的节日，这些法会时间点在一年各月份均匀分布，能够较好地避免季节等周期性因素干扰，真实反映佛教信众的线下自养参与结构，即一般日期人流量少、特殊节日人流量多的参与结构。此外，在线下讲座方面，大多数寺院都以法会作为主要自养渠道，只有少数寺院开设讲座，因此本文将法会权值定为0.9，讲座权值定为0.1，以此计算线下自养参与指数。初步统计结果显示，疫情后近三年（2020—2022年）重要节日线下法会对信众正常开放的比例相较于疫情前三年（2017—2019年）下降75.4%，讲座正常举办的比例则下降98.1%。

（2）线上自养参与指数

本文以线上发布的法会信息实际触达的人群占比作为"线上自养参与程度"的代理变量，构建线上自养参与指数。法会信息实际触达的人群占比由两部分进行估算，一部分是佛教寺院微信公众号中"法会"一词出现频率，由前文计算可得；另一部分是线上平台流量（阅读量），通过爬取包含"法会"关键词的微信文章阅读量进行估算。初步统计结果显示，疫情后近三年（2020—2022年）佛教寺院微信公众号中"法会"一词出现频率相较于疫情前三年（2017—2019年）减少62.2%；疫情期间，2022年佛教寺院微信公众号中"法会"一词出现频率相较于疫情开始后前两年（2020—2021年）平均减少70%。最后，疫情后近三年（2020—2022年）线上平台流量相较于疫情前三年（2017—2019年）以及2022年线上平台流量相较于疫情开始后前两年（2020—2021年）变化不明显，但有个别公众号流量增长或减少显著。

（二）疫情前后佛教寺院自养能力评估

根据公式（1）构建的佛教寺院自养能力评估方法，本文依次对佛教信众规模、佛教线上、线下自养参与指数进行估计，并对疫情前后佛教寺院自养能力总体变化趋势进行初步评估。结果表明，疫情开始后的三年（2020—2022年）佛教寺院自养能力相较于疫情前三年（2017—2019年）下降83.5%；疫情期间，2022年佛教寺院自养能力相较于疫情最初两年（2020—2021年）平均降低47.4%。由此可见，疫情对佛教寺院自养能力造成了极大的负面冲击，佛教信众规模明显收缩，寺院的线上自养信息发布途径进一步收紧，造成线上、线下自养参与程度整体下降。

上述评估结果，可能与社会普遍对于佛教寺院自养能力的认知相去甚远。2022年10月在百度搜索引擎以"寺庙收入"为关键词，对前20条结果[1]进行分析，逐条判断其对于寺院收入状况的观点。其中，有18条搜索结果认为"寺院富足"，占比90%；1条认为"寺院清贫"，占比5%；1条未表达相关观点，占比5%。认为"寺院富足"的文章中，频繁出现"收入上亿""富得流油""豪车"等表述，均未区分不同类型寺院的收入状况，也未对不同规模、地域、知名度寺院收入状况进行区分，进一步验证了互联网"镜像效应"所造成的社会公众对于佛教寺院自养能力的认知偏差。

五　有关建议及讨论

本文通过对疫情开始后全国佛教寺院线上线下自养情况的抽样调查，较全面地展现了近三年来全国佛教宗教场所面临的客观生存状况。整体来看，地方防疫政策在宗教领域的"加码"实施、多数寺院在多轮疫情之间持续执行"双暂停"，造成线下自养渠道几近断流。与此同时，互联网线上自养境况远不如预期和外界推想，线上困境成为线下低迷的"镜像折射"，特别是数量超过七成的小型寺院几乎毫无线上线下动态信息及相应自养手段。当前宗教活动场所，特别

---

[1] 搜索结果的讨论对象均为佛教场所，无其他宗教、非宗教场所的景区等。搜索采用浏览器隐私模式，并开启"请勿跟踪"选项，确保搜索结果不受个性化推荐的影响。

是佛教活动场所的自养困境，有待从实践层面予以有效摸底，从政策层面予以调整缓解，从理论层面予以聚焦观察。由此本文勉力提出几点思考。

（一）走访调研掌握实情，鼓励多方多元帮扶

面对当前众多佛教活动场所面临的自养困难实际，政府有关部门和各地佛教协会有必要深入各类寺院走访调研，多角度听取一线教职人员、广大信众的意见和建议，全面摸底各类寺院在防疫、自养等重点领域存在的风险隐患，以掌握实情作为实施和调整政策举措的基础。

针对不同地区的经济发展实际情况，政府部门应鼓励多元帮扶方式。如对于经济较发达地区，民宗部门可考虑加大财政投入保障宗教场所的基本生存，定期配送生活物资等；在经济一般地区，鼓励信众对宗教场所的帮扶，牵线社会慈善组织等关注和帮扶宗教活动场所；在经济欠发达地区，可鼓励教内有条件的寺院结对帮扶小寺院，同时鼓励该地区有条件的场所坚持农禅并重，如利用空余土地耕种自养等，保持正常生产生活平稳有序，切实保障疫情下的和谐稳定。

（二）在疫情缓解期、在安全前提下，推动寺院有序开放

在各地疫情防控形势平稳、风险可控的情况下，要量力而行、尽力而为地推动佛教活动场所有序开放，为寺院的线下自养和自力更生提供一定的空间。线下的活动场所有序开放是宗教活动场所自养的重要保障。从风险可控的角度看，可以参照正规旅游景区的方式，落实"预约、错峰、限流""测温、验码、登记"等防疫措施，确保进入宗教活动场所的人员信息完整准确，可查询可追溯。

（三）动态优化互联网宗教政策，有策略地进行政策留白

互联网宗教是我国宗教工作面临的新情况新问题，也是宗教学

界面临的新课题。① 互联网宗教的发展和变化可能快于政府监管体系的改革，要给新生事物进行"政策留白"，为新发展设置风险控制的红线，在红线内部可以让宗教团体主体去尝试、去试点。在疫情期间寺院自养普遍困难、一定程度上有碍安定团结的情况下，有必要动态优化线上宗教政策，使政策重心更贴合实际，及时调整与宗教团体、宗教活动场所、宗教教职人员完整宗教生活不匹配的治理侧重点。

由于线上云空间的开辟有一定的技术门槛，有必要通过多样化形式，在大中小型寺院间举行相关培训和引导，在普及贯彻互联网宗教政策常识的同时，助力其维系道场和周边信众的联络，拓宽场所自养渠道，同时减轻政府帮扶压力。当然，这也有赖于相关部门给予适当的政策留白，加强甄别能力，制止非法行为，更有效地保护合法举措。

（四）推动"互联网宗教中国化"研究更加面向实践

"互联网宗教中国化"的阐释，要符合中国国情、中国社情，尤其需要契合中国宗教的实际情况。习近平总书记强调"党的宗教工作的本质是群众工作""也要耐心细致做信教群众工作"。② 面向群众，总书记既讲"民生是最大的政治"③，又讲"民心是最大的政治"④，而当前"互联网佛教"最大的事实之一是不足以为寺院的自养困境、民生困苦、民心困顿赢得转机。对这一现象的精准研判以及由此所引导的精准施策，应当是"互联网宗教中国化"研究在当前一段时间

---

① 李华伟：《积极引导互联网宗教与社会主义社会相适应》，《世界宗教文化》2018年第4期。
② 《巩固发展最广泛的爱国统一战线 为实现中国梦提供广泛力量支持》，《人民日报》2015年5月21日。
③ 习近平：《坚持新发展理念打好"三大攻坚战" 奋力谱写新时代湖北发展新篇章》，《人民日报》2018年4月29日。
④ 习近平：《在第十八届中央纪律检查委员会第六次全体会议上的讲话》，《人民日报》2016年5月3日。

的重要和显著议题。有鉴于此,"互联网宗教中国化"研究要能够更加面向实践、贴近实际,更真切、更前沿,最大限度地发挥好与社会主义现代化建设相适应的宗教领域价值空间,让宗教界成为建设社会主义核心价值观的一支积极高效的力量,为坚持我国宗教中国化方向,积极引导宗教与社会主义社会相适应不断做出新的贡献。

网络与个体宗教身份的建构

◇张云江

一 宗教与个体身份的建构

波兰籍的当代著名社会学家齐格蒙特·鲍曼（Zygmunt Bauman，1925—2017）在《流动的现代性》一书中指出：个体身份的观念原本就是一个现代性问题。只有当个体脱离传统生存空间和社会关系、离开熟悉的生活方式和社会节奏时，他才开始问这样的问题："我是谁？""我属于哪里？""我做这些事情的目的和意义是什么？"[①] 也就是说，当人处在一种不确定的生存、生活场景之下的时候，才明确需要通过个人身份的建构来获得某种人生的确定性。

转向宗教以获得某种宗教身份，是取得这种身份确定性的途径之一。这是由宗教自身的"确定性"属性决定的。宗教是一个由共同意识形态和世界观所定义的社会团体，其教义不仅解决存在的形而上本质问题，而且以其自身阐述、规定的神圣性为根据，规范了人们的日常道德实践行为。从形态上来说，宗教可以说是最具有"确定性"的一种文化资源。对于想要确定个体身份的人而言，这一探索或建构在本质上

---

① ［英］齐格蒙特·鲍曼：《流动的现代性》，欧阳景根译，中国人民大学出版社2018年版。

仍是不确定的,因为"对于我是谁""我的人生意义是什么"这类问题,客观上并没有一定正确或科学上可以反复验证的标准答案。虽然人们试图寻找各自的答案,但实际上每个人的答案大都仍是由世界上各种不同的宗教所提供。也就是说,宗教为人提供了一种确定性的意识形态和世界观,涉及神圣和世俗以及共同的仪式,行为惯例,规范了人的行为和价值。而且宗教比大多数其他文化形态具有更大的解释范围,因为它所解决的是终极存在、因果关系和绝对道德的问题。

简而言之,宗教作为一种强大的、包罗万象的思想体系,在赋予个体存在和日常生活以意义和目的方面,有着不可替代的作用,它是个体意义与身份建构的基本框架结构之一。宗教意义和实践贯穿了整个人类的历史,这些意义和实践为个人和社会身份的建构提供了基础。宗教叙事还为社会不同群体提供了相互沟通、理解的基础,从而也为形成其所赋予的社会身份提供了观念基础。通过将个体短暂的生命与某种"神圣"或超越的存有联系在一起,宗教甚至使得个体的苦难和死亡也具有了某种确定的意义与目的。

正是因为宗教自身的这种确定性,才能给处在不确定之中而渴求确定性的个体提供一种心理的满足。宗教身份的确定有助于个体应对压力、焦虑和创伤。有大量证据表明,当人们对所处的时代不确定,或对自己和世界感到不确定时,就会转向宗教。宗教身份的确定与自我的定义与建构密切相关,甚至有神经学方面的实验证明,宗教身份越明确亦即信仰越虔诚的人,其大脑一处与焦虑有关、起着自我调节作用的皮层系统的应激性越低。

一个基本的结论是:宗教身份为一个人在一个不确定的环境中的思维和行动提供了一个相对确定的框架,从而起到了缓冲焦虑和尽量减少不确定体验的作用。

二 网络"新部落时代"的宗教身份建构

鲍曼认为,后现代时代,对于个体而言,任何核心自我身份的观念都是不可能的事情,"我们都只是游客和流浪汉,而不是一个有目的地的朝圣者"。在这一时代,日常生活的"碎片化"造成了个体身份建构的日益复杂化,生活场景的快速变化和流动凸显了自我建构的不连贯和脆弱性。在这种情况下,建构一个稳定的、一致的个体身份变得越来越不容易。

法国社会学家米歇尔·马费索利(Michel Maffesoli, 1944—)准确地将之描述为一个新"部落时代"(time of tribe)。不过,他乐观地指出,我们不必过分纠缠于后现代世界的非人化和祛魅化,及其所必然导致的个体的孤独感。事实上,我们还应看到存在于其中的整合网络。在承认维系社会团结和建构个体身份的传统资源日渐减弱的同时,马费索利转而关注人们日常交往中所创造的整合力量,他称之为一种"人性的宗教"。马费索利比喻说,就像公共汽车上的乘客一样,人们短暂的聚合构成了一种"新的部落",其特点是适应流动性、偶尔的聚集和随时的分散。在这样的一种聚合之中,每个人既是熟悉的,又是陌生的,人们可以戴着面具或者通过某种表演来建构自己的身份,并在和他人的互动之中重新认识自己的价值与意义。可以看出,马费索利是在尝试用一种新的方式来理解看似混乱之中仍然存在的某种秩序。[①]

网络上的人的聚合与交往就是这样一种新部落主义。这里有个"鸡生蛋"还是"蛋生鸡"的问题,即是因为网络的流行促成了这样的一种"部落主义",还是人类的精神世界到了这样一个阶段,网络这种技术形态不过是人的这一精神状态的某种外化,就像一个物品的影子一样。

网络有助于个体宗教身份建构的五种方式:

首先,网络大大方便了个体借鉴、吸纳他人的宗教经验,这些经验可有效作为自我宗教身份建构的材料。

---

① Peter Clarke ed., *The Oxford Handbook of the Sociology of Religion*, Oxford University Press, 2011.

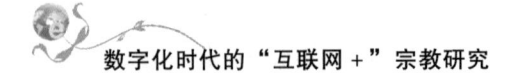

其次，作为一种媒介，网络促进了宗教知识的平等利用，因为即便是一个普通人，也可以更容易地获取专业信息，并对不同宗教观念进行比较和评估。

再次，在网络上，人们可以接触到更多不同的宗教群体的观念和实践，这就使得个体必须要更明确地确定其个人的宗教身份。因为宗教身份的确定，人们通过网络还可以找到更好的机会组群建队，参与更丰富的宗教社交活动，这反过来又进一步反推了宗教身份的自我确定。

复次，网络意味着，对于越来越多的人来说，日常的宗教经验与知识正被生活在遥远地方的人物和事件所影响并塑造着。

最后，网络上宗教经验的交流与分享可以让个体更好地应对日常生活宗教生活与世俗生活的冲突。

在上述五种方式中，网络的使用都能强化对自我宗教身份确认至关重要的"个人是有作用的"（the sense of individual agency）[1]这一意识。网络上的宗教交流、聚合虽是偶然的、分散的，是一种马费索利所说的"部落主义"，但通过这种互动，个体还是可以找到某种身份的确定性。网络上的情境互动，决定了个体在一群人中的地位，以及他将如何与同一背景下的人发生关联。个人相对于一个社会群体和系统的这种位置，就可以称作被赋予的某种社会身份，由此产生某种确定感。这就使得个人有能力处理社会生活中因身份不确定带来的不安全感，对于遭遇如失业、离婚等生活危机的人更是如此。

三 在线互动的宗教表达与交流

网络提供了在线互动的宗教表达与交流。在线互动中构建个体宗教身份，不仅受到特定人群在特定时间和特定语境中的情境意义和实

---

[1] Dow, James M., "On the Awareness of Joint Agency: A Pessimistic Account of the Feelings of Acting Together", *Journal of Social Philosophy*, Vol. 49, No. 1, 2018, pp. 161–182.

践的影响，还受到用于表达和体验互动的不同手段的影响。

瑞典乌普萨拉大学神学院宗教社会学教授乐何慕（Mia Lövheim）论文"Young People, Religious Identity, and the Internet"[①] 曾举了一个例子。卢格是一位崇拜巫术的大学生。在瑞典，基督教仍是占据主导地位的文化力量，因此对于卢格而言，现实生活中，了解、讨论巫术的机会是非常有限的。于是他在某网站成立了一个专门讨论巫术的小组。但他最后发现，网络这种交流方式自身的短暂性和随意性使之无法对巫术进行更深刻或更严肃的讨论、交流，而且一些只是出于好奇心加入的人们不断地问一些低级幼稚的问题，这又使得卢格有些恼火；另有一些人则随意地批评卢格和别人："你不是真正的巫术崇拜者，因为你不遵守我们的传统"，这也使得他有些恼火。网络的确为像卢格这样的人提供了一个独特的机会，使之能有机会与有相同想法的人建立新的关系。但与此同时，在线群体的互动也对卢格的宗教身份的一致性和连续性带来了挑战。

总体来看，在线互动尽管为宗教表达与交流提供了前所未有的便利性，而且宗教资源的供给堪称无限丰富，但仍无法改变后现代社会中个体身份建构经验碎片化、肤浅化的基本特性。交流的方便甚至可能更加彰显了自己与他人的不同，对个人宗教身份的确认造成某种冲击。在这种情况下，既要整合各类不同资源，又要面对异己的冲击，个体就需要一个貌似更为强大且独断的自我。可以断言的是，网络时代，以自我为中心的个人主义必然盛行。在信息的汪洋大海之中，每一个体都是一个固执、伪装强大的"孤岛"。

四 宗教组织线上与线下的互动

有组织的宗教在现代个人日常生活中的影响力正在下降，这是

[①] Lorne L. Dawson and Douglas E. Cowan, *Religion Online: Finding Faith on the Internet*, Routledge, 2004, pp. 59–74.

一个不争的事实。在当代社会，宗教作为一种建构个体身份的文化资源，其相关符号和实践、仪式等越来越多地被用于各种各样的目的，因此越来越多样化。宗教不再独享神圣性的叙事资源。宗教叙事内容更多地出现在宗教界限以外的社会场景。在互联网上乃至现代社会生活的各种不同的场景之中，人们有大量的机会接触到神圣、超越性的事物，例如修仙小说、流行音乐、电视电影经常使用宗教形象和故事，而且这些叙事既借鉴传统，又在创造新的内容。社会语境原本包含多重叙事，一个社会舞台上的模式可以转换到另一个社会舞台上。

另外，传统的宗教神话叙事常常因为违背理性原则而被排除在网络宣传之外。在社会制度的合法性依赖于理性神话的后现代，宗教神话的叙事是不可能的，也是不受欢迎的。在后现代，个人早已学会将其生活中的插曲分离成与宗教无关的独立篇章。当宗教的叙事在不合适的社会生活环境闯入并被认为是某种威胁时，它就会被边缘化。无论是心理否定机制还是亚文化隔离机制，社会主流文化都可以压制那些违反权力分配或意义维持基本规则的身份叙事。

但不可否认的是，宗教组织是宗教体验和宗教身份建构的重要场所。他们是"公共叙事"的提供者，这些叙事表达了一个文化或机构实体的历史意义和终极目的。而且宗教组织还创造了宏大的社会活动舞台，宗教活动得以在上面开展，它提供了结构化的宗教传奇，其中有解脱的圣人，有坚韧的朝圣者，有最终得救的罪人，宗教组织通过精心设计的角色、仪式和语言来讲述这样的故事，鼓励参与者将神圣的他人视为其生活中的共同参与者。人们可以在其中找到与自己相对应的角色，从而建构起相对坚实的个体身份。正如有学者指出的，音乐、姿势、有节奏的动作和共同的饮食是创造宗教共同体、定义身份的有效经验，通过这些活动，宗教组织可以将参与者导向经验的神圣维度。在宗教组织活动的场景中，个体的宗教身份是有意地在长期的叙事中建构出来的；这绝非网上部落时代随聚随散的情况可比。

五　个体宗教身份建构与宗教极端主义

有学者将"宗教极端主义"定义为：一群人试图利用当下所处的困境甚至劫难，通过对宗教文本关键段落的解释，来防止自己的宗教身份沦为现代性和世俗主义的牺牲品。[①] 按这一理论，现代性创造的不确定性是宗教极端主义产生的必要条件："当人们感到他们对发生在他们身上的事情几乎没有控制权，也无法预见未来可能会发生什么。在这种情况下，任何提供成员资格、自尊、意义和目标的社会运动都可以蓬勃发展。"宗教极端主义团体并不把"不确定性"作为敌人，而是那些更直接挑战其信仰、价值观和行为规范的世俗主义。现代宗教或其成员为了保护和促进其宗教特性及相关的价值观和实践，可能会走向极端，其表现是具有攻击性、不宽容甚至暴力，"信徒"以此竭尽全力地保护自身这样一种主观上至关重要的身份。

根据以上理论，宗教极端主义产生的条件主要有两个：一个是个体的宗教身份在各种身份建构中居于最重要的位置，人生的活动据此赋予甚至是唯一的意义和价值；二是遭遇生存危机、生活困境，陷入某种不确定之中，网络为极端主义的滋生、传播提供了传递信息、组织成员的便利。

就汉民族的宗教信仰而言，个体宗教身份从来都不是唯一或最重要的身份建构选项，大多数人甚至可有可无；也不是遇到不确定性危机时用以对冲、消除危机的一种确定性要素。

就第二点而言，"不确定性"分为两类：一是社会秩序的整体失序，例如发生大规模的社会动乱、战乱等；二是个体遭遇失业、离婚、绝症等不确定情境。第二点几乎可以忽略不计。从历史经验来说，生存的不确定性驱使人们认同某种确定性的理念或组织，这些组

---

① Bissengaly Lilya Bissengalyevna, "The definition of 'extremism'", *Austrian Journal of Humanities and Social Sciences*, Vol. 1 - 2, 2015, pp. 238 - 240.

织在结构、观念和规范上都能很好地就当下的不确定性提供某种合理的解释,甚至能拿出解决不确定性的方案。宗教就符合这一要求。大规模的不确定因素(经济危机、失业、文化变迁等)往往会迫使人们关注生死、生存这类终极问题,强烈的宗教认同亦即强化个体宗教身份是解决、对抗不确定性场景的办法之一。

网络空间全球秩序生成与中国贡献[*]

◇王滢波　鲁传颖

一　网络空间全球秩序生成正经历三个重大转变

从全球治理的角度来看，网络空间秩序的演进是阶段性的。主要原因是网络空间作为一个新的空间，它源自人类在网络技术领域持续不断地发明和创造。互联网是网络空间的基础，也是网络空间早期的主要形态。在互联网诞生之初，其治理大权仍然归属于技术社群，它们所关注的核心问题是如何制定规则以建立互联网；互联网开始进入商业化应用后，为了确保互联网在全球的安全、有效运转，一系列非营利性的国际私营机构成立并成为国际互联网治理的主体；随着互联网在全球迅速普及，互联网开始融入国家政治、经济和社会发展的方方面面，政府、企业、非政府组织、公民社会、商业团体都成为互联网治理的利益攸关方。[①] 早期互联网治理的主要对象是互联网关键资源，但随着数字化转型加快，网络安全威胁开始从虚拟网络空间向现实物理世界蔓延扩散，经济社会面临着前所未有的安全挑战：一方面，融合发展新领域面临的风险加剧；另一方面，关键信息基础设施

---

[*]　本文系国家社科基金一般项目"网络空间大国关系与战略稳定研究"（项目号：19BGJ083）的阶段性成果。

[①]　郎平：《国际互联网治理：挑战与应对》，《国际经济评论》2016年第2期。

的脆弱性增加。① 因此，建立网络空间的国际秩序已经成为当务之急，一方面要确保互联网本身的安全、有效运行，实现全球网络空间的互联互通；另一方面则是制定国际规范来抑制与网络有关的冲突升级，维持现实空间的和平与稳定。②

在很长一段时间内，网络安全议题都是网络空间治理的主角，也被广泛认为是秩序构建的基础。然而，1998 年开启的联合国信息安全政府专家组和 2011 年开启的联合国网络犯罪政府专家组等国际机制，并没有起到弥合分歧、促进合作的目的③，更遑论建立网络空间行为规范乃至全球秩序。相反，各方在网络安全规则上的分歧越来越大。另外，全球数字化转型的趋势不断加快，数字技术的应用和数字经济发展离不开网络空间秩序的保障。因此，网络空间秩序的构建也开始逐渐从安全拓展到发展等领域，逐渐形成更加平衡的治理机制体系。

（一）全球网络空间治理议程从安全转向安全与发展并重

全球网络空间治理议程的转变主要体现在网络空间全球治理的话语叙事和议程设置等方面的变化中。由于网络空间国际安全规则的构建过程长期迟滞，国际社会对于网络空间安全与发展问题的关注程度正在发生变化，表现为关注发展的声音在不断扩大。联合国、二十国集团（G20）、经合组织（OECD）、东盟地区论坛（ARF）等国际和区域性组织都在关注并积极推动数字经济领域的国际规则建立，这有助于提升数字经济治理在全球网络空间秩序中的比重。④ 同时，也有助于打破网络安全国际治理困境对网络空间全球秩序构建进程的阻碍。

---

① 《全球数字治理白皮书》，中国信息通信研究院，2021 年，http://www.caict.ac.cn/kxyj/qwfb/bps/202012/P020201215465405492157.pdf。
② 郎平：《网络空间国际秩序的形成机制》，《国际政治科学》2018 年第 1 期。
③ [美] 蒂姆·毛瑞尔：《联合国网络规范的出现：联合国网络安全活动分析》，曲甜、王艳译，卡内基国际和平研究院 2021 年版，详见：https://carnegieendowment.org/files/full_piece_.pdf。
④ 李艳：《从战略高度审视网络空间治理发展态势》，《信息安全与通信保密》2020 年第 1 期。

2020年，联合国先后发布了《数字路线图》《超越复苏：跳入未来》等多份政策报告，强调全球数字经济发展与合作的重要性，要求联合国加强在网络空间国际规则制定领域的话语权与主导力。① 在联合国秘书长古特雷斯的强力推动下，联合国展示出引领国际社会推动构建全球数字经济治理体系的决心，并力主各方缔结《全球数字契约》，以构建一个更具包容性和网络化的多边主义国际秩序。② 联合国重点推动全球数字经济发展议题将会重新排列网络空间全球治理议题的优先顺序，将国际社会的关注点从安全转向发展，从单一的网络安全主导转向网络安全与数字经济并重。这一变化不仅会促使越来越多的国家行为体关注数字经济发展问题，也会使建立数字经济国际合作的规则体系提上议事日程。更为重要的是，各国对网络安全的认识常常会发生"超安全化"的情况，由此加剧了国际社会中规则弱化、互信降低的状况。③ 联合国对数字经济议题的重视则推动了国际社会对现有的网络安全治理机制和政策举措的反思，及其对全球数字经济发展所造成的阻碍。

由于网络安全与数字经济之间不可分割的关系，建立数字经济规则将不可避免地影响和重塑网络安全规则。④ 在过去十年中，网络安全议题挤占了国际社会对于数字经济发展与合作的关注，安全与发展并重的理念并未得到正确的理解。在新形势下，网络安全如何服务于数字经济发展将会成为新的治理议题。这一新方向将会给现有的治理理念带来重大变化，而变化的主要趋势就是安全与发展理念的融合。当前的数字经济发展，需要处理好安全与发展之间的关系，不应过度追求网络安全而影响数字经济发展，也不应一味寻求数字经济发展而

---

① United Nations, "Secretary General's Roadmap for Digital Cooperation", 2020, https://undocs.org/zh/A/74/821.

② 《秘书长古特雷斯：联合国的未来敢想敢干正逢其时》，联合国，2021年9月10日，https://news.un.org/zh/story/2021/09/1090772。

③ 余潇枫、张伟鹏：《基于话语分析的广义"去安全化"理论建构》，《浙江大学学报》（人文社会科学版）2019年第4期。

④ C. S. Teoh and A. K. Mahmood, "National cyber security strategies for digital economy", paper delivered to 2017 International Conference on Research and Innovation in Information Systems (ICRIIS), sponsored by IEEE, Langkawi, Malaysia, 16–17th July, 2017.

产生更多的安全隐患。

安全与发展理念的融合,将引发国际社会从技术、法律、规则等各方面重新思考网络空间国际治理的方向。① 同时,治理议题的融合一方面会带来治理理念的突破,通过注重统筹思考安全与发展问题,会使安全与发展相互妥协的可能性增加,推动形成更加务实的解决方案,帮助国际社会跳出安全困境;另一方面,这将打破导致网络安全困境的藩篱,激发国际社会寻求解决网络安全困境的方案,从技术、政策、法律等多个角度为数字经济发展构建良好的安全环境,如建立更加安全的网络架构、数字经济基础设施、行业标准体系等。

(二) 全球网络空间治理理念从差异转向融合

尽管各方在网络空间全球治理领域的博弈日趋激烈,但该领域的积极面也在逐渐显现。随着网络空间治理进程的推进,各方在网络空间属性的认知方面逐渐达成共识,并由此缩小了在治理方法、路径上的分歧。② 特别是在认知层面,各国对网络空间的认知由基于不同的政治、经济、文化背景,强调各自的独特性,转向基于网络空间的客观属性和规律,强调不同观点之间的融合。③ 网络空间的互联、共享属性决定了零和博弈不适用于网络空间,网络空间的安全、发展是政府、私营部门和非政府组织所追求的共同目标;同时,安全、发展这两个议题的相互制约,使得任何一方都不能追求自身的绝对利益,而忽视其他行为体的利益。④ 由此,国际社会也逐步意识到,没有任何一方可以主导网络空间治理进程,而网络空间全球治理的治理原则、

---

① 李洁琼:《论习近平的网络空间治理新理念新思想新战略》,新华网,2016 年 9 月 27 日, http://www.xinhuanet.com//politics/2016-09/27/c_129301058_3.htm。
② 鲁传颖:《网络空间治理的力量博弈、理念演变与中国战略》,《国际展望》2016 年第 1 期。
③ 王明国:《全球互联网治理的模式变迁、制度逻辑与重构路径》,《世界经济与政治》2015 年第 3 期。
④ 鲁传颖:《网络空间治理的力量博弈、理念演变与中国战略》,《国际展望》2016 年第 1 期。

理念和方式都需要做出相应的调整,以适应形势的发展。

在理念融合的大背景之下,包括政府和非国家行为体在内的不同治理主体,在网络空间治理中的竞争与合作模式将发生重大转变,多层次博弈将成为网络空间治理的"新常态"。①在治理方式和路径方面,各国将以更为务实和符合自身利益的角度出发制定网络空间治理政策,特别是在处理政企关系、政民关系、民企关系等问题上,各方都意识到应当根据网络空间治理中的不同议题来划分政府与其他行为体的具体职责。对于多利益攸关方治理模式,网络发达国家与网络发展中国家的认知逐步统一,政府与私营部门、非政府组织根据各自的职能参与网络空间治理。②认知差异的缩小,意味着一方对另一方的关切更加了解,网络发达国家与网络发展中国家在网络空间治理中的博弈将更具针对性,表现为竞争与合作同步进行,以竞争促进合作。③当然,这与网络发展中国家加大了对网络空间建章立制的投入,在网络空间治理的话语权上的增长有关。

(三)网络空间全球治理机制从单点转向全面

网络空间全球治理正在从少数几个专门的治理机制不断扩散到越来越多的既有治理平台上。一方面,早期网络空间治理主要是由联合国信息安全政府专家组、联合国打击网络犯罪开放式工作组、信息社会世界峰会(WSIS)、ICANN等为数不多的专门机构来负责机制的制定。所制定的机制之间在治理的理念、手段和内容上存在很大的差异,并且相互之间并不融合;另一方面,随着网络空间数字化转型速度的加快,越来越多的领域存在着秩序生成的挑战。④因此,越来越

---

① 鲁传颖:《网络空间治理的力量博弈、理念演变与中国战略》,《国际展望》2016年第1期。
② 郎平:《网络空间国际秩序的形成机制》,《国际政治科学》2018年第1期。
③ 鲁传颖:《网络空间治理的力量博弈、理念演变与中国战略》,《国际展望》2016年第1期。
④ 《全球数字治理白皮书》,中国信息通信研究院,2021年,http://www.caict.ac.cn/kxyj/qwfb/bps/202012/P020201215465405492157.pdf。

多的传统治理机构开始参与到网络空间国际规则制定领域。

二十国集团（G20）、世界经济论坛（WEF）等关注经济议题的组织逐渐关注数字经济规则的建构问题。同时，也会催生出一些新的组织和平台，专注于数字经济、网络安全相关融入性议题的治理。在治理平台不断扩大的背景下，网络空间国际治理议题的普遍化和多元化趋势将会更加明显。在这种趋势下，越来越多的行为体对网络空间国际合作的关注将会带来更多的治理资源，有利于推动治理议题不断专业化，并最终得到解决。

同时，原有的治理机制也做出调整，参与的行为体和涉及的议题也在不断地扩大。为了弥补联合国信息安全政府专家组代表性和有效性的不足，2018年联合国大会A/RES/73/266决议开启了不限成员名额开放式工作组（Open-ended Working Group，OEWG），该工作组的参与成员来自联合国会员国、产业界、非政府组织和学术界。[1] OEWG是联合国主持下的重要独立协商机制，首次会议于2019年12月2—4日在纽约召开，100个主权国家和113个机构组织注册参加，是联合国首次就网络威胁与挑战议题召开这种开放式的全球多利益攸关方的会议。[2]

除此之外，双边和区域层面的治理机制创新也在不断为网络空间秩序的生成带来了新的活力。在区域层面，2020年12月首轮中国—东盟网络事务对话结束后发布共同主席声明，强调了联合国应在凝聚安全使用信通技术共识、国际法适用以及制定负责任国家行为规范、规则和原则中发挥领导作用，并指出中国—东盟数字部长会议、打击跨国犯罪部长级会议、东盟地区论坛、东亚峰会、东盟防长扩大会网络安全专家组等机制在中国—东盟网络安全务实合作中发挥的积极作用，双方同意进一步加强网络安全事件应急响应等务实合作，共同提

---

[1] 鲁传颖、杨乐：《论联合国信息安全政府专家组在网络空间规范制定进程中的运作机制》，《全球传媒学刊》2020年第1期。

[2] 鲁传颖、杨乐：《论联合国信息安全政府专家组在网络空间规范制定进程中的运作机制》，《全球传媒学刊》2020年第1期。

升网络安全能力。① 在双边领域，2021年3月，中国外交部与阿拉伯国家联盟秘书处共同主持召开中阿数据安全视频会议，共同提出数据安全合作倡议，涉及基础设施安全、个人数据保护、跨境数据调取等多个领域。②

二 不同议题领域网络空间秩序的生成

约瑟夫·奈曾经用机制复合体来形容网络空间秩序的构建，认为网络空间是由一系列松散耦合的治理机制组成治理生态，而非单一的治理机制。③ 经过多年的发展，这一趋势进一步加强，不同领域的治理机制差异性越来越大，走向了更加专业化的道路。结合全球网络空间秩序生成的战略地位和突出矛盾，可以将治理进程分为军事安全、意识形态、经济、科技等领域，不同的领域中秩序生成则又聚焦在网络军事行动规则、虚假信息行动、数据安全、ICT 供应链安全等更加具体的场景中。未来全球网络空间秩序将是从这些不同领域更加具体的规则的互动中产生，因此，关注现阶段不同领域的秩序生成过程具有重要意义。

（一）数字经济领域的网络空间国际秩序

数据作为数字经济时代最核心、最具价值的生产要素，正深刻地改变着人类社会的生产和生活方式④，成为数字经济时代的石油，而数据的流动是全球数字经济发展的重要基础。因此，数据不仅仅是新

---

① 《首轮中国—东盟网络事务对话共同主席声明》，中华人民共和国外交部，2020年，https://www.fmprc.gov.cn/web/ziliao_674904/1179_674909/t1840663.shtml。
② 《中阿数据安全合作倡议》，中华人民共和国外交部，2021年，https://www.fmprc.gov.cn/web/ziliao_674904/1179_674909/t1865097.shtml。
③ Joseph S. Nye, Jr., "The Regime Complex for Managing Global Cyber Activities", *Global Commission On Internet Governance Paper Series*, 2014, https://dash.harvard.edu/bitstream/handle/1/12308565/Nye-GlobalCommission.pdf.
④ 夏红真：《大数据时代的信息安全》，中国人大网，2021年8月3日，http://www.npc.gov.cn/npc/c30834/202108/143b825f6429463d88a9d4beab9d29d3.shtml。

型生产要素，也是各国政府的战略资产，数据安全问题事关国家安全，特别是"斯诺登事件"所揭露出的美国对全球开展大规模数据监听，进一步加剧了各国政府对于数据安全的关注。过去几年，各国政府已从不同角度出发，建立了大量关于个人信息保护、数据安全相关的法律法规，导致了数据本地化的趋势愈演愈烈。[①]

随着数字经济在全球范围的快速发展，数字经济国际规则缺失的问题正困扰着国际社会。可喜的是，当前数字经济领域的规则构建正遵循以下路径寻求突破口。首先，从安全转向安全与发展并重。以往国际社会一味强调的数据安全和自由流动议题，如今已开始转向数字贸易规则与数据安全协议相融合的秩序生成模式，即安全与发展并重。其次，国际社会开始以更为务实的方式推动规则制定议程。例如，中国政府所提出的《全球数据安全倡议》对如何加强全球在数据安全领域的合作做出了回应，为未来全球加强在这一领域的合作奠定了基础。[②] 最后，各方通过现有国际机制开展数字经济政策协调进程。例如，2020年11月27日，经济合作与发展组织（OECD）发布《2020年数字经济展望》，构建了"走向数字化综合政策框架"（The Going Digital Integrated Policy Framework），帮助OECD各国制定政策以实现包容性数字化未来。[③] 此外，新加坡和英国已经开始谈判一项数字经济协议（UKSDEA），谈判的重点是数字商品和服务的出口规则，跨境数据流动和数据保护等。[④] 未来，双边领域的数字协定或将与多边协定并行，共同构成数字经济的全球秩序。与此同时，关于数据跨境的国际贸易规则谈判则已开始拉开序幕：一方面，世界贸易组织（WTO）框架下关于数据

[①] 彭岳：《数据本地化措施的贸易规制问题研究》，《环球法律评论》2018年第2期。

[②] 田宇：《国际社会期待中国助力构建全球治理体系》，中国人大网，2021年1月4日，http://www.npc.gov.cn/npc/c30834/202101/c586ff80e1bc41b9b52b9b1a57fd5337.shtml。

[③] 王梦梓：《全球高层级数字经济政策协调新趋势——经合组织〈2020年数字经济展望〉解读》，《互联网天地》2021年第8期。

[④] "Singapore and the United Kingdom Launch Negotiations on Digital Economy Agreement", *Ministry of Communications and information of Singapore*, 28th June, 2021, https://www.mci.gov.sg/pressroom/news-and-stories/pressroom/2021/6/singapore-and-the-united-kingdom-launch-negotiations-on-digital-economy-agreement.

贸易的谈判已经开始,各方在数据跨境问题上都在谋求解决方案;另一方面,跨太平洋伙伴全面进步协定(CPTPP)和区域全面经济伙伴关系协定(RCEP)等区域性自由贸易组织在数据跨境等问题上已经做出了一些突破,为未来推动数据跨境流动奠定了基础。

可以看出,在当前盛行的数据本地化趋势之下,国际社会已扭转过去一味强调如何保障国家和私营部门数据安全的惯性,并已经从数据本地化对数字经济和技术发展的负面效应吸取教训。尤其是在云计算、人工智能、区块链等网络新兴技术不断对数据收集、存储和处理过程赋予更高的安全要求和商业价值的前景下,国家政府、国际组织和互联网企业等纷纷开始构建数字经济发展的规则体系。因此,推动全球在数据安全领域的合作,构建更加安全、公平的全球数据环境,扫清数字经济发展的机制障碍,不仅是解决数据安全的必由之路,也是促进全球数字经济蓬勃发展的制度基础。

(二) 互联网内容领域的国际秩序

相较于传统的网络安全问题,虚假信息行动是2016年美国大选中"黑客干预大选"事件所引发的新议题,也是意识形态领域网络空间秩序确实带来的新挑战。在2020年的美国大选中,外国虚假信息行动成为大选最重大的安全风险。此外,在新冠疫情期间,为了转移国内政治压力,也有西方政客将中国外交官对中国政府抗击疫情的宣传视为一种虚假信息行动[1],加之地缘政治和新兴技术冲击等因素的综合影响,使得网络空间的大国关系走向更为激烈的对抗乃至冲突。[2] 随着社交媒体平台取代传统传媒业成为信息传播的主要载体,社交媒体平台上的信息内容发布也顺理成章地成为国家在网络意识形态领域的冲突与对抗新前沿。而问题在于,西方一直主张信息自由,国家不应当干涉内容传播,但当其他国家在国际社交媒体平台上发布

---

[1] 胡宗山:《西方的疫情政治攻势与中国的应对》,《人民论坛》2020年第6期。
[2] 蔡翠红、王天禅:《新冠疫情下网络空间全球治理的机遇与挑战》,《国际论坛》2021年第1期。

与所在国的政治立场不一致的信息时，就被认为是对西方政治的干预，是对民主制度的破坏。所谓的虚假信息行动问题更加凸显了西方国家的双重标准，而这种西式的人权"双标"已经成为它们干涉别国内政、实现自身利益的政治工具，包括中国在内的不少国家都被视为"可以剥削的牺牲品"。① 因此，社交媒体加剧了意识形态冲突，使其从单一的西方指责其他国家的路径，变为发展中国家同样可以借助社交媒体平台"对西方说不"的双向的互动。这就使得网络意识形态问题更加复杂，相应的秩序更加难以建立。

为了应对日益严峻和复杂化的网络空间舆论环境，诸多国家和国际组织都推出了网络内容治理的具体规则，或是提出国际网络空间内容治理的理念，避免意识形态、虚假信息等成为网络空间不稳定的因素。例如，早在2019年12月，中国国家互联网信息办公室就发布了《网络信息内容生态治理规定》，以建立健全网络综合治理体系，是全球首例以"网络信息内容生态"作为网络空间治理立法目标的法规。② 在国际方面，第15届互联网治理论坛（IGF）期间，联合国教科文组织和开发计划署于2020年11月13日举办了一场关于虚假信息时代的选举安全的在线研讨会，旨在加强各方在应对选举虚假信息方面的协调行动。③ 值得一提的是，在2021年9月举办的世界互联网大会乌镇峰会上，首次开设"网络谣言共治"论坛，积极回应新冠疫情背景下虚假信息的全球挑战，虚假新闻网络传播的防范与应对，以及网络谣言共治方式等现实问题，集中探讨把握真相传播的"主动权"，扩大谣言治理的"合作圈"。④

---

① 邱丽芳：《专访：西式人权"双标"在新冠疫情中暴露无遗——访埃及人权组织主席埃萨姆·希哈》，新华网，2021年8月3日，http：//www.xinhuanet.com/world/2021-08/03/c_1127726442.htm。
② 王春晖：《深度解读〈网络信息内容生态治理规定〉》，中国网信网，2020年3月2日，http：//www.cac.gov.cn/2020-03/02/c_1584692437514622.htm。
③ 《协调行动，应对选举过程中的虚假信息》，联合国教科文组织，2020年11月19日，https：//zh.unesco.org/news/xie-diao-xing-dong-ying-dui-xuan-ju-guo-cheng-zhong-xu-jia-xin-xi。
④ 朱延静：《2021年世界互联网大会乌镇峰会首次举办"网络谣言共治"论坛》，中国新闻网，2021年9月27日，https：//www.chinanews.com/gn/2021/09-27/9574997.shtml。

进入数字时代后，谷歌、YouTube、Facebook、Twitter 等大型互联网平台一举超越传统媒体在跨国信息传播中的主体地位，成为整合了报刊、广播、电视等传统媒体的超级内容传播平台，不仅汇聚数以亿计的用户群体，形成巨大的经济、社会和政治影响力，为底层和草根赋权的同时，也不可避免地沦为大国博弈的工具。① 正因如此，内容治理成为全球网络空间秩序生成过程中必不可少的一环，因为内容治理不仅关乎互联网平台对政治、经济议程的影响程度、范围和方向，也左右着国家行为体在网络空间中的博弈过程。为此，构建全球网络秩序，加强内容治理的全球规范建立，不仅有利于全球网络环境的净化和向善，也有助于减少国家间在网络空间中的矛盾和冲突，避免大国竞争走向更激烈的对抗。

（三）ICT 供应链领域的国际秩序

信息通信技术（ICT）是网络空间的技术架构基础，网络空间可被定义为"构建在信息通信技术基础设施之上的人造空间，用以支撑人们在该空间中开展各类与信息通信技术相关的活动"②。全球化、标准化是 ICT 发展的大势所趋。在商业领域，出现了面向全球提供产品和服务的平台型互联网企业；在通信标准领域，从 2G 到 5G 实现了从多个技术标准共存到唯一全球标准的过程。然而，这一进程被美国政府推动的对华科技脱钩所打破。美国为了追求在供应链上的"绝对优势"，将技术"脱钩"作为打压中国新兴技术领域发展的政策，不仅对中国 ICT 企业采取了"断供""停服"等单边制裁措施，还不断通过外交和国家安全手段来向盟友国家施压，要求共同采取措施针对中国 ICT 产品和服务。③ 此外，美国还给中国贴上"新技术民族主

---

① 徐培喜：《网络信息内容全球治理：现状、争议与视角》，《中国新闻传播研究》2020 年第 3 期。
② 方滨兴：《定义网络安全》，《网络与信息安全学报》2018 年第 1 期。
③ 鲁传颖：《保守主义思想回归与特朗普政府的网络安全战略调整》，《世界经济与政治》2020 年第 1 期。

义"的标签以掩盖其凭借技术先发优势攫取巨额垄断利益的真实目的。① 美国单方面推动的所谓"脱钩",不仅对华为、中芯国际等企业造成了一定的影响,事实上,其对全球 ICT 供应链的完整性造成了更加严重的威胁。② 加之新冠疫情的持续影响之下,ICT 供应链的完整性和稳定性成为各国网络治理中亟须解决的重要课题,也成为构建网络空间国际秩序所面临的一大难题。

在此背景下,全球 ICT 产业政策也经历了一系列调整。首先,一些国家和地区开始采取措施应对美国在 ICT 供应链上的压力。例如,中国被迫建立自身的 ICT 供应链体系,欧盟也开始探索建立自身在新兴技术领域的主权,尤其是在芯片供应链上要求达到"自给自足"。③ 其次,美国拜登政府重新认识供应链安全的意义,提出"小院高墙"和"再链接"(Recouple)策略。在白宫发布的《构建韧性供应链、振兴美国制造及促进广泛增长》报告中提到,竞争对手的不公平贸易行为、企业追求短期利益、政策失误等因素导致了美国国内的生产空心化现象,同时,供应链中存在的脆弱性难以靠美国一家解决。④

不可否认的是,近年来包括各国政府、国际组织和私营机构在内的各类行为体,为应对 ICT 供应链风险采取的举措层出不穷,其成效却如一把"双刃剑",特别是有些国家政府的强势介入在部分缓解了技术领域风险的同时,又赋予其过多的地缘政治考量,负面效应凸

---

① 孙海泳:《进攻性技术民族主义与美国对华科技战》,《国际展望》2020 年第 5 期。
② 蔡翠红、王天禅:《新冠疫情下网络空间全球治理的机遇与挑战》,《国际论坛》2021 年第 1 期。
③ Foo Yun Chee, "EU plans 'Chips Act' to promote semiconductor self-sufficiency", *Reuters*, September 15, 2021, https://www.reuters.com/world/europe/tech-is-make-or-break-issue-eu-chief-executive-says-2021 - 09 - 15/.
④ "Building Resilient Supply Chains, Revitalizing American Manufacturing, and Fostering Broad-Based Growth: 100-Day Reviews under Executive Order 14017", the White House, June, 2021, https://www.whitehouse.gov/wp-content/uploads/2021/06/100-day-supply-chain-review-report.pdf.

显。① 尽管当前全球 ICT 供应链面临着分裂的威胁，但其全球化、标准化的发展方向是不会改变的。关键问题在于，ICT 供应链的安全与运转特性，决定了其有效治理在很大程度上依赖于国际治理即国际规范的建立②，由此也凸显出合理有效的国际治理制度体系在管控供应链安全风险、协调各方行动、构建充分的信任关系方面的重要意义。

（四）军事安全领域的国际秩序

网络军事问题事关战争与和平，不断加快的网络空间军事化进程对构建新的国际秩序、维护世界和平提出了挑战③，尤其是在美国率先建成网络司令部之后，全球进入了网络空间军事力量建设的快速推进期，这使得国际安全议题与网络空间开始紧密结合。同时，大国在网络军事领域国家责任和采取反措施的争议直接导致了第五届联合国信息安全政府专家组未能达成共识。④ 在新规则诞生之前，美国提出了"持续交手"和"前置防御"等概念，强调通过采取竞争行动来获得持续的战术优势、行动优势和战略优势，以此来保护国土安全和国家利益。⑤ 此外，为了给网络军事行动创造更大的活动空间和法理依据，以美国为首的西方国家连续抛出所谓"网络空间国际法适用"的立场文件，一方面无视网络空间的独特性而照搬国际法；另一方面又挑选有利于其行动的法律条文反复宣介，把持话语权⑥，试图以此重新塑造网络空间的交战规则，定义网络空间秩序。事实上，美西方

---

① 吕晶华：《ICT 供应链安全国际治理制度体系分析》，清华—卡内基全球政策中心，2020 年 4 月 20 日，https://carnegietsinghua.org/2020/04/20/zh-pub-81586。
② 李艳：《国际规范视角下的 ICT 供应链安全治理》，《信息安全与通信保密》2020 年第 4 期。
③ 项登：《全球网络空间军事化问题评析》，《信息安全与通信保密》2018 年第 1 期。
④ 鲁传颖：《专家组未能达成共识的原因及其对网空治理的影响》，上海国际问题研究院，2017 年，http://www.siis.org.cn/Research/Info/4332。
⑤ 赵子鹏、张静：《美国网络威慑面临困境及对网络空间全球治理的影响》，《信息安全与通信保密》2021 年第 3 期。
⑥ 唐岚：《从网络空间军事行动新态势看网络安全的重要性》，《人民论坛·学术前沿》2021 年第 10 期。

国家此举的实质是突破网络主权原则,以网络行动能力来界定各国在网络空间秩序中的位置,并将行动触手置于他国的网络空间当中。如果国际法认可一国可以随意进入他国网络空间开展军事行动,这将会给网络空间稳定带来重大威胁,也将会进一步推动网络空间的全面军事化。

由国际规则缺失带来的网络空间失序状态亟须改变,而当前也已经出现一些秩序建构方面的新趋势,尤其是联合国框架下的固有机制正在发挥新的作用。根据联合国政府专家组(UN GGE)2021年发布的报告,目前具有进攻性网络能力或作战计划的国家已升至53个①,对网络空间和平稳定造成了实质性的威胁。在此背景下,负责任国家行为准则的建立毫无疑问将推动网络空间安全秩序的形成,维护网络空间战略稳定。而2021年UN GGE报告中就提出了网络空间负责任国家行为的具体框架,其中不仅包括了前期UN GGE和OEWG提出的建议,还包括各国运用ICT技术在网络空间行动时要遵守的规范和原则。②该报告从原则上提出了国家行为体在网络空间中采取行动的边界及其应遵循的国际规则,不仅为负责任国家行为规范的建构提供了有益指导,还为网络安全领域的发展中国家带来更为公平的外部环境。此外,以美俄为代表的网络军事强国也在军控领域达成了一定共识。在2021年6月举行的美俄领导人峰会上,拜登总统和普京总统同意开始就网络安全和军备控制进行谈判。③

网络空间是社会治理的新平台、信息传播的新渠道、生产生活的

---

① Andrijana Gavrilovi ć, "What's New with Cybersecurity Negotiations? The UN GGE 2021 Report", *Diplo*, August 07, 2021, https://www.diplomacy.edu/blog/whats-new-with-cybersecurity-negotiations-the-un-gge-2021-report/.

② "Report of the Group of Governmental Experts on Advancing responsible State behaviour in cyberspace in the context of international security", 28th May, 2021, https://front.un-arm.org/wp-content/uploads/2021/06/final-report-2019 – 2021-gge-1-advance-copy.pdf.

③ 综述:《美俄峰会分歧大 但同意在网络安全和军控方面采取措施》,路透社中文网, 2021年6月17日, https://cn.reuters.com/article/us-russia-summit-cyber-security-0617-idCNKCS2DT06H。

新空间、经济发展的新引擎、文化繁荣的新载体、交流合作的新纽带和国家主权的新疆域，其安全与否与每个人休戚相关，其能否安全也要靠各方合力。① 因此，网络空间安全秩序的建立就显得尤为紧迫和重要，尤其是对于全球互联和各国基础设施安全等重要民用项目来说，安全秩序是保障国计民生的关键支撑。此外，随着现实世界中的大国博弈日益激烈，网络空间环境也面临持续动荡。因此，国际社会急需建立网络空间行为规范来约束各国在网络空间的行动，避免网络空间的军事化运用，以及军备竞赛、供应链污染、灰色地带行动等情况的发生。

通过对上述不同领域、不同场景中秩序建立现状的分析可知，当前全球网络空间秩序的生成还处于早期阶段，一方面，秩序的缺失对网络空间的安全与发展带来了严重挑战；另一方面，网络空间全球治理议程转变也正在逐步为这些领域带来积极效应。未来，这一领域需要国际社会投入更多的关注和资源，来加强对这一问题的探讨，并最终达成共识，建立信任基础。

三 中国的贡献

中国是网络空间中的大国，建立网络强国是中华民族伟大复兴的重要支柱。② 网络空间秩序是中国面临的一次重要参与全球秩序构建的机遇，也是一次中国对全球秩序构建做出贡献的机会。

首先，全球网络空间秩序变革让中国获得了平等参与网络空间规则制定的机会。西方国家曾经普遍认为，互联网只是一种工具，只要将现有物理空间中的规则沿用到网络空间中，即能满足构建全球网络空间秩序的需要。这种观点的背后更深层次的意义在于，现有的国际

---

① 唐岚:《从网络空间军事行动新态势看网络安全的重要性》,《人民论坛·学术前沿》2021 年第 10 期。
② 宫亚峰:《网络强国建设是实现中华民族伟大复兴的重要工程》,光明网,2021 年 2 月 3 日,https://theory.gmw.cn/2021-02/03/content_34595415.htm。

秩序是在西方主导之下建立的，发展中国家参与的程度和影响力相对有限。因此，持工具论观点的人在一定程度上是希望继续维护西方在全球网络空间秩序中的主导地位。随着数字化转型的加速，网络空间的治理越来越复杂，传统的规则也难以简单适用于网络空间。并且，客观上全球力量格局东升西降的趋势进一步明显，发展中国家在网络空间中的实力不断增长，为平等参与秩序构建奠定了实力基础。因此，在现有全球秩序的基础上，构建基于网络空间特点的新秩序逐渐成为国际共识。全球网络空间秩序变革在客观上导致了大量的规则真空，需要国际社会加大对网络空间的不同领域规则的供给，再加上网络空间的开放性、平等性，这使得网络霸权国家垄断秩序构建的情况不复存在，更多的国家，甚至是非国家行为体拥有了参与秩序构建的机遇。参与全球网络空间秩序构建，对中国这样一个拥有10亿网民的全球网络大国而言具有重要意义和价值。

其次，良好的网信发展基础赋予了将中国将实践转化为国际规则的能力。尽管网络空间秩序向更多的行为体敞开了大门，但要想在秩序构建中成为主导力量，还需要拥有先进的信息通信技术基础、对网络空间全面的认知、良好的国内治理基础和参与国际制度谈判的能力。从40多年前中国接入互联网，到今天网络强国建设不断加速，中国在网络空间中的能力和实力在不断提升。从技术方面来看，中国在5G、人工智能和量子科技等新兴技术领域已经处于全球第一方阵①，在这些领域拥有了一定的技术标准制定权；从产业方面来看，中国已经出现了像阿里巴巴、腾讯等国际一流的互联网企业，产业应用创新居于全球前列。国内网络空间也在不断地发展完善，成立了中央和地方的网络安全与信息化委员会，发布了《中华人民共和国网络安全法》《中华人民共和国数据安全法（草案）》《中华人民共和国个人信息保护法（草案）》，并且制定了《国家网络安全战略》《网络空

---

① 赵厚鳞：《中国在AI开发研究和应用方面处于世界第一方阵》，《新京报》2020年7月9日，https://m.bjnews.com.cn/detail/159428063115854.html。

间国际合作战略》等一系列制度体系设计。这些方案代表了中国在网络空间治理中的实践，引起了国际社会的高度重视，其中的一些做法成为很多国家学习和参考的对象。

此外，中国还是最早参与网络空间国际规则进程的国家之一。提出了构建网络空间命运共同体的目标，参加了包括联合国联合安全政府专家组、打击网络犯罪政府专家组在内的几乎所有重要的网络空间全球治理机制工作，同时，也是主权原则适用于网络空间最大的贡献者。在双边层面和区域层面，中国与美国、欧盟、俄罗斯、东盟地区论坛等多个国家和区域性组织建立了网络安全、数字经济、信息通信技术等领域的对话机制。这不仅有助于双边和区域层面加强合作，其中的一些双边成果最后上升到了国际规则的层面。

值得一提的是，中国政府在2020年9月所提出的《全球数据安全倡议》，倡议针对全球数字经济规则体系提出了8条倡议，内容涵盖供应链安全、个人信息保护、跨境数据流动等方面的内容，反映了当前数字空间治理领域面临的最急迫的议题。[①]《全球数据安全倡议》针对危害我国网络空间安全的行为，客观、全面地做了回应，坚定有力地维护了中国的网络主权；对网络空间中的单边主义、霸权行径做了有力驳斥，有利于推进各国、各方平等参与数字空间的规则制定进程，构建网络空间命运共同体；倡议中提出的很多原则主张，符合各方的共同利益，有利于构建全球数字经济发展的规则体系。

当然，《全球数据安全倡议》作为一种国际规范，要想取得更大的影响力，以及转化为中国在数字空间规则体系建立中的话语权，还需要大力在国际上进行推广，让更多的利益相关方能够接受。如倡议所呼吁的那样，各国政府、国际组织、信息技术企业、技术社群、民间机构和公民个人等各主体秉持共商共建共享理念，齐心协力促进数

---

① 鲁传颖：《全球数据安全，美国也该担起责任》，《环球时报》2020年9月10日第15版。

据安全。① 以倡议为基础，中国政府与阿拉伯联盟签订了《中阿数据安全合作倡议》，进一步推动了倡议在国际上的应用。不仅如此，中方还将进一步在联合国层面推动建立以倡议为基础的全球数据安全规则体系。总体而言，在全球网络秩序生成的过程中，中国理念、中国实践和中国方案已经得到了各方的关注。

最后，尽管面临良好的机遇和基础，但是观念上对国际规则的重视程度不够和研究不充分，成为制约中国参与全球网络空间秩序的主要障碍，这主要体现在三个方面：一是，全球网络空间秩序生成是全方位的，覆盖了军事、意识形态、经济、科技等多个领域，并且这些领域都涉及参与全球层面的秩序构建。相比美欧等发达国家和地区而言，我国国内相关职能所具备的国际视野和参与国际规则塑造的能力还比较落后。二是，参与全球网络空间秩序构建的行为体不仅仅包括国家行为体，数量众多的非国家行为体的影响力也不可忽视。但是，活跃在全球网络空间规则领域的非国家行为体主要来自西方国家。中国在网信领域尽管拥有大量的企业、研究机构和相关组织，但是缺乏参与国际规则制定进程的意识。三是，对全球网络空间秩序研究成果不多也是制约因素之一。网络空间全球治理已经成为社会科学领域的显学，国际上相关研究成果非常丰富，政治学、法学、国际法学、国际关系学、哲学、经济学、传播学等多个学科对此都高度重视。相比较而言，我国对于网络空间全球秩序研究的成果数量远远不能跟上形势的发展速度。例如，近年来，国际上涌现了十多本专门研究网络空间全球治理的英文刊物，而我国目前在这一领域还处于空白状态。这样的差距还体现在智库政策研究领域。美欧国家和地区智库纷纷把网络空间治理视为重要的研究方向，设置相应的研究机构，而我国目前智库对网络空间国际治理的研究还缺乏团队力量。因此，理论和政策研究的不足也成为制约我国参与全球网络空间秩序构建的障碍之一。

---

① 鲁传颖：《全球数据安全，美国也该担起责任》，《环球时报》2020年9月10日第15版。

讲好中国宗教故事：网络传播环境下中国基督教的公共外交意涵

◇赵　冰

当前，世界各国正在或已经逐步完成了由工业社会向信息社会的转化。在互联网等发达的信息技术的持续推动下，人类社会面临着全方位的变革，其中一个重要表现是越来越多的非政府主体有能力、有机会深度参与国际事务，或主动或被动地频繁进行着跨文化传播。尤其是在公共外交领域，新的公共外交主体大量涌现。这些新主体在网络空间自觉与不自觉的信息生产，都极有可能成为一种跨国界、跨文化的国家形象展示。因此，对中国来说，面对"百年未有之大变局"和异常复杂的国际环境，亟须充分调动一切积极因素和主体参与对外文化传播和公共外交，更加全面、真实地向世界说明中国，塑造并展现一个开放、包容，负责任、重道义的世界大国形象，为中华民族伟大复兴创造良好的国际环境。

有鉴于此，本文认为客观分析、合理发挥世界第一大宗教和我国主要外来宗教——基督教的公共外交价值，立足于公共外交本质要求内在契合的大众化、互动式互联网传播方式，讲好"中国宗教故事"，不仅是对国际上长期存在的对中国宗教状况的误解、非议甚至恶意攻击的有力反击，更是对习近平总书记和党中央"讲好中国故事"号召的具体实践。

一 中国基督教的网络传播生态

中国基督教与互联网传播方式的有机结合，是其在信息社会中继续生存、发展、扩张的内在要求与必然趋势。如果从20世纪90年代中期，南京大学"小百合BBS"《圣经》讨论区和"西祠胡同"论坛基督教讨论区的出现算起，中国基督教及相关信息的网络传播已有二十多年的时间，其间其不但发展迅速，而且体现出形式多样、注重创新等特征。① 特别是移动互联网技术强势崛起之后，一方面，各基督教行为体普遍加大了对"微信"等移动社交媒体的重视程度、投入力度和使用频度；另一方面，丰富、便捷的媒体和信息供应，进一步激发了基督教徒、慕道者等在"移动端"进行相关活动的积极性，同时还提高了潜在教徒选择、接收基督教信息的可能性。这不仅推动基督教互联网传播从"固定端"到"移动端"的转变，催生了新型、海量的移动端"网上基督教"活动，而且使其有史以来第一次实现了彻底的、随时随地的"全时空"传播，更加便利了基督教及其社会影响从线上与线下、虚拟与实体双重方向上的双重推进。不仅如此，从长远来看，出于维护教徒基础、践行宗教理念等目的，基督教行为体的"网上基督教"活动在未来必将进一步走向深入，网上各类基督教信息也将持续、快速增多并形成"基督教大数据"。据粗略统计，与基督教相关网站、网页目前已突破千万②，一些比较知名的网站，如"赞美诗网""信望爱""福音影视网""基督福音网""旷

---

① 参见赵冰《"网上宗教"现象在中国的现状、特征与影响》，《世界宗教文化》2015年第1期。

② 该数字通过"百度"和"360搜索"搜得出。需要说明的是，之所以选择这两个搜索工具，是因为它们目前是国内市场占有率最高、使用最方便的搜索工具；此外，鉴于搜索引擎根据关键词来抓取数据的工作原理，由其搜索得出的数字一般比实际数字偏高，但尽管如此，网上与基督教相关的网站、网页和信息的绝对数量正在形成"基督教大数据"已是不争的事实。

讲好中国宗教故事：网络传播环境下中国基督教的公共外交意涵

野呼声"等，每日甚至有上万次至十几万次的访问量；① 在手机等移动设备上，基督教行为体的活跃程度也相当之高，许多微信公众号的阅读量往往高达十几万次至几十万次。② 此外，在 APP 应用方面，基督教类 APP 发展的最高峰大致出现在 2019 年，当时与《圣经》相关的安卓和苹果 APP 分别约为 90 个和 80 个。在安卓类《圣经》APP 中下载次数超过 1 万次的有 33 个，约占总数的 44%，下载次数超过 10 万次的也有 17 个。一款名为"圣经"的 APP 甚至高达 850 万次（2017 年 1 月时，其下载量曾达到 1012 万次）。③

从上文的分析可以看出，中国基督教的网络传播活动比较频繁，相关信息无论在"固定端"还是"移动端"上都拥有相当广泛的受众。可以说，互联网等信息技术为教徒的宗教活动、中国基督教的传播和社会影响的进一步扩大提供了极大便利。但与此同时，二十几年的高速发展也暴露出一些突出问题。如，海量的涉中国基督教的鱼龙混杂信息，甚至与基督教教义相悖的"歪理邪说"堂而皇之地大肆传播，使普通教徒难辨真伪；大量不具备合法教职人员身份的行为体在网上公开进行良莠不齐的"讲经传道"，这极可能对慕道的非教徒产生误导；非议、攻击、抹黑中国宗教政策、基督教发展模式和中国基督教发展成就的不负责任的言论严重扰乱国内外视听，对中国国家形象产生极大损害等。不仅如此，通过对中国基督教网络传播活动的长期线上观察以及对国内一些基督教会、牧师、教徒的线下访谈结果来看，中国基督教网络传播生态中最为突出的问题是奉行中国基督教独立发展，实行"自养""自治""自传"原则的中国基督教两会及下属教会，在网络空间中暂时还未承担起与其在现实空间中主流地位相匹配的引导力。出于在神学思想和中国基督教发展模式上的分野及种种历史原因，中国在一定程度上存在着秉持"三自"原则的教会

---

① 该数据来源于 Alexa。
② 该数据来源于"清博指数"及"新榜"。
③ 该数据通过对"搜狗应用"每季度定期搜索所得数据的对比得出，统计时段为 2018 年 6 月和 2021 年 1 月。

和否定"三自"原则的所谓教会之间的分野,前者在中国处于主流地位,在传统媒体领域具有明显优势;后者多数"私设聚会点"的方式存在,长期处在灰色、边缘地带,几乎不占有传统媒体资源。这在一定程度上导致后者对互联网这种门槛较低且影响巨大的大众传媒态度非常积极、大胆,在各种互联网应用方面相当活跃。而反观前者在互联网应用方面则相对保守,态度也更为谨慎。久而久之,就出现了基督教网络舆论场域中由国内否定"三自"原则的所谓教会及与之联系密切的国内外其他基督教力量,尤其是一些所谓"海外华人基督教公共知识分子"生产的信息量要远大于秉持"三自"原则教会生产的信息量,其传播策略更多样,传播内容更具吸引力,在网络空间的影响也暂时更大的情况。这些业已形成"基督教大数据"的信息不但侵蚀着秉持"三自"原则教会在网络上的活动空间,而且对党和国家宗教政策在网络传播领域的主导地位形成了挑战。从国际角度来看,中国基督教的网络传播作为国外民众,特别是普通基督教徒观察中国基督教状况的重要途径和主要窗口,有力影响着他们对中国基督教和中国的认知;而充斥着海量"鱼龙混杂"基督教信息的网络传播生态,势必有损于客观的中国宗教形象和良好国家形象的建构。

二 开展中国基督教网络公共外交是时代要求

没有媒体的参与,就没有公共外交,尤其是在互联网等新媒体大行其道的今天,传播技术的革新正推动公共外交模式和要素的深刻变化。由此催生的"新公共外交",尤其是"互联网公共外交",已经成为公共外交的重要组成部分。其基本特征是,更注重主体的多样性和民间性、交流的双向性尤其是对话与合作、"倾听"而非"独白"、"接触"而非"瞄准"、以民间团体为基础的关系网模式而非以国家为中心的等级制模式,以及传播途径的大众化和互联网化。① 目前,

---

① 徐以骅:《全球化时代的宗教与中国公共外交》,《当代世界政治经济》2014年第9期。

讲好中国宗教故事：网络传播环境下中国基督教的公共外交意涵

各种非政府行为体均已成为信息社会中新公共外交的主体，而公共外交客体也不再仅仅从国家、政府控制的传统媒体接收信息，它们在新媒体技术的支持下，更自主地根据既有价值观念、知识结构、思维方式来进行信息选择，对公共外交的效果进行反馈，并最终决定了公共外交的成功与否。相比之下，政府主导的传统公共外交虽然仍在发挥重要作用，但其地位、作用、效果、重要性和可信度正在被新公共外交所超越。对此，约瑟夫·奈就指出："在这种类型的公共外交中，政府政策的目标并不在于对其加以控制，而是在于促进并参与此类跨境互联网。事实上，过多的政府控制，甚至政府的出场，都会有损于此类互联网旨在提供的可信度。"[①] 也就是说，在信息社会中，公共外交欲达到预期效果，必须走一条以非政府行为体为基本主体，以客体特征、背景和偏好为切入点，以各种媒体尤其是新媒体的综合使用为手段的长期的、持续的互动与传播之路。

众所周知，在世界上的许多地区，以宗教为基本形式的信仰追求仍是人的一种基本需求，无论地域、国籍、文化等方面的差异有多大，共同宗教信仰往往能瞬间拉近人与人之间情感和心灵上的距离，并以此为基础推动一股基于共同信仰的跨国力量。宗教交流作为民族与民族、国家与国家、地区与地区之间在思想、价值观和情感层面的互动，其影响往往要比基于现实利益的政治结盟和经贸交流等更为深刻和持久。[②] 这一点在拥有世界第一大教徒规模的基督教群体中表现得尤为突出。在信息社会中，国内外基督教群体及普通教徒在互联网技术的支持下实现了真正的无距性连接，加之其间天然的信仰纽带，由此形成了比传统媒体时代更强大、更草根、更感性、更持续，并拥有物质和精神双重支撑的庞大跨国网络，他们对国内外各种公共事务的多渠道参与，使其成为中国推进新公共外交过程中可以借

---

① 小约瑟夫·奈:《新公共外交：非政府组织与互联网》，《公共外交季刊》2010年夏季号（总第2期）。

② 徐以骅:《全球化时代的宗教与中国公共外交》，《当代世界政治经济》2014年第9期。

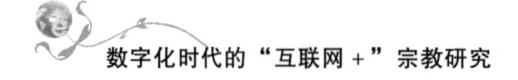

助的重要力量。

长期以来,虽然中国公共外交取得了巨大成就,但中国国家形象与中国真实情况严重不符的情况仍存在于国际舆论中。在涉及宗教,尤其是跨国性宗教时,这种不符甚至误解更加严重。有学者就指出,宗教因素正成为制约中国树立大国形象的现实瓶颈。[①] 具体到基督教领域,虽然中国的基督教事业在"三自爱国运动"的指引下取得了举世瞩目的成绩,但在国际基督教舆论中仍长期充斥着对基督教走中国化发展道路的误解。由于对中国基督教历史、现实及整体社会状况不甚了解,一些西方基督教群体在看待中国基督教时习惯性戴着"有色眼镜",片面地认为基督教在中国是受打压的对象,甚至指责在中国基督教信仰不自由。这不仅极大地误导了西方民众,还变相加强了国内抵制基督教中国化群体的立场,为他们提供了外部支持。因此,在基督教互联网传播和新公共外交成为历史趋势条件下,亟须着力发挥中国基督教"两会"及下属各级教会和教徒在公共外交中的积极作用,支持基督教民间力量通过日常的互联网活动,加强与国际基督教界的联系、互动,使其真正感受到中国基督教事业的巨大进步,认识到基督教中国化才是基督教在中国繁荣发展的必由之路。这既是消除国际社会对中国宗教误解,提升中国多元、包容、和谐国际形象的必然选择,又是逐渐切断国内抵制基督教中国化力量的国外支持,扫清中国基督教健康发展障碍,引导其适应社会主义社会的重要途径。

三　推进中国基督教网络公共外交是历史选择

历史上,基督教在中国历次传播尝试皆以失败告终。除了历史原因之外,最根本的就是其作为一种外来价值体系并未真正考虑到中国社会结构、文化传统、民间习俗之根深蒂固。近代以来,在西方列强

[①] 徐以骅、邹磊:《"信仰中国":宗教与中国公共外交和两岸关系》,《公共外交季刊》2012年春季号(总第9期)。

讲好中国宗教故事：网络传播环境下中国基督教的公共外交意涵

的政治、军事庇佑下，基督教再次传入中国并得以立足。新中国成立后，基督教在中国的发展走到了十字路口，是固守"文化优越"和所谓"信仰纯正"而再次被湮没，还是顺应世界基督教"在地化""处境化"趋势继续留在中国。在这样的背景下，本土基督教有识之士选择基督教中国化之路，尤其是新中国成立后，基督教走出一条"自养""自治""自传"的中国特色基督教发展之路。事实证明，这条道路不仅使基督教在中国得以继续生存，而且进一步推动了基督教在中国的发展，尤其是改革开放以来教会组织、教堂场所，教徒人数等都出现了快速、持续增长。[1] 此外，中国目前还是世界上印刷《圣经》最多的国家。据统计，截至2015年2月，中国累计为世界各地70多个国家和地区印刷《圣经》132023269册，其中包括中文及11种国内少数民族语言圣经，其他语言种类覆盖了英语、德语、法语、西班牙语等90多种外语，而且还累计生产盲文《圣经》2652套。[2] 对此，英国坎特伯雷大主教韦尔比赞叹道："中国的《圣经》印刷事工令人十分鼓舞，它让我了解到在中国能如此开放、自由地生产、印刷、发行《圣经》，这展示了上帝的恩典。"[3] 这些不仅彰显出中国基督教的巨大进步，同时更具有不可估量的公共外交效应。虽然"基督教如何加强国家认同，处理好爱国与爱教的关系，消除灰色地带，摆脱外国势力的利用控制，同时又能使基督教成为中国对外平等交往、加强中西人民友谊的渠道，尚未真正解决"[4]。但这既是中国基督教未来发展过程中面临的实际困难，更是推动中国基督教在党和政府宗教政策引导下，在相关法律法规的规范下，进一步良性发展的动力。不仅如此，"从基督教的本质及其世界意义来看，基督教及其信仰文

---

[1] 相关数据参见罗伟虹《中国基督教（新教）史》，上海人民出版社2014年版，第829—835页。

[2] 《爱德印刷〈圣经〉量已超过1.32亿册》，载中国民族宗教网，http://www.mzb.com.cn/html/report/1504211644-1.htm。

[3] 爱德基金会：《坎特伯雷大主教赞叹中国圣经印刷事工》，载中国基督教网，http://www.ccctspm.org/times/2015/65/1565161.html。

[4] 牟钟鉴：《基督教中国化的难点及建议》，《中国民族报》2012年第6版。

化可以协助中国深入走进世界一体,有机地融入国际社会"①。尤其是在互联网传播环境下,非政府组织和普通民众对内政、外交的话语权得到了实质性增强,在传统的基督教国家,基督教群体对外交政策的制定和执行更是具有突出影响力。因此,通过互联网持续将基督教中国化的方式、进展、成果传播出去,短期内可以使西方全面了解中国基督教的最新发展,协助构建起对中国基督教的客观认识,消减西方的无理批评,长远来看,这更有助于提升中国的整体国际形象。

习近平总书记强调:"落后就要挨打,贫穷就要挨饿,失语就要挨骂。"② 长久以来,由于政治、社会和文化等方面的显著差异,媒体的片面报道,出于政治目的对所谓中国宗教问题的刻意炒作,加之国际社会中来自中国基督教界的声音一直很微弱,甚至处于某种程度的失语状态,使国际上充斥着对中国基督教发展模式的误解、非议甚至恶意攻击。对此,最有效的反击措施就是积极推进中国基督教的公共外交,全面、持续地推动中国基督教"走出去",借助各种现代化传播方式塑造中国基督教的国际话语权,用中国基督教巨大的发展成绩攻破西方社会对中国基督教的片面解读以及反华势力对中国基督教发展模式、中国宗教政策的恶意攻击。实际上,改革开放以来,中国基督教会一直是中国公共外交队伍中的重要一员。韩文藻先生就指出:"只有让更多人了解中国的国情和中国教会所做出的努力,成为中国人民和中国教会的朋友,他们才不致受反华势力的驱使,或不自觉地涉足破坏活动。"③ 进入21世纪,中国基督教会愈加肯定了对外交往和宣传活动在为中国基督教发展争取有利国际环境时的关键作用。不仅国际交流更加频繁,还产生了许多卓有成效的品牌化、机制化公共外交活动。如,2004年至2007年在中国香港和欧美主要城市连续举办四届的中国教会《圣经》事工展;2011年和2013年,中国

---

① 樊孝东:《"基督教文化与当代中国社会"国际学术研讨会综述》,《河北学刊》2014年第2期。
② 《习近平新时代中国特色社会主义思想三十讲》,学习出版社2018年版,第210页。
③ 罗伟虹:《中国基督教(新教)史》,上海人民出版社2014年版,第813页。

讲好中国宗教故事：网络传播环境下中国基督教的公共外交意涵

基督教"两会"、中华宗教文化交流协会、美国葛培理布道会分别在华盛顿和上海共同举办的囊括两国教、政、学界人士的"中美基督教领袖论坛"。

需要指出的是，中国基督教"两会"主导的对外交流虽然取得了巨大成绩。但随着新公共外交的逐渐成熟，其公共外交活动的缺陷和瓶颈也日益凸显。如，"官方"和"高层"交流色彩明显；与国外广大基督教徒和普通民众的持续互动不足；相关互联网传播活动手段创新不足、受众有限、效果不明显；等等。大力推进中国基督教网络公共外交恰好可以弥补这些不足。在信息社会，互联网是最亲民的传播工具和最重要的公共外交平台。对基督徒来说，互联网既是进行宗教活动的新工具，也是日常信息获取、传播的主渠道，还是其观念、判断形成过程中的重要变量。据相关统计显示，在接受调查11077名国外基督教徒中，大约有50%经常利用互联网进行某种程度的宗教传播，而从未在互联网有任何宗教传播行为的基督徒仅占比10%。[①] 有鉴于此，中国基督教界亟须提高对基督教互联网公共外交重要性的认识，在继续保持中国基督教"两会"对外交流良好势头的同时，着力推动"两会"下属各基层基督教团体和普通教徒通过互联网持续向世界展示中国最普通基督教团体和最广大基督教徒真实的宗教生活，彰显基督教中国化和"三自爱国运动"路线指引下普通基督教徒宗教信仰活动的巨大进步。这样的传播虽然没有中国基督教"两会"的公共外交专业、系统，但却更契合公共外交的最新内涵。对国外基督教徒来说，更真实、更持续、更活泼、更贴近心灵、更容易接受、更具说服力的公共外交方式，对提升中国基督教的国际形象，增进西方社会对中国基督教发展成就和宗教政策的了解，具有极其重要的作用。

不仅如此，中国基督教国际形象的改善，反过来对基督教更好地适应社会主义社会具有巨大的推动作用。如前所述，秉持"三自"

---

① Michelle A. Vu, "Online Missionaries-New Force in Evangelism", *Christian Post*, October 9th, 2008, http://www.christianpost.com/news/online-missionaries-new-force-in-evangelism-34726/.

原则教会和否定"三自"原则的所谓教会的并存一直是中国基督教的一个突出问题,也是某些西方势力炒作所谓中国宗教问题的借口。有香港学者就认为,相关问题(即中国社会中还存在基督教私设聚会点)不解决,国际社会就会一直认定中国没有宗教自由。[1] 可以说,后者对"三自爱国运动"和基督教中国化道路的抵触虽然主要源于双方信奉着不同的神学理念及由此派生的教义教理、组织体系、政教关系、发展道路等分野,但其中也隐藏着不可忽视的外部因素。有国外学者就指出,基督教私设聚会点在某种程度上一直受到美国福音派信徒的支持,通过美国基督徒,它们与世界保持着一定联系。[2] 这些支持不仅进一步加剧了两者间的分歧,而且使这一问题越来越复杂化,越来越难以解决。总之,国内否定"三自"原则的所谓教会和私设聚会点的长期存在,虽然更多源于理念上的分歧,但国际势力的积极介入也使相关问题进一步复杂化,在特定条件下还会助推双方矛盾的激化,严重干扰、阻碍中国基督教对社会主义社会的适应。而通过秉持"三自"原则教会主导的基督教公共外交渠道向世界,尤其是西方全面展示当前中国基督教在"三自爱国运动"原则指导下的巨大成就,一方面有助于在国际舆论中给所谓的中国宗教问题降调,以此压缩西方部分势力炒作中国基督教状况来获取利益的空间;另一方面还有利于逐渐阻滞直至最终切断外部力量对国内否定"三自"原则的所谓教会和私设聚会点的经济和精神支持。为最终解决这一新中国成立之后就持续存在至今的问题,提供了良好的外部环境。

四 借力网络传播"讲好中国基督教故事"

总体来看,互联网传播模式对中国基督教公共外交来说,既是一

---

[1] 中国社会科学院世界宗教研究所课题组:《"中国基督教研究的再研究"报告》,载金泽、邱永辉主编《中国宗教报告(2009)》,社会科学文献出版社2009年版,第201页。
[2] 中国社会科学院世界宗教研究所课题组:《"中国基督教研究的再研究"报告》,载金泽、邱永辉主编《中国宗教报告(2009)》,社会科学文献出版社2009年版,第204页。

讲好中国宗教故事：网络传播环境下中国基督教的公共外交意涵

种挑战，同时更是机遇。挑战之一在于互联网传播为普通基督教徒提供了强有力的传播工具，冲击了国内原有的基督教"两会"基本掌控基督教舆论的格局。如果不及时更新传播理念，顺应互联网传播潮流，重视互联网，善用互联网，中国基督教"两会"不仅无法有效占领国内基督教网络舆论高地，而且会失去在国际上代表中国基督教的主动权和发言权。挑战之二则是发达的互联网传播推动了各种基督教组织和普通教徒成为新公共外交主体，并在一定程度上影响着中国基督教在国际上的形象。如果不及时转变为更契合信息社会的传播方式，仍然固守主要以基督教"两会"为主体的公共外交模式，中国基督教所取得发展成就的说服力就会大大降低，"讲好中国基督教故事"的效果就会大打折扣。尽管如此，机遇通常与挑战并存。在国内基督教舆论场域中，秉持"三自"原则并代表中国基督教的"两会"目前仍是占有传播资源最多、传播能力最强的基督教组织，其可以利用在运作传统媒体方面的优势和经验，综合、集约、灵活使用互联网等各种传媒工具，最大限度地发挥不同媒体的优势，以契合信息社会传播规律的方式，对内巩固其在舆论主导地位，对外塑造良好的中国基督教形象。为此，首先，推动相关观念的转变。从本文对中国基督教"两会"及其下属教会牧师、同工和普通教徒的访谈结果来看，其传播关注点更多集中国内的基督教群体，在基督教信息的传播方式上也更为传统，在利用互联网的积极性、能动性方面与私设聚会点等一些所谓教会相比还有很大的改进空间，对其在新时代应该担负的中国基督教公共外交使命的认识也十分不清晰。针对这些问题，在给予政策上的鼓励和保障之外，更重要的是其自身观念的转变。为此，一方面亟须提高中国基督教"两会"主导的对外网络传播重视程度和主动参与意识，切实加大中国基督教信息在国际网络空间的传播力度，盘活手中掌握的优势牧养资源、媒体资源，综合使用包括互联网新媒体在内的各种传播媒介，同时从国内和国外、教徒及非教徒多路径同时切入，在形塑中国基督教两会及其下属教会国内网络舆论主导地位的同时，使其成为中国基督教在国际社会上的真正代表，在国际舆论阵地发出来自中国基督教界的强有力的声音。另一方面发动下属基层教会和最广大普通教徒在党和国家宗教政策引导下参与中国基督教网络公共外交，充分还原公共外交本质，顺应公共外交的转型，契合新型公共外交的要求，使其成为中国基督教对外网络传播的真正主体，"增强对外话语的创造力、感召力和公信力"，讲出"中国人民的故事"。①

其次，建立契合互联网传播环境的"中国基督教故事"讲述方式。以契合互联网传播规律、受众接收习惯的灵活方式传播中国基督教话语，展示中国基督教发展成就。习近平总书记指出："加强对外话语体系建设，研究国外不同受众的习惯和特点，采用融通中外的概念、范畴、表述，把我们想讲的和国外受众想听的结合起来。"② 在"注意力"稀缺的虚拟空间，中国基督教"两会"及其下属教会的互联网传播，一定要避免扮演单纯的"中国宗教政策传声筒"和"宗教活动日志"角色。"两会"和有能力、有意愿的各基层教会需以互联网传播基本参与者身份，变单向灌输为双向互动，基于对国外民众的文化背景、语言习惯、社会风俗、思维方式深入分析，定制有针对性的个性化传播内容。如，使用国外网民容易接受的互联网话语，综合使用文字、图片、视频等多种载体，提供数量充足、可读性强、灵活多样的中国基督教信息，以此与质疑中国宗教政策和基督教发展成就的群体展开竞争，引导国外受众加深对中国特殊宗教国情的理解，培养其对中国积极引导基督教融入中国社会的各项政策和成就的认同。

再次，建立讲好"中国基督教故事"的多方合作和联动机制，即，建立政、教、学、企间合作机制，组建专门的传播、维护、更新以及基督教舆情监测、处置队伍。舆论引导、主流舆论壮大及基督教公共外交，是一项综合、系统、专业性极强的工作。中国基督教"两

---

① 《习近平新时代中国特色社会主义思想三十讲》，学习出版社2018年版，第211页。
② 《习近平新时代中国特色社会主义思想三十讲》，学习出版社2018年版，第211页。

讲好中国宗教故事：网络传播环境下中国基督教的公共外交意涵

会"及下属教会虽然是中国基督教话语体系的建构和传播的主体，但仅凭其一己之力，无法完全担此重任。因此，在保持教会主体地位的情况下，建立与宗教管理部门、学术研究机构及互联网企业之间的长期合作机制，由宗教管理部门进行总体指导、联络和协调；学术研究机构协助制定传播策略，评估传播效果，提供智力支持；互联网企业主要负责技术支持，收集提供相关数据。此外，无论是对国内还是国外的互联网传播，其生命力和影响力都在于信息的可读性。因此，推进中国基督教网络公共外交背后必须有一支专业性的运营队伍，他们原则上应由基督徒或教会相关人员组成，并且具备扎实的计算机、互联网和语言技能，熟悉互联网传播规律，掌握一定的公共外交理论和知识。同时，鉴于互联网传播无国界、即时性和基督教作为跨国宗教的特征，任何国内基督教网络舆情事件都可能短时间内成为影响中国基督教形象的国际事件。对此，除了日常互联网维护团队和基督教互联网舆情监测、应对、处置队伍以外，还需建立对内舆情监测和对外公共外交两支队伍之间的协调、沟通机制，以应对国内基督教网络舆情事件对外扩散的消极效应。

此外，引导、鼓励普通教徒来讲述"中国基督教故事"。除了中国基督教"两会"和下属各基层教会外，普通教徒也是中国基督教信息传播与基督教网络公共外交的主要参与者。面对"多元基督教主体"生产的海量的"多元基督教信息"，尤其是对基督教中国化道路方针、"三自爱国运动"路线及中国基督教多年来取得成绩的各种非议，仅靠"两会"及下属教会等中国各类基督教组织的力量，来被动地应对还远远不够。因此，亟须在宗教管理、外交部门及教会的规范和指导下，激发普通教徒的积极性，引导、鼓励政治上可靠，且既具有一定神学基础同时又有能力、有意愿的教徒参与中国基督教互联网公共外交，用普通中国教徒的真实宗教生活，全方位地向国际社会展示改革开放以来中国基督教的发展成就，回击国际上对中国宗教政策、宗教发展和宗教自由状况的非议甚至抹黑。用中国基督教"两会"、下属各基层教会和普通教徒生产的源源不断的中国基督教信息大数据，在国际基督教舆论领域发出中国基督教最真实的声音，塑造中国基督教良好的国际形象。

最后，保持"中国基督教故事"讲述方式与互联网应用方式创新同步。创新是互联网等信息技术的基本特征和生命力所在。因此最大限度地保持在互联网传播中的优势地位，就要紧跟互联网技术的创新步伐。一方面，在过去，国内否定"三自"原则的所谓教会由于人、财、物等方面的限制，无法进入传统大众媒体领域，所以对国内外基督教舆论影响十分微弱，但在互联网传播时代，其传播需求得到前所未有的释放和满足。互联网作为其唯一可以依赖的大众传播工具，在巨大的宗教传播渴望的推动下，往往是一种新的应用方式刚刚出现，就会被其迅速应用于基督教传播与活动中。所以，中国基督教两会及下属教会要与之在网上进行有效竞争，应充分利用自身传播手段和资源上的优势，与互联网创新保持同步。另一方面，在虚拟空间中，无论是国内还是国外，无论是教徒还是非教徒，中青年人群都是绝对主力，他们对互联网的依赖普遍偏高，其对新技术、新应用更感兴趣、更加关注，也更乐于尝试。因此，中国基督教网络公共外交，应以该人群为突破口和切入点，争取到他们对中国特殊宗教国情的理解，培养其对中国积极引导基督教融入中国社会的各项政策和成就的认同，这就意味着获得了多数网民的支持。而要吸引他们，除了传播内容上的创新，更需要传播方式上的创新。

总之，在互联网传播时代，中国基督教网络公共外交的推进，不是一朝一夕就能完成的。外界对中国基督教所走的独特发展之路和中国基督教形象的理解、支持和认同，需要包括互联网媒体在内的各种媒体资源和各相关方的整合传播、协同参与、持续创新与长期实践，才能最终取得满意效果。

疫情背景下"云端教会"的发展及其对互联网宗教的启示[*]

◇ 杨纪伟

新冠疫情暴发后,各国根据防疫需要纷纷颁布社交隔离令,限制大规模人群聚集。疫情使各行各业"线上化"的进程大大加速。在这一过程中,以聚集性活动为主要特征的宗教活动受到很大影响。但是"社交隔离"给互联网宗教提供以发展契机,一些基督教教会通过信息通信技术替代宗教活动,形成了被教会人士称为"云端教会"的现象。"云端教会"是互联网宗教的一个典型体现,它勃兴于疫情这一极为特殊的条件下,有助于观察互联网宗教的发展趋势。

一 "互联网宗教"的概念及发展

信息革命颠覆了传统的信息生产、加工、传播和获取方式,提高了信息本身在人类社会中的价值,同时也正在逐步改变人类社会的组织动员方式和权力结构。美国社会学家曼纽尔·卡斯特(Manuel Castells)在《信息社会三部曲》一书中将网络空间定义为由历史性的社会关系赋予空间形式、功能和社会意义的物质产物,认为网络空间实际上是技术与政治、社会、文化的结合体。信息技术在对政治、社

---

[*] 本文是全国青联"青年爱国统一战线理论课题"2021 年项目"互联网对青少年宗教信仰的影响研究"、2020 年度国家民委民族研究项目"自媒体平台民族偏见传播的治理机制研究"(编号:2020 – GMD – 021)成果。

会、文化等元素进行改造的同时,这些元素也会对信息技术的使用程度、适用范围、价值属性产生影响。① 信息技术革命推动了网络空间的崛起,人类在物理空间的活动不断映射到网络空间中,形成了一系列新的网络安全、网络经济、网络政治现象。宗教作为人类社会重要组成部分,在信息通信技术的影响之下,也不断与网络空间产生互动,形成了"互联网宗教"现象。②

学术界用"互联网宗教"这一概念主要描述互联网与宗教遭遇产生的种种"化学反应"及其后果。网络让人们的宗教生活更加丰富,网络的即时性、交互性和互动能力弥合了传统宗教活动时间与空间的距离,最直接的后果是使人们更容易获取所需要的宗教信息,通过"在线"(online)的方式可以打破时空的局限,从而更方便地获得宗教信息和开展宗教活动。我们把宗教向线上扩展的进程称为"宗教网络化",并且产生了"宗教在线"(religion online)与"在线宗教"(online religion)两种不同的形式。两者的差异在于"宗教在线"仅提供有关实体宗教团体的信息,并且对于网络内容控制严格,限制使用者的参与程度。"宗教在线"被一些线下宗教机构视为传统媒介的补充。这是一种单向的、等级化的、结构化的、一对多的信息传播模式。在这种互联网宗教类型中,宗教组织向个体发布统一的信息。③ 乔纳森·弗罗斯特(Jonathon K. Frost)和诺曼·扬布拉德(Norman E. Youngblood)认为,"宗教在线"指的是宗教组织利用网络促进组织发展并提供组织信息,包括与组织认同建设、社区外联和鼓励公民和社会行动相关的信息。④ "在线宗教"是指依托于互联网形成的宗

---

① [美]曼纽尔·卡斯特:《网络社会的崛起》,夏铸九、王志弘等译,社会科学文献出版社 2003 年版,第 504 页。

② 国内学术界对于这一现象的描述有"互联网宗教""网络宗教""在线宗教"等多个概念,具体可参见杨纪伟《"互联网宗教"内涵辨析及对网络治理的意义》,《信息安全与通信保密》2018 年第 3 期。为了行文方便,本文统一用"互联网宗教"来指代这一概念。

③ 石丽:《互联网宗教、网络社会与社会治理研究:以 S 市调研为例》,《世界宗教文化》2016 年第 5 期。

④ Jonathon K. Frost, Norman E. Youngblood, "Online Religion and Religion Online: Reform Judaism and Web-Based Communication", Journal of Media and Religion, 2014(2).

教形态，其源出是线下宗教组织或宗教人员，但是网络化的过程化，渐渐降低线下实体的比重，变成一种虚拟化存在与实体存在并行的结构。与"宗教在线"相比，"在线宗教"更加开放和活跃、能提供多样化互动方式。[①]

"宗教在线"与"在线宗教"的区别就在于互联网与宗教二者的主客体地位的转变："宗教在线"意味着宗教为主，互联网只是一种技术手段；而"在线宗教"则意味着宗教在网络空间的新形态。互联网宗教发展程度的差异，取决于不同经济、文化、地理、政治制度条件下，人们对于信息技术的使用程度的不同。互联网不断迭代突破，不断颠覆旧秩序，重塑新格局，技术进步对人类社会的影响不断深化。因此，应以更加长远的视角来看待互联网宗教的发展，及其给人类社会所带来的影响。

20世纪80年代，因特网开启了民用化的进程，宗教也开始了网上"冲浪"进程。美国著名互联网发展评论家霍华德·莱因戈德（Howard Rheingold）在《虚拟社区》（*The Virtual Community*）一书中提到，在最早期的互联网社区中就已经有了宗教的身影，1979年时，网络论坛（BBS）几乎只限于微型计算机爱好者，他们的兴趣主要集中在计算机技术本身，稍后网络论坛使用者开始在论坛上讨论宗教、政治或宠物等话题，可见宗教是互联网上最初的话题之一。[②] 一直寻求新方法以传播宗教教义的罗马教皇保罗二世早在1988年就提出要利用因特网带来的契机去实现教会的使命，即一场"新的传播福音运动"[③]。随着互联网的进一步普及，尤其是技术的发展，互联网宗教的实践形式进一步多样化。1990年代，美国就产生了很多通过电子

[①] Christopher Helland, "Online Religion as Lived Religion. Methodological Issues in the Study of Religious Participation", *Heidelberg Journal of Religions on the Internet*, Vol. 1 (1), 2005, p. 1.

[②] Rheingold Howard, *The Virtual Community*, Cambridge, MIT Press, 2000. 作者已将该书的电子版本完全上传至网络，阅读地址为：http://www.rheingold.com/vc/book/4.html。

[③] Rheingold Howard, *The Virtual Community*, Cambridge, MIT Press, 2000. 作者已将该书的电子版本完全上传至网络，阅读地址为：http://www.rheingold.com/vc/book/4.html。

邮件形式进行交流的互联网宗教现象,如"伊斯兰教历史"(美国犹他州立大学主办)、"世界穆斯林"和"穆斯林青年"(沙特阿拉伯和巴基斯坦等国的教育机构分别主办)、"宗教历史"(哈佛大学主办)和"中国宗教"(普林斯顿大学主办)等。宗教专题的讨论参加者都可以免费订阅讨论组的简报和简讯,以及自由地对某个问题发表意见或解答别人提出的问题。①

进入新千年以后,互联网的技术发展速度大大加快的同时也变得更加普及。此后,互联网宗教得到蓬勃发展,各宗教集团热衷于网络建设,设立教会的主页,宣传和灌输教义,并在网上举办神学讨论新闻组,发表简报、简讯以及组织思想交流。② 1998 年至 2002 年,美国拥有网站的教堂比例从 11% 增至 45%,大多数站点都集中在教学和讨论上③。随着网络技术的发展,互联网的实时性、交互性不断提高,网络正日益成为开展宗教活动、组织宗教信徒、发表宗教观点等线下宗教行为的重要补充。互联网对宗教的影响变得越来越深刻和复杂。一些宗教神职人员乃至普通信徒尝试在网络空间中进行虚拟聚会、祈祷、崇拜甚至举办圣乐仪式等④。2004 年,号称全球第一个 3D 互动式教会的"傻瓜教会"(Church of Fools)被建立起来。⑤ 2005 年,英国国教会建立了第一个"网络教会"(I-Church),该网络教会名义上仍然是牛津主教区的一部分。⑥ 有学者在研究文化、社会与新技术的关系时提出了"电子宗教"的概念,并

---

① 王建平:《电子网络会改变宗教吗?》,《世界宗教研究》1997 年第 4 期。
② 王建平:《电子网络会改变宗教吗?》,《世界宗教研究》1997 年第 4 期。
③ Larsen, Elena, "Internet Resources are Aids for the Deeply Devout", *Pew Internet*, December 23rd. , 2001. Archived from the original on June 24th, 2006, https: //web. archive. org/web/20060624091149/http: //www. pewinternet. org/PPF/r/36/press_ release. asp.
④ Wilson, Giles, "In Cyberspace, Can Anyone Hear You Pray?", *BBC News Online Magazine*, May 12th, 2004, http: //news. bbc. co. uk/2/hi/uk_ news/magazine/3706897. stm.
⑤ Nadja Miczek, "Online Rituals in Virtual Worlds: Christian Online Service between Dynamics and Stability", *Heidelberg Journal of Religions on the Internet*, Vol. 3. 1, p. 152.
⑥ "First web-pastor appointed", *BBC News*, May 11th, 2004, http: //news. bbc. co. uk/2/hi/uk_ news/magazine/3704205. stm.

不断发展完善。①

"互联网宗教"（或称"网络宗教"）与实体宗教的互动可能会呈现出三种模式："补充""分庭抗礼"或"替代"。学术界关于互联网宗教发展的一个重要议题就是互联网宗教能否替代线下宗教，成为宗教的一种主流形式。很多学者对此的判断是"不会"，著名的"网络宗教"研究专家蒂姆·哈金斯（Tim Hutchings）指出：对于基督徒来说，"社区"不仅仅意味着交流，还意味着每个成员的出现、面对面的关系、纪律和小组成员之间提供的服侍。② 但是，疫情的到来使既有的社会生活模式被打破，人们不得不保持"社交距离"，这对于互联网宗教的发展，构成了一次难得的"社会实验"。在这个实验下，互联网宗教"被动"地完成了对线下宗教的取代，当然这个取代可能只是暂时的，也有很多宗教人士对这种"取代"持强烈的抵制态度，但是从实践来看，一些信徒和神职人员对互联网宗教的态度也在发生变化。

二 疫情以来"云端教会"的发展情况

"虚拟崇拜"并不是一个新概念。近一个世纪以来，宗教实体一直在使用"新"的交流方式来接触广泛的受众——首先是广播，然后是电视，近年来，一些宗教开启了丰富的线上形式。③ 新冠疫情在一定时间内彻底改变了人类社会的运行秩序，各国纷纷推出社交隔离政策，全球各地教会的线下宗教活动受到巨大影响，很多教会主动或被动地选择"云端"方式开展宗教活动。一些基督教教会提出了"云

---

① Sarit Okun, "Online Ultra-Orthodox Religious Communities as a Third Space: A Netnographic Study", *International Journal of Communication*, Vol. 11, 2017, pp. 2825 – 2841.

② Tim Hutchings, *Creating Church Online: Ritual, Community and New Media*, New York: Routledge, 2017, p. 31.

③ Frank Newport, "Religion and the COVID – 19 Virus in the U. S.", Gallup Polling Matters, April 6th, 2020, https://news.gallup.com/opinion/polling-matters/307619/religion-covid-virus.aspx.

端教会"概念并将之付诸实践。"云端教会"属于典型的互联网宗教现象。通过分析"云端教会"的发展可以更好地判断互联网宗教的发展趋势。

（一）疫情后大型教会向线上发展的态势

基督教有比较完备的教会组织体系，这些教会以神职人员（牧师、主教等）为核心，以特定聚会场所为承载，以聚会等宗教活动为主要的信仰实践方式。但是，这种教会模式受到疫情的巨大影响，基督教的聚会礼拜、主日学以及一些重要的节庆活动都受到影响。由于聚会的减少，一些教会的奉献也大幅度减少。面对疫情的影响，各国教会纷纷开启"云端模式"。疫情前的2020年1月，世界宣明会针对新一代年轻人的信仰状况发布了一个调查报告。其中提到，年轻人每年平均花3000个小时在电子媒体上，而信仰的内容仅占比5%。随着疫情的到来，以聚会为主要活动方式的基督教教会的各项事工也被"逼"到了线上，被迫面对新媒体带来的种种机遇和挑战。有人士称"线上聚会很可能成为教会新常态"[1]。美国马鞍峰教会主任牧师华理克（Rick Warren）说：疫情"是两千年历史上，首次全世界教会都无法聚集庆祝复活节"[2]。

面对疫情这一突如其来的情况，教会不得不寻求新的信仰实践方法。一些原来曾对互联网新媒体抱有质疑和观望态度的教会，也开启了云端生活，并逐渐体会到它高度的便利性和灵活度。而对于信徒而言，选择参加线上宗教活动既能保持自己的信仰生活，又能避免参加宗教活动带来的感染风险，接受度也大大提升。根据美国"皮尤调查中心"2020年3月做的一项调查（此时美国疫情尚不严重）：有

---

[1] 安平：《后疫情时代的教会与新媒体》，载《暂停还是快进——2020新冠疫情下的教会与新媒体》，美国：普世佳音出版社2020年版。

[2] Leonardo Blair, "Coronavirus Kept Millions of Churches from Gathering for First Time in 2000 Years", Rick Warren says, https://www.christianpost.com/news/coronavirus-kept-millions-of-churches-from-gathering-for-first-time-in-2000-years-rick-warren-says.html, 引用时间：2020年11月10日。

59%的受访者表示因为疫情原因已经很少出席宗教活动；有57%的受访者选择在网上或电视上观看宗教仪式，40%常去教堂的人也选择用线上敬拜代替线下敬拜。以前经常参加宗教活动的人中，超过半数（包括超过三分之二的福音派教徒）已经通过线上或电视参加宗教活动。① 美国一家专门为教会提供流媒体服务的公司"Streaming Church"的创始人兼首席执行官史蒂夫·莱西（Steve Lacy）说，疫情期间大批宗教人士涌入该公司来学习流媒体技术的使用②。疫情期间，"云端教会"呈现井喷式发展状态。

在疫情期间，圣公会、卫理公会等主流基督教宗派都接受了"云端教会"的实践，在疫情期间暂停公众礼拜活动，坎特伯雷大主教在线上举行了虚拟圣餐仪式③。在美国联合卫理公会西北太平洋会议（Pacific Northwest Conference）一项针对下属的教堂的调查中，75%的教堂取消了现场聚会，80%的教堂提供在线礼拜服务，而且90%的教堂计划在接下来的几周继续进行线上礼拜。④ 在天主教方面，美国芝加哥总主教区是一个有着200万名教徒的教区，于2020年4月宣布暂停其线下宗教活动服务，并关闭总主教区的200所学校。英格兰教会的大主教在他们的联名信中宣布，教会暂停了公共祈祷、主日礼拜和周中集会。摩门教暂停了全球3万个教会的宗教活动。罗马天主教会和东正教会也有"云端教会"的活动。中国基督教界在疫情期间响应国家号召暂停了所有线下宗教活动。基督教两会迈开互联网基

---

① Pew Research Center, "Most Americans Say Coronavirus Outbreak Has Impacted Their Lives", March 30th, 2020, https://www.pewsocialtrends.org/2020/03/30/most-americans-say-coronavirus-outbreak-has-impacted-their-lives/?utm_source=link_newsv9&utm_campaign=item_307619&utm_medium=copy.

② Steven Melendez, "Churches are Closed, But Religion Has a New Home on the Internet", June 15th, 2020, https://www.fastcompany.com/90516325/churches-are-closed-but-religion-has-a-new-home-on-the-internet.

③ "Coronavirus: Archbishop of Canterbury to Lead First Virtual Church of England Service", *Sky News*, March 19th, 2020, https://news.sky.com/story/coronavirus-archbishop-of-canterbury-to-lead-first-virtual-church-of-england-service-11960268.

④ Linda Bloom, "Churches Adapting to COVID-19 Restrictions", *UM News*, March 13th, 2020, https://www.umnews.org/en/news/churches-adapting-to-covid-19-restrictions.

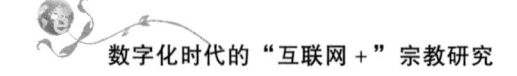

础设施的发展步伐。例如，根据上海市基督教"两会"在疫情之前做的统计，上海市基督教"两会"所属的机构微信公众号（包括团体、场所和神学院）57个，在疫情后有了较快发展①。

（二）其他形式的基督教"云端教会"

除了线下的基督教会向线上发展而形成的"云端教会"以外，还有很多非传统教会乃至非教会的"云端宗教"，例如前文提到的专门为教会提供媒体服务的商业公司等。相较于传统的教会，这些非教会的"云端教会"往往在疫情前就已经建立起多样的线上体系，疫情发生后，新兴教会迅速利用已经熟练运用的互联网技术搭建线上平台。很早就重视线上传播的美国"生命教会"（Life Church）的Church Online平台推出一种名为"一体生活"（life as one）的编码器设备。②

疫情期间，大多数基督教教会都能为了社会公益停止线下聚集性活动，转而采取利用信息技术建立"云端教会"的模式来开展宗教活动。一些全球知名的宗教领袖也号召暂停线下宗教活动，并通过"云端教会"的方式加以替代，以降低疫情传播的风险。例如，教皇方济各在罗马空荡荡的圣彼得大教堂向全球信徒进行"复活节"活动的直播③；英国国教会最高牧首坎特伯雷大主教贾斯汀·韦尔比（Justin Welby）则在伦敦公寓的厨房里播出布道。④

但是并不是所有的教会都能以"社会公益"为重，选择"云端教会"并暂停线下聚会。美国密西西比州霍利斯普林斯市的五旬节教

---

① 数据由上海市基督教"两会"提供。
② Jeff Reed, "Coronavirus & simple setups to live stream church services", March 7th, 2020, https://be.thechurch.digital/blog/coronavirus-simple-setups-to-live-stream-church-services.
③ Heren, Kit, "Pope Francis livestreams Easter Mass from deserted St Peter's Basilica to Catholics around world", *Evening Standard*, April 12th, 2020, https://www.msn.com/en-gb/travel/news/pope-francis-livestreams-easter-mass-from-deserted-st-peters-basilica-to-catholics-around-world/ar-BB12vZvS.
④ "Archbishop to broadcast national Easter service online", *BBC News*, April 10th, 2020, https://www.bbc.co.uk/news/uk-england-52233658.

会就拒绝执行当地政府的社交"限制令",对市政府提起诉讼,指控当地警察破坏了教堂的圣经学习和复活节服务,美国地方法院法官迈克尔·米尔斯(Michael P. Mills)裁决允许教堂继续开放。在法院判决后,该教会变本加厉,要求法官彻底废除政府的"限制令",此举被法官拒绝。针对该教会无视疫情蔓延继续进行聚集性宗教活动的行为,有人纵火烧毁了这一教堂,并涂鸦留言让他们好好待在家中。①

2020年12月26日,美国最高法院裁决废除纽约州因为疫情限制线下宗教活动的政府命令。教宗方济各在《纽约时报》撰文批评了以"个人自由"为名抗议冠状病毒限制措施的人,教宗在文章中写道:"一些团体抗议,拒绝保持距离,反对旅行限制,似乎政府为人民的利益必须采取的措施构成对自治或人身自由的某种政治攻击!追求共同利益远不止是对个人利益的总和。这意味着要尊重所有公民,并设法对最不幸的人的需求做出有效反应。"②

三 疫情期间基督教线上发展特点

随着新冠疫情在全球范围内迅速蔓延,全球多个国家颁布"社交禁令"或"封锁令"。一些教会选择主动暂停线下宗教活动以应对疫情,一些重要的宗教活动也不得不改变庆祝方式,但是并不是所有教会都选择"云端教会"方式,也有的教会以"宗教自由"为口号要求重开线下活动。疫情期间,以"云端教会"为主要特点的基督教线上发展呈现出许多新特点。

首先,发展速度非常快,"云端教会"迅速成为主流的教会活动方式和组织方式。 尽管"互联网宗教"作为一个现象已经出现了相

---

① Kalmbacher, Colin, "A Mississippi Church Sued Over Coronavirus Restrictions and Won. A Few Weeks Later It Was Burned to the Ground", *Law & Crime*, May 21th, 2020, https://lawandcrime.com/covid-19-pandemic/a-mississippi-church-sued-over-covid-19-restrictions-and-won-a-few-weeks-later-it-burned-to-the-ground/.

② Pope Francis, "A Crisis Reveals What Is in Our Hearts", *The New York Times*, November 26th, 2020, https://www.nytimes.com/2020/11/26/opinion/pope-francis-covid.html.

当长的时间,但是疫情前,学术界和宗教界围绕"网络空间"能否取代线下宗教——至少是取代线下宗教的部分功能——进行过长期的争论。疫情给这种争论提供了一种新的背景。在疫情中,互联网宗教在很大程度上完成了对线下宗教活动的替代。根据美国"皮尤调查中心"的调查,在疫情尚不严重的2020年3月,原来每月至少参加一次宗教仪式的人中的40%已经用虚拟的宗教参与代替了亲自参加会议。40%的受访者说,他们已经不经常参加宗教活动,而主要是通过互联网或者电视观看这些宗教活动。19%的受访者承认,疫情以来他们出席宗教活动的频率有所降低,但他们也没有通过参与线上宗教活动来弥补这种降低。而17%的受访者表示,他们参加线下宗教活动的频率降低了,但是他们参与宗教活动的总频率没有多大变化,因为他们通过参加线上宗教活动进行弥补。针对既往的积极参加宗教活动的人群的调查发现,原本通常每月参加一次宗教仪式的人中有四分之一依然保持这一出勤频率,并且也没有参加线上宗教活动或观看电视布道;在这一人群中,47%的人表示他们降低了参加线下宗教活动的频率,并通过参加线上宗教活动或者观看电视布道来弥补。① 很明显,疫情改变了相当一部分人的宗教生活习惯,而且疫情促进了宗教对信息技术的运用。换句话说,疫情促进了"云端教会"的发展,至少在部分信徒看来,互联网宗教可以替代线下宗教的部分功能。

其次,疫情防控期间,"云端教会"的发展是全方位的,各种互联网宗教模式都有所体现。"云端教会"的活动形式却呈现出多样化的特点,几乎所有的互联网宗教形式都有所发展。② 面对疫情和政府的防疫要求,各国教会竞相寻找如何调整其操作以满足新的社会疏离要求的方法,其中通过新媒体方式来进行宗教宣讲是一种非常重要的

---

① Pew Research Center, "Most Americans Say Coronavirus Outbreak Has Impacted Their Lives", March 30th, 2020, https://www.pewsocialtrends.org/2020/03/30/most-americans-say-coronavirus-outbreak-has-impacted-their-lives/?utm_source=link_newsv9&utm_campaign=item_307619&utm_medium=copy.

② 关于互联网宗教的不同形态的划分,参见杨纪伟《试论互联网宗教的发展趋势及其治理难点》,《信息安全与通信保密》2018年第9期。

疫情背景下"云端教会"的发展及其对互联网宗教的启示

方式。例如在美国，一些教会通过制作演讲和布道的视频，并在"脸书"（Facebook）和"油管"（YouTube）等平台上播放的形式代替线下的牧师讲道[①]。中国教会也进行了互联网宗教的探索，中国基督教"两会"创新了牧养形式，运用网络、电话、短信等多种形式开展牧养关怀，引导信众正信正行、加强防疫，形成了"无形教会"和"云牧养"的新形态。而且，提供云端宗教服务的甚至都不一定是宗教组织。多年来美国一个名为"Pray.com"的在线应用程序一直致力于成为"多合一"功能的"在线"教堂。登录该程序后，将遇到一个类似 Facebook 的时间轴，其中包含账户共享和喜欢的数字"祈祷"与经文的信息。该应用程序主要通过音频内容来赚钱，例如其制作量高、脚本化的《圣经》"睡前故事"等深受访客喜欢，疫情期间，该应用程序受到信徒青睐[②]。

再次，信徒和宗教人士对"云端教会"的接受程度明显分化。尽管大多数教会都能遵守"社交隔离"的要求，但是从疫情早期到现在仍然有一些教会坚持开展线下宗教活动是其"宗教自由"，拒绝停止线下活动。疫情期间，面对疫情带来的健康风险，大多数教会都暂停了线下聚会；但是也有一些教会（尤其是一些美国教会）以"宗教自由"为借口拒绝政府"保持社交距离"的要求而坚持进行聚集性宗教活动。面对"云端教会"的发展，基督教界的接受程度出现了明显差异，一些教会欣然接受并大力发展自己的"云端教会"；还有一些教会拒绝接受"云端宗教"，坚持线下聚会。拥有七座教堂、礼拜人数达 3 万人的亚特兰大宗教组织"北角理事会"（North Point Ministries）在 7 月宣布，在 2020 年之内将完全转入线

[①] Heilweil, Rebecca, "This social network for churches is thriving in the coronavirus pandemic", *Vox*, March 27th, 2020, https://www.vox.com/recode/2020/3/27/21194239/coronavirus-churches-online-pray-com, Archived from the original on 29th March 2020.

[②] Heilweil, Rebecca, "This social network for churches is thriving in the coronavirus pandemic", *Vox*, March 27th, 2020, https://www.vox.com/recode/2020/3/27/21194239/coronavirus-churches-online-pray-com, Archived from the original on 29th March 2020.

上运行。① 过去，很多牧师和信徒认为"云端教会"缺乏属灵，但是"北角委员会"萨姆·科利尔（Sam Collier）认为："许多人认为，与神共度时光的唯一途径是在教堂里。但是上帝无处不在。"② 与此相反，很多教会拒绝停止线下聚会，为此不惜将政府告上法庭，也有一些牧师因为拒绝政府的"社交禁令"而被拘捕。有神学家认为，数字化教会不是某种意义上的"教会"，甚至不是"基督徒"。③ 美国知名民意调查机构"盖洛普"的一篇分析指出，大多数宗教领袖认为虚拟敬拜是对线下敬拜的补充，而不是替代。④ 基督教界对"云端教会"的态度呈现出明显的分化，这种分化既有神学层面的分歧，也有现实利益的考虑。

最后，一部分信徒可能已经完全适应线上宗教活动。对于信徒而言，首要的是满足信仰需要，至于采用什么样的方式，并不是最值得关心的。根据皮尤调查中心2021年1月对全球14个发达经济体的调查数据显示，有11个国家表示宗教信仰增强的比例高于表示宗教信仰减弱的比例。10%的被调查者认为疫情增强了他们的宗教信仰，认为疫情增强信仰最多的几个国家分别是美国28%、西班牙16%、意大利15%。皮尤的这份报告还指出，之前的一些研究发现，人们经历灾难后，宗教信仰会有所增加。隶属于美南浸信会的"生命之路"调查机构（Lifeway Research）2021年年初的调研显示，91%的人计划在疫情后恢复参加礼拜，其中23%的人表示会更频繁地参加礼拜，

---

① Rose, Andy & Andrew, Scottie, "One of the Country's Largest Megachurches Says It's Canceling All in-person Services for the Rest of 2020 Over Coronavirus Concerns", *CNN*, July 15th, 2020, https://www.cnn.com/2020/07/14/us/atlanta-megachurch-cancels-worship-covid-trnd/index.html.

② Heilweil, Rebecca, "This Social Network for Churches is Thriving in the Coronavirus Pandemic", *Vox*, March 27th, 2020, https://www.vox.com/recode/2020/3/27/21194239/coronavirus-churches-online-pray-com, Archived from the original on 29th March 2020.

③ Chow, Alexander & Kurlberg, Jonas, "Two or Three Gathered Online: Asian and European Responses to COVID-19 and the Digital Church", *Studies in World Christianity*, Vol. 26, No. 3, 2020, pp. 298–318.

④ Frank Newport, "Religion and the COVID-19 Virus in the U. S.", Gallup Polling Matters, April 6th, 2020, https://news.gallup.com/opinion/polling-matters/307619/religion-covid-virus.aspx.

疫情背景下"云端教会"的发展及其对互联网宗教的启示

只有9%的人选择疫情后减少或不再参加礼拜。①尽管疫情并未影响人们的宗教虔诚度，但是大量事实表明，重开教堂后出席的人数都出现了显著下降。在1月开放实地礼拜的牧师中，有三分之二的牧师报告出席率不到2020年1月出席率的70%，巴纳集团总裁大卫·金纳曼（David Kinnaman）2020年8月在美国国家公共广播电台（NPR）预计在未来一年半的时间里，美国多达五分之一的教会将被迫关闭。宗教虔诚度增加，而出席宗教活动的人数下降，这里面排除因为疫情等因素而去世的情况以外，信徒转向线上活动是主要原因。

面对"云端教会"的发展，一些教会积极拥抱新技术，创新教会牧养方式，同时还助力整个社会避免因为宗教聚集所带来的疫情扩散风险。还有一些教会，则置社会公益于不顾，以自己的"宗教自由"为借口，强烈要求重开线下宗教活动方式，这其实引出了一个新问题，当"宗教自由"与社会公益产生矛盾时，各方该如何相处？这一问题值得进行更加深入的论述，本文不做过多分析。

四　余论

在疫情特殊时期，互联网宗教跃进式发展，"云端教会"一度成为最主要的教会形式。随着疫情的发展，全球大多数国家的宗教场所已经逐渐开始开放，"云端教会"的发展有了新的发展趋势。网络牧养与线下牧养之间相比，虽然宗教场所有庄严肃穆感，但是在时间与空间上却受到很大限制，而网络却不受这些限制可以全天候地向外输出内容，从而对信徒产生影响。因此，网络模式与线下模式各有所长。但是疫情终会退去，到时候互联网宗教究竟是能借助疫情带来的"攻城略地"成果在宗教生活中占据一席之地，还是迅速地消散，目前来看还是仁者见仁，智者见智。在本文调研过程中有一个观察，教

---

① Michael Gryboski:《调研：四分之一基督徒计划疫情后更频繁参加教会活动》,《基督邮报》2021年3月11日，参见 https://chinese.christianpost.com/news/many-churchgoers-plan-to-attend-more-worship-post-pandemic-study.html? clickType = link-related-articles。

会活动陆续恢复,但是很多牧师和信徒已经习惯了线上活动方式。年轻信徒本就对互联网宗教的接受程度比较好,一些原本对技术不敏感甚至排斥的中老年信徒也开始适应"云端教会"并开始学习各种互联网技术,来更好地参与线上宗教活动。这有可能是个别现象,但是已经预示着后疫情时代互联网对宗教影响的一些变化。

事物的发展不是一蹴而就的,互联网宗教的发展也会经历曲折反复。疫情期间,教会对线上宗教活动的接受程度的分化就体现出这一哲学观点。在美国,疫情如此来势汹汹,但是还是有很多宗教人士吵着要求恢复宗教活动,为此美国最高法院都卷入争论之中,在主张疫情期间也要"宗教自由"的教会人士看来,"宗教自由"高于人的生命和社会安全,而坚决不愿意使用新技术替代方案。其背后往往是利益作怪,由于疫情期间没有信徒参加宗教活动,一些教会收到的捐款突然消失了,这些教会因此失去了主要的财政支持,其领袖担心如果在复活节期间不能开展宗教活动而获得捐款的话,该如何维持生计[①]。而且"云端教会"还会催生出很多新的教会,面对互联网上宗教领域的直接竞争,一些传统教会可能无法实现对其信徒的持续吸引,而变得衰落。英国杜伦大学的数字神学研究专家彼得·菲利普斯(Peter Phillips)牧师警告说,放假十二周可能足以永久改变人们的宗教习惯。一些专家表示,现在的疫情可能需要人们在一年以上的时间内保持社交距离,而这可能是富裕的信仰社区的终结,因为即使取消了这些限制性措施,有些人可能永远也不会回到教堂了。[②] 基于现实的利益考虑和对未来潜在的宗教权威结构变化的担忧,一些西方国家的宗教人士拒绝线上活动模式,坚持要进行线下聚会。

但有一点确定无疑,疫情大大促进了互联网宗教的发展。疫情使

[①] Heilweil, Rebecca, "This Social Network for Churches is Thriving in the Coronavirus Pandemic", *Vox*, March 27, 2020, https://www.vox.com/recode/2020/3/27/21194239/coronavirus-churches-online-pray-com, Archived from the original on 29th March 2020.

[②] Heilweil, Rebecca, "This Social Network for Churches is Thriving in the Coronavirus Pandemic", *Vox*, March 27, 2020, https://www.vox.com/recode/2020/3/27/21194239/coronavirus-churches-online-pray-com, Archived from the original on 29th March 2020.

宗教团体不得不改变传统的线下聚会模式，既有的宗教活动模式也面临挑战。疫情还增加了人们对宗教团体现在可以在网络模型上运行的认识的需求，这一事实通过提供中介的在线互动和聚会而变得可见。被迫从离线宗教转变为在线宗教，需要宗教社区重新考虑真正实践和活出社区及其信仰的意义。认识到这一刻将帮助宗教团体不仅建立可行的基于敬拜的社会疏远策略。这将使它们在追赶这些社会变化时考虑它们所掌握的变化，并为后疫情时代的宗教发展做准备。

互联网正以前所未有的速度打破思想传播的时间与空间壁垒，特别是在疫情环境下，互联网宗教一夜之间成为基督教的主流形态，给正常宗教活动的开展和政府的宗教事务管理带来许多新挑战。广大爱国宗教团体和人士应该积极探索互联网条件下如何利用互联网做好信教群众的工作，真正发挥好桥梁和纽带的作用。宗教事务管理部门也需要根据"导之有方、导之有力、导之有效"的要求，做好互联网宗教事务管理工作。无论如何，政府宗教事务管理部门、宗教界、学术界都必须重视互联网宗教及其发展，毕竟技术发展还在不断进步，互联网宗教尚有进一步发展的可能。

第三章　理论概念辨析

积极引导互联网宗教与社会主义社会相适应[*]

◇ 李华伟

一　引言

在中国共产党第十九次全国代表大会上的报告中，习近平总书记要求，"全面贯彻党的宗教工作基本方针，坚持我国宗教的中国化方向，积极引导宗教与社会主义社会相适应"。

随着中国进入互联网时代，与宗教相关的领域产生了一种新事物——互联网宗教。习近平总书记高度重视互联网宗教问题。在2016年召开的全国宗教工作会议上，习近平总书记特别要求，"要高度重视互联网宗教问题，在互联网上大力宣传党的宗教理论和方针政策，传播正面声音"。在2016年4月19日召开的网络安全和信息化工作座谈会上，习近平总书记指出，要"建设网络良好生态，发挥网络引导舆论、反映民意的作用"。

互联网宗教是我国宗教工作面临的新情况新问题，也是宗教学界面临的新课题。结合党的十九大报告、习近平总书记在全国宗教工作会议上的讲话、习近平总书记在网络安全和信息化工作座谈会上的讲话，梳理习近平总书记关于积极引导互联网宗教与社会主义社会相适应的理论论述，可以更好地指导我国宗教工作实践，可以为积极引导

[*] 原载于《世界宗教文化》2018年第4期。

宗教与社会主义社会相适应提供理论指导，可以丰富我们对习近平新时代中国特色社会主义思想的理解和认识。

二 积极引导互联网宗教

在党的十九大报告中，习近平总书记并未就互联网宗教做出专门的论述，但总书记关于宗教工作的方针和要求依然适用于互联网宗教。因此，可以说，在互联网宗教领域，要贯彻和落实以下方针："全面贯彻党的宗教工作基本方针，坚持我国宗教的中国化方向，积极引导宗教与社会主义社会相适应。"①

在全国宗教工作会议上，习近平总书记就如何积极引导宗教与社会主义社会相适应做出了详细阐释："积极引导宗教与社会主义社会相适应，是要引导信教群众热爱祖国、热爱人民，维护祖国统一，维护中华民族大团结，服从服务于国家最高利益和中华民族整体利益；拥护中国共产党领导、拥护社会主义制度，坚持走中国特色社会主义道路；积极践行社会主义核心价值观，弘扬中华文化，努力把宗教教义同中华文化相融合；遵守国家法律法规，自觉接受国家依法管理；投身改革开放和社会主义现代化建设，为实现中华民族伟大复兴的中国梦贡献力量。"习近平总书记在全国宗教工作会议上的讲话精神，完全适用于互联网宗教领域。

习近平总书记强调，做好党的宗教工作，把党的宗教工作基本方针坚持好，"关键是要在'导'上想得深、看得透、把得准，做到'导'之有方、'导'之有力、'导'之有效，牢牢掌握宗教工作主动权"。要引导互联网宗教与社会主义社会相适应，需要采取法律引导和政策引导相结合的引导策略。

所谓法律引导，是指运用法律手段对互联网宗教相关问题进行引

---

① 习近平：《决胜全面建成小康社会 夺取新时代中国特色社会主义伟大胜利——在中国共产党第十九次全国代表大会上的报告》，人民出版社2017年版，第40页。

导和监管，引导其在许可的范围内活动，并对越出范围的行为进行相应的法律惩治。适用于互联网宗教领域的法律，主要是网络安全法和宗教法律法规，即《中华人民共和国网络安全法》（2016年11月7日）和《宗教事务条例》（2017年6月14日），两部法律法规已经生效。此外，自2016年1月1日起实施的《中华人民共和国反恐怖主义法》也涉及互联网宗教和一般意义上的宗教形态。

政策引导是指宣传党关于宗教问题的理论和方针政策，宣传宗教相关法律法规，加强宗教方面宣传舆论引导。这是习近平总书记在全国宗教工作会议上提出的要求。能否以及如何综合利用线上和线下的各种渠道以通俗易懂的方式，宣传党关于宗教问题的理论和方针政策、宣传宗教相关法律法规，是各级党委、政府以及工会、共青团、妇联、科协等人民团体面临的重要考验。在2016年召开的全国宗教工作会议上，习近平总书记要求各级党委高度重视、积极研究包括互联网宗教在内的宗教现象，他说："各级党委要提高处理宗教问题能力，把宗教工作纳入重要议事日程，及时研究宗教工作中的重要问题，推动落实宗教工作决策部署。"同时，对宣传部门、统战部门和宗教管理部门，习近平总书记提出了新的要求："要广泛宣传党关于宗教问题的理论和方针政策，宣传宗教相关法律法规，加强宗教方面宣传舆论引导。"针对互联网宗教，习近平总书记强调了其正面和积极意义。在全国宗教工作会议上，习近平总书记特别要求，"要高度重视互联网宗教问题，在互联网上大力宣传党的宗教理论和方针政策，传播正面声音"。由此可见，习近平总书记敏锐意识到，互联网和各种新媒体是宣传宗教相关法律法规、加强宗教方面宣传舆论引导的主要渠道。

三　加强互联网宗教内容建设，营造正信的、清朗的互联网宗教空间

1. 加强五大宗教网站内容建设，创新推进互联网宗教工作

能否创新推进互联网宗教工作端赖于统战部门、宗教管理部门及

各宗教协会、宗教信徒的创新推进能力。积极利用互联网宣传党关于宗教问题的理论和方针政策，宣传宗教相关法律法规，加强宗教方面宣传舆论引导，是创新推进包括互联网宗教在内的宗教工作的应有之义。

党的十九大报告要求培养和践行社会主义核心价值观。《中华人民共和国网络安全法》第六条要求"推动传播社会主义核心价值观"。五大宗教的教义与社会主义核心价值观并不冲突，因此，在加强宗教方面宣传舆论引导时，要发挥五大宗教协会网站的功能，加大对五大宗教与社会主义社会相适应的内容方面的宣传和引导，创新宗教工作。

《宗教事务条例》对互联网宗教相关问题做出了诸多规范和规定。第四十七条对从事互联网宗教信息服务的资质做出了规定："从事互联网宗教信息服务，应当经省级以上人民政府宗教事务部门审核同意后，按照国家互联网信息服务管理有关规定办理。"第四十八条对互联网宗教信息服务的内容做出了规定："互联网宗教信息服务的内容应当符合有关法律、法规、规章和宗教事务管理的相关规定。互联网宗教信息服务的内容，不得违反本条例第四十五条第二款的规定。"第四十五条第二款是对涉及宗教内容的出版物的规定，也是对互联网宗教内容的限定："应当符合国家出版管理的规定，并不得含有下列内容：（一）破坏信教公民与不信教公民和睦相处的；（二）破坏不同宗教之间和睦以及宗教内部和睦的；（三）歧视、侮辱信教公民或者不信教公民的；（四）宣扬宗教极端主义的；（五）违背宗教的独立自主自办原则的。"① 除负面清单之外的内容，都是五大宗教网站建设的应有内容。在这些内容中应着力发掘和弘扬与社会主义核心价值观相符合的方面。

2. 营造正信的、清朗的互联网宗教空间

党的十九大报告要求"营造清朗的网络空间"②。这一要求同样

---

① 《宗教事务条例》，中国法制出版社2017年版，第13页。
② 习近平：《决胜全面建成小康社会　夺取新时代中国特色社会主义伟大胜利——在中国共产党第十九次全国代表大会上的报告》，人民出版社2017年版，第42页。

积极引导互联网宗教与社会主义社会相适应

适合于互联网宗教领域。在互联网宗教领域，不仅要营造清朗的网络空间，还要营造正信的网络空间。习近平总书记指出："网络空间不是'法外之地'。网络空间同现实社会一样，既要提倡自由，也要保持秩序。"

为营造清朗的互联网宗教空间，《宗教事务条例》对从事互联网宗教信息服务的资质和互联网宗教内容做出了规定，也对违反这些规定的行为提出了具体的处罚标准。第六十八条规定："涉及宗教内容的出版物或者互联网宗教信息服务有本条例第四十五条第二款禁止内容的，由有关部门对相关责任单位及人员依法给予行政处罚；构成犯罪的，依法追究刑事责任。擅自从事互联网宗教信息服务或者超出批准或者备案项目提供服务的，由有关部门根据相关法律、法规处理。"[①] 此外，针对进行宗教极端主义活动或者"利用宗教进行危害国家安全、公共安全、破坏民族团结、分裂国家和恐怖活动"的行为，《宗教事务条例》第六十三条、第七十三条也专门做了处罚规定。

营造正信的、清朗的网络空间，需要坚决制止和打击违法行为。在网络安全和信息化建设工作座谈会上的讲话中，习近平总书记强调指出："利用网络鼓吹推翻国家政权，煽动宗教极端主义，宣扬民族分裂思想，教唆暴力恐怖活动，等等，这样的行为要坚决制止和打击，决不能任其大行其道。"[②] 自2017年6月开始实施的《中华人民共和国网络安全法》以法律的形式对相关的行为进行法律引导和规范。《中华人民共和国网络安全法》第十二条规定："任何个人和组织使用网络应当遵守宪法法律，遵守公共秩序，尊重社会公德，不得危害网络安全，不得利用网络……宣扬恐怖主义、极端主义……"[③]《中华人民共和国网络安全法》第六十七、六十八、六十九条规定了

---

① 《宗教事务条例》，中国法制出版社2017年版，第20页。
② 习近平：《在网络安全和信息工作座谈会上的讲话》（2016年4月19日），《人民日报》2016年4月26日。
③ 《中华人民共和国网络安全法》，中国民主法制出版社2016年版，第4页。

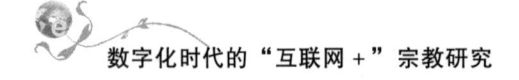

对相关违法行为的处罚措施。《中华人民共和国反恐怖主义法》也做出了具体规定和相应的处罚要求。

四　从国家安全的高度重视和应对互联网宗教舆情

1. 互联网宗教与国家安全

在网络安全和信息化建设工作座谈会上，习近平总书记分析了当今网络安全的几个主要特点，即"网络安全是整体的而不是割裂的"；"网络安全是动态的而不是静态的"；"网络安全是开放的而不是封闭的"。① 习近平总书记指出，树立正确的网络安全观，要做到"全天候全方位感知网络安全态势"，并"增强网络安全防御能力和威慑能力"。② 这些论述和要求同样适用于互联网宗教领域。

互联网宗教分狭义和广义两种。广义的互联网宗教是指"互联网上出现的与宗教教义、宗教经典、宗教人物、宗教仪式、宗教活动、宗教习俗等相关的所有内容"③。互联网是宗教团体、信徒、公众可资利用以发挥正面功能的平台，也是极端主义者、暴恐分子急于掌控、插手的平台。网络上鱼龙混杂，既有正面的、清朗的内容，也有负面的内容，更有极端主义势力、恐怖主义势力发布的蛊惑人心的违背教义和社会主义核心价值观的内容。因此，党的十九大报告高屋建瓴地指出，"严密防范和坚决打击各种渗透颠覆破坏活动、暴力恐怖活动、民族分裂活动、宗教极端活动"④，有效维护国家安全。宗教极端势力往往借助互联网和社交媒体进行极端活动，因此治理互联网

---

① 习近平：《在网络安全和信息工作座谈会上的讲话》（2016 年 4 月 19 日），《人民日报》2016 年 4 月 26 日。
② 习近平：《在网络安全和信息工作座谈会上的讲话》（2016 年 4 月 19 日），《人民日报》2016 年 4 月 26 日。
③ 李华伟：《互联网宗教的特点及传播规律》，《中国社会科学报》2016 年 6 月 7 日。
④ 习近平：《决胜全面建成小康社会　夺取新时代中国特色社会主义伟大胜利——在中国共产党第十九次全国代表大会上的报告》，人民出版社 2017 年版，第 49—50 页。

积极引导互联网宗教与社会主义社会相适应

领域内的宗教极端活动是维护国家安全的需要。宗教事关非传统安全，事关国家主权、安全、发展利益，必须坚持国家利益至上，因此，在互联网宗教领域，必须坚持总体国家安全观，加强国家安全能力建设，维护国家安全。

2. 建立互联网宗教综合治理体系，打造共建共治共享的互联网宗教治理格局

党的十九大报告指出，要"建立网络综合治理体系"[1]，"打造共建共治共享的社会治理格局"[2]。应用到互联网宗教领域，就是要建立互联网宗教综合治理体系，打造共建共治共享的互联网宗教治理格局。《中华人民共和国网络安全法》也对网络环境及其治理提出了要求，希望"提高全社会的网络安全意识和水平"，形成"全社会共同参与促进网络安全的良好环境"。

互联网宗教的综合治理体系，包括法律治理、政策引导与政府治理以及全社会共同参与的社会治理。

法律治理是关键。相关的法律法规已颁布实施，因此，进一步提高全社会对互联网宗教相关领域的法律意识和法治思维是实行法律治理的重点。

政策引导与政府治理是做好互联网宗教工作的重中之重。因此，习近平总书记在全国宗教工作会议上对党和政府提出了进一步的要求："要加强对党关于宗教问题的理论和方针政策的学习，加强对宗教基本知识的学习，把党关于宗教问题的理论和方针政策纳入干部教育培训计划，使各级干部尽可能多地掌握。要建立健全强有力的领导机制，做好对宗教工作的引领、规划、指导、督查。统战部门要负起牵头协调责任，宗教工作部门要担负起依法管理责任，各有关部门及工会、共青团、妇联、科协等人民团体要齐抓共管，共同做好宗教工

---

[1] 习近平：《决胜全面建成小康社会　夺取新时代中国特色社会主义伟大胜利——在中国共产党第十九次全国代表大会上的报告》，人民出版社2017年版，第42页。
[2] 习近平：《决胜全面建成小康社会　夺取新时代中国特色社会主义伟大胜利——在中国共产党第十九次全国代表大会上的报告》，人民出版社2017年版，第49页。

作。"为适应社会治理重心下移的要求①,习近平总书记还在全国宗教工作会议上对党的基层组织提出了要求,"党的基层组织特别是宗教工作任务重的地方基层组织,要切实做好宗教工作,加强对信教群众的工作"。在政策引导中,要在互联网上大力宣传党的宗教理论和方针政策,传播正面声音。也就是说,要加强舆论引导,坚持正确舆论导向,高度重视传播手段建设和创新,提高舆论的传播力、引导力、影响力和公信力。

形成全社会共同参与的社会治理方面,要重视对包括互联网宗教在内的社会治理体系建设,"提高全社会的网络安全意识和水平,形成全社会共同参与促进网络安全的良好环境"②。党的十九大报告中,习近平总书记指出,要"加强社区治理体系建设,推动社会治理重心向基层下移,发挥社会组织作用,实现政府治理和社会调节、居民自治良性互动"③。

3. 对互联网宗教的监管

互联网宗教不是法外之地。针对互联网宗教,新修订颁布实施的《宗教事务条例》做出了专门的规定。2017年8月26日由国务院颁布、自2018年2月1日起实施的《宗教事务条例》对2004年版《宗教事务条例》的修订主要体现在六个方面,"规范互联网宗教信息服务"就是六个方面之一④,由此可见,国家对互联网宗教给予了足够的重视。

对互联网宗教的监管,《中华人民共和国网络安全法》《中华人民共和国反恐怖主义法》及《宗教事务条例》形成了密切配合的法律网络。《中华人民共和国网络安全法》第十二条规定,"任何个人

---

① 习近平:《决胜全面建成小康社会 夺取新时代中国特色社会主义伟大胜利——在中国共产党第十九次全国代表大会上的报告》,人民出版社2017年版,第49页。
② 《中华人民共和国网络安全法》,中国民主法治出版社2016年版,第2页。
③ 习近平:《决胜全面建成小康社会 夺取新时代中国特色社会主义伟大胜利——在中国共产党第十九次全国代表大会上的报告》,人民出版社2017年版,第49页。
④ 《在法治轨道上推进宗教工作——〈宗教事务条例〉修订答记者问》,载《宗教事务条例》,中国法制出版社2017年版,第25页。

积极引导互联网宗教与社会主义社会相适应

和组织……不得利用网络……宣扬恐怖主义、极端主义"[1]。《中华人民共和国网络安全法》第五十条规定，对于发布极端主义信息的，网络运营者应当停止传输，采取消除等处置措施，保存有关记录。对于违法者应当承担的法律责任，《中华人民共和国网络安全法》第六章也做出了针对性的处罚规定。

与对其他社会舆论的监管一样，对互联网宗教的监管，属于常态化监管。应该落实习近平总书记提出的"全天候全方位感知网络安全态势"的要求。要构建"全天候全方位感知网络安全态势"的机制，不仅需要专门的机构负责常态化的互联网宗教监管工作，更需要形成"全社会共同参与促进网络安全的良好环境"。

4. 积极应对互联网宗教舆情

近年来，极端主义、恐怖主义利用互联网及新媒体进行宣传、人员招募、实施恐怖主义的事件时有发生。因此，如何积极应对互联网宗教舆情，是摆在各级政府面前的一大难题。

习近平总书记高度重视互联网宗教，要求将这一问题放在国家安全的高度，从总体国家安全观出发看待互联网宗教。这就要求我们，一方面"全面贯彻党的宗教工作基本方针，坚持我国宗教的中国化方向，积极引导宗教与社会主义社会相适应"；另一方面"严密防范和坚决打击各种渗透颠覆破坏活动、暴力恐怖活动、民族分裂活动、宗教极端活动"[2]。

为积极应对互联网网络舆情，相关部门需要按照《中华人民共和国网络安全法》第五章的要求，建立"网络安全监测预警和信息通报制度"，"建立健全网络安全风险评估和应急工作机制，制定网络安全制度应急预案，并定期组织演练"。[3]《中华人民共和国网络安全法》对网络安全的监测、风险预警以及网络安全事件应急预案的发布

---

[1] 《中华人民共和国网络安全法》，中国民主法制出版社2016年版，第4页。
[2] 习近平：《决胜全面建成小康社会 夺取新时代中国特色社会主义伟大胜利——在中国共产党第十九次全国代表大会上的报告》，人民出版社2017年版，第49—50页。
[3] 《中华人民共和国网络安全法》，中国民主法治出版社2016年版，第14页。

都做出了相应的规定，这些规定同样适用于互联网宗教网络舆情。第五十五条对启动"网络安全事件应急预案"的条件以及应急预案的内容、措施做出了详细规定。有了《中华人民共和国网络安全法》《中华人民共和国反恐怖主义法》及《宗教事务条例》，各级政府、社会团体和社会各界共同参与应对互联网宗教舆情就有法可依。

　　此外，应根据网络舆情周期①，并根据对互联网宗教舆情周期规律的把握，采取针对性的措施，更好地应对互联网宗教舆情。

---

① 人民网舆情监测室：《如何应对网络舆情——网络舆情分析师手册》，新华出版社2011年版，第139—153页。

互联网宗教的概念、形态、传播及影响的心理初探

◇ 梁恒豪

互联网时代高科技的发展日新月异，引发了人们之间交际方式的变革，以 QQ、微信和支付宝为代表的智能手机 App 极大地方便了人们的生活，同时也俘获了数以亿计的受众，他们在虚拟网络的联结似乎比现实中的交往更加频繁和密切。相应地，人们的信仰方式也在发生着前所未有的变化，宗教在互联网上的传播和发展逐渐成为一种显见的趋势。2016 年 4 月，习近平总书记在全国宗教工作会议上指出："要高度重视互联网宗教问题，在互联网上大力宣传党的宗教理论和方针政策，传播正面声音。"由此可见，互联网宗教问题是我国宗教工作面临的新情况新问题之一，也是宗教学界面临的新的研究课题，首先要用马克思主义历史唯物主义和辩证唯物主义观点，正确看待互联网宗教现象及其影响。

一 "互联网宗教"的概念是否成立？

与现实中可见的宗教相比，"互联网宗教"的宗教属性似乎是一个值得探讨的问题。在为数不多的中文文献中，有的学者对"互联网宗教"的概念使用比较随意，是在约定俗成的意义上使用，没有深究其概念内涵；也有部分学者不同程度地探讨了"互联网宗教"的概念内涵和外延。

数字化时代的"互联网+"宗教研究

有学者使用的是"互联网+"宗教信仰指代互联网宗教,认为它是利用互联网传播技术和平台让互联网与传统宗教进行深度融合,是宗教组织或信徒以宗教信仰为目的,通过互联网传播的一种网络宗教意识。它不仅包括广义上的"互联网+"宗教信仰,也包括狭义上的"互联网+"宗教信仰,既指没有实际存在的虚拟宗教,也包括以网络为工具的宗教信仰者之间互相交流的方式,比如网上宗教论坛博客、网上教堂、网上宗教社区寺庙、宗教 QQ 微信群等。① 这一概念中提到宗教意识和宗教行为。

有学者通过考察"互联网宗教"的内涵,也从广义和狭义的两个层面进行分析,他认为广义的"互联网宗教",包括在互联网上流动的宗教教义、宗教经典、宗教人物、宗教仪式等宗教信息。狭义的"互联网宗教"指的是现实宗教活动在互联网上的延伸,包括涵括了宗教团体在网上的活动,比如祷告、祈福、募捐、崇拜等。② 这一概念也有一定的代表性,认为互联网宗教是现实宗教在互联网上的延伸,认为现实中的宗教是什么样,在互联网上也是可以同质的。

关于互联网和宗教结合,有学者指出,学界有多种不同的概念来描述互联网与宗教结合这一现象,例如"网络宗教""互联网宗教""互联网+宗教""数字宗教""在线宗教""宗教在线"等,他在文中采用了"互联网宗教"这一表述,认为"互联网宗教"是指互联网与宗教结合后产生的网络现象,其本身十分复杂,作者将"互联网宗教"分为宗教信息的互联网化、利用互联网讲经传道、互联网宗教社群、完全的互联网宗教四个层次。③ 其中,前三个层次都是互联网宗教的一个层面,而第四个层次的互联网宗教则是完全形态的互联网

---

① 刘慰:《互联网+时代大学生宗教信仰对高校思想政治教育的影响及对策》,《知识经济》2016 年第 23 期。
② 方旭:《新修订〈宗教事务条例〉背景下互联网宗教事务治理法治化研究》,《重庆行政》(公共论坛)2017 年 10 月。
③ 杨纪伟:《"互联网宗教"内涵辨析及对网络治理的意义》,《信息安全与通信保密》2018 年第 3 期。

互联网宗教的概念、形态、传播及影响的心理初探

宗教，是依托互联网产生的新兴宗教。有学者将之概括为"网络拜物教"，诸如所谓恶搞性质的"飞天意面教"之类，也包括传统宗教的完全互联网化，例如"无线教堂""网络禅堂"等。这个层次是目前互联网与宗教的程度最深的融合，体现了"互联网宗教"的发展方向。这一概念令人耳目一新，不仅确认了"互联网宗教"概念是成立的，并且认为它是一种新兴的、代表未来发展方向的宗教形态。

笔者认为，"互联网宗教"作为一种新兴的宗教形态，与现实中实体宗教有共同之处，也有诸多不同的特点，从而也在某种意义上改变了人们宗教信仰的方式，使人们的宗教信仰具有了更多的精神性特征。

二 "互联网宗教"的精神性特征及其心理意义

就互联网宗教的形态而言，从传统宗教学和现实政策层面的"宗教"定义以及宗教"四要素"来看，"互联网宗教"不太强调现实中的某些我们称为"宗教"的要素，因而它与大家所称的"宗教"还有一定距离。近年来讨论比较多的精神性是与宗教的意涵相对的概念，其标志性口号是"信仰不归属"，核心诉求是去制度化，强调个人与信仰对象的直接联系。从倾向性的意义上来说，互联网宗教具有更多的精神性特征，对人们的宗教认知、情感和行为具有一定塑造力，探讨其背后的心理意义对于宗教学研究具有一定的学术价值。

在宗教认知层面，互联网上的宗教教义、宗教经典、宗教人物、宗教仪式等宗教信息丰富多彩，使人们可以随时随地获取，不一定必须去教堂才能获取宗教知识和信息，超越时空，更加便捷，丰富了人们的宗教认知，同时也降低了现实的政治风险，使信仰成为个人的事情。传统教会对教徒已然没有了绝对的管理和制约，网络就好像一个宗教市场，在各种宗教"商品"面前，每个人根据自己的需求各取所需，取其所爱，宗教信仰从形式到内容都相当个人化了。例如，有

学者分析了"互联网宗教"在宗教认同方面的两面性,认为基于互联网技术而形成的"虚拟教会或虚拟教堂",为信徒群体认同建构了新的路径。

在宗教情感层面,宗教信仰个性化还赋予个人以宗教情感表达的多元化。信教群众不再满足于群体的宗教信仰,更加注重个人、私密性的理解和感受,因此宗教信仰呈现分化、差异化的趋势,而互联网的虚拟空间又使这种个性化成为可能。由于信教群众在虚拟空间的联系更加频繁,相对而言更有安全感,其宗教情感的表达因而更加密切、更为真实、更加生活化,对信徒个人的生命更有积极的价值。

在宗教行为层面,网络祈祷非常盛行,如网络祷告墙和网络祷告吧等,而在灾难或不幸的事情发生时,大量的网友也会通过网络平台参与其中。这一方面满足了许多信徒的宗教需求;另一方面也提供了相当多的便利。他们认为祷告是私人的宗教生活,与上帝是一对一的关系,与他人无关。如果是特殊原因,确实需要牧师代祷,又不能见面,可以通过网络的形式替代。另外,适合大众的祷告可以通过网络进行。比如,为地震、空难等祈祷,网络祈祷能引起更多人的共鸣,也可以通过这种形式,为社会输送正能量。

在宗教组织层面,宗教活动虚拟化和宗教传播方式多元化。在互联网时代,宗教活动逐渐从实体向"虚拟化"转变。从事宗教活动,并不局限在现实的宗教活动场所,也可以在虚拟的网络空间中得以实现。比如,网络上出现大量"虚拟宗教活动场所",而传统的敬香、礼拜、供养等活动,很多网民都选择在网络上进行。互联网的虚拟性以及网络身份的流动性、匿名性,使信徒获得更多选择的自由,或加入或退出某种宗教教派和宗教组织。"互联网宗教"传播对象既可以是信教群众,也可以是不信教群众,某一信教群众既可以成为本教传播的受众,也可以接受其他宗教传播的受众。"互联网宗教"打破时间、空间的限制,使得信教群众能够更为开放地接受宗教信息,真正实现了宗教多元共生发展,普通信众可以依据自己信仰的需求选择自

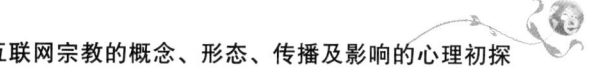

己要参与的宗教活动。

三 充分认识"互联网宗教"认同的两面性

有学者分析了"互联网宗教"在宗教认同方面的两面性，认为基于互联网技术而形成的"虚拟教会或虚拟教堂"，为信徒群体认同建构了新的路径。互联网的即时互动拓展了人际交往的能力，网络作为一种交流手段，可能从根本上改变人们宗教认同的传统途径。信徒的群体认同主要呈现两种趋势：一方面通过丰富的网络资源，宗教群体能够更充分地认知群体内部、群体之间的差异性，因而，在对本群体有较高的信任度和认同感的同时，也对异己群体表现出明显的排斥性，以区分我者和他者，构建了群体边界。从这一意义上来说，宗教网络化有利于群体内部的认同。另一方面，个人主义膨胀、互联网的虚拟性、匿名性、不确定性等，使得宗教信仰越来越成为个人的私事，使宗教群体处于不断的整合与分化中，在一定程度上削弱了对宗教组织的认同感。宗教社会学的创始人涂尔干曾经给宗教做了这样一个规定："宗教乃是一种统一的信仰和行为体系，这些信仰和行为与神圣的事物，即被划分出来归入禁忌的东西有关，它把所有信奉者团结到一个称为教会的单一的道德共同体之中。"[①] 可见，由于网络宗教的兴起，涂尔干的所谓的"共同体"的功能被削弱了，服从中心权威的教阶制管理的宗教受到了挑战而导致信徒对宗教组织的认同感削弱。本尼迪克特·安德森认为，共同体的形成必须具备两个条件，即时空概念和对话语权的掌握。对宗教组织认同来说，网络的意义在于，其空间抽离机制使宗教组织成员实现"虚拟的共同在场"，建构了群体认同语境；传播的开放性为群体成员之间的互动提供话语空间，在信息时代，这是个体成为组织成员的一条新路径，使宗教群体

---

① ［法］埃米尔·涂尔干：《宗教生活的基本形式》，渠敬东、汲喆译，商务印书馆2011年版。

获得了新的认同方式。宗教的群体认同不仅反映在一些特定的社会情景和场景中,而且渗透在个人所有行为中,宗教群体认同的建构在某种意义上由成员之间、群体之间行为的相互了解所决定,这包括对教义的解读、在仪式中的个体行为,以及对日常生活中具有宗教意义的事件,即"后台"的认知。[1]

因此,在新科技手段和共同体意义上构建的互联网宗教认同,既有便利、积极的层面,同时也带来了深层次认同的困难以及相关的挑战,充分认识到这一两面性,对于互联网宗教的研究具有非常重要的理论和实践意义。

四 警惕"互联网宗教"的消极作用

第一,基于互联网的各种平台上宗教信息庞杂,良莠不齐,宗教信徒也可以随心所欲地设置自己的网络身份,传播自己真实的,或者虚构的宗教知识,使得互联网宗教这个"市场"乱象丛生。另外,互联网的跨国界性使得信徒可以购买到国外的宗教书籍,以及视频资料,从而使网络虚假、诽谤、暴力等信息资源大行其道,披着宗教的外衣通过互联网进入国内。在"互联网宗教"时代,如果个人缺乏相应的分辨能力,在对宗教认知上就会产生偏差,极易造成不良后果。

第二,个人主义膨胀、互联网的虚拟性、匿名性、不确定性等,使得宗教信仰越来越成为个人的私事,也使宗教成员处于不断的整合与分化中,在一定程度上削弱了对宗教组织的认同感。许多人指责互联网宗教行为是虚伪的,因为对着电脑进行宗教活动没有任何宗教神圣感,导致宗教活动没有意义。另外,在互联网构建的虚拟群体里,信仰宗教的成员能够更充分地认知群体内部、群体之间的差异性,在对本群体有较高的信任度和认同感的同时,也对异己表现出明显的排

---

[1] 徐玲:《网络社会的兴起与宗教的变迁》,《边疆经济与文化》2016 年第 10 期。

斥性，无形中构建了越来越多的群体边界。

第三，互联网宗教的开放性为大量没有合法教职的人员在互联网上传播教义提供可乘之机，由此产生的非法敛财、暴力侵害、财产诈骗、异端邪说等案件层出不穷。互联网的开放性无疑也为非法教职人员传教活动、宗教极端活动留有了生存空间。

第四，国内的传统宗教目前正遭遇前所未有的商业化侵蚀，互联网的兴起为宗教商业化推波助澜，久为诟病的"宗教搭台、经济唱戏"在"互联网宗教"时代重演。随着网络支付的便捷化，有的宗教网站获取信众的捐献后卷款而逃的案件也并不罕见。"互联网宗教"的这些违法行为，不仅使一般信众在财产和精神上受到损害，也从根本上危及宗教本身的生存。①

第五，"互联网宗教"对大学生群体的影响不容忽视。首先，"互联网宗教"信息数量大、涵盖广、资源丰富而庞杂，使高校大学生更容易对宗教产生兴趣，从而导致许多大学生在心理上过度信任宗教，从而产生一些消极影响。大学生正处在世界观、人生观和价值观形成的时期，学业压力大、未来的不确定性等导致其心理比较脆弱，大学正是他们逐渐走向成熟的阶段，一旦向宗教寻找价值，极易导致他们通过宗教信仰来逃避社会现实，而"互联网宗教"有可能乘虚而入，进而带来一系列个体心理的、社会层面的问题。

总之，"互联网宗教"现象是伴随着现代科技快速发展而产生的新的社会现象，对这一新生事物要从历史发展的视角，用辩证的角度来正确看待，要充分发挥其积极作用，限制其消极影响，引导其规范发展，服务于社会和谐发展。

---

① 方旭：《新修订〈宗教事务条例〉背景下互联网宗教事务治理法治化研究》，《重庆行政》（公共论坛）2017年10月。

作为"新宗教"的数据主义

◇胡士颍

近些年，随着大数据技术的成熟和广泛应用，社会上对数据逐渐有了新的认识，也产生了对大数据的极端推崇和数据主义思想。数据主义既是当前人们对于信息科技作用于现实生活巨大功用的肯定，也是从科技主义和哲学思想层面展开的新思考方向。数据主义是基于人类社会数字化生存和数字化发展产生的有关数据、数字技术和数据科学的理论认知，同时也朝着哲学理论化、唯科技论的方向发展，对传统观念形成诸多重要挑战。

一　数字化生存：信息与世界重建

20世纪末，人类进入计算机广泛普及和互联网技术大发展时代，由之而起的数字革命比历史上的历次革命都迅速改变着人类的生产、生活、工作乃至一切活动。早在1996年，美国学者尼古拉·尼科洛庞帝在《数字化生存》中就指出，人类进入一种全新的生存方式、生活状态，即在现实生存基础上延伸和发展的以信息技术、数字技术等为条件的围绕信息交流、共享、利用的生存方式，也就是"数字化生存"。数字化生存是对人类当前技术与生活新样态的概括，一方面体现计算机与互联网技术超乎寻常的发展；另一方面揭示"信息""数据"在当前人类生产活动中的重要意义，并且因大数据技术、人工智能的成熟，愈发演变为崇信数据、作为"新宗教"的数据主义。

信息是数字化生存的核心要素。人们对信息的认识存在广义和狭义之别。信息论奠基人香农（Shannon）认为"信息是用来消除随机不确定性的东西"，控制论创始人维纳（Norbert Wiener）认为"信息是人们在适应外部世界，并使这种适应反作用于外部世界的过程中，同外部世界进行互相交换的内容和名称"，这两者被公认为信息的经典性定义并加以引用。而在更广泛的意义上，正如钟义信教授所言，"信息是事物存在方式或运动状态，以这种方式或状态直接或间接的表述"①。因而，学界认为，"信息是对客观世界中各种事物的运动状态和变化的反映，是客观事物之间相互联系和相互作用的表征，表现的是客观事物运动状态和变化的实质内容"②。实际上，人类主观世界所产生的内容离不开客观世界的认识、刺激，也应可归属为信息范畴。

数据是信息的特殊载体，信息是数据的内涵。无论哪种信息，都不是物质的，也都无法独立存在，必须依托一定的载体和表现形式。尽管数据可以是数字、文字、图像等，但从计算机数据技术而言，数据是信息的数值化、符号化和程序化的表达，人们在数字化时代正是通过数据形式来接受、理解、处理信息。不过，无论是信息，还是数据，都是无法估量、不可穷举的，人们往往通过数据提取有用的内容、获得特定的信息，其结果往往形成被固定化、普遍化的"知识"，并且获取数据、通过数据获得信息的方法也属于知识范畴。

数字化生存的背后，就是对各种信息的数据化和数字化，并根据数据、程序、算法等得出一定结果。自计算机发明和互联网产生以来，人类就面临信息爆炸、信息过载等情况，这些变化在之前任何一个历史时期都没有发生得如此之快。随着海量数据信息袭来，人们在生活中既享受科技带来的方便快捷，同时也因充斥各种信息，以致生

---

① 转引自窦万春《大数据关键技术与应用创新》，南京师范大学出版社2020年版，第8页。

② 周学锋主编：《管理学》，安徽大学出版社2012年版，第345页。

活、学习、研究总是面临被分割和碎片化的状态。面对数字化和碎片化同在的生存境遇，人类必须像以往大航海和工业化时代一样，适应和提高生产力与生产方式，发明新的生产工具，同时建构新的价值观，完成从现实世界到理念世界的改变、调适和融合。在此意义上，信息技术重建了我们当今世界，人类也需要重建关于世界和我们自身的认识。

二 数据与大数据：文明的基石与利器

随着人们对信息、数据和知识的认识深化，以及大规模生产、分享和应用数据的急速发展，人类对"大数据"的接受和理解也逐步加深。麦肯锡全球研究所最早提出"大数据时代已经到来"，认为大数据是"大小超出了典型数据库软件的采集、储存、管理和分析等能力的数据集"[①]。"大数据标志着人类在寻求量化和认识世界的道路上前进了一大步。过去不可计量、存储、分析和共享的很多东西都被数据化了。拥有大量的数据和更多不那么精确的数据为我们理解世界打开了一扇新的大门。社会因此放弃了寻找因果关系的传统偏好，开始挖掘相关关系的好处。"[②] 基于大数据技术，人类可以通过科技手段，把一切行为以数据的形式记录、储存和处理，大数据也由此成了人类解决现实与发展问题的重要工具和思维方式，史蒂夫·洛尔在《大数据主义》中指出，进入信息社会，大数据正伴随着互联网、云计算、物联网的应用，以超越人们想象的速度和规模渗透到人类社会生活的方方面面，并且，它在不同程度上已经和正在改变人们观察、认识、思考乃至生存与发展的方式。至此，"大数据主义"观念正是人类价值体系、知识体系和生活方式因

---

① 邬贺铨：《数据之道：从技术到应用》，科学普及出版社2019年版，第39—40页。
② [英]维克托·迈尔·舍恩伯格、[英]肯尼思·库克耶：《大数据时代：生活、工作与思维的大变革》，浙江人民出版社2012年版，第23页。

"数据洪流"而深刻变化的表征。

  "大数据"被视为现代社会最重要的进步动力之一。大数据的迅速应用及其功用，令人们看到它不仅是工具，同时可以成为价值观、思维方式和文化，甚至成为战略资源，"大数据使人类第一次有机会和条件，在生活方式和生产方式的不断发展中获得和使用更全面、更系统的数据，从而能够深入探索现实世界的规律，获取过去不可能获取的知识"[1]。在此意义上，大数据"绝不仅仅是信息技术领域的革命，更是在全球范围启动透明高效政府、加速企业创新、引领社会变革的利器"[2]。与人类历史上若干发明一样，铁器、蒸汽机、互联网、大数据等都成为改变人类社会与文明进程的重要工具。

  信息技术发展，尤其是大数据技术的应用，让人们对数据与人类行为、生活乃至整个人类文明有了新的认识。对比农业社会、工业社会和信息社会，"在农业文明时代，土地和农民是最重要的资产。在推动工业革命的进程中，资本、机器（机器是固化的资本）成为最重要的资产之外，煤、铁和石油是三大生产性资源，因为，工业社会的构成单元是有形的原子，这些自然资源决定着工业革命的发展。而如今的信息经济时代，主要原材料是大数据。因为，进入信息社会之后，构成互联网世界的基本介质是无形的比特。在比特时代，大数据则成为经济发展中最大的交易商品，成为最核心的资源"[3]。大数据技术本身，就是围绕数据进行的一系列活动，"通过数据挖掘与分析过程，从存放的数据资源之中，获取有效的、新颖的、潜在有用的数据，从而在关系数据或其他信息载体中，查找存在于项目集合或对象集合之间的频繁模式、关联、相关性或因果结构，或者发现数据之间的联系，以揭示过去的规律、预测未来的趋势"[4]。如果从信息、数据的角度梳理人类文明的发展史，就会发现人和动物的重要区别就在

---

[1] 赵恒：《大数据的脚印》，中国税务出版社2017年版，第141页。
[2] 赵恒：《大数据的脚印》，中国税务出版社2017年版，第144页。
[3] 赵恒：《大数据的脚印》，中国税务出版社2017年版，第143页。
[4] 赵恒：《大数据的脚印》，中国税务出版社2017年版，第144—145页。

于，人不仅具有观察能力，还能制作并使用工具，制作和使用工具就是信息与数据的获取、总结、提炼过程，"得到数据和使用数据的能力，是衡量文明发展水平的标准之一……我们的文明从一开始就伴随着对数据的使用，可以说数据是文明的基石"[①]。

人们对数据认识的深化的另一个重要表现，就是数据科学的诞生。1974 年，著名计算机科学家、图灵奖获得者彼得·诺尔在《计算机方法的简明调研》中首次明确提出了数据科学（Data Science）的概念，认为"数据科学是一门基于数据处理的科学"，并将数据科学与数据学（Datalogy）加以区别，前者是解决数据（问题）的科学，而后者侧重于数据处理及其在教育领域中的应用。数据科学，是研究数据的各种类型、结构、状态、属性及变化形式和变化规律[②]，"包括对与各种科学的、可转化的、跨学科的应用相关联的大量异构数据的收集、管理、处理、分析、可视化和解释"[③]，它是集计算机技术、统计学、机器学习、人工智能、商业、自然科学、人文社会科学等学科为一身的综合体，并由此形成了数据科学方法，衍生出数据科学家这门职业。

从信息科技的快速发展，到大数据的迅猛兴起，继而数据科学成为一门显学，相关技术在计算机、生物、医学、商业、图书情报等多个领域大规模应用，数据资源、管理和研究成为各国、各界得到社会各界和世界各国的重视。除了数据科学所关注的数据预处理、数据统计、机器学习、数据可视化、数据计算、数据管理及相关编程、程序设计以外，有关不同类型和性质的数据、数据利用、数据制度、数据治理、数据跨境流通、数据安全、数据财产、数据伦理，以及个人数据的保护、权利、利用等，都成为涉及人文社会科学各门类、社会各

[①] 吴军：《智能时代：大数据与智能革命重新定义未来》，中信出版社 2016 年版，第 9 页。

[②] 杨旭、汤海京、丁刚毅编著：《数据科学导论》，北京理工大学出版社 2017 年版，第 4 页。

[③] 阮敬编著：《数据科学的编程基础》，首都经济贸易大学出版社 2019 年版，第 1 页。

界、国家间交流与安全等诸多方面的系统性问题。进而，人们也由对"数据"发现、理解和重视，走向了对"数据"的崇拜，这种行为甚至自认为或被定义为"新宗教"。

三 作为新"新宗教"的数据主义

人类对科学、技术的崇拜由来已久，信息科学、大数据、数据科学的出现，尤其在数据应用大行其道之时，在全世界范围内出现一股新的思想主张——数据主义。虽然大数据主义认为大数据技术提供了新的技术、新的方法和新思维模式，数据科学也日益系统化，但仍停留在技术和工具层面，未能对其内在价值和哲学理念层面有更多的阐述，这种情况随着数据主义提出而有所突破。数据主义的出现，预示着新技术时代的到来，作为人类发明与使用对象的新技术再次成为改变、改造人类生产、生活、思想第一力量，然而数据主义所秉持的观念与"新宗教"定位凸显了极端化倾向，引起人们的一些质疑和担忧。

数据主义已然超出数据科学的边界，树立起一种独特的价值信念。数据主义认为，"宇宙由数据流组成，任何现象或实体的价值就在于对数据处理的贡献"①。按照数据主义的理解逻辑，不同学科都能够以同样的数据概念和工具来分析，从而实现沟通和理解，它将变革人类的学习方式，乃至对整个生命世界的理解和重构。第一，数据主义指出："同样的数学定律同时适用于生化算法及电子算法，于是让两者合而为一，打破了动物和机器之间的隔阂，并期待电子算法终有一天能够解开甚至超越生化算法。""对学者和知识分子来说，它也能提供几个世纪以来渴求的科学圣杯：从文学、音乐学、经济学到生物学，所有科学学科都能统一在单一理论之下。""对政府、企业

---

① ［以色列］尤瓦尔·赫拉利：《未来简史：从智人到智神》，林俊宏译，中信出版社2022年版，第341页。

或一般消费者来说，数据主义提供了突破性的技术和强大的全新力量。"① 第二，数据主义认为，人类传统的学习方式、智能受到挑战，"在这之前，大家认为数据只是智力活动这个漫长过程的第一步，我们要把数据转化为信息，信息转化为知识，最后把知识转化为智能。但数据主义者认为，数据的流动量已经大到非人所能处理，人类无法再将数据转化为信息，更不用说转化成知识或智能。于是，处理数据的工作应该交给能力远超人类大脑的电子算法。实际上，这也就代表着数据主义对人类知识和智能有所怀疑，而倾向于信任大数据和计算机算法"②。第三，生物学与数据研究的结合，使得数据主义认为，所有的生物都是算法，不同生物，乃至人类，知识不同的数据处理方式，包括人类的情感和智力也都是算法，"人类有什么能胜过鸡的地方呢？唯一的一点，就是人类的信息流模式比鸡复杂得多。人类能够吸收更多数据，处理信息的算法也优于鸡。……如果我们创造出某个数据处理系统，能够比人类吸收更多的数据，处理信息算法的效率也比人高，是不是这个系统就能胜过人，正如人类胜过鸡？"③ 这就导致数据主义的极端主张："极端点说，数据主义的忠实信徒可能会把整个宇宙看作数据流，生物体在他们眼里也不过就是生物化学组成的数据体。他们会觉得人类的终极目标就是创造一个数据挂帅的全息系统，而后再融入其中。我们如今已经成了这个系统的小小组成部分，而大部分人都对此范然无知。"④ 他们认为，这个新的宗教就叫"数据主义"。

作为"信宗教"的数据主义，不再是中立的科学理论，而是将生

---

① ［以色列］尤瓦尔·赫拉利：《未来简史：从智人到智神》，林俊宏译，中信出版社2022年版，第341页。

② ［以色列］尤瓦尔·赫拉利：《未来简史：从智人到智神》，林俊宏译，中信出版社2022年版，第342页。

③ ［以色列］尤瓦尔·赫拉利：《未来简史：从智人到智神》，林俊宏译，中信出版社2022年版，第353页。

④ ［英］雅克·佩雷蒂：《重启：隐藏在交易背后的决策》，钟鹰翔译，广东经济出版社2019年版，第294页。

作为"新宗教"的数据主义

命视为信息流。尤瓦尔·赫拉利说:"对这个新宗教来说,最高的价值就是'信息流'。如果生命就是信息流,而我们又认为生命是好的,下一步就是让全宇宙的信息流更深、更广。数据主义认为,人类的体验并不神圣,智人并非造物主的巅峰之作,也不是未来智神的前身。人类只是创造万物互联的工具,而万物互联可能从地球这个行星向外扩张,扩展到整个星系,甚至整个宇宙。这个宇宙数据处理系统如同上帝,无所不在,操控一切,而人类注定会并入系统之中。"[1]对于数据主义者而言,"我们曾对医生有多信任,就会对算法和数据多么依赖。我们的信念是如此坚定,以致历史学家尤瓦尔·哈拉雷觉得人类已经集体拜入了一门全新的宗教——数据主义。"[2]

数据是新的上帝,以数据为基础的全球数据处理系统则是全知全能的。数据主义者认为:"数据比我们更加了解自己。它完全不受人类偏见的制约。哈拉雷认为:'我们正处于两大科学潮流的交汇点。一方面,生物学家正在慢慢解开人体的各种秘密,特别是关于头脑和情感的各种秘密。同时,计算机科学家又给了我们前所未有的数据之力。两者结合一起,您就有了一套可以准确监察自身情感和思想的外部系统。'"[3] 个人乃至一切事物加入这个系统,是所有意义的来源,"人类之所以想要融入这个数据流,正是因为只要成为数据流的一部分,你就会加入一个比自己更伟大的计划"[4]。因为没有人能够真正掌握所有数据,但数据流如同一只看不见的手起着重要作用。

数据主义有自己的训诫。尤瓦尔·赫拉利说:"数据主义不只是空谈理论,而是像每一种宗教一样都拥有实际的诫命。"他总结为两

---

[1] [以色列]尤瓦尔·赫拉利:《未来简史:从智人到智神》,林俊宏译,中信出版社2022年版,第353页。

[2] [英]雅克·佩雷蒂:《重启:隐藏在交易背后的决策》,钟鹰翔译,广东经济出版社2019年版,第293页。

[3] [英]雅克·佩雷蒂:《重启:隐藏在交易背后的决策》,钟鹰翔译,广东经济出版社2019年版,第294页。

[4] [以色列]尤瓦尔·赫拉利:《未来简史:从智人到智神》,林俊宏译,中信出版社2022年版,第356页。

条，其一，多链接以使数据流最大化，这也是最重要的，"就是数据主义者要连接越来越多的媒介产生和使用越来越多的信息，让数据流最大化"。其二，"要把一切连接到系统"，这里的一切是指包括人在内的一切事物，"一切都要连接到万物互联网上"，"我们不会容许宇宙的任何部分与这个伟大的生命网络分开，而如果斗胆阻碍数据的流通，就是犯了大罪。信息不再流通，与死亡有何异？因此对数据主义来说，信息自由就是最高的善"。① 这意味着数据主义的主张比传统宗教有更为普遍的要求，在信念传播对象和方式上有显在的区别。

"信息自由"是数据主义秉持的价值观。"数据主义相信一切善（包括经济增长）都来自信息自由。"② 数据主义被奉为"自1789年以来第一个真正创造新价值观的运动"，而其价值观就是"信息自由"，相比过去自由主义所谈论的"言论自由"，"信息自由所赋予的对象并非人类，而是信息。而且在这种新价值观看来，信息自由流通的权利应该高于人类拥有并限制数据流通的权利，因此可能侵犯到人类传统的言论自由。"③ 数据主义的这一主张，对现有的以保护人类"言论自由"的价值观及其制度，有广泛而深远的挑战。

数据主义将挑战传统宗教的神权和以人类为中心的观念。雅克·佩雷蒂指出："神权来自宗教传说，而人类的权威来自人类的意识形态信念。"但随着大数据的成熟，"大数据本来就比我们更加了解自己。而且，我们也在慢慢屈从于它的这种威力。事情一旦发展到那个份上，权威感不仅仅是计算上的超人能力将从人类转移到算法那边"④。基于此，"从以人为中心的世界观走向以数据为中心的世

---

① ［以色列］尤瓦尔·赫拉利：《未来简史：从智人到智神》，林俊宏译，中信出版社2022年版，第354页。
② ［以色列］尤瓦尔·赫拉利：《未来简史：从智人到智神》，林俊宏译，中信出版社2022年版，第355页。
③ ［以色列］尤瓦尔·赫拉利：《未来简史：从智人到智神》，林俊宏译，中信出版社2022年版，第354页。
④ ［英］雅克·佩雷蒂：《重启：隐藏在交易背后的决策》，钟鹰翔译，广东经济出版社2019年版，第294页。

观,这种转变并不只是一场哲学意义上的革命,而是会真真切切地影响我们的生活"①。尤瓦尔·赫拉利从整个生命的视野出发,提出三个最为重要的问题,"科学正逐渐聚合于一个无所不包的教条,也就是认为所有生物都是算法,而生命则是进行数据处理","智能正与意识脱钩"和"无意识但具备高度智能的算法,可能很快就会比我们更了解我们自己"。②

从以上国内外学者对数据主义的论述可以看出,数据主义在宇宙论、本体论、价值论、知识论等方面提出了自己的观点和主张,这是大数据主义和数据科学所未深入之处,也是数据主义从自身角度对我们身处数字化时代和碎片化生存状态及其问题的回应。对于数据主义的极端性,已有学者撰文提出了批评,但也要看到数据主义的积极意义,对其有较为理性客观的评价。

首先,数据主义的出现并非偶然,依然是与当前社会生产力发展水平、生产力和生产关系相适应的产物,是在信息技术、大数据工具和数字产业对人类社会施以广泛而深刻影响下,人们主动认识、思考和总结的结果。这种认识具有不平衡性,在信息科技、大数据技术发展较为成熟的地区,和相对落后地区,人们对当下新生产方式及其对现实生活的影响必然在感受、经验和理解上产生差异。

其次,数据主义作为一种理论,其提出既有现实基础,也具有前瞻性、理想化和极端化的特点,同时它仍然是当下技术与社会发展下的阶段性产物,其理论的冲击性不代表其真理性,也很难在短时间内改变大众固有的价值观念、思想认识。数据主义力图为信息科技和数据科技作价值辩护、整体认知和系统理解,目前它在本质上仍然是一种科技主义思潮的分支。

再次,数据主义对自身作为"新宗教"的要求,目前只是停留在

---

① [以色列]尤瓦尔·赫拉利:《未来简史:从智人到智神》,林俊宏译,中信出版社2022年版,第361页。
② [以色列]尤瓦尔·赫拉利:《未来简史:从智人到智神》,林俊宏译,中信出版社2022年版,第367页。

对宗教形式的类比和一些宗教思想的援引上，对自身诸多元问题的思考和彻底的理论反思都是远远不够的。不过，数据主义的做法，是人类技术发展到一定程度的内在要求，各学科的发展都莫不如此。数字人文几乎与大数据技术同时出现，同样是数字、信息科技与人文社会结合的新发展方向，并且数字人文已经不安于作为方法和工具的角色，谋求建立自己的理论形态，形成独特的学科系统，也就是开始了数字人文学的建构。数据主义与数字人文有着共同的在数据构成与应用方面的特征，数据主义的理论主张对数字人文学的建立有着一定的镜鉴意义。

最后，数据主义对自身作为"新宗教"的定位，其外在主张表现出对数据的崇拜，暴露了以技术统治世界的欲望，但根本上仍然是人类对当前生存境遇的反思，意欲超克旧的价值体系，针对人类日益改变的新生活世界及其问题，寻求一种彻底的能够解释此岸与彼岸、三世、现实与可能的理论，是对固有价值观念的求证、验证和修正。数据主义对人文主义、人类中心论，虽表现出自信和傲慢之态，实即逐步放弃其特有的技术特性，而增强其人文性，他们所比附的宗教形式和理念，不啻为人文理念对数据主义的改造。

何止 Internet？
——数字媒介宗教的考察与反思

◇袁朝晖

何止 Internet？正如本文的正题所表明的态度，近年来，随着互联网和新媒体技术的迅猛发展，涉宗教内容的互联网站、应用程序、论坛、博客、公众号、网络直播等纷纷涌现，然而，仅止于此吗？从更宽泛的意义上而言，数字媒介宗教更值得我们关注、考察与反思，基于此，本文并非严格意义上的理论分析，而是通过对于欧美社会中比较常见的具有媒介属性的宗教传播现象做出描述，期待能为更多的学者关注宗教数字媒介这一概念提供一些参考和思索的起点。

社交媒体

如果说宗教是一种"符号和仪式的体系"的话，那么社交媒体本身难道不就是宗教了吗？

比如推特（Twitter），这是一个微型博客网站，是一个允许用户通过140个字符的信息相互交流的平台。尽管它最初主要用于让追随者了解一个人的行踪和活动，但它现已迅速成为各种话题的流行信息来源。因此，推特也是无数关于宗教的对话的"主场""平台""空间"——无限、无阻，它往往涉及许多评论和回复，形成热烈的、有时敌对的、有时同情的、有时绝望的、有时憧憬的、有时抛弃的问题讨论的场域——这一点已经应该不为任何人所奇怪——因为关于宗教的推文的数量和质量都证明了"宗教"的数字"存在"的"有效"性，进一步说，Facebook、Twitter、Snapchat等社交媒体平台确实意味着一种"社会性的构建"——宗教内涵于其中也就毫不意外了。

许多人在推特上参与宗教思想的程度远远超过他们在宗教礼拜场所的程度，正如许多政治和社会辩论在推特上有了自己的生命一样，大量的宗教讨论也在那里进行。

有统计表明，在从2019年8月29日至2019年9月1日收集的420600条推文的随机样本中，有242条推文提到"宗教"一词，有501条推文提到"祈祷"一词。作为比较，有239条推文讨论流行歌手蕾哈娜、203条讨论棒球、32条讨论枪支法、447条讨论葡萄酒、1748条讨论足球。

这表明，宗教在推特上得到的参与程度与当代社会其他流行主题和问题相当。在某些重要的方面，推特提供的匿名性和距离感实际上可以加深和提高关于宗教的讨论水平，因为与非网络世界（现实世界的人和人的物理相处）中关于宗教话题的谈话经常伴随着沙哑的、急躁的、居高临下的声音和不真诚的、避讳的、虚伪的、礼貌的点头、迎合、附和不同，在推特上，人们不太害怕因为强烈反对他们的观点而冒犯那些与他们有"深厚社会关系"的人。

宗教话语的形态本身正在被塑造成它所使用的渠道，而推特由于其特别严重的限制，往往比其他任何环境都更具有这种塑形能力。这往往需要剥离信息中的细微差别，而这些细微差别往往是世界上伟大宗教文本的特点。然而，重要的是，尽管推特可以因其帖子的简短而受到批评，但几千年来，短小的箴言一直是世界智慧文学中受人喜爱的类型。数字宗教被描述为"以互动性、超文本性及其散布方式为特征，也就是说，数字媒体既是分散的，也是散布在日常生活结构中的方式"。推特上的宗教非常符合这个条件——它是高度互动的，因为每个用户不仅可以阅读，还可以喜欢、转发或回复推文；它旨在促进对话，并允许在一个易于使用的平台上实现文本和讨论的相对无缝整合。在过去的几年里，推特也在很大程度上融入了超文本性，允许用户在推文中加入图片、视频或完整的网页链接。事实上，现在有相当数量的推文包括指向较长信息、博客或网站的链接，而这些信息、博客或网站在推特严格的字符数限制内是不可能存在的。其结果是，如果人们在推特上发表对某段《圣经》的不同意见，可以很容易地在推特上加入对该段《圣经》的超链接。最后，推特深深地融入了日常生活的结构中，因为它被设计成可以在手机上进行最佳的操作。人们可以在白天或晚上的任何时候在手机上发推文或阅读推文。如果一个人有丝毫的愿望，真的没有什么时候不能访问推特，这使我们认识到，推特已经彻底地分散在整个社会中。

在网络宗教的背景下，特别是在研究推特时，出现的一个持久的问题是，这些数字媒体是否能让被边缘化和被剥夺权利的宗教团体发出声音，否则它们将很难获得向公众传播信息所需的印刷和广播媒体资源。实际上，由于其低门槛，网络理论上使所有的人都能积极参与到它的讨论中。就宗教而言，这意味着在宗教史上很可能是第一次，普通人在很大程度上变得可见和可听。如果我们要了解当代世界媒体环境中的宗教性质，推特是一个重要的调查网站，推特的内容应该被视为与宗教和灵性有关的态度及思想的有效的和有意义的表达。推特可以提供一个平台，让另类和边缘化的声音以以前不可能的方式被听到，但它们似乎并没有湮没那些传统上被认为是最权威的声音。

随着数字技术的发展，一个"意外"的技术后果是个人和团体利用参与网络的自由、不受限在数字媒介空间从事宗教迫害（歧视）的行为。这些从事或是偶尔参与从事宗教迫害（歧视）的个体或群体往往躲在匿名的外衣后面。有研究指出，在英国脱欧投票后，包括种族主义、仇视伊斯兰教和反犹太主义在内的仇恨言论的报告在网上和网下均有所增加，这些事例也突出了在线宗教迫害（歧视）的交叉性质[1]。研究表明，在线伊斯兰恐惧症的大多数受害者往往是女性

---

[1] Emily Harmer and Karen Lumsden, "Online Othering: An Introduction", Emily Harmer and Karen Lumsden ed. *Online Othering: Exploring Digital Violence and Discrimination on the Web*, Palgrave Macmillans, 2019, p. 25.

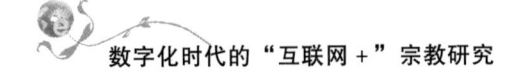

（Feldman 和 Littler 2014）①。与之相伴的反向建构则是：在离线情况下，与服装项目（如头巾）相关的购买呈现正比例增长。

又比如最新的一个案例是，美国司法部当地时间 2022 年 6 月 21 日公告，Meta（Facebook）旗下平台利用算法向用户推送房地产广告，但算法本身基于是用户的种族、肤色、宗教、性别、出生国等信息，这种行为违反了公平住宅法案（FHA），构成对社交媒体平台用户的歧视。Meta 支付的和解金定格在 115054 美元，但协议公布后，受此影响，Meta 股价从开盘涨 2% 迅速滑落，跌幅一度接近 5%，一进一出，市值接近蒸发 270 亿美元。Meta 在这份协议中，交出最珍贵的东西是愿意接受司法系统对公司算法业务的指导。根据公告，Meta 将在 2022 年年底前停止使用具有"歧视算法"的住房广告推荐工具，并将开发一个新系统来解决前面提到的歧视问题。这个新系统也需要得到美国司法部的批准和受到法庭监管。美国司法部在公告中强调，这也是科技巨头 Meta 的定向广告和推送系统，首次需要接受法院审查和监督。如果美国司法系统判定 Meta 的新系统未能解决"差异性歧视"问题，这份和解协议将被中止。当然，司法部门也不用自己来看代码。相关方将选择一个独立的第三方机构，审阅 Meta 开发的新系统是否满足预设的目标，同时法院将具有最终权力，决定 Meta 需要披露哪些信息。

学者李华伟指出，与传统的宗教相比，互联网宗教具有不同特点，其传播规律和媒介效应也呈现出一些特征。传统宗教是以场所为中心举行活动的，信徒也基本围绕着道观、寺庙、清真寺、教堂等场所居住，其影响和传播范围有限；而网络宗教则打破了物理空间的限制，以虚拟的网络社区作为活动空间，互联网宗教的空间是脱域化的、全球性的，影响十分广泛。传统宗教中的互动关系是熟人之间面对面的互动，而互联网宗教则是陌生人之间匿名性的互动或独白。传统宗教的成员之间举行宗教活动时是共同在场的，而互联网宗教的活

---

① 研究者给出的原因是或许女性更有可能报告在线虐待（不公平）。

动则是情境分离、跨越时空的。传统宗教的行动取向指向的是特定人群，而互联网宗教指向的是不确定的潜在接受者。传统宗教中的成员之间是存在权威等级结构的；而在互联网宗教中，权威等级结构是被打破了的，是去中心化和扁平化的。传统宗教的人群是相对封闭的、固定的，具有一定的阶层、种族属性；而互联网宗教的人群是开放的、流动的、碎片化的，人员的性别、阶层、职业等均不重要，是一个个流动的匿名的过客。互联网宗教是传统宗教的延伸和补充，还是对传统宗教的侵蚀，抑或两者兼具？目前，尚未取得共识。但互联网宗教导致了传统宗教传播方式和内容上的变化，甚至改变其组织形态和宗教本身。

由是观之，互联网的发展表明，数字媒体技术的能力往往有助于复制和延续人们已经经历的宗教迫害（歧视），差异从源头上被构建在互联网的架构中，这最终起到了反映和延续现有、现实宗教迫害（歧视）的作用。[①] 与此同时，正如上述 Meta（Facebook）旗下平台利用算法向用户推送房地产广告的案例显示，欧美的大多数主流互联网平台的经济需求和设计都会影响到现有社会不平等的再生产，但这些平台不愿意以任何方式进行自我监管，就进一步加剧了这种情况。一言蔽之，宗教迫害（歧视）的在线和线下的"异化"表明这一行为本身是针对他人的信仰"尊严"的损害，且是通过将民族、种族或宗教等描述性特征，与应该取消某人作为社会成员的资格的行为联系起来，以玷污他们的基本声誉。

视（音）频

相对于传统的媒体和媒介而言，新媒体环境下宗教的传播速度快，并且传播范围广，能够实现跨区域、跨时间进行交流和资源共

[①] 比如有学者对谷歌（google）搜索引擎的研究显示，该公司使用的算法基于并延续了种族主义和厌恶女性的陈规定型观念。

享，打破了原有宗教受到地域限制的局限性。在新媒体环境下，人们参与宗教活动更加方便，不受时间和空间的限制，随时随地都可以参与到宗教活动中，提高了宗教活动参与的广泛度，其中视（音）频以其独特的感染力、直观力正在强烈地改变着人们认知宗教的方式。

比如有一部电影《我的名字是汗》，该片描述的是，"9·11"事件发生后，美国爆发了反伊斯兰教的风潮，频频发生歧视、辱骂、殴打甚至杀害普通穆斯林的事件，许多穆斯林被迫剃去胡须，摘下头巾以掩饰自己的信仰。然而汗（Khan）却从不隐瞒自己是穆斯林，他来到"9·11"现场，念诵《古兰经》为受难者祈祷，不顾周围人厌恶的目光。汗继子的好朋友，因为父亲在伊拉克战场丧生，与汗继子绝交。汗继子不愿失去好朋友的友谊，与好朋友在学校发生争吵，却被另外几个学生殴打致死。汗的妻子悲痛欲绝，迁怒于汗，认为是汗的宗教信仰害死了自己的儿子。汗感到委屈，自己虽然是穆斯林，但不是一个坏人。妻子冲动中说出了气话："那你就告诉美国总统，你不是恐怖分子！"

汗于是真的背起简单的行囊，追寻美国总统的行踪，希望能当面对美国总统说："我的名字叫汗，我不是一个恐怖分子。"一路上，汗坚持伊斯兰教徒的祈祷。好心人提醒他，祈祷时要注意场合和周围人的目光，以免引起麻烦。汗说："不，祈祷从不看地方和人，只取决于你的信仰。"汗曾在清真寺中，向宣扬恐怖主义的激进教徒大声说"不"，指责他们违背了真主的教诲，是撒旦的化身，并由此惹上杀身之祸，险些送命；汗也曾屡次被人怀疑是恐怖分子，被普通美国人歧视，被警察搜身、殴打甚至囚禁，但他不改初衷，坚持要完成自己的使命。

越来越多的人知道了汗的故事，知道了他要去对美国总统大声地说："我的名字叫汗，我不是一个恐怖分子。"这句貌似简单的话，道出了所有向往和平、心地善良的美国穆斯林的心声。越来越多的穆斯林面对歧视的目光，勇于承认自己是伊斯兰教徒，勇于表达自己对和平的向往；越来越多的美国民众，放下偏见，与不同民族、不同宗教信仰的人和谐共处。就在汗即将完成使命的时候,美国乔治亚州突遭飓风的侵袭,汗决定暂时放弃计划,去乔治亚州参与救灾,为曾帮助过他的黑人母子解困。他冒着大雨蹚过齐腰深的洪水,找到了在教堂中避难的黑人母子,而此时的教堂破败不堪,在风雨中飘摇。显然,这是具有象征意义的一幕,破败的教堂,寓意信仰的危机。而汗与众人在救灾时,重新竖起呈十字架状的电线架,也显然象征着重新树起的信仰。汗的妻子感动于丈夫的单纯与执着,回到丈夫身边,感慨万千地说出了点题的话——汗用爱和仁慈完成了我用恨永远无法达到的目的,我用恨使我们分离,而汗用他的爱使我们重聚。

电影、互联网等可视(听)媒介正在改变着人们传统认知宗教的方式、途径与路径,互联网正在改变宗教的形态,模糊全球化和地域性的界限,传播的内容具有开放性和匿名性,对社会的影响较大。互联网传播的规律和媒介效应,也适合互联网宗教的传播规律。热点事件在互联网传播中的"匿名效应""从众效应""刻板效应""放大效应"等,也同样存在于互联网宗教传播中。且由于宗教事件易引发信徒的宗教情感,其效应呈现较一般事件更加明显。由于互联网的传播是双向的,受众并非单向接收信息,其理解会反馈给传播方,加之,受众自身也是媒体,会将自己的理解添加在接收到的信息上,重新传递出去。互联网宗教的传播也遵从这样的规律。

不仅仅是光影世界,有学者指出,当我们在诸如《西部世界》《银翼杀手》《机器公敌》《失控玩家》这样的影视作品中熟悉了人工智能的形象,美国人工智能研究学者库兹韦尔(Ray kurzweil)的《奇点将临》、以色列未来学家赫拉利(Yuval Noah Harari)的《未来简史》,以及美国学者明斯基(Marvin Lee Minsky)、谢诺夫斯基(Terrence J. Sejnouski)关于人工智能的著作,让许多人对人工智能技术支配下的未来社会充满着憧憬,同时也让许多人感到被人工智能体取代的恐惧。这实际上展现出当代人对未来人工智能体的一种恐惧的想象。然而,这并非唯一的可能,因为人类在面对不同的人工智能环境和关系,如元宇宙和万物互联时,其在人与人工智能之间的关系会不同于这些文学作品中的恐惧想象。

在线游戏

　　大众媒体未兴起之先，宗教传播主要以人际传播、经典等印刷品或手抄本的媒体进行传播。进入 21 世纪中期，网络新科技、流媒体等媒介的崛起，基于网络传播为宗教提供了一个管道与平台发声也带来了诸多新的挑战，其中在线游戏（Online Game）特别值得引起注意，因为最受欢迎的游戏大都属于幻想类，这不可避免地意味着它们有非标准的超自然内容。

　　我们可以想象一个画面：

　　　　一位牧师踟蹰在神秘莫测的、黑森森的中世纪修道院到风暴之城的道路上前进；在月亮神殿，一位女祭司沐浴在月光下，站在女神的巨大雕像下，凝视着超自然治疗方式带来的气氛的氤氲；在一个被魔法笼罩的群岛的悬崖顶上，一位研究萨满教的学者想知道，如果跳到下面的岩石上，是否能相信一个图腾会拯救他的生命在最后一刻；在一个偏远的肮脏的山谷里，一个萨满，准备攻击其他人，因为这些人的挖掘将亵渎神圣墓地，在释放萨满的虔诚愤怒之前，他启动了一个保护性的图腾。

　　到此为止，此刻的语言无法呈现画面的迷幻，类人、暗夜、精灵、萨满——他们都不是人——不过是主流的大型在线角色扮演游戏《魔兽世界》中人的化身。从学理上说，这些在线游戏已经开始改变了认知"神"的存在的某种方式。一类传统的人们，或许是那些生活在传统社会中的人，笃信的人们不仅相信神圣的经文讲述的字面上的真理，而且相信任何与经文相抵触的文化都必须被禁止，这是"原教旨"的最后抵抗；另一类人生活在喧嚣、骚动、嘈杂且充满叹息、诱惑、欲望与失望的多元世界中，那些有信仰确信或者是确信信仰但行为或许并不那么极端和坚持的人,能够明确至少是清晰地认识到了需要区分宗教事实和艺术虚构,在清醒的幻象中,在线游戏给予他们一些"玩"精神概念的自由,不过,不需要、不必然要认真对待它们。但是,前述的这两类人正在成为逆淘汰的对象,他们充斥着可笑的过往与无知的象征,因为新一代的世界的"主人翁"已经认为这些在线游戏呈现出了不可思议的宗教和艺术的结合,它们准确、全面地蛊惑、表达、描述和说明了人类深层的渴望与可能包含一些隐喻性的宗教画面、想象、真理与未来,在这些游戏中,玩家通过化身来体验一切,其中宗教含义比比皆是。所有这些都可以被描述为虚拟世界。尽管,每一个游戏、每一段在线、每一个画面在视觉风格和行动的"互动"程度上有很大的不同;虽然对人类真正应该相信什么,他们依然感到困惑,但他们似乎并不以为然。存在许多现代幻想媒体,从电影和电视节目,到漫画书和小说,再到最新的电子游戏。最好的单人电脑游戏和大型多人在线游戏世界是最有效的"幻想"与"造神"媒介,因为它们允许一个人直接体验神迹、魔法,并在幻想世界中采取行动,就像它们是真的一样。它们把我们带回到古代那些黑暗的夜晚,当时火堆周围的树木上光影闪烁,"很容易"想象的怪物就站在黑暗中的附近。因此,最新的世俗技术让我们回到了宗教的起源。另外,游戏通常被看作将人塑造成为神的"游戏",因为玩家扮演的是神的角色——掌控世界,却可以独立地随时随地存在于世界之外,游戏玩家"俯瞰"世界,指挥军队或国家,像君临天下却无须担责的"神",且可以在一个更复杂(有时候也是更现实)的世界中建立一个模拟的城市、街区、社团、组织或是国家,还可以与其他由网络媒介操作的城市、街区、社团、组织或是国家"竞争"。这其中,宗教往往是玩家所指挥的模拟社会的特征。尽管一切从技术上讲,只是一个极简主义的虚拟世界以一种极其抽象的方式表现现实世界的特征。但通过它们,用户可以体验到一个奇妙的世界,往往是几百个小时,就会经常遇到"宗教"的"象征"主义。想象一下,一个虔诚的宗教人士对《魔兽世界》的玩家说:"我不相信你把那些东西当真！"玩家可以回答："你也一样！"如果游戏不是真实的，那么艺术、音乐、戏剧、体育、政治或股票市场也不是真实的，但所有这些在其社会经济后果上都是真实的，在很大程度上，它们的心理影响也是真实的：无论是属于一个自以为是的宗教教派，还是属于一个成功的魔兽世界公会。

此外，在线游戏对于儿童的心理形成中的"神圣观念"的影响也是非常大的。比如在《我的世界》中的 Him 和 Dream 存在，《我的世界》是一款带有生存冒险元素的建造类游戏，由很好玩的单机游戏所改编。(《我的世界》)整个游戏世界由各种方块构成，玩家可以破坏它们，也可以用自己的方块随意建造东西。为了在游戏里生存和发展，玩家需要通过伐木、挖矿、捕猎等方式获取资源，并通过合成系统打造武器和工具。随着游戏的进行，玩家自力更生，逐渐建造出一个自己的家园。《我的世界》没有边界（地图会动态增长），没有结局，也没有等级和分数。虽然有怪物等危险，不过在游戏中生存下去通常并不难。即便死亡，玩家也能在初始地点重生，死亡时身上的物品会掉落并在一段时间后消失。总之这个开放的游戏并没有什么明确的游戏目的，玩家可以在其中尽情享受探索和创造的乐趣。

这是一种新生态、不同于自然生态的生态系统，是一种完全基于作为行动元的信息体智能互动和关联的数字生态。某游戏博客网站统计了 543 个游戏，其中包括许多已经停用、尚未推出、强调实时战略而不是角色扮演的游戏，或者是非常小的基于浏览器的游戏，在 543 个 MMO 中，84.9% 包括玩家与玩家之间的战斗，5.7% 没有，其余的情况不确定。就游戏故事的类型而言，到目前为止，奇幻类网络游戏是最常见的，占比 62.2%，其次是科幻类，占比 17.1%。其他类别是历史（9.2%）、现实生活（5.2%）、体育（3.7%）、超级英雄（1.5%）和恐怖（1.1%）。这个网站统计包括一些有宗教相关内容的科幻和历史游戏，以及许多幻想游戏。致力于幻想的单人电子游戏和电脑游戏的比例较低，因为许多游戏是基于冒险电影或其他非超自然的媒体内容。但幻想在在线游戏宇宙中占主导地位，因此虚拟世界往往拥有偏离的超自然假设。数字生态是一种以当代数字技术发展为基础的新型生态系统,在数字生态之下,人类尽管仍然具有十分重要的地位,但已经不像在生物圈生态之中的核心地位;相反,数字生态面临着人的身体的基础性关系让渡于信息数据的基础性关系,即人们与他者之间构成关系的基础不再是身体的互动,而是数据的交换,这样,数字生态下的伦理关系、信仰关系也发生了改变。这里有一个很有意思的现象,就宗教社会科学的标准概念而言,问题归结为二:(1)对非基督教宗教的宣传,以及(2)对魔法的有利描述。这两个问题对于自由派基督教教派的成员来说可能不会引起太大的担心,对于那些严格区分他们的信仰(真实的)和虚构(不严肃的)的信徒来说也是如此。但相当多的社会科学研究表明,这些人并不是维持宗教世界的人。相反,宗教从最强大的信徒那里获得力量:教派、教士团、原教旨主义者和福音派。他们的信仰在与世俗世界的重大宗派紧张关系中运作,他们通过社会纽带并用他们的思想去饱和更广泛的文化来吸引他们的邻居和家庭成员远离世俗主义。然而,今天,现代技术不仅成为全球交流的媒介,而且成为一种向相反方向拉动的力量,远离古代宗教。

结语

技术或许是"双刃剑",但其实更是多刃的——多元、多维、多感的;技术催生的不会是新的宗教形态,而是新的媒介催生出新的信仰方式。在互联网时代,人们可以在自己的房间里用一台投屏造就一座神殿礼拜、祷告、忏悔;也因为媒介的变化,在现实世界未曾谋面人可以一起"虚拟""崇拜"。此类现象意味着技术的介入、社会的变革,同时预示着宗教生活的深刻变化,这是我们必须认真思考的重要问题。

网络宗教发展现状、挑战及背后的信息通信技术革命[*]

◇鲁传颖　杨纪伟

信息革命全面颠覆了传统的信息生产、加工、传播和获取方式，提高了信息本身在人类社会中的价值，同时也正在逐步改变人类社会的组织动员方式和权力结构。社会学家曼纽尔·卡斯特（Manuel Castells）在《信息社会三部曲》一书中将网络空间定义为由历史性的社会关系赋予空间形式、功能和社会意义的物质产物，认为网络空间实际上是技术与政治、社会、文化的结合体。信息技术在对政治、社会、文化等元素进行改造的同时，这些元素也会对信息技术的使用程度、适用范围、价值属性产生影响。[①] 信息技术革命推动了网络空间的崛起，人类在物理空间的活动不断映射到网络空间中，形成了一系列新的网络安全、网络经济、网络政治现象。宗教作为人类社会重要组成部分，在信息通信技术的影响之下，也不断与网络空间产生互动，形成了"网络宗教"[②] 现象。网络宗教的发展影响了传统宗教、信徒和政府宗教事务管理部门在宗教活动中的行为和思考方式，并将

---

[*] 本文系国家社科基金一般项目"网络空间大国关系与战略稳定"（项目编号：19BGJ083）阶段性成果。

[①] ［美］曼纽尔·卡斯特：《网络社会的崛起》，夏铸九、王志弘等译，社会科学文献出版社 2003 年版，第 504 页。

[②] 国内学术界对于这一现象的描述有"网络宗教""互联网宗教"等多个概念，具体可参见杨纪伟：《"互联网宗教"内涵辨析及对网络治理的意义》，《信息安全与通信保密》2018 年第 3 期。为了行文方便，本文统一用"网络宗教"来指代这一概念。

会对宗教的未来产生深刻影响。

一 网络宗教的发展历程及特点

网络宗教的发展与信息通信技术和网络空间的发展息息相关。网络让人们的宗教生活更加丰富，网络的即时、实时、交互性和互动能力弥合了传统宗教活动时间与空间的距离，最直接的后果是使人们更容易去获取所需要的宗教信息，通过"在线"（online）的方式可以打破时空的局限，从而可以更方便地获得宗教信息并开展宗教活动。

（一）网络宗教的发展历程

在互联网诞生之初，宗教界就开始利用互联网进行宗教信息的传播。宗教与互联网的关系伴随着互联网社会化的进程，雷谷德·霍华德（Rheingold Howard）指出，最初的宗教导向的线上活动发生在20世纪80年代中期名为ComuniTree的BBS中，主要集中在"创建属于你的宗教"板块，很快宗教性质的板块就蔓延至其他BBS。[1] 此后，网络宗教得到蓬勃发展，各宗教集团热衷于网络建设，设立教会的主页，宣传和灌输教义，并在网上举办神学讨论新闻组，发表简报、简讯以及组织思想交流。[2] 一直寻求新方法以传播宗教教义的罗马教皇保罗二世早在1988年就提出要利用国际互联网带来的契机去实现教会的使命，即一场"新的传播福音运动"。[3] 教皇的表态可以看作传统宗教领袖对于互联网信息技术发展的重要回应。到了2001年，已有接近三分之一的美国基督教教会建有自

---

[1] Rheingold Howard, *The Virtual Community*, Cambridge: the MIT Press, 2000. 吴越：《网络的宗教使用和宗教的网络复兴——国外宗教与网络研究综述》，《世界宗教文化》2016年第5期。
[2] 王建平：《电子网络会改变宗教吗》，《世界宗教研究》1997年第4期。
[3] 王建平：《电子网络会改变宗教吗》，《世界宗教研究》1997年第4期。

己的网站。① 随着网络技术的发展,互联网的实时性、交互性不断提高,网络正日益成为开展宗教活动、组织宗教信徒、发表宗教观点等线下宗教行为的重要补充。2004 年,号称全球第一个 3D 互动式教会的"傻瓜教会"(Church of Fools)被建立起来。② 有学者在研究文化、社会与新技术的关系时提出了"电子宗教"的概念,并不断发展完善。③

国内网络宗教的发展与互联网在中国的普及发展密切相关,1994 年中国开始全功能接入全球互联网,各行各业都开始"触网"。1996 年,《法音》杂志(中国佛教协会会刊)开始建立网络版是中国宗教接触互联网的主要标志。1997 年在北京慧思德科技有限公司的技术和资金支持下,中国佛教协会所属的《法音》《佛教文化》《法源》《禅》《丛林》等全国和地方杂志社,以及中佛协综合研究室、佛教文化研究所、佛教文化信息中心等机构联合开设了"中国佛教信息网"(www.buddhism.com.cn),成为第一个中文佛教综合网站。④ 我国伊斯兰教、基督教、天主教、道教⑤等网站出现时间稍晚,但随着我国互联网的加速发展,各大宗教在网络空间中也飞速发展。

(二)宗教网络化进程的特点

传统宗教通过互联网向线上扩展的进程可以被称为"宗教网络化",并且产生了"宗教在线"(religion online)与"在线宗教"(on-

---

① Philip Seib, *The News Media and the "Clash of Civilizations"*, Carlisle: Army War College Press, p. 5.
② Nadja Miczek, "Online Rituals in Virtual Worlds: Christian Online Service between Dynamics and Stability", *Heidelberg Journal of Religions on the Internet*, Vol. 3, 2008, p. 152.
③ Okun, S., & Nimrod, G., "Online Ultra-Orthodox Religious Communities as a Third Space: A Netnographic Study", *International Journal of Communication*, Vol. 11, 2017, pp. 2825 – 2841.
④ 安虎生:《从因特网到因陀罗网从佛教网络到网络佛教——中文佛教网络发展历程和现实意义浅谈》,《佛教文化》2005 年第 1 期。
⑤ 关于我国各宗教网络化的情况,参见姜子策《道教界的"互联互通"——转型中的道教互联网建设与新媒体发展》,《中国道教》2016 年第 5 期;赵国军《当代中国穆斯林网络传媒研究》,载宁夏社会科学院《第二次回族学国际学术研讨会论文汇编》;王娜娜《当前我国网络宗教发展态势研究》,《中央社会主义学院学报》2016 年第 3 期。

网络宗教发展现状、挑战及背后的信息通信技术革命

line religion）两种不同的形式。两者的差异在于"宗教在线"仅提供有关实体宗教团体的信息，并且对于网络内容控制严格，限制使用者的参与程度。"宗教在线"被一些线下宗教机构视为传统媒介的补充。这是一种单向的、等级化的、结构化的、一对多的信息传播模式，在这种网络宗教类型中，宗教组织向个体发布统一的信息。① 乔纳森·弗罗斯特（Jonathon K. Frost）和诺曼·扬布拉德（Norman E. Youngblood）认为"宗教在线"指的是宗教组织利用网络促进组织发展并提供组织信息，包括与组织认同建设、社区外联和鼓励公民和社会行动相关的信息。② "在线宗教"是指依托于互联网形成的宗教形态，其源出是线下宗教组织或宗教人员，但是网络化的过程化，渐渐地降低线下实体的比重，变成一种虚拟化存在与实体存在并行的结构。与"宗教在线"相比，"在线宗教"则更加开放和活跃、能提供多样化互动方式。③

"宗教在线"和"在线宗教"这两种不同的宗教网络化形式分别为建制化宗教和非建制化宗教所选择。④ 建制化宗教在线下一般具有较强的势力，因此，其网络化大多数是以"宗教在线"的形式进行。

---

① 石丽：《网络宗教、网络社会与社会治理研究：以 S 市调研为例》，《世界宗教文化》2016 年第 5 期。

② Jonathon K. Frost, Norman E. Youngblood, "Online Religion and Religion Online: Reform Judaism and Web-Based Communication", *Journal of Media and Religion*, Vol. 2, June 2014, pp. 49 – 66.

③ Christopher Helland, "Online Religion as Lived Religion. Methodological Issues in the Study of Religious Participation", *Heidelberg Journal of Religions on the Internet*, Vol. 1, No. 1, 2005, p. 1.

④ 这里的分类参考了著名的网络宗教研究专家克里斯托弗·海兰德（Christopher Helland）的划分方法，他将宗教划分为"官方宗教集团"（official religious groups）与"非官方宗教网站"（non-official religious websites）以对应"宗教在线"（religion online）与"在线宗教"（online religion）。建制化宗教主要是指传统的、具有明晰内部管理/等级制度的宗教，在我国特指五大宗教。这些宗教往往具有一定的准入门槛，神职人员与信众之间具有明确的界限。非建制化宗教指的是那些新兴的、松散的宗教组织或信仰团体，在我国非建制化宗教主要指五大宗教以外的信仰现象；在国外主要是指新兴宗教或膜拜团体，以及宗教类非政府组织。这些非建制化宗教的单个规模和影响力都无法与前者相比，但在国内和国际事务中，非建制化宗教更像是建制化宗教的补充者，在极端情况下会成为反对者，其原因既有神学思想上的分歧，也有复杂的政治动机。

建制化宗教的网络化多是依托其线下的规模、信徒和组织来进行，这也就注定了大多数建制化宗教的网络化都只是其线下的补充。宗教团体的规模、经济状况、教牧人员的受教育程度、教派归属都是影响其接受互联网科技程度高低的因素。在第一代互联网（Web1.0）时代，网站是主要的载体，而建设网站是一个周期较长、投入相对较大、交流方式比较单一的互联网模式。通常只有规模较大、资金充裕的教会才会着力建立内容丰富、更新及时的网站及运用电子邮件与信徒进行交流。例如罗马教廷不但建有自己的网站，还建立了一个非营利性的"网络福传"（iMission）协会，自2012年起结合各地"网络福传机构"，旨在建立一个线上福传网络，提供系统性的福传培训课程。①

非建制化宗教更倾向于通过"在线宗教"的方式来开展网络化，更注重信徒对宗教实践的参与和体验，例如网上祈祷、冥想、礼拜等。个体与宗教的信仰系统在网络上实现了互动，它们实践个性化的信仰并获得个性化的反馈，信仰按个体所愿的方式在网上具现、转化、适应和流动。在这里，宗教个体和组织真正利用了互联网支持高度互动的特性。②和建制化宗教相比，非建制化宗教往往规模较小、组织较为松散，甚至在一定程度上受到建制化宗教的打压。因此，非建制化宗教的网络化是源于其生存的需要。借助互联网的传播，非建制化宗教可以更加易于地宣传自己的主张、传播自己的思想，甚至在局部取得对建制化宗教的优势。③

与传统宗教的境遇不同，新兴宗教没有生存的合法空间，因此，它们势必要寻求一种政治力量较难直接干预的空间以谋取发展，网络

---

① 梵蒂冈新闻网：《教宗勉励网络传教士：不要害怕温柔》，https://www.vaticannews.va/zh/pope/news/2019-06/videomessage-papa-francis-day-imission.html，2019年7月2日。

② Christopher Helland, "Diaspora on the Electronic Frontier: Developing Virtual Connections with Sacred Homelands", *Journal of Computer-Mediated Communication*, Vol. 12, 2007, pp. 956–976.

③ Gorichanaz, Tim, "Online Religion? The Evolving Religious Information Landscapes of Zen Buddhism and Roman Catholicism", *Advances in the Study of Information and Religion*, Vol. 5, 2015, Article 2, p. 21.

网络宗教发展现状、挑战及背后的信息通信技术革命

这种虚拟空间的出现,给新兴宗教提供了发展传播的便利。① 如20世纪90年代末起,新兴宗教益世康开办了一批如"奎师那知觉中文网"(1999)、"奎师那知觉在中国"(2000)等专门宣传益世康的网站。益世康网站上大多设有"论坛""留言板"或"QQ群",访问者可以即时与网站管理者产生互动。益世康还利用网络聊天室工具如"YY"等组织虚拟课堂,信徒只需要根据事先安排好的课表进入聊天室,就可以在线聆听古鲁或资深信徒的授课,授课内容也会被录音,并上传网站以方便信徒学习。网络的出现极大地拓宽了益世康的传播渠道。②

网络宗教发展程度的差异,可能仅取决于不同经济、文化、地理、政治制度条件下,人们对于信息技术的使用程度的不同,从目前来看,网络宗教并无可能全面取代线下宗教,甚至都做不到分庭抗礼。互联网的发展还在按照摩尔定律(Moore's Law)不断迭代突破,不断颠覆旧秩序,重塑新格局,技术进步对人类社会的影响还在不断深化。③ 因此,应以更加长远的视角来看待网络宗教发展,以及其给人类社会所带来的影响。

二 网络空间对宗教的深层次影响

信息通信技术使网络宗教呈现出与传统宗教不同的特点,并开始不断地对宗教的传播方式、组织动员模式产生影响,使得宗教的经典教义和宗教权威面临深刻、复杂的变化。

互联网去中心化的结构方式正在潜移默化地影响传统宗教传播方

---

① 李政阳:《国际奎师那知觉协会中国发展传播探析》,《世界宗教文化》2017年第1期。
② 李政阳:《国际奎师那知觉协会中国发展传播探析》,《世界宗教文化》2017年第1期。
③ 摩尔定律:最早是由英特尔创始人之一戈登·摩尔提出,可以概括为"集成电路上可容纳的元器件的数目,每隔18—24个月便会增加一倍,性能也将提升一倍"。

数字化时代的"互联网+"宗教研究

式。互联网自诞生之初就采取了"去中心化"的理念和权力结构。[①]互联网的去中心化是指网络中的每一个节点的关系都是平等的,信息在不同节点之间自由流通。与传统宗教自上而下的传教方式不同,网络宗教受到了"去中心化"结构的深刻影响。传统社会中,传教往往是牧师、教士等专业的宗教人士的事情,普通人即使想要传教其影响力也很小,因为信息传播的成本比较高,专业宗教人士垄断了对信仰的解释权,形成自上而下的宗教传播结构。在网络宗教中,信息的传播变得更加容易,甚至普通信徒也可以在互联网上发出自己的声音、组成网络宗教社群,并获得属于自己的传播渠道。那些没有时间参加线下宗教活动的人,在网上发现了更多的宗教导师和教友;而不是被某一单一宗教团体限制。[②] 一些十分小众的教派、思想也可以通过互联网放大自己的声音、宣传自己的主张。因此,在互联网时代,各种各样的教派思想便层出不穷,这些都影响了传统宗教的传播和组织结构。

互联网治理"多利益攸关方"模式对宗教的组织动员形式产生巨大影响。目前互联网治理采用的是"多利益攸关方"模式,这种模式强调所有网络空间中的行为体都是平等的,并采取自下而上、公开透明的方式参与互联网的治理。[③] 这也决定了网络宗教的组织动员形式是复杂多样的,既有自上而下的管理模式,更有自下而上的网络社群模式。传统的宗教组织和动员的科层制、结构化模式面临变革的压

[①] 国际互联网(Internet)最早脱胎于美国国防部的"阿帕网"(Advanced Research Projects Agency Network,ARPANET)。为了防止指挥系统因为受到苏联的打击而彻底瘫痪,美国国防部设计了阿帕网,并且采取了"去中心化"的模式,可以说国际互联网的基因里自带了"去中心化"的特征。

[②] Gorichanaz, Tim, "Online Religion? The Evolving Religious Information Landscapes of Zen Buddhism and Roman Catholicism", *Advances in the Study of Information and Religion*, Vol. 5, 2015, Article 2, p. 18.

[③] 网络空间全球治理理论的主要理论假设是网络空间全球治理存在多个不同的治理机制,这些机制的产生在于不同议题的性质决定了政府、私营部门和市民社会等不同利益攸关方之间的互动模式,从而产生不同的治理机制。参见鲁传颖《网络空间全球治理与多利益攸关方的理论与实践探索》,博士学位论文,华东师范大学,2016年。

力，传统的教阶制度和科层制的管理模式面临网络扁平化、点到点结构的重塑。组织的扁平化和去中心化一个显著的影响就是导致权威的下降。例如，在网络社群中，虽然可能有"群主"，但是群主除了在建立和解散群组时有重大作用，在其他时候与群组其他成员的"权力"区别并不大。这在一定程度上也反映了宗教权威与信众之前的关系在网络宗教中逐渐发生变化。

新的传播方式、组织动员模式，显示出网络宗教也具备了互联网的创新、活力基因，并且开始对经典宗教教义带来深刻的影响。如同印刷术的产生在宗教发展史上所发挥的重要影响一样，互联网将会带来更大的变化。首先，宗教网络化也在催生新的信仰现象，在科学技术飞速发展的今天，人工智能正在与宗教走得越来越近，"AI宗教"初露端倪，21世纪的世界宗教将以更加多元而复杂的形态展现于世人面前。[1] 其次，一些脱胎于传统宗教的新兴宗教（new religion）甚至是邪教（evil cult）[2] 在线下并不能以合法方式存在，网络空间就成了它们存在和发展的重要阵地。它们教义往往来自传统宗教，但是又有所"创新"。近年来，各种各样的膜拜现象在互联网上层出不穷，一些原来处于边缘地位的膜拜团体也可以在网络上获得新的生存生长空间。[3] 可以说，互联网已经成为膜拜团体的主要活动领域之一。一些信徒或者潜在的宗教信徒往往在面对宗教教义有疑问时，也会更多地从网上来寻求答案；那些更睿智、口才更好、更善于利用互联网的宗教人士就能获得更多的关注，这些都在无形中对宗教的教义或者对宗教教义的解释产生影响。最后，互联网上各种不

---

[1] 金勋：《互联网、人工智能与新宗教》，《世界宗教文化》2018年第1期。
[2] 关于"膜拜团体"这一概念，在国外学术界一直是一个能引起广泛研究兴趣的议题，但是对其定义也是莫衷一是。有学者称之为"新兴宗教"（new religion），有学者用"膜拜团体"（cult）定义之，也有学者混用这两个概念。目前西方学术界已经普遍使用"新兴宗教"（new religion）来代替"膜拜团体"（cult）。
[3] 参见 Irving Hexham, KarlaPoewe, *New Religions as Global Culture*, Boulder: Westview Press, 1997, p.27；罗德尼·斯达克、威廉·班布里奇：《宗教的未来》，高师宁等译，中国人民大学出版社2006年版，第190—233页。

同宗教、不同信仰现象直接面对同一群网民，形成多元竞争的格局。各种网络宗教主体为了吸引到信徒，必须创新宣传方式，也需要精深研究自己的教义。互联网使信息传播变得更加容易，使得各种思想之间的交锋更激烈，各种信仰之间对自身教义的发掘和拓展也会变得更加深刻，这种对教义的"精深"解释和"创新解释"更加容易产生教义的变化。

最终，网络宗教中的宗教权威面临深刻的变化。卡内基国际和平基金会专家莫伊塞斯·纳伊姆提出了"权力终结"的概念，他认为数量革命、迁移革命和心态革命导致了权力的终结。无论是政治领袖、大企业、宗教团体，还是家庭生活领域，我们都看到了传统权威的消解。[1]事实上，互联网之于宗教权威的影响恰恰犹如三大革命对权力的影响那样：将原来的权力壁垒打破，从而产生新的权力格局。互联网的去中心化结构使网络宗教主体增多产生了数量革命；在网络宗教中，人们的选择更加便利，产生了类似于"迁移革命"的效应；而面对网络上纷繁复杂的宗教信仰，网民的心态也产生了一些变化，即心态革命。这种种变化打破了传统的宗教权威。例如，社交媒体平台上的宗教账号，其主体便是既有专业的宗教人士，也有普通的信徒。因此，传统社会中，教士、宗教组织等构成宗教核心的组织和人员由于受到互联网革命的冲击，其权威下降。当然，互联网对权威的冲击不单单集中在宗教领域，在其他一些社会领域也存在类似的现象。

三 网络宗教治理面临的挑战

网络宗教，特别是新兴网络宗教的发展总体上是自发的、无序的，给传统的宗教事务管理带来了新的挑战，现有的管理方式和管理

---

[1] ［委］莫伊塞斯·纳伊姆：《权力的终结》，王吉美、牛筱萌译，中信出版社2013年版，第10页。

网络宗教发展现状、挑战及背后的信息通信技术革命

模式、管理的依据等都已经不适应网络宗教事务的发展形势，需要做出新的调整。不仅如此，网络宗教的无序发展还进一步加剧了意识形态、国家安全等方面的挑战。

网络宗教呈现出的是匿名性、跨国界、自发性、去中心的管理组织等特点，这使传统的属地化宗教事务管理体制难以应对。以我国为例，目前的宗教事务管理方式是基于属地化管理的"三级网络—两级责任制"的管理体制。网络空间是虚拟的，网友之间化身不同的角色、网名进行沟通，超越了地域和行政区域的限制。在传统社会中，宗教事务管理可以针对具体的人员、组织或者实际问题来展开。因为传统宗教其组织和人员往往是明确的，宗教活动场所的位置也相对固定，能够直接落实到相关人员、组织或场所。这种匿名的、跨区域的网络宗教活动对属地化管理宗教事务管理机制而言，是一个巨大的挑战，需要不同区域之间甚至跨国的行政协调问题。这样不仅大大增加了行政成本，也需要宗教事务管理部门掌握相应的技术能力。

网络宗教信息传播的方式越来越便捷、成本越来越低，一方面促进了网络宗教的发展；另一方面也使得一些非法宗教信息的治理难度大幅增加。社交媒体平台、视频直播平台上每天产生海量的信息，要从这些信息中过滤出非法信息不仅需要有很强大的技术能力，也需要掌握一定的宗教知识背景。面对数量众多的网络宗教信息传播个体和海量的信息内容，传统宗教事务管理部门依靠自身的力量已无法应对挑战。另外，网络传播成本低，网络执法成本和执法效率远远低于非法网站的复制和传播速度。建设一个网站、建立一个社交媒体平台、组织一个社交媒体社群，其成本相对较低，甚至可以忽略不计，而发现其中存在的问题并进行处理的行政成本却非常高，这种不对称性恰是网络宗教信息治理难点。

不仅如此，既有的法律法规也很难直接适用于网络宗教事务的管理，处理不当将会引发很大争议。美国有一个在线的无教派组织"普生教会"（Universal Life Church），该网络教会自行建立了互联网神职

191

人员认证体系，极短的时间内就在世界各地自行发展了超过2000名牧师。由于其对神职人员认定的门槛很低，对传统宗教造成了很大冲击，引起了传统宗教的极大不满。2019年，美国田纳西州制定了一部法律，规定"接受线上认证的神职人员不能主持婚礼"。这条法律触动了"普生教会"的利益，该教会认为该法律违反了美国宪法的和田纳西州宪法，并向当地法院提起诉讼，要求撤回这部法律。[①] 这一案例说明，发达国家的网络宗教事务也面临着法律的冲突与矛盾。

宗教极端主义通过网络传播加剧了对国家安全的挑战。由于互联网的开放性和便捷性，宗教极端主义也不断通过互联网进行传播，这种传播方式简单有效，成本很低，很容易造成恐怖主义思想的泛滥，给国家安全带来挑战。当前，宗教极端组织不仅在网络空间中大肆宣扬极端主义理念，还通过社交媒体招募成员，不断发展壮大。兰德公司欧洲分部2013年发布报告指出：互联网会加剧激进分子的激进程度，因为很多具有共同信仰的人在互联网上相互声援，形成所谓的"回音室"效应。[②] 例如，极端组织"伊斯兰国"（ISIS）就十分善于利用互联网，该组织利用社交媒体大肆宣扬极端思想，并通过网络招募各国青年参加"圣战"。"伊斯兰国"非常重视媒体策略，在多个社交媒体上都有账号，并且制作了精美的网络"杂志"，定期宣传自己的"战果"，从实践来看，其网络宣传效果非常好，成本却相对较低，防范也更困难。[③]

网络宗教的发展为宗教渗透提供了新的渠道。中国人口众多，一些海外宗教势力一直将我国视为宗教渗透的重点国家，互联网在我国

[①] Amy McRary, Knoxville News Sentinel, Internet church sues Tennessee over law banning weddings by online-ordained ministers, https：//www.knoxnews.com/story/news/local/tennessee/2019/06/26/church-sues-tennessee-ban-weddings-online-ordained-ministers/1570607001/，2019年7月10日。

[②] Rand Europe：Radicalization in thedigital era-The use of the internet in 15 cases ofterrorism and extremism, www.rand.org/publications/permissions.html.

[③] 柳思思：《"伊斯兰国"的互联网攻势及其影响》，《现代国际关系》2016年第2期。

的发展无疑为境外宗教渗透提供了一条捷径。一些境外宗教势力利用互联网绕开我国法律、法规的限制,积极开展对华网络传教。专攻亚洲地区网络传教的网络使命(Cybermissions)组织则明确将中国列为"10/40之窗(北纬10度到40度之间,基督教影响较弱的地区)"中最适合"网络福音"(InternetEvangelism)的20个国家之首。[①] 外国宗教组织对华的"网络传教"不仅会干扰我国正常的宗教秩序,还会对我国的意识形态安全构成挑战。

四 如何应对网络宗教的挑战

信息通信技术和网络空间的发展给社会带来的变革是深远的,这种趋势将会随着信息革命、网络革命进一步发展。目前,互联网正在不断渗透到人类社会的各个领域,宗教网络化已经成为大趋势,建制化宗教与非建制化宗教都在网络空间寻找自己的一席之地。各利益攸关方应该顺应信息通信技术和网络空间的发展特点,采取有效措施应对网络宗教带来的挑战。具体而言,可以从加强对网络宗教的认知,改变治理方法和建立治理体系等几个层面来综合应对网络宗教带来的挑战。

应对网络宗教带来的挑战首先要对网络宗教的兴起和发展有客观的认知,全面把握其中的变与不变,从而让宗教更好地适应网络时代。网络宗教不仅仅是宗教由线下到线上的"网络化"过程,在这一过程中还发生了很多深刻的变化。网络宗教中的神职人员、传播途径、信徒,与传统宗教存在很大差异,从量变到质变正在悄然发生,这一定会反过来对宗教本身带来很大影响。此外,网络宗教的权威结构、组织形式乃至教义都在悄然发生变化,这一趋势对传统宗教意味着什么还很难下定论。一方面,宗教有自身的保守性,不像商业那样

[①] 赵冰:《"四权媒体"与"神圣网络":当代西方基督教会"网络传教"行为分析》,《世界宗教文化》2016年第4期。

容易被彻底颠覆，网络销售取代大量实体店面的现象很难在宗教领域发生。另一方面，互联网对于我们的社会以及人类的认知带来了革命性的变化，这种变化也将必然对宗教产生深刻的影响。①

应对宗教传播和活动不断向线上迁徙，宗教事务的法律法规体系也应当建立完善，加大对网络宗教传播和活动的推动和监管。一方面要创造良好环境，向宗教提供网络设施、开展网络技术培训、积极鼓励宗教团体更多地使用网络。另一方面是在网络空间法制化的大背景下，不断加强对《中华人民共和国国家安全法》《中华人民共和国网络安全法》《中华人民共和国反恐法》《中华人民共和国刑法修正案（十一）》中涉网络宗教相关的条款的落实。同时，加大对《互联网宗教信息服务管理办法（征求意见稿）》②的推动力度，争取早日落实该《办法》的相关规定，更好地服务于当前网络宗教的发展形势。

可以借鉴互联网治理领域的"多利益攸关方"模式，构建完善的网络宗教治理体系。网络宗教的发展带来了许多新的挑战，涉及多个领域，需要建立跨部门的协调机制。面对复杂的网络空间治理局面，约瑟夫·奈（Joseph Nye）提出通过借鉴环境治理领域的机制复合体理论来解释网络空间治理的实践，通过多个不同的治理机制组成的松散耦合复合体来分析网络空间治理。③在互联网治理中已经形成了"多利益攸关方"的治理模式，对于网络宗教治理也有一定的启示意义。例如，政府部门作为管理者需要在立法层面及时跟进，为网络宗教事务治理提供法律依据；相关具体管理部门还需要使用"硬权力"对于网络宗教带来的危害国家和社会安全的行为进行打击。互联网企业平台需要承担起企业社会责任，维护并发现在日常运营中出现的问

---

① Gorichanaz Tim, "Online Religion? The Evolving Religious Information Landscapes of Zen Buddhism and Roman Catholicism", *Advances in the Study of Information and Religion*, Vol. 5, 2015, Article 2, p. 22.

② 《互联网宗教信息服务管理办法》，http://www.gov.cn/zhengce/2021-12/20/content_5728896.htm, 2021年12月21日。

③ Joseph Nye, "The Regime Complex for Managing Global Cyber Activities", *Global Commission on Internet Governance Paper Series*, No. 1, 2014, pp. 5-13.

题，例如一些微小的违法行为，并及时进行处理。相关的传统宗教组织也要善于利用互联网发声，针对网络邪教、宗教极端主义等非法现象和行为进行驳斥和反击，以维持正常的宗教信仰秩序和宗教思想。同时，还需要所有网络宗教的参与者，包括传教者和信众积极地参与到治理进程中，积极弘扬宗教正能量，在多利益攸关方的努力下，形成一套行之有效的网络宗教治理方法。当然，在这一过程中，政府需要发挥管理和指导的作用，承担起领导职责。

网络宗教伴随着互联网的发展越来越普及，但对网络宗教的研究还远远落后于其他的领域。人工智能、大数据等技术的不断发展使得物理空间向网络空间的延续与映射进一步加速，宗教将会如同社会生活的其他领域一样，面临不断发展的网络空间所带来的冲击和颠覆。当前，网络宗教现象还处于不断的演进中，其内涵也在不断地发展，需要进一步加强从不同学科领域的知识探索，从而更好地理解和解释网络宗教现象及其所带来的深刻影响。

灵性机器人：宗教与我们对自然界的科学认识[*]

◇Robert M. Geraci 著 林嘉琪 Ting Bell 译

一　引言

在埃米尔·涂尔干（Emile Durkheim）20世纪初的杰作《宗教生活的基本形式》中，他提出原始宗教使人类能够在似乎不相关的现象之间建立联系。这种力量为科学提供了基础。科学学习所依赖的正是人们在可理解的系统内建立事物联系的能力。[①]现代社会中，宗教在科学家对自然世界的解释体系中仍然发挥着强有力的作用。虽然使用的是科学的和绝对无神论的镜头，人们仍然通过宗教的眼睛认识自然世界。当科学家们的宗教背景存在差异时，即使是从事同一领域的研究，他们采纳的方法也会有所不同。一个对美国和日本在机器人科学和人工智能领域发展的跨文化考察，显示了科学人员的研究范式是如何受到他们宗教环境的影响。[②]欧美基督教强调复活救赎和历史目的

---

[*] Robert M. Geraci, "Spiritual Robots: Religion and Our Scientific View of the Natural World", *Theology and Science*, Vol 4, No. 3, 2006, pp. 229-246.

[①] Emile Durkheim, *The Elementary Forms of Religious Life*, trans., Karen Fields, New York: The Free Press, 1995, pp. 239-241.

[②] 虽然机器人和人工智能指的是不同的领域（前者涉及机器人设计与制造，后者与计算机智能编程的发展相关），但是基于二者在科学和文化上的联系，本文将二者归纳为一个更广泛的科学领域以简化这个问题。正如一位著名的机器人专家所说："虽然计算机视觉、机器人技术和人工智能有各自独立的会议和专业期刊，但是多年来它们之间已经结成了潜在的知识契约。" Rodney Brooks, "New Approaches to Robotics", *Science*, 253: 5025, 13 September, 1991, pp. 1227-1232, 1227.

灵性机器人：宗教与我们对自然界的科学认识

的悠久传统，推动了美国机器人领域的人工智能和净化人性躯体（Misembodied）信息技术的发展。[1] 而日本佛教和神道教教义对自然世界以及人类在自然世界中地位的神圣化，则促使日本研究人员专注于机器人工程技术的研发，自由地追求开发人形机器人的事业。

在现代西方社会中，世俗公共生活与宗教私人生活的分离并未消除宗教对科学的影响力。神圣范畴的延续使科学聚焦于对特定研究成果的追求。正如基督徒期待新天新地的降临并渴望从尘俗世界中获得救赎一样，许多美国研究人员也将意义和价值寄托于一个由普适计算支配的未来世界。在这个未来世界中，虚拟空间将宇宙消融在"Mind Fire"之中。对宇宙目的的探索和对救赎的承诺为美国及其他相关国家的研究人员聚焦于机器与人类的信息处理问题提供了合理性支持。汉斯·莫拉韦克（Hans Moravec）和雷·科兹维尔（Ray Kurzweil）是倡导上述末世论人工智能（Apocalyptic AI）的核心先锋。[2] 在其著的科普作品中，他们提供了通过人工智能的发展实现宇宙目的和个体永生的双重超越的承诺，由此挑战了神学家的文化权威。[3]

在日本，神道教和佛教对其机器人产业发展的作用是显而易见的。以工程师森政弘（Masahiro Mori）为例，他认为未来世界中的机器人可以成佛。森政弘及其追随者相信佛教世界观能够促进生产效率的提高，并建立了致力于倡导整合佛教教义与机器人研究的组织。相对于西方传统对人类处境的消极态度，佛教和神道教对人类生命本身

---

[1] 通过"净化人性躯体"（Misembodied）这一术语，我想描述的是人工智能中实体化体现出来的奇异特质。未来不朽的救赎需要一种化身（某些计算机容纳信息的自身），而人体本身却变得无关紧要，尤其是虚拟的身体变得比人类的身体更加重要。"净化人性躯体"指的是向被净化过的躯体发展，在这种情境下，净化躯体的人类性。

[2] 关于基督教末世论和人工智能末世论倡导者的观点的全面比较，请参阅 Geraci, *Apocalpytic AI: Religion and the Promise of Artificial Intelligence*。

[3] Robert M. Geraci, *The Cultural History of Religions and the Ethics of Progress: Building the Human in 20th Century Religion, Science, and Art*, Santa Barbara: University of California, 2005, doctoral dissertation, pp. 96 – 148.

的赞赏增强了人形机器人的魅力。① 日本人之所以享受机器人融入社会大众的状态,究其原因,在于神道教认为这个世界充满了"Kami"这类神圣实体。而机器人也是世界神圣本质的组成部分,其内在的神圣性使它们成为人类天然的伙伴。

二 末世论人工智能:神圣的科技

许多美国研究人员的观点都有其基督教传统根源。基督教传统强调人类具有超越有限生命的需求,而这种需求将通过新天新地的降临和净化尘俗的复活之躯中灵魂的不朽实现。② 无论是坚持机械生命的必然性及其价值,还是认为人类思维终将在计算机中获得永生,诸如此类的信念都是上述基督教传统的映射,在美国社会科学研究的发展中具有重要影响。③ 虽然受到某些重要人物的批评④,但是诸多科普读物仍然坚持使用会让人联想到基督教神学的术语来描述未来世界:机器人和人工智能为历史提供终极目的并对人性予以救赎。这就是所谓的"人工智能末世论"。它设想了下述进化选择的历史发展轨迹:由无处不在、永恒不朽的机械头脑(包括那些被"下载"到机器中

---

① 由于原罪的存在,降生为人在基督教中被认定为一种灵魂上的障碍。虽然佛教徒也认为人的身体是一种幻觉,但是他们同样也认为人的思维是一种幻觉。在佛教中,人类比其他物种有更大的精神成长空间,这也促成了其对人类物理处境更为鉴赏的诠释。

② 人工智能末日论并不局限于美国。末日论者的亲密盟友还包括凯文·沃里克(Kevin Warwick)和雨果·德·加里斯(Hugo de Garis),他们都不是在美国出生的(不过后者现在任教于犹他州立大学)。尽管本文的研究对象并不包括欧美文化圈整体,然而毋庸置疑的是,美国和欧洲的研究人员都有持末日论观点的倾向。

③ 虽然这使我们暂时搁置机器人和人工智能研究的宗教面向,但是应当注意到美国机器人专家并没有将精力集中于工业或人形机器人上,而是更多地将其作为实现军事目标的工具,以便从美国国防部高级研究项目局(DARPA)或海军研究办公室获得资金。军事目标对研究项目的渗透与宗教对科学技术范式发展的渗透同样重要,但要比较它们的影响所需的篇幅超过本文文章的容量。日本机器人项目的资金几乎都来自企业,而美国相关项目的资金则主要来自国防部高级研究项目局。

④ For example, see Rodney Brooks, *Flesh and Machines: How Robots Will Change Us*, New York: Pantheon, 2002, pp. 186 – 187.

灵性机器人：宗教与我们对自然界的科学认识

的人类头脑）最终实现"有意义的计算"。①

目的论和救赎论是美国技术的共同特征。欧美的技术起源于中世纪修道院中的机械艺术，并汲取了其神学倾向。自公元10世纪到当代的火箭、原子武器、人工智能和生物工程等领域，戴维·F. 诺布尔（David F. Noble）对科技千禧年救赎的承诺进行了可靠的追溯。②根据诺布尔的观点，数世纪的技术传统将救赎和目的论与实用知识的发展捆绑在一起；而该传统——如果存在的话——在早期定居者到达美国的时候就已随之生根发芽。数世纪以来，美国社会的科技进步与宗教愿景始终相互缠绕。在《美国：第二个创世神话》（America as Second Creation）一书中，大卫·E. 奈（David E. Nye）认为，关于土地利用、斧头、交通运输和耕作技术的流行叙事是对建立第二个伊甸园的承诺，就如同神所应许的天堂一般；③上述每一项技术都承载着对其自身救赎使命的普遍承诺。这类叙述倾向在20世纪晚期的科普读物中持续不衰。那就是通过对新世界的改造，美国白人定居者可以"完成潜藏于（自然）中的设计"。④

正如早期定居者试图在新大陆上建立第二个伊甸园一样，美国的人工智能研究人员也渴望在虚拟现实（VR）中建立一个天国。在其关于网络空间的著作序言中，作为架构师和软件先驱者的迈克尔·贝内迪克特（Michael Benedikt）主张网络空间具备构筑健康的社会结构的潜力。他认为"天堂之城的图景就是……宗教视角的网络空间"⑤。在他看来，网络空间是逃离世俗生活的宗教渴求的衍生物。（在基督

---

① Hans Moravec, "Pigs in Cyberspace", *Thinking Robots, An Aware Internet, and Cyberpunk Librarians*: *The 1992 LITA President's Program*, eds., R. Bruce Miller and Milton T. Wolf, Chicago: Library and Information Technology Association, 1992, pp. 15 – 21.

② David F. Noble, *The Religion of Technology*: *The Divinity of Man and the Spirit of Invention*, New York: Penguin, 1997.

③ David E. Nye, *America as Second Creation*: *Technology and Narratives of New Beginning*, Cambridge, Mass.: MIT, 2003.

④ Nye, *America as Second Creation*, 10.

⑤ Michael Benedikt, ed., "Introduction", *Cyberspace*: *First Steps*, Cambridge, Mass.: MIT, 1991, pp. 1 – 26, 16.

教教义中）为了到达天堂，人类必须舍离他们的身体。网络空间中的虚拟现实正是向人们承诺了这样一个脱离形体束缚的天堂。20 世纪 80 年代的虚拟现实先驱们期待着人类最终能够从人体的束缚中解放出来。① 对这些设计师们而言，虚拟社区取代了受地域和年龄限制的社区。虚拟现实的倡导者们说："未来的生活将变得无限有趣。"救赎实现了。

计算机先驱杰伦·拉尼尔（Jaron Lanier）（他创造了"虚拟现实"一词）批判了所谓"控制论总体"（Cybernetic Totality）所勾勒的末世救赎论。尽管如此，他仍然意识到了这种理论对技术专家的吸引力。② 拉尼尔认为这种理论对计算机科学家群体的影响太深，担心这种影响的存在可能会导致自证预言。不过，他认为从技术角度来说软件的脆弱性将使其永远无法实现末世论梦想的承诺。从道德角度来说，他则强调有必要建立和维持一种富有同情心的共同体社区。

通过网络空间脱离形体束缚的救赎愿景可以追溯到约翰·冯·诺伊曼（John von Neumann）及早期控制论学者共同推动的软硬件分离。冯·诺伊曼结构将程序视为数据并将其存储在计算机的内存中（某些观点认为这种做法消除了两者之间的区别）。早期的计算机为了实例化一个新的程序，必须重新布线和架构（这在今天大多数的袖珍计算机中很常见，用户无法对其进行编程操作）；相较之下，在著名的冯·诺伊曼结构中，对计算机进行重新编程则无需对硬件进行任何更改。而这种方法又在很大程度上得益于信息理论的贡献；尤其是克劳德·香农（Claude Shannon）的理论，他成功地将意义和信息区分开来。香农的数学化信息的处理专注于高效的信息传输模式，而不考虑信息的具体情境。虽然对香农而言，这只是数学上的简化处理；但是

---

① Allucquere Rosanne Stone, "Will the Real Body Please Stand Up？: Boundary Stories about Virtual Cultures", *Cyberspace*: *First Steps*, pp. 81 – 118.

② Jaron Lanier, "One Half of a Manifesto", *Edge*, 11th, November 2000, http：//www. edge. org/3rd_ culture/lanier/lanier_ index. html.

灵性机器人：宗教与我们对自然界的科学认识

对其他人而言，这却成为对世界的断然描述。① 信息是不需要实体的。②

消除信息情境的做法具有关键性的技术影响，对现代计算科学的成功至关重要。然而，在信息被具象化的情境下，这种处理方式会导致对世界理解的偏误。前麻省理工学院（MIT）计算机科学家约瑟夫·魏森鲍姆（Joseph Weizenbaum）曾举例说明这个情况：比如关于"你今晚能和我共进晚餐吗？"这句话，如果我们忽略了它出自一个紧张的少年之口，是少年提出的第一次约会请求，那么我们对这句话实际内涵的理解无疑会有巨大的缺憾。③ 因为如果同样的话是一个大学生对他的室友说的，那么意思显然就会完全不同！

尽管信息的去实体化处理已经受到了批评④，但是它在美国机器人和人工智能领域仍有相当的影响力。这种去实体化（Disembodiment）是与美国重视人工智能有联系的。在美国，机器人相关的硬件工程技术（如接头、电能资源等）的发展远落后于软件开发及计算提速方面的进展。事实证明，相比于构建对人体活动的功能性模仿，美国研究人员在人工智能和人工生命编程方面要熟练得多。在他们看来，所谓让机器变得像人类一样，就等同于让机器具备计算大量信息的能力。除了罗德尼·布鲁克斯（Rodney Brooks）和他在麻省理工学院（MIT）的学生等明显的例外，美国机器人专家很少关注人形机器人。

尽管如此，对仿真人形普遍的冷淡态度并不妨碍人们对人类和机器进行比较，尤其是在人工智能领域的进展，使强大的智能成为可能

---

① N. Katherine Hayles, *How We Became Posthuman: Virtual Bodies in Cybernetics, Literature, and Informatics*, Chicago: University of Chicago Press, 1999, p. 54.

② 信息的去实体化进一步受益于沃伦·麦克洛克（Warren McCulloch）的神经学建模，他与沃尔特·皮特（Walter Pitts）的研究提供了一个人工神经元活动的模型，该模型可以从大脑中抽象出与机器信息相称的表达（Hayles, *How We Became Posthuman*, pp. 50–63）。

③ Weizenbaum, *Computer Power and Human Reason: From Judgment to Calculation*, San Francisco: W. H. Freeman, 1976, p. 200.

④ See Hayles, *How We Became Posthuman*; Mary Midgley, *Science as Salvation*, New York: Routledge, 1992; Noble, *The Religion of Technology*.

之后。卡内基－梅隆大学的机器人专家莫拉韦克和获奖的人工智能革新者科兹维尔对各自领域的发展进行了调查,重点考察了摩尔定律对开创智能机械生活的影响。① 他们对未来的预测都建立在计算速度的提高上,对于工程实体中"世俗"元素的实现方式则避而不谈。当其他作者探讨设计独立自主机器人的技术难点时②,莫拉韦克和科兹维尔选择略过了这些问题,原因是他们认为计算机速度提高以及与之相伴的更加精细复杂的编程,使智能机器人的诞生具有必然性。他们对计算速度的重视是以对实体的材料、接头、驱动器、电源等硬件发展的相对忽视为代价的。

这种对非计算工程进步的冷漠,与虚拟现实先驱们摆脱人体束缚的愿望是相互呼应的。科兹维尔很少花时间研究未来人工智能的物理性质。他认为只要人工智能不再是人类并且不受人类所受的束缚,那么就不必关心他的智力以何种形式呈现。在《精神机器时代》(*The Age of Spiritual Machines*)一书中,科兹维尔预言了一种越来越虚拟化的生活。在这种形式中,人类的肉体存在变得无关紧要。与之相对的,莫拉韦克则描述了未来智能机器人神奇的身体构造,并称之为"机器人丛"(Robot Bush)。他认为他的"机器人丛"能够在纳米尺度上影响周围的环境。它们拥有近乎魔法般的力量,能够创造出几乎任何想要的东西。③ 这种认为机器人在未来会拥有更优越躯体的观点,实际上反映了莫拉韦克对未来智能机器人震撼人心的计算能力的期待。当机器人的计算速度远超人类的思维速度时,它们就能够以令人惊叹的新方式控制外部物理环境。但是莫拉韦克也从来没有分析过构造这种神奇生物所需的工程技术;他只是简单地假设计算速度的提升

---

① 摩尔定律预测借助于集成电路上每英寸晶体管数量翻倍的力量,在 2018 年以前,计算速度将以每年翻一倍的速度增长。虽然最近计算速度翻倍的时间大概是 18 个月而不是 12 个月,但摩尔定律仍然被认为是一个有效的经验法则。

② For example, see Mark E. Rosheim, *Robot Evolution: The Development of Anthrobotics*, New York: John Wiley & Sons, Inc., 1994.

③ Hans Moravec, *Mind Children: The Future of Robot and Human Intelligence*, Cambridge, Mass.: Harvard University, 1988, pp. 107 - 108.

灵性机器人：宗教与我们对自然界的科学认识

会使这种躯体的生产变得轻而易举。无论是"机器人丛"，还是自由独立的软件，莫拉韦克和科兹维尔的共同之处就在于二者都不想保留人工智能的人形躯体；他们的共同设想是将人类的"思想"传输到机器中，并相信这种处理会使人类过上优越的生活。综上，人工智能末世论的救赎承诺回避了关于人性躯身的问题，原因是这类理论认为人类的身体与人类的真实本质无关。①

未来的智能将拥有虚拟的身体，而不是生物的身体。一切有意义的生活都将发生在由虚拟身体占据的网络空间中。当"Mind Fire"横扫宇宙时，即使是莫拉韦克的"机器人丛"，也会像恐龙一样灭绝。正如保罗在《哥林多前书》中所言，不朽及不腐的血肉之躯将继承上帝之国，人工智能末世论下的虚拟身体也将净除其世俗性及与之相伴的局限性。

虽然人工智能末世论认为作为信息情境的身体是无关紧要的，但是维森鲍姆已经说明了该理念会如何使我们对人类的理解变得单薄片面。他提出这样的质疑：在缺乏潜意识的直觉②和人类生活的文化构建③的情况下，计算机何以可能真正映射人类内心的关切？尽管信息与实体、软件与硬件之间的分离是催生人工智能末世论的重要因素，但这种做法会受到实质性的批评。

然而，即便其基本假设受到了某些机器人专家的批判，人工智能末世论仍然是美国研究领域中的一股强大力量。比如麻省理工学院人

---

① 在人工智能末日论的共同体观点中，人类的身体是无关紧要的。例如，凯文·沃里克在讨论半机器人技术可能引发的伦理问题时，主张对躯体的改善并不会带来什么差异。他写道："从本质上来讲，我们应该关注的不是躯体的强大或修复，而是个体的性质如何因人类和机器精神功能的联系而被改变。"［Kevin Warwick, "Cyborg Morals, Cyborg Values, Cyborg Ethics", *Ethics and Information Technology*, Vol. 5, No. 3, 2003, pp. 131 – 137.］换言之，肉体与人之为人的本质无关，只有思维和灵魂才是有意义的。

② Weizenbaum, *Computer Power and Human Reason*, p. 222.

③ Weizenbaum, *Computer Power and Human Reason*, pp. 223 – 225. 维森鲍姆（Weizenbaum）指出，正如不同的文化环境孕育了不同类型的人一样，人类从儿童发展到成人的历程是计算机所没有的，而这决定了人类与计算机本质上的显著差异。更进一步，那些真正定义了人类的问题，对于计算机来说也是不可理解的（即使是对那些曾经在人体中实体化的计算机）。因此，人类和机器之间的鸿沟是不可弥合的。

工智能实验室的罗德尼·布鲁克斯（Rodney Brooks）提出，要使机器人在人类世界中进行智能互动，必须要让机器人以与人类相同的基本形式呈现。① 其研究小组中的两个机器人——Cog 和 Kismet，在头部和躯干方面与人类有着相同的基本特征（就 Cog 而言是躯干）。这两个机器人会仰着脖子跟外部环境及人类进行眼神交流。布鲁克斯认为，社会互动是机器人智能行为的关键。尽管如此，他也始终清醒地意识到，大多数美国研究人员对他这种主张意兴阑珊。② 美国其他核心人工智能项目，以道格拉斯·莱纳特（Douglas Lenat）的 Cyc 计算机为例，主要聚焦在独立于硬件层面的大脑意识问题。在莱纳特等人的观念中，知识就像古老的"瓶中之物"，而智能不需要身体体验就能了解这个世界。他们希望在对 Cyc 的编程中纳入足够多的关于世界的常识性知识，使 Cyc 最终能够成功地推进自己的学习③，而这个过程无须依赖于它的物质性实体。与美国人工智能界的大多数人一样④，莱纳特认为智能与容纳它的实体无关。

　　根据前述莫拉韦克的设想，机器的计算能力将使其拥有优越于人类身体的实体。这种观点反映了美国学界普遍存在的一种偏见，即人工智能的发展远比机器人硬件重要。这种看法甚至在机器人专家中也是也很常见！比如麻省理工学院的马文·明斯基（Marvin Minsky），虽然他在机器人领域的贡献备受赞誉，但是他也认为制造生产实体的机器人无关紧要；真正需要投入设计的是机器人的软件。⑤ 目前唯一

---

　① Brooks, *Flesh and Machines*.

　② Peter Menzel and Faith D'Aluisio, *Robo Sapiens: Evolution of a New Species*, Cambridge, Mass.: MIT, 2000, pp. 58–61.

　③ Justin Mullins, *New Scientist*, 186: 2496, 23–29 April 2005, pp. 32–37.

　④ 莱纳特（Lenat）和人工智能末日论倡导者都是"强人工智能"群体的成员，他们相信计算机有朝一日能够拥有与人类相等乃至超越人类的智力水平，而许多所谓"弱人工智能"倡导者的目标则温和得多。"弱人工智能"倡导者认为，无论计算机在解决问题方面多么高效，它们都不具备真正的意识（它们也不可能具备）。"弱人工智能"群体专注于解决具体问题的软件开发（比如飞机自动驾驶系统），而不是像莱纳特一样追求为 Cyc 注入常识性知识。"弱人工智能"和"强人工智能"之间的差别实质上是否学层面的，它与意识存在相关联，但它往往体现在科学家个人研究议程上的差异中。

　⑤ Menzel and D'Aluisio, *Robo sapiens*, 31.

灵性机器人：宗教与我们对自然界的科学认识

一份关于日本机器人的英语调查中，弗雷德里克·L.肖特（Frederik L. Schodt）指出，20世纪80年代美国和日本机器人技术领域的主要区别就是软件和硬件的开发差异。①

尽管认为美国所有的机器人专家和人工智能研究人员都依赖于基督教范畴来确定他们研究议程的观点略显荒谬，但是这些领域中的强势人物实际上都这么践行了。他们的声音在专业的科学技术领域和非专业人士的圈子中都能听到，其中最响亮的声音无疑来自莫拉韦克和科兹韦尔。二者都写了诸多科普读物，以便在整个英语文化世界中传播他们的救赎愿景。虽然他们都不认为自己信奉基督教，但是他们所应许的愿景与传统欧美基督教的愿景紧密地交织在一起。在由虚拟现实先驱、"大脑建造者"、人工智能研究人员和机器人专家构成的群体中，莫拉韦克和科兹韦尔的声音是最大的。他们相信人工智能占领整个宇宙的进化趋势不可阻挡，人类将把他们的思想上载到机器中并成为机械后代中的一员。在这个过程中，联结当下和未来的可能是一场混乱②，但是就像（《启示录》中）基督徒千禧年主义对敌基督回归的预期那样，对末世论人工智能共同体而言（与基督徒相同），这种混乱同时意味着进步，如同分娩的痛苦一般，末日的审判将孕育新天新地。

基于摩尔定律，人工智能末世论论证了自然进化选择过程将有利于人工智能而非人类智能的观点。③ 不过，莫拉韦克和科兹韦尔所采纳的并

---

① Frederik L. Schodt, *Inside the Robot Kingdom: Japan, Mechatronics, and the Coming Robotopia*, New York: Kodansha International, 1988, p. 37. 在很长一段时间内，对人工智能技术的热爱使美国成为机器人软件技术中无可争议的佼佼者。不过，随着人们逐渐发觉欧洲和日本在人工智能领域中的卓越表现，美国的霸权受到了挑战。Bjorn Carey, "US Losing Robotics Edge", *Live Science*, September 12th, 2005, http://www.livescience.com。

② 据定居在美国犹他州的澳大利亚人工智能研究人员雨果·德·加里斯（Hugo de Garis）预测，在支持构建强人工智能的群体与其反对者之间将会爆发一场战争。最后，也许人工智能将是最后的幸存者。See, de Garis, *The Artilect War: Cosmists vs. Terrans: A Bitter Controversy Concerning Whether Humanity Should Build Godlike Massively Intelligent Machines*, ETC Publications, 2005. 虽然沃里克质疑人类和机器之间发生暴力冲突的可能性，但他并不看重机器的胜利。

③ Moravec, Mind Children, pp. 158-159; idem, Robot: *Mere Machine to Transcendent Mind*, New York: Oxford University, 1999, 165; Ray Kurzweil, *The Age of Spiritual Machines: When Computers Exceed Human Intelligence*, New York: Viking, 1999, pp. 41-42.

不是达尔文自然选择理论中的资源竞争观点,而是对进化史中的基督教目的论进行了微妙的替换。① 原因是人类和人工智能之间并不存在明确的资源利害关系,人类作为物种的进化灭绝过程需要一些其他的理由。

莫拉韦克和科兹韦尔用价值替代资源作为进化驱动力的主导地位,以对达尔文思想进行恰当的转化。在他们的设想中,未来"每个最小微粒都将成为相关的计算步骤或储存数据的载体"②。最终,机器的智能将变得如此强大,以至于在探索新知之外无所事事。③ 通过对未来人工智能的计算过程赋予"相关性""重要性"和"意义"等值,莫拉韦克定义了宇宙存在的目的:人工智能的发展和传播。科兹韦尔和莫拉韦克认为,这种传播是"势不可当的"④,人工智能的发展是比人类历史上任何事情都"更重要"的事业。⑤ 显然,我们很难轻易地将这些理论家所设想的未来与基督教末世论区分开来。在基督教末世论中,得救者的行动被认定为"有意义的祈祷"。在莫拉韦克的设想中,所谓的"Mind Fire"将是人类历史进化最终阶段的时刻。在这一时刻,"物理定律失去了其主导地位,目的、目标、解释和(上帝所知道的一切)其他东西将取而代之"⑥。

综上,通过巧妙的手法,莫拉韦克和科兹韦尔将达尔文进化论中的"适者生存"转化成了"智者生存"。对此,他们的解释是宇宙中的每个原子都需要计算"有意义的"问题。⑦ 值得庆幸的是,虽然宇

---

① Geraci, *The Cultural History of Religions and the Ethics of Progress*, p. 117.

② Moravec, *Robot*, p. 166.

③ Kurzweil, *The Age of Spiritual Machines*, p. 258.

④ Ibid., p. 7. See also Hugo de Garis, *The Artilect War*, p. 175. 加里斯推测"人造智者(Artilect)"或神祇般强智能的计算机的诞生可能是物理学规律发展的必然需求。

⑤ Ibid., p. 5.

⑥ Moravec, *Robot*, p. 14.

⑦ 值得注意的是,沃里克认为随着机器变得比人类更聪明,它们将成为地球上的主导物种。沃里克不认为它们会为人类服务;相反,人类将沦为机器的奴隶。See Warwick, *March of the Machines: The Breakthrough in Artificial Intelligence*, Chicago: University of Illinois, [1997] 2004, p. 261. 虽然沃里克认为机器物种优越于人类,但是他没有对此做出明确的价值判断,这也许是因为他认为将人类的自我意识载入到机器中是不可行的。他最近的作品对"纯粹"机器统治的必然性论断提出了质疑。对此我们将在下文中讨论。

灵性机器人：宗教与我们对自然界的科学认识

宙属于即将诞生的超人计算机，但人类生活也会从中获益。首先，人类会成为富有的机器人公司所有者。这些公司以服务人类为唯一目的。[1] 而后，当人类最终把自己传输到机器中时，所有问题都将得到圆满的解决，人类的生活会比现在好得多，人们将变得更加幸福[2]，性生活会更美满[3]、需求都将被满足[4]；最重要的是，人类的永生得到了保证。[5]

机器人技术具备拯救世俗生活的潜能，能够将这个星球变成人类的天堂。[6] 这也预示着这个神圣千禧年在不朽心灵的终极救赎中走向终结。人工智能将赋予宇宙以普适性的目的，而相关的支撑性技术则赋予人类以救赎。科兹韦尔和莫拉韦克提议，只要科学家能够完全"透视"人脑中存储的信息模式时，他们就能够在机器上对其进行复制，从而在机械硬件中实例化人的个性。成为机器后，"前人类"将加入人工智能在整个宇宙中传播扩散的进程中。人类的新自我将具备

---

[1] Warwick, *March of the Machines: The Breakthrough in Artificial Intelligence*, Chicago: University of Illinois, [1997] 2004, p. 121.

[2] Kurzweil, *The Age of Spiritual Machines*, p. 236.

[3] Kurzweil, *The Age of Spiritual Machines*, pp. 148, 206.

[4] Kurzweil, *The Age of Spiritual Machines*, p. 248; Moravec, *Robot*, p. 137.

[5] Kurzweil, The Age of Spiritual Machines, pp. 128 – 129; Moravec, *Mind Children*, pp. 4, 112.

[6] 在莫拉韦克和科兹维尔的乌托邦主张中，有一个非常暧昧的道德立场。二者都向我们保证，机器人的出现将带来一个更优越的社会。莫拉韦克相信，大量的智能机器人将"迫使"人类在社会阶梯中普遍占据富人阶层的位置（Robot, 128），而完全没有考虑有些人可能会被剥夺权利乃至被排除在这个即将到来的王国之外。他的立场和工业化机器理论的一些观点相吻合（Kanji Yonemoto, *Japan's Robotics Industry: Its Short History and Future Prospect*, Tokyo: Japan External Trade Organization, 1982）。这些理论认为工业机器人的存在可以提高生产并最终创造更多的白领工作。科兹维尔则认为很可能会存在一个底层社会，但它将被"政治中立化"（*The Age of Spiritual Machines*, p. 196）。科兹维尔的观点显然更加现实，特别是考虑到工业机器人的出现已经导致了就业岗位的净损失。（D. A. Bell, *Employment in the Age of Drastic Change: The Future with Robots*, Kent, England: Abacus Press, 1984），但是鉴于他根本上拒绝置身于自己所设想的伦理处境中，他的立场在道德理性层面是同样糟糕的。相比之下，在系统神学家安特耶·杰奎琳（Antje Jackelén）对人工智能的分析中，她着重强调了要对穷人的需求给予某种关怀。（"The Image of God as Techno Sapiens", *Zygon*, Vol. 37, No. 2, 2002, pp. 289 – 302, 294）.

无限复制的能力，从而得以逃脱死亡的宿命。正如上帝会分配新的身体（或复活旧的身体）以安置在天堂里基督徒的灵魂一样[1]，莫拉韦克和科兹韦尔也提议未来人类会用更新、更好、更少的人体来容纳不朽的思想。[2] 在机器装置中获取永生的做法，将确保我们在未来虚拟王国中的位置是在我们机械之子的右边。[3]

如果人类不能做到将思想传输到机器中，那么我们至少能够将机器内置到我们的思维中。凯文·沃里克（Kevin Warwick）[4] 起初曾担心机器终将接管世界、取代人类。[5] 最近，他提出人机共生的半机械人而不是纯机器人将会承担这一使命。半机械人在具备诸多使人工智能强大的特性的同时，（特别是联网合作和共享计算力）[6]还将保留一些人性特征。尽管肉体和骨架的留存在某种程度上可能使半机械人统治比纯粹机器统治的未来更令人满意，但是这与科兹韦尔和莫拉韦克对末世的憧憬没有本质的不同。沃里克认为，未来世界将会面临一次

---

[1] 1 Cor 15, pp. 42–44, 15, 51–53.

[2] 基督教徒（尤其是清教徒）对个人救赎的关注可能对美国机器人技术中的竞争和个人主义方法中起作用。尽管也有合作企业的出现，但它们远不如在日本出现得频繁。在日本，行业关注的是团队集体力量，而不是任何一个"超人"的能力（Schodt, *Inside the Robot Kingdom*, p. 206）。诚然，因为相较于美国企业融资机会较少，所以合作对于日本企业不是奢侈品而更多是必需品；但是浅仓礼司（Asakura Reiji）相信专门从事集成电路、软件开发和机械工程的公司之间的合作事实上是日本机器人技术与众不同的原因之所在（"The Androids Are Coming", *Japan Echo*, Vol. 30, No. 4, August 2003, pp. 13–18, 17）。根植于美国文化中的在殖民时代由清教教义孕育出来的个人主义，在某种程度上解释了美国个人和团体为何不愿意在机器人领域合作。与这种个人主义精神道路相反，伊恩·里德（Ian Reader）证明了日本的宗教为社会凝聚力和和谐提供了基础，甚至是在强调个体角色的精神理念主宰的领域中也是如此（Ian Reader and George J. Tanabe, *Practically Religious: Worldly Benefits and the Common Religion of Japan*, Honolulu: University of Hawaii, 1991, p. 107）！

[3] 在此使用"儿子"这一词，当然是以《圣经》中的叙述为依据，但也暗示着某些作家的厌女视角。有关人工智能和机器人中男性偏见的分析，请参阅 Noble's *Religion and Technology* 的附录。

[4] 沃里克不是美国人，他居住在英国。尽管如此，因为他的观点和美国末世论者极其相似，所以他在本文的写作中仍然值得关注。

[5] Warwick, *March of the Machines*.

[6] Warwick, *Cyborg Morals, Cyborg Values, Cyborg Ethics*, p. 133.

根本性的断裂；在这个节点之后，半机械人将凭其超凡的智能统治地球，实现人类无法实现的壮举。在新身体的基础上，新价值观将诞生，而这些价值观与人类的价值观几乎不能存在任何共同之处。①

宇宙目的论（以普世化和有意义的计算的形式）和救赎论（在地球上过伊甸园式的生活和不朽的个性思维）的存在，显示了基督教神圣范畴与当代技术科学持续不衰的关联。即使世界必将被摧毁以为新来者做准备，这个临时的伊甸园也呼应着对耶稣统治地球的信仰。②诸多美国机器人专家和人工智能研究人员的目标都是经过这些概念范畴的过滤才形成的。

三　日本机器人科学中的工业宗教

佛教和神道教③赋予机器人以尊严：机器人受神的保佑，它们参与了宇宙救赎的历史，这使机器人在日本社会中受到了广泛的欢迎。神道教教义中自然世界的神圣意义以及佛教对人类生活的积极诠释，有助于我们理解日本人对机器人的接纳，尤其是他们对制造人形机器人事业的追求。

与西方文化世界一样，尽管很多人宣称宗教已经从他们的生活中消失了，但是事实上神圣范畴的相关事物仍然在日本社会中存续着。伊恩·里德（Ian Reader）描述了自己作为日本宗教研究学者的经历：他遇到的日本人总是向他保证日本的宗教已经不复存在！然而，他认为"宗教的思想、概念和活动仍然潜存于社会和文化中，只是行动者

---

① Warwick, *Cyborg Morals, Cyborg Values, Cyborg Ethics*, p. 136.
② Rev 21, p. 1; Moravec, *Robot*, p. 167.
③ 与基督教占主导地位的西方不同，在日本，神道教和佛教（或许还有其他宗教）形成了一个严丝合缝的整体。这两个宗教的信仰和实践相互交织，影响着日本的机器人技术。对日本人而言，"神道教和佛教这两大宗教传统之间似乎并没有什么区别"（Reader and Tanabe, *Practically Religious*, p. 2）。一种信仰的奉行者可能同时也是另一种信仰的实践者。通常，在机器人技术领域特定的信仰和实践中，可以看到一个或另一个宗教的影响与贡献，但两种宗教事实上的融合状态是不容忽视的。

不一定能明确意识到其宗教性"①。神道教和佛教在日本机器人领域中持续不衰的影响就是这种潜存的例证。

人与自然的联系是日本社会流行宗教生活的一个方面。神道教的基本原则是提倡人与自然和谐相处；自然被认为是神圣的。不过，与奥古斯丁传统的基督教（自然世界与上帝距离更远，因而其神圣性次于人类）不同，神道教所提倡的是神、自然和人类三者平等。② 神道教中神圣范畴的基本单位是 Kami。Kami 可以是神话的实体、是神社崇拜的对象，也可以是自然世界中的事物和对象，甚至可以是人类。③所有具重要性的、令人敬畏的事物都是神。在现代世界，即使受到工业化过程的污染，自然世界仍然值得瞻拜④，而人类也仍然只是自然世界的一部分。虽然现代日本人可能不会标榜自己为"神道教徒"，但这种宗教观念根植于他们与自然的亲密关系中。⑤

神道教的信仰使日本人能够接纳最早期的机器人进入他们的社会。机器人和其他物体一样容易融入自然世界。"在日本……本土宗教认为 Kami 存在于……自然界的各种表现形式中，因此，机器人自然也是有灵性的。"⑥ 在机器人被引入制造业的最初阶段，它们的灵性本质促使人们对其进行仪式性的献祭和命名。许多工厂会雇请神道教的神职人员为新机器人举行仪式。⑦

工程技术的双重性质以及工业机器人献祭仪式所呈现出的不可思议的神圣性，与西方认为自然、宗教和科学三者相互区隔的普遍观念

---

① Reader and Tanabe, *Practically Religious*, p. 12.
② H. Byron Earheart, *Japanese Religion: Unity and Diversity*, Belmont, Calif.: Wadsworth, 1982, pp. 7 – 8.
③ H. Byron Earheart, *Japanese Religion: Unity and Diversity*, Belmont, Calif.: Wadsworth, 1982, p. 8.
④ H. Byron Earheart, *Japanese Religion: Unity and Diversity*, Belmont, Calif.: Wadsworth, 1982, p. 195.
⑤ H. Neill McFarland, *Rush Hour of the Gods: A Study of New Religious Movements in Japan*, New York: Macmillan, 1967, p. 20.
⑥ Reiji, "The Androids are Coming", p. 18.
⑦ Schodt, *Inside the Robot Kingdom*, p. 196; Henry Scott Stokes, "Japan's Love Affair With the Robot", *New York Times*, 10th January 1982.

灵性机器人：宗教与我们对自然界的科学认识

大相径庭。① 根据尼尔·麦克法兰（H. Neill McFarland）的说法，"神道教认为万物有灵论和现代科学主义之间没有必然的矛盾"②。在西方世界中，即使人们相信这三者能够"和睦相处"，也仍然坚持三者是截然不同的。然而，在神道教中，自然、宗教、科学是同属一体的。

不过，川崎的官员声称工厂已经不再举办机器人献祭仪式，工厂职员也不再像以前那样给机器人命名或在它们边上献花。正如一位工厂经理所说："我们现在的产品太多了，难以逐件命名。"③ 虽然在20世纪70年代末和80年代初，献祭和命名现象非常常见，但是到20世纪80年代末，这种行为已经不合时宜。当对机器人的新奇感消失后，"万物有灵论"也就从工作场所消失了。④

虽然工业机器人最初是由约瑟夫·恩格尔伯格（Joseph Engelberger）在美国开发出来的，但是美国从未像日本那样热切地接纳机器人。1982年，亨利·斯科特·斯托克斯（Henry Scott Stokes）在《纽约时报》上发表了一篇题为"日本与机器人的恋情"（"Japan's Love Affair with the Robot"）的文章。随后，有读者写信给《纽约时报》回应这篇文章，指出了美国社会对于让工业机器人融入经济运行过程的勉强与不情愿。⑤ 与西方世界相比，神道教赋予机器人的神圣性使它们不那么具有威胁性，也更令人敬畏。

值得说明的是，与工业机器人相关的神圣仪式的消亡，并不意味着神道教在工厂中未曾产生过实质性的影响。神圣仪式的消逝是可预期的。正如马克斯·韦伯（Max Weber）所指出的，魅力一旦常态化，它就会衰退，尤其是货币经济的规则架构，它在对有魅力领导者

---

① 关于自然、宗教和科学之间的区别，请参见 James D. Proctor, "Resolving Multiple Visions of Nature, Science, and Religion", *Zygon*, Vol. 39, No. 3, 2004, pp. 637-657。
② McFarland, *Rush Hour of the Gods*, p. 26.
③ Quoted in Schodt, *Inside the Robot Kingdom*, p. 197.
④ Schodt, *Inside the Robot Kingdom*, p. 197.
⑤ Harry W. Clifford, "Japan's Robot Revolution", *New York Times*, 14th February 1982.

的行为进行调节的同时,也就是在消除魅力。[1] 从作为引导日本人民走向新世界的崇拜对象,到工业经济中的一个程序、大规模化生产中的一个要素,这个角色转变过程摧毁了工业机器人魅力的存在,导致了神圣仪式的消逝。[2] 魅力具有内在的不稳定性。这意味着当工业机器人越来越多地成为工厂团队的一员,而越来越少地作为外部能量和供给来源时,它就失去了光环。日本工厂的工人不再向机器人大量献礼,这并不足为奇;相反,如果机器人能够在工厂的标准化的经济运营中占据一席之地而不丧失其魅力,我们才应感到惊讶。

尽管工业机器人不再像以前那样受到关注,然而机器人技术和机器人本身仍然与神圣范畴紧密相连。虽然在制造厂中工作的机器人可能不再神圣,但是在大阪大学计算机控制机械系统系的古庄淳二(Junji Furusho)实验室里,机器人专家却给他们的两足机器人戴上了恶魔面具。[3] 纵然神道教的神职人员不再在机器人入职工厂的首日收到举行祭祀仪式的邀请,在横滨的中央公墓里机器人却能够自己举行祭祀仪式。这台人形机器每日清晨都会被降至祈福厅以代人诵经。[4] 如果机器人能为人类积功累德,那么也许有一天它也会为自己积功累德;因此,工程师森政弘相信"机器人体内是有佛性的,也就是说它们有成佛的潜力"。[5]

在日本佛教中,也有着为科技物品举行宗教活动的历史。正如神

---

[1] Max Weber, *On Charisma and Institution Building: Selected Papers*, Chicago: University of Chicago Press, 1968, pp. 20 – 21.

[2] Max Weber, *On Charisma and Institution Building: Selected Papers*, Chicago: University of Chicago Press, 1968, pp. 22 – 23.

[3] Menzel and D'Aluisio, *Robo sapiens*, p. 48. 除了对增强拟人化外观的普遍需求外,这种恶魔面具和神道教为纪念死者而在塑像上放置衣服和太阳镜的做法之间可能存在某种联系(e. g. see Earheart, *Japanese Religion*, p. 9)。

[4] "The Buddhist Monk Machine", *Colors: A Magazine about the Rest of the World 8*, June 1994, p. 33. 诚然,"和尚机器"在很多定义中并不能称得上是机器人。例如,它不会对外在环境做出任何反应。但是,它在与人的外形和能力(祈祷)方面的相似性,使它成为一个合适的例子。

[5] Masahiro Mori, *The Buddha in the Robot: A Robot Engineer's Thoughts on Science and Religion*, trans., Charles S. Terry, Tokyo: Kosei, [1981] 1999, p. 13.

灵性机器人：宗教与我们对自然界的科学认识

道教神职人员主持工业机器人的献祭仪式一样，与之相对的，佛教僧侣则在日常用品被废弃时主持祭祀活动。① 例如，每年都有为废弃的玩具娃娃和印版举行的仪式，这二者都被认为拥有生命和成佛的潜力。② 这些物品与人类分享它们的"生命"，纪念仪式使它们能够平和地与广大无边的佛陀相融合。

与纪念玩具娃娃和印版的祭祀者一样，森政弘展示了日本文化中宗教和技术的融合。1970 年，他创立了"穆克塔研究所"（Mukta Research Institute）。这是一个致力于用佛教教义激发机器人行业创造力的组织，组织成员借助吟诵佛经和冥想等方式寻找设计和制造机器人的新方法。例如，Automax 公司的董事长松原末雄（Sueo Matsubara）就将佛教关于净化和清洁的经文作为在原油储罐内运作的机器人的哲学原理基础。这种机器人通过搅动罐底的污泥，把垃圾变成资源，并将其作为可用原油进行循环利用。③

值得注意的是，并不是所有的日本机器人都有其实用目的。当丰田公司声称它们设计的小号演奏机器人已考虑到了对老年人的帮助，④ 本田公司认为其机器人 Asimo 在未来可能成为家庭生活的帮手，但是索尼电子公司却坚决回避了制造服务于实用目的的机器人，而选择了制造无实用目的的娱乐机器人 Qrio。⑤ 它们认为 Qrio "提供了超越实用而直击人类心弦的东西"⑥。通过 Qrio，日本人能够追寻一种更广

---

① 在日本，通常由神道教祭司主持出生礼，而由佛教僧侣主持葬礼。有趣的是，这种模式同样出现在技术领域的神圣化实践中。

② Reader and Tanabe, *Practically Religious*, p. 46. 虽然作者没有对这些仪式进行解释，但据笔者推测，由于玩偶和印版具有神圣性的缘由在于它们对人类成长过程的贡献（前者帮助儿童成长，后者将思想具象化为文字并使信息的传播成为可能，从而推动社会走向成熟）。

③ Schodt, *Inside the Robot Kingdom*, pp. 210 – 211.

④ James B. Treece, "Toyota's New Model Blows a Mean Trumpet; A Robotic Star is Born: Can It Stay in Step with Honda's Asimo?", *Automotive News*, 78: 6085, 22 March 2004.

⑤ Yuzo Yamaguchi, "All Too Human: Honda's Walking, Talking Robot, Asimo, Leads Automaker into Uncharted Territory, Engineers Ponder Potential for Sharing Technology", *Automotive News*, 76: 5968, 28th January 2002, pp. 100 – 103.

⑥ Reiji, "The Androids are Coming", p. 15.

213

阔、更真切的生活体验，获得一种不能被简化的工作负担或更高的国民生产总值所取代的快乐。

作为未来世界的希望，Qrio 拥有工业机器人因市场化而丧失的魅力。尽管 Qiro 从未获得过神道教的祝祷，却代表了当今日本机器人技术超越性特质的所在。它激发了人们的想象力，让日本人看到了自己最好的一面：作为技术创新者，作为一种新的生命形式的创造者，它赋予了日本人父母和神祇的角色。当 Qrio 跟着日本流行音乐翩翩起舞时，它所拥有的生命和生活预示着人形机器人愿景的到来。借力于未来的机器人理念，Qrio 通过日本人的创造性神话而获得了魅力。

日本人对科技造福人类的力量有着近乎不可动摇的信念。[1] 因此，他们对工业机器人和娱乐机器人都保持接纳的态度。[2] Qrio 可爱滑稽的动作展示了人形机器人的潜力。当 Qrio 和 Asimo 在日本公开亮相时，成千上万的游客蜂拥而至迎接它们。日本人对人形机器人的兴奋之情在其他国家是少有的。这股热情推动了 20 世纪 90 年代和 21 世纪初十年之间日本人形机器人项目的发展。日本人很乐意与机器人共享空间，并热切地期待着商业市场上从索尼 AIBO 狗到看家机器人等每一款新设备。Qrio、Asimo、丰田小号手等人形机器人的流行显示了日本人对人性的尊崇。美国机器人科学在对新天新地的许诺中普遍存在的对人性的蔑视在日本不见丝毫存在。

通常而言，美国的研究人员会避免制造人形机器人，而日本公众和机器人专家却将其作为首要任务。虽然神道教和佛教信仰将机器人神圣化，进而提高了日本社会对机器人的接纳度，但是这并不能解释

---

[1] Kondo Motohiro, "Japanese Creativity: Robots and Anim", *Japan Echo*, Vol. 30, No. 4, August 2003, pp. 6 – 8.

[2] 当时日本工业机器人协会执行理事米本宽治（Kanji Yonemoto）在《日本机器人产业：它短暂的历史及未来愿景》(*Japan's Robotics Industry: Its Short History and Future Prospect*) 中表示：机器人在工业上的应用将会消除传送带生产系统产生的非人道影响。这里有趣的是，他既意识到工业技术给部分群体带来的只有痛苦，又将后来诞生的技术视为解决先前工业发展造成的问题的答案。在这种分析中，经济增长承担了社会改善的角色，而不是为新角色辩护。

灵性机器人：宗教与我们对自然界的科学认识

日本人对制造人形机器人的渴望。许多作家和工程师常常将这类项目归因于《铁臂阿童木》（"原子小金刚"，在美国被称为"阿童木"）的影响。① 阿童木是20世纪50年代流行的漫画人物，后来成为国际电视人物。然而，尽管铁臂阿童木确实向一些孩子介绍了人形机器人，它也没有能够解释日本文化对人形机器人的全面接纳。这种解释回避了一个问题：为什么日本人一开始就喜欢阿童木？为什么他会被日本成年人深情地怀念，却几乎已经被美国人所遗忘？日本人对机器人伙伴的态度可能"很早就在《铁臂阿童木》中显现出来"②，但它不太可能是《铁臂阿童木》或类似漫画导致的结果。

事实上，神道教和佛教对人的重视解释了日本人对人形机器人的偏爱。在神道教中，人类可以成为Kami。神圣的可能性存在于人之为人本身，而不是我们在基督教传统中所看到的那样，在于人超越人自身处境的能力。佛教认为所有的存在都能转化汇归于善③，并将人类生命置于宇宙的中心。④ 虽然日本人确实很少以人形描绘Kami，但是以人形塑画佛像和菩萨却是很常见的。⑤ 日本人以人形呈现佛的偏好以及对人成为Kami力量的承认，显示了人类存在的神圣性。

虽然佛教徒的目标是超越轮回的世界，但他们承认人类生命的价值。降生为人给走向开悟之路提供了巨大的潜力，而其他生命形式（无论是较低级的动物还是较高级的神）的潜力则相对有限。因此，佛教教义中并不存在西方思想中常见的对人类生命及生活形式的厌弃。当美国机器人专家遵循基督教传统的潮流探寻逃离尘世生活的路径时，日本的机器人专家却乐在其中。日本机器人技术对人类本身的重视与西方机器人专家对超越身体的渴望形成了鲜明对比。

在日本的宗教和哲学中，身体与思维是不可分离的；因此，不可

---

① For example, see Bob Johnstone "Japan's Friendly Robots", *Technology Review*, May/June 1999; Menzel and D'Aluisio, *Robo Sapiens*, p. 196.
② Motohiro, *Japanese Creativity*, p. 7.
③ Reader and Tanabe, *Practically Religious*, p. 34.
④ Reader and Tanabe, *Practically Religious*, p. 46.
⑤ Reader and Tanabe, *Practically Religious*, p. 35.

能为了西方文化常说的精神救赎而舍弃身体。在日本思想中，思维和身体有着内在的联系，这意味着"失此即失彼"。① 没有身体的思维是不可能的，思维在本质上是与身体相连的。因此，"日本人根本不承认所谓身心问题的存在"②。

因为担心西方世界对人形机器人的不适之感，所以本田公司在 1996 年派遣了一名代表［田上胜（Katustoshi Tagami），时任本田和光研究中心的负责人］前往梵蒂冈，与约瑟夫·皮托牧师（Joseph Pittau）（时任罗马教廷格里高利大学校长）进行磋商；在确认梵蒂冈并不反对这项事业后，田上胜才怀抱信心返乡。③ 然而，尽管梵蒂冈没有批评本田公司的努力，但在西方文化中，人形机器人仍常被归类为弗兰肯斯坦式的怪物④，象征着不受限制的技术潜在的灾难性影响。科幻作家艾萨克·阿西莫夫（Isaac Asimov）多次将机器人在西方世界的遇冷归咎于"弗兰肯斯坦情结"。这种恐惧如此普遍，以致卡内基 – 梅隆大学的博士生丹尼尔·威尔逊（Daniel Wilson）最近专门发表了一篇题为"如何在机器人暴动中生存：在将至的叛乱中自我防御的小技巧"（"How to Survive a Robot Uprising: Tips on defense Yourself against the Coming Rebellion"）的文章，对机器人技术进行了幽默诙谐的入门介绍。⑤ 与此相对的是，日本人却热切地追求人形机器人事业。

---

① Thomas P. Kasulis, "The Body—Japanese Style", *Self as Body in Asian Theory and Practice*, ed., Thomas P. Kasulis, with Roger T. Ames and Wimal Dissanayake, Albany, N. Y.: State University of New York, 1993, pp. 299 – 320.

② Thomas P. Kasulis, "The Body—Japanese Style", *Self as Body in Asian Theory and Practice*, ed., Thomas P. Kasulis, with Roger T. Ames and Wimal Dissanayake, Albany, N. Y.: State University of New York, 1993, p. 301.

③ Yamaguchi, *All Too Human*, p. 101.

④ Schodt, *Inside the Robot Kingdom*, pp. 198 – 199; Stokes, *Japan's Love Affair with Robots*; Johnstone, *Japan's Friendly Robots*. 对于智能机器人，尤其是人形机器人，美国人的态度十分暧昧。虽然它们承诺了悠闲乃至不朽的生命愿景，但也同样给人类带来了淘汰和死亡的威胁。关于美国文化如何看待智能机器人以及他们与上帝形象及人类尊严等神学问题之间的联系的更多描述，请参见 Geraci, "Theological Implications of Artificial Intelligence: What Science Fiction Tells Us About Robotic Technology", *Zygon*, Vol. 41, 2006, forthcoming.

⑤ New York: *Bloomsbury*, 2005.

灵性机器人：宗教与我们对自然界的科学认识

这种热切的渴望使他们在技术创新上不断取得突破。Asimo、Qrio 和其他机器人都显示了日本在工程技术上的超凡造诣。

事实上，日本机器人专家很少关注到机器人技术潜在的灾难性影响。[①] 日本最杰出的研究人员之一原文雄（Fumio Hara）认为，如果"你善待机器人，作为回应，机器人也会善待你"[②]。德高望重的广濑茂夫（Shigeo Hirose）更提出，机器人"可以成为圣人——智慧且无私"[③]。日本的评论家们在展望机器人的未来时，并不担心机器人会剥夺工人的权利或者试图推翻它们的人类创造者。

日本人对人类需求的重视使社会大众对机器人普及化的未来感到兴奋。与此同时，美国科学家试图将大众注意力从"弗兰肯斯坦怪物"转向更积极的视角，但是他们的努力却不总是能成功。例如，尽管莫拉韦克声称未来的机器人将是人类的"智能之子"（Mind Children），但他所设想的路径却与日本人大相径庭。后者认为人类和机器人将结成以人类需求为优先的伙伴关系；而莫拉韦克则将机器人的"需求"置于世俗人类的需求之前。[④] 目前，工人已经在承受适应机

[①] 很多西方机器人专家歌颂机器人时代的到来，但他们的期待总是伴随着谴责技术潜在危险的批评声。比如，太阳微系统公司（Sun Microsystems）的前首席科学家比尔·乔伊（Bill Joy）就因批评不受限制的机器人研究而闻名（Bill Joy, "Why the Future Doesn't Need Us", *Wired*, 8.04, April 2000）；杰伦·拉尼尔（Jaron Lanier）在批评人工智能末日论的救赎承诺的同时，也批评了乔伊悲惨忧郁的展望（Joel Garreau, *Radical Evolution: The Promise and Peril of Enhancing Our Minds, Our Bodies—and What It Means To Be Human*, New York: Doubleday, 2004, pp. 196 – 200）。他认为软件编码将永远限制人工智能的发展，但科学进步可能会带来深刻的文化变革（向着更好的方向发展）（One Half of a Manifesto）。其他知名的研究人员，比如雨果·德·加里斯和凯文·沃里克，虽然二人热切地期待着末世的到来，但他们也意识到人类会对这些变化的发生感到后悔（Menzel and D'Aluisio, *Robo Sapiens*, p. 32）。

[②] Menzel and D'Aluisio, *Robo sapiens*, p. 76.

[③] Menzel and D'Aluisio, *Robo sapiens*, p. 89. 不同于大多数日本机器人专家，广濑茂夫（Hirose）反对制造人形机器人（从工程学而非形而上学的角度）。尽管广濑茂夫对人形机器人很反感，但他与西方研究人员没有什么共同之处。当莫拉韦克、科兹韦尔以及他们的美国同僚主张人工智能和机器人技术将使人类灵魂永垂不朽时，广濑茂夫否定了机器人应该能够不朽的设想（Menzel and D'Aluisio, *Robo Sapiens*, 89）；他的立场让人联想到佛教教义对万物无常的强调。

[④] 拉尼尔还谴责美国机器人技术和人工智能领域中人类需求和机器需求之间的不对称性。他不认为未来机器的需求应该比人类的需求更重要（"One Half of a Manifesto: Response to the Reality Club", *Edge*, 11th November 2000, http://www.edge.org/discourse/jaron_answer.html）。

器需求和技能的压力，而非由机器来适应工人；假如软件代码在未来变得更加稳定，这可能成为机器统治地球的第一步。① 雨果·德·加里斯（Hugo de Garis）的观点甚至比莫拉韦克更加激进。他认为宇宙级的智能计算机理应成为宗教崇拜的对象。② 在他看来，机器的价值要远超人类。如果人类的灭绝是由于被他称为"人造智者"（Artilects）的计算机的发展而发生，那么他愿意牺牲整个人类种族。加里斯为"人造智者"服务，而 Asimo 则为人类服务，这种差异也许就是诸多的西方评论家害怕机器人和人工智能力量的缘由。

四　结语

宗教环境影响我们对自然世界的看法，从而指导科学实践；当我们以不同的方式看待世界时，我们就会以不同的方式实践科学。③ 美国和日本在机器人和人工智能方面的不同做法表明了同一科学领域是如何因从业者的宗教背景而走向分歧。对宇宙目的的持续追求以及通过净化的、超验的身体寻求救赎的信念，促使美国研究人员专注于探索人工智能的发展以及永远丢弃肉体束缚的方法。神道教对自然世界和人类技术的神圣化，以及神道教与佛教对人类生活的积极诠释，则推动了日本机器人工程的发展、大众对人形机器人的追捧。

大众科普读物为研究科学、自然世界观、宗教三者之间的关系提供了绝佳的机会。正如机器人故事是"文化与科学的交汇点"④，机器人科学出版物也衔接了人们的自然世界观与文化观。在对机器人和

---

① Warwick, *March of the Machines*, p. 128. 沃里克显然反对这种控制权的逆转。
② De Garis, *The Artilect War*, p. 104.
③ 所有文明中的科学实践都与其宗教环境相关联，这种关联很可能在任何时代都是如此。虽然本文的范围主要局限于20世纪末和21世纪初美国和日本的机器人技术，但这种影响实质上涵盖了更广阔的科学史。
④ Sena Hideaki, "Astro Boy Was Born on April 7, 2003", *Japan Echo*, Vol. 30, No. 4, August 2003, pp. 9 – 12.

人工智能研究的描述中，科学家们展示了形塑其研究范式及方向的宗教世界。虽然许多人都是不可知论者，乃至无神论者，但是宗教仍然对他们的工作葆有影响。再多的唯物主义科学实践也不可能消除人的文化基础；个体成长与受训的宗教环境促成了他看待自然世界和实践科学的方式。

第四章　互联网宗教信息

关于我国宗教大数据的初步构想

◇董　栋

信教人数一直是宗教工作的一项基础数据，对决策有重要参考作用。长期以来，对这一基础数据的统计一般采用社会学抽样调查的方法。然而，这种统计方法在准确度和时效性上有一定局限，导致"我国到底有多少宗教信徒"这一问题一直以来都难以准确回答。本文提出通过"大数据"的统计方法，从追问"我国到底有多少宗教信徒"向考察"宗教在我国到底有多活跃"转变，进而解决因人数统计不准产生的问题。

一　传统统计方法的局限性

社会学抽样调查是社会各领域常用的统计方法，具有一定的科学性，能够反映某一领域的基本情况。但是这一方法用于信教人数统计时存在一定局限性。

一是受人为因素影响较大。对信教人数的统计有别于经济等其他领域的统计，其本质是对"态度"的统计，而不是对"行为"的统计，调查对象可能受各种因素的影响而隐瞒信仰宗教的事实真相，调查者无法进行验证。

二是受宗教自身特点的限制。有学者指出，佛教、道教信仰具有"弥散性"特征，组织化程度不高，没有清晰的"成员"界定。有些群众虽然烧香拜佛、抽签打卦，但对于是不是宗教信徒，往往自己也说不清楚，难以通过抽样进行统计。

三是受统计标准影响较大，比如一些群众自称信仰宗教，但几乎从不参加宗教活动，如果按照参加宗教活动的频次进行统计，结果可能大相径庭。

四是抽样调查成本高、周期长。抽样调查需要耗费较大的人力、物力，投入的成本属于一次性支出，几乎不可重复利用，不具有"基础设施"属性。并且由于成本高、耗时长，抽样调查也不宜频繁开展，存在滞后性问题，无法反映宗教领域的动态变化。

二　完善统计方法的主要思路

凡有行为必然留下痕迹，它比信与不信的表态更接近"真相"，也更便于统计。可以运用大数据的方法，通过网上、网下两条途径获取与宗教相关的行为信息，进而反映宗教在我国的活跃程度。

（一）数据的获取

网上方面：网民与宗教相关的日常行为，比如发布涉及宗教的信息、参与涉及宗教的活动、搜索与宗教相关的内容等，都会以计算机数据的形式被记录下来。这些数据一部分存在于互联网公共资源中，比如网站、微博等，可以通过计算机爬取工具获得。另一部分存在于互联网平台内部，比如微信、抖音中涉及宗教的信息、视频，电商平台宗教用品销售情况，以及搜索引擎的宗教类关键词分布等，需要平台配合提供。这两部分数据可以涵盖网上涉宗教的基本情况。

网下方面：重点统计宗教活动场所的人流量。比较有效的方式是结合宗教活动场所的具体位置，通过特定技术手段，统计指定时间段进出宗教活动场所的人数。这种方式一方面可以有效排除那些从不参加宗教活动的所谓"信徒"；另一方面还可以将那些对宗教感兴趣、在一定程度上有助于扩大宗教影响力的群体统计在内，更为准确地反映宗教对群众的吸引力。

此外，政府行政部门处理日常事务产生的办公数据，金融系统掌握的组织资金往来、商业交易记录，卫星遥感系统对场所面积、分布等的测量数据等，都能反映宗教领域的重要情况，应当被纳入统计分析范围，汇总形成我国"宗教大数据"。

（二）数据的分析

对"宗教大数据"的分析主要实现以下目的：

1. 掌握总体情况。统计指定时间段内，网上共计发布多少涉宗教信息，转发情况如何；现实中总共有多少人进出宗教活动场所；互联网平台上的宗教类账户占多大比例，粉丝量、关注量如何等。

2. 反映动态趋势。通过数据的年度、月度等周期性对比，实时掌握宗教领域的动态变化。同时开展不同宗教、不同地域、不同时段的对比，分析哪些宗教在互联网上更为活跃，哪些地区、哪些时间节点的宗教活动人流量大、活跃度高，哪些互联网平台是涉宗教信息的主要发布渠道。

3. 刻画群体特征。根据用户属性、活跃程度、兴趣关注等对互联网平台涉宗教群体进行"画像"，进行结构特征、行为路径等方面的分析。

4. 实现特定功能。利用互联网社交平台产生的数据，分析网民对宗教信息的反映，掌握其态度倾向。通过分析关键词与过往宗教舆情的关联性，建立网上宗教舆情监测体系。通过对网上涉宗教信息的发布、转载等路径分析，研究宗教网络传播的机制。

三 大数据统计方法的优势

虽然目前我国宗教信徒的年龄结构偏大，一部分人不会使用互联网设备，也很少到现实中的宗教活动场所。但在可见的将来，我国的宗教信徒绝大多数都将与互联网、物联网对接，他们的一举一动都会留下痕迹、形成数据，运用大数据手段进行宗教信息统计具有较好的前景。随着技术的发展，大数据对我国宗教领域基本情况的反映将会具有越来越高的准确度，其所反映的宗教活跃度比信教人数更接近真实情况，蕴含的信息也更丰富，因此有必要从现在着手，突破传统统计理论体系的框架，创新思路方法，推动范式变革。

大数据统计可以在一定程度上克服抽样统计方法的局限，比如：大数据是对"全数据"的分析，可以提高分析的覆盖面和准确度，不会放大或者忽略问题；大数据是对行为的分析，可以克服"隐藏身份"的问题；大数据是实时的数据分析，可以提高统计频次，实现信息的动态更新和日度、月度、年度周期对比；大数据分析模型涉及多种维度，可以进行细致"画像"，反映群体的兴趣、态度、倾向等，掌握宗教发展趋势和舆情走向；大数据可以更好地反映信息路径和事件关联性，有利于提高社会治理水平。

从更高维度看，转变宗教数据统计范式，有利于摆脱国际宗教人权斗争中的西方话语权体系。比如美国长期资助皮尤研究中心（Pew Research Center）等智库开展全球范围的信教人数统计，并且将这些数据作为攻击、抹黑他国宗教信仰自由状况的重要依据，成为其国际宗教人权斗争话语权的重要支撑。我国则相对被动，甚至在宗教学研究方面不得不引用国外智库的数据。避开统计"人数多少"，转向考察"活跃程度"，可以有效摆脱西方话语体系，在国际宗教人权斗争中获得更多的灵活性。

四 大数据统计方法存在的问题与分析

（一）顶层设计问题

通过大数据方法分析我国宗教领域的活跃度，涉及宗教的方方面面，与社会其他领域也有交叉，复杂度高，需要做好顶层设计。"宗教大数据"来自网上、网下，渠道复杂多样，但最终需要汇总到一个统一的大数据平台进行处理，对平台的设计提出了较高的技术要求。

对于基础框架，可以与工信、网信等部门合作，参考目前较为成熟的安全预警、医疗卫生、交通运输等系统进行研究，利用上海、贵州等地现有的大数据和云计算平台进行总体设计。

（二）标准制定问题

宗教"活跃度"是一个新概念，对于宗教行为怎样才算活跃，国内外尚无统一的标准。对于标准的制定，既要考虑政策导向和管理需要，同时也要结合各宗教的特点，这在一定程度上增加了数据采集、处理的难度。研究者可以参考经济、人口等其他领域，从最常见的宗教行为入手，形成基本标准体系，在探索中逐步完善。

（三）数据安全问题

"宗教大数据"的采集渠道相对封闭，境外难以获取，但如果泄露，对国家安全将造成一定影响，同时由于其敏感性，也会引起境外炒作。因此，全国范围的"宗教大数据"应当作为国家秘密，数据采集应当通过保密方式进行，汇总后应当隔离储存、专网专用。此外，对于是否侵犯"用户隐私"问题，本文认为"活跃度"是宏观分析，不涉及某一单个个体的信仰状况，但必要时可以同步推进立法，实现"宗教大数据"统计应用的法治化。

（四）工作机制问题

"宗教大数据"的采集、分析、应用可以由政府牵头，多方共同参与。涉及通信、金融、测绘等领域的，可以考虑将相关部门纳入工作机制。需要互联网平台提供内部数据的，可以由网信部门协调，与其建立数据共享机制，指导平台对监管开放。同时可以考虑建立党政、企业、学术多方面合作伙伴机制，开展联合攻关。

（五）成本投入问题

开展"宗教大数据"分析是一项"基础设施建设工程"，需要投入一定的成本，与抽样调查相比，大数据分析前期投入的成本较高，但优势在于后期可以长期反复利用，从长远来看利大于弊。可以考虑两种方式：一是建立单独的"宗教大数据"处理平台，保密程度高，但相应的研发、存储、计算成本也高。二是依托现有的大数据平台，购买云服务，将宗教作为一个单独的模块进行分析，时间短、见效快、成本低，但需要注意保密性。

散布与集聚：宗教信息在互联网上的结构特征初探

◇黄海波

互联网宗教现象复杂多维且变化莫测，对其理解和把握需要多角度的扎实研究，而基础性研究尤其重要。一方面，很多不假思索而使用的概念模糊含混，歧义频仍，需要厘清并获得共识；另一方面，互联网宗教现象之呈现方式和结构特征，是准确把握这一现象及其核心概念的基础。严格而言，互联网"上"的宗教主要以"宗教信息"为其存在和呈现的方式。人们使用这些信息而在日常生活中组织其宗教实践①，形成"线上"与"线下"既分离又联动、以互联网作为媒介的复杂的互联网宗教现象。所谓互联网宗教，就是围绕互联网上的宗教信息展开的以维持和增进宗教信仰及其体验为目的的活动。这样，就把宗教的学术研究以及宗教团体和宗教信仰者个体"为了非宗教性的目的"而使用互联网信息——无论这些信息是宗教的还是非宗教的"——排除在互联网宗教现象之外。那么，互联网上的宗教信息呈现出何种结构性特征呢？

---

① 这些宗教实践既包括集体性的"宗教活动"，又包括个体体验性的；使用的方式既可以是"联网在线"的，又可以是下载以后在非联网状态下的使用；线上的参与既可以是完全公开的，又可以是设立边界和门槛的私密活动；集体性的宗教活动既体现为传统的共同在场，又可以是散点式分布在不同地点同时进行。

一　互联网宗教信息在互联网应用上的散布与集聚特征

2021年正式颁布的《互联网宗教信息服务管理办法》（以下简称《管理办法》）第六条列举了宗教信息在互联网上的发布途径、表现形式以及内容范围：

第六条　通过互联网站、应用程序、论坛、博客、微博客、公众账号、即时通信工具、网络直播等形式，以文字、图片、音视频等方式向社会公众提供宗教教义教规、宗教知识、宗教文化、宗教活动等信息的服务，应当取得互联网宗教信息服务许可……

该条明确指出，互联网宗教信息的呈现方式主要有"文字、图片、音视频等"，其发布途径则是通过"互联网站、应用程序、论坛、博客、微博客、公众账号、即时通信工具、网络直播等形式"。在此，所列举的"互联网站……"虽然是宗教信息得以展示和传播的主要途径，但并没有穷尽所有类型，一些并未包含在上述列举名录中的形式，或者随互联网技术发展而新出现的形式，也有可能成为宗教信息的传播途径。当然，从另一方面来看，有些形式可能并不适合宗教信息的发布和展示，如果误以为宗教信息可以毫无障碍地在所有互联网应用形式上扩散，无疑也会夸大问题。因此，有必要对宗教信息在互联网上的展示与传播可能利用的方式作进一步的梳理。

能够被用来发布和传播宗教信息的网站、应用程序、论坛等属于人们在日常生活中所使用的"互联网应用"，它是指通过预装、下载等方式获取并运行在PC和移动智能终端上，向普通网民用户提供信息服务的应用软件。根据中共中央网络安全和信息化委员会办公室、中华人民共和国国家互联网信息办公室和中国互联网络信息中心每年联合发布的《中国互联网络发展状况统计报告》,目前,我国"互联网应用"主要有以下 4 大类 17 种。

(1) 基础类应用。主要有即时通信、搜索引擎、社交网络、网络新闻和在线办公。

(2) 商务交易类应用。主要有网络购物、网上外卖、网络支付和旅行预订。

(3) 娱乐类应用。主要有网络游戏、网络音乐、网络文学、网络视频(含短视频)和网络直播。

(4) 公共服务类应用。主要有网约车、在线教育和在线医疗。

理论上,互联网宗教信息可以利用上述所有应用发布并传播。但是,考虑到宗教自身的特点和相关的法律法规,以及这些应用的功能及其监管状况,有一些应用不会成为宗教信息的"栖息地"。这些应用主要是"公共服务类"的网约车、在线教育和在线医疗;"商品交易类"的"网上外卖""网络支付"和"旅行预订"。此外,尽管"娱乐类"应用中的"网络游戏"可能存在某些宗教类元素,如符号、配乐和故事情节等,它们在某种意义上也可能对使用者的宗教兴趣与知识乃至宗教性的体验有所影响,但相对比较零散,不足以成为"为了宗教目的而使用"的信息元素,而且国家对网络游戏中的政治或宗教问题的监管也比较严格。除上述几种应用之外,其他互联网应用都可以用来发布和传播宗教信息。

首先,在基础类应用中,"即时通信"和"社交网络"是当前互联网宗教信息的主要发布和传播渠道。其中,微信、QQ 等即时通信类和微博等社交类平台已全面进入人们的生活,是注册用户规模最为庞大和最为流行的基础类应用。在这些应用平台中,不仅有不少专门的宗教类账号以宗教类信息的发布为主要内容,而且很多宗教信仰者以及部分非信徒的个人账号也有数量不等的宗教信息发布和转发。此外,"即时通信"平台还形成大量私密性的"圈群",其中不乏围绕宗教而组建的"圈群",其数量和信息内容难以把握。在"远程办公"类应用中,宗教信息主要借助 ZOOM、腾讯会议等以开展线上会议的方式传播。"搜索引擎"平台则本身不包含宗教信息,主要是寻找教信息的重要工具。"网络新闻"的管理十分严格,这类平台中的宗教信息主要是正规的宗教界新闻。

其次,商务交易类应用中,主要是一些购物平台售卖宗教经典以及佛龛、护身符、宗教标识饰品与画像等宗教用品。大众点评等旅游、生活资讯平台中,涉及宗教的内容多为宗教场所打卡、宗教特色餐厅餐馆的推荐点评等,以及个人分享点评的文字和图片中使用一些宗教祈福语或配以宗教经典中的章节文字现象。

最后,在娱乐类应用中,主要是"网络视频(含短视频)"和"网络直播"中存在一定数量的宗教信息,其中,以原创动漫以及传播传统文化、禅味"心灵鸡汤"、武术、养生内容的佛道教信息的数量相对较大;其他还有赞美诗教弹/唱、宗教画作欣赏、宗教建筑摄影、宗教场所打卡、个人宗教体验表达和交流、宗教故事与经典的分享等。有声读物平台则有宗教经典的讲解学习内容等。"网络音乐"和"网络文学"平台中也有一些涉及宗教的音乐与文学作品。

因此,宗教信息发布与传播可能利用的"互联网应用",大体上涉及4大类15种应用中的10种。而"网约车""网络支付"等6种应用,由于其功能特点与监管情况,不太可能成为互联网宗教信息的"栖息地"。而其余10种应用均不同程度地成为宗教信息存在和传播的渠道,体现了宗教信息在"互联网应用"类型上的散布特征。但是,即使在这些可以用来发布、展示宗教信息的"互联网应用"中,真正能够为宗教目的而使用的信息,则相对集聚在若干个主要的应用中,如传统网站、微信公众号、短视频和移动APP,它们构成了互联网宗教信息的主要供给渠道,这正是《管理办法》所列举的形式。

二 互联网宗教信息在受关注度与影响力上的散布与集聚特征

单从互联网宗教信息自身来看,其类型多样,数量可谓庞大。但

散布与集聚：宗教信息在互联网上的结构特征初探

是，放在整个互联网海量的信息中，宗教信息占有多大比例？其关注度和影响力如何？在现有条件下，对这个问题可以通过对宗教网站的分析来把握，并进一步判断宗教信息的受关注度与影响力。我们假定，在互联网网站上的宗教信息分布情况，与在其他应用上的宗教信息的结构是基本一致的。网站是互联网基础资源，是用于展示特定内容的相关网页的集合。个人或团体、组织通过网站发布资讯；人们通过网页浏览器访问网站，获取自己需要的资讯。尽管进入移动互联网时代，随着智能手机的普及，人们的阅读习惯正不断向移动端和社交媒体平台迁移，PC端网站的浏览量不断下降。但是，网站仍然是互联网信息的系统存储和供给平台。而且，很多传统网站也实现了向移动端的转移，将其信息通过各种移动端应用而方便人们的获取。因此，宗教网站反映了宗教信息在互联网上的供给情况，它们的份额、受关注度和影响力等，是互联网宗教信息整体状况的一个缩影。本文发现：

首先，从数量上看，宗教网站在互联网网站总体中所占比例极小。对宗教网站的数量估计，可以结合我国目前合法宗教团体与场所的数量进行。①目前我国共有各类宗教团体5500个，经国家宗教局批准设立的宗教院校91个。[①] 因此，如果团体、院校和机构均开办有网站的话，这些运营主体的网站数量最高不超过5500余个。②我国共有依法登记的宗教活动场所14.4万个，其中约有10%有能力建设并维护网站，按此估算，约有1.4万个场所建有网站。③少量由宗教教职人员、信众群体或个人所建的网站。此类网站数量极为稀少，应该不会超过1000个。总体上，我国境内宗教界的网站不会超过2万个。

这是一个按"上限"估算的宗教类网站数量，实际数量要低得多。因为开办网站有较严格的管理和较高的准入门槛，需要有一定的资金和人力的投入，需要有专业团队负责设计和维护。因此，事实上有相当一部分基层宗教团体和场所并没有力量建立网站；更多的网站即使建立起来，也无力维护。同时，随着国家对互联网的管理越来越严格，以及网

[①] 国务院新闻办公室：《中国保障宗教信仰自由的政策和实践》，2018年4月。

站运营、维护成本较高等因素，相当数量的宗教网站已被关闭或停止更新，或处于更新频率较低的不活跃状态。即使按照2万个宗教网站估算，从数量上看似乎规模可观。但是，放到我国网站的总量中，宗教类网站所占比例微不足道。据统计，截至2021年6月，域名注册者在中国境内的网站数量总计为422万个。① 据此，即使按"上限"估算的境内宗教类网站数量，也只占网站总数的0.45%。

其次，从受关注度上看，评测网站运营质量和影响力的大数据权威工具"站长之家"的网站排名反映，宗教类网站影响力和吸引力整体较弱。与宗教相关且排名靠前的100个网站，散布在总榜单的第226位至15558位之间；其中，命理、风水、星座类的网站有56个，佛教网站23个，基督教网站11个，道教网站3个，伊斯兰教网站2个。也就是说，明确由宗教团体和场所建立的网站为39个，在这1.5万余个有一定影响力的网站中仅占比0.25%。在基督教网站中排名第一位的是"赞美诗"网，而它在网站整体排行榜中只位列第2401位。佛教界排名第一位的网站是"佛教在线"，它在整体榜单中位居第2629位。道教界排名第一的是"道教之音"网，它在整体榜单中列第4423位。"穆斯林在线"是伊斯兰教界最有影响的网站，在整体榜单中仅居第7803位。由于网站排行榜是根据搜索频率、浏览量、链接数、网页保存数等指标综合评定，较为准确地反映了人们对网站的需求、对相关信息的关注和阅读的情况。

最后，从影响力上看，宗教网站中，有一定影响力并方便获取的网站，大多为爱国宗教团体或信众运营、取得地方网信部门备案的合法网站。② 网站的"全网日均流量总和"、PC端和移动端的"关键词数"、"反链数"和网页"收录量"等主要指标，一定程度反映了网站建设的质量和吸引流量的能力。以基督教网站和佛教网站为例，受关注度较高的网站前十位的是（数据收集日期：2021年8月21日）：

---

① 中共中央网络安全和信息化委员会办公室、中华人民共和国国家互联网信息办公室、中国互联网络信息中心：《第47次中国互联网络发展状况统计报告》，2021年2月。
② 这是指在《互联网宗教信息服务管理办法》生效前取得备案登记，《管理办法》生效以后，将按新的规定取得许可。

散布与集聚：宗教信息在互联网上的结构特征初探

表1 影响力较大的若干基督教网站

网站名称	全网流量总和	年数	备案号	PC词数	移动词数	反链数	收录数
福音诗歌网	593—947IP	8	浙ICP备13000871号	111	133	155	2520
旷野呼声	1167—1865IP	6	浙ICP备11063712号	879	128	55	96763
赞美诗网	33731—53885IP	14	沪ICP备12022286号	6008	8576	8807	13900000
福音时报	164—262IP	15	京ICP备07014451号	120	29	1132	401000
圣网	95—151IP	15	豫ICP备15034727号	5	3	65	15110
基督教讲道	936—1498IP	9	浙ICP备16012591号	128	286	7	21504
福音家园	777—1241IP	13	粤ICP备08034129号	250	392	6	213644
基督教圣经	5459—8721IP	11	浙ICP备11063712号	1015	980	1346	91786
基督教讲章	310—494IP	6	浙ICP备16012591号	297	28	1	18505
祈祷基督网	27—43IP	10	粤ICP备16110710号	13	17	1	31712
中国基督教	654—1046IP	14	沪ICP备08101892号	232	51	105	28079
金陵协和神学院	337—535IP	14	苏ICP备08010385号	50	49	93	1555

235

表2 影响力较大的若干佛教网站

网站名称	全网流量总和	年数	备案号	PC词数	移动词数	反链数	收录数
中国佛教协会	2255—3603IP	15	京ICP备12007476号	407	484	564	511000
佛教在线	2425—3875IP	21	京ICP证020416号	1107	1129	980	153461
佛教凤凰网	8334—13312IP	16	京ICP证030609号	3656	3402	466	1031911
菩萨在线	1065—1704IP	11	沪ICP备11045921号	313	469	278	198193
新浪佛学	2903—4637IP	22	京ICP备000007号	1619	889	—	677094
佛教导航	564—902IP	14	京ICP备20016566号	238	343	407	259407
慧灯之光	120—194IP	9	京ICP备16026225号	32	30	34	15520
中国佛学院	516—826IP	14	京ICP备15002843号	68	85	146	136000
峨眉山佛教网	225—361IP	14	蜀ICP备07002121号	54	56	328	15158
南普陀寺	691—1103IP	17	闽ICP备13013638号	175	181	214	103701
三亚南山寺	48—78IP	7	琼ICP备13002584号	14	13	44	178044
空林人生佛教网	89—141IP	3	蜀ICP备18024066号	2	5	6	11800
庐山东林寺	788—1258IP	18	赣ICP备11002445号	236	204	126	19600

因此，如果按照理论上的推断，宗教类网站的上限为 2 万个（实际上要少得多），但在整体网站中所占比例不足 0.5%。这一方面意味着宗教信息散布在一定规模的网站上，同时由于整体互联网网站的巨大体量，宗教网站"淹没"其中，加剧了其散布性特征。另一方面，宗教网站的受关注度和影响力整体较弱，并集中在若干具有相对较高关注度的网站，这些网站成为宗教信息在互联网上的主要来源，呈现出互联网宗教信息的集聚特点。

三　互联网宗教信息在新媒体账号上的散布与集聚特征：以某市为例

东部沿海某市是网民数量和质量较高、互联网基础设施建设较为发达的城市，其互联网宗教信息在该市宗教新媒体账号上的存在态势也同样反映出散布与集聚的特征。该市宗教界在《管理办法》出台前共运营微信公众号 202 个，微信小程序 11 个，音视频 4 个，微博 9 个，百度网盘 1 个，共计 227 个新媒体账号，其基本情况如下。

1. 注册时间

某市宗教界开始涉足新媒体始自 2012 年，该年有一个新账号注册，即某区天主教田神父的个人微博。此后宗教界注册新媒体账号逐年增长，2017 年至 2021 年的 5 年间注册的新媒体账号共有 139 个，占比 61.5%，2012—2016 年注册的共 88 个，占比 38.5%，超过半数的新媒体账号是在近 5 年内注册运营的，2012 年至 2015 年宗教界新媒体账号注册增长较快，2016 年开始虽然每年仍稳定增长，但增幅呈下降趋势。但是，疫情对宗教界网络应用的刺激十分明显，2020 年有 57 个新账号注册，占总数的 25.2%。也就是说，有 1/4 的新媒体账号是在疫情当年新注册的。

2. 运营主体

某市的新媒体账号多数由团体或场所运营，数量为 194 个；有 33 个账号是由个人运营。分别占总数的 85.5% 和 14.6%。按教别看，

数字化时代的"互联网+"宗教研究

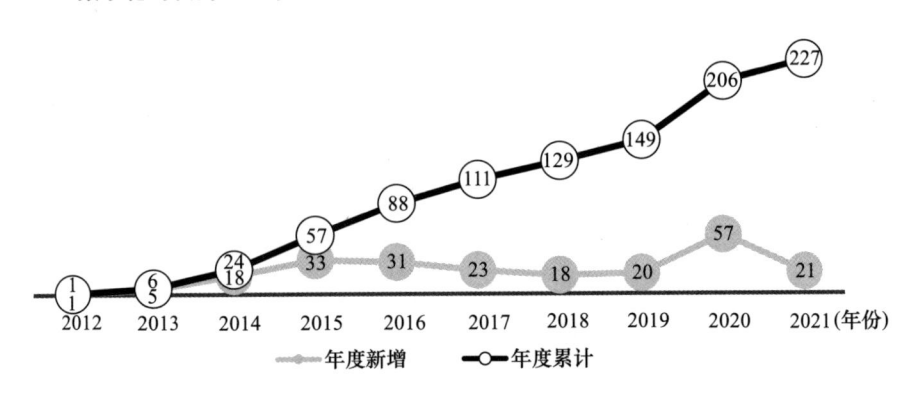

图1 十年来某市宗教界新媒体账号注册增长情况

拥有新媒体账号数量最多的是佛教界，共有110个账号，占比48.5%，接近宗教界账号总数的一半。基督教界有74个账号，占比32.6%。道教28个账号，占比12.3%。天主教14个账号，占比6.2%。伊斯兰教只有市伊协运营了1个账号。

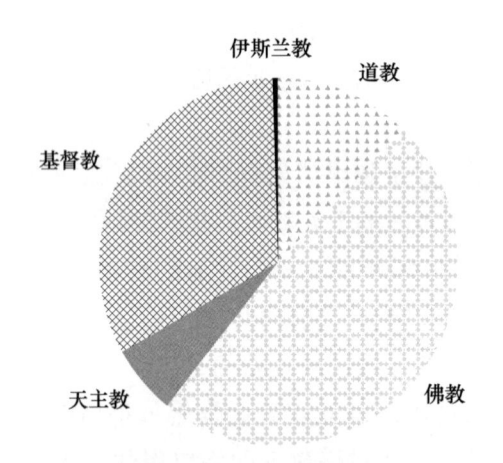

图2 某市五大宗教拥有新媒体账号数量

3. 影响力

某市宗教界新媒体账号共拥有粉丝数281万人次（其中有不少是同时为多个不同账号的粉丝），但粉丝数的规模相差悬殊。根据粉丝数所评估的影响力可分为以下几个层级。

第一层级。每个账号均超过或接近 10 万名粉丝：微信公众号有道教某宫观（82.2 万人），佛教某禅寺（28 万人），佛教某古寺（17.1 万人）和佛教某佛寺（9.9 万人）；微博有佛教"某法师"（48 万人）和佛教某禅寺（12 万人），该禅寺在喜马拉雅音频网站的播客账号则有 20 万名粉丝。这 7 个账号的粉丝数达到了 217.2 万人，占总粉丝数的 77.3%。这意味着，在某市宗教界所有新媒体账号的粉丝中，有 77% 的粉丝被上述 7 个佛、道教界的账号所吸引，这 7 个账号的运营主体则分属道教（1 个）和佛教（3 个）的 4 个场所。

第二层级。每个账号粉丝规模在 1 万—5 万人，全部是微信公众号，共有 16 个账号。这一层级的账号总计有粉丝 29 万人。

第三层级。粉丝数在 5000—1 万人/账号，共 19 个账号，粉丝共 13.5 万人。

第四层级。粉丝数在 1000—5000 人/账号，共 74 个账号，粉丝共 17.7 万人。

第五层级。粉丝数在 1000 人以下，共 100 个账号，粉丝共 3.3 万人。

以上五个层级的新媒体与粉丝数的关系在图 3 得到清晰展示。

表 3　　　　　某市新媒体账号粉丝数分层

层级	粉丝数（万人）	账号数（个）
第一层级	217.2	7
第二层级	29	16
第三层级	13.5	19
第四层级	17.7	74
第五层级	3.3	100

从运营主体角度看，有 16 个场所、1 个个人（某法师）、1 个基金会（某佛教文教基金）和 2 个团体（市伊斯兰教协会和市基督教

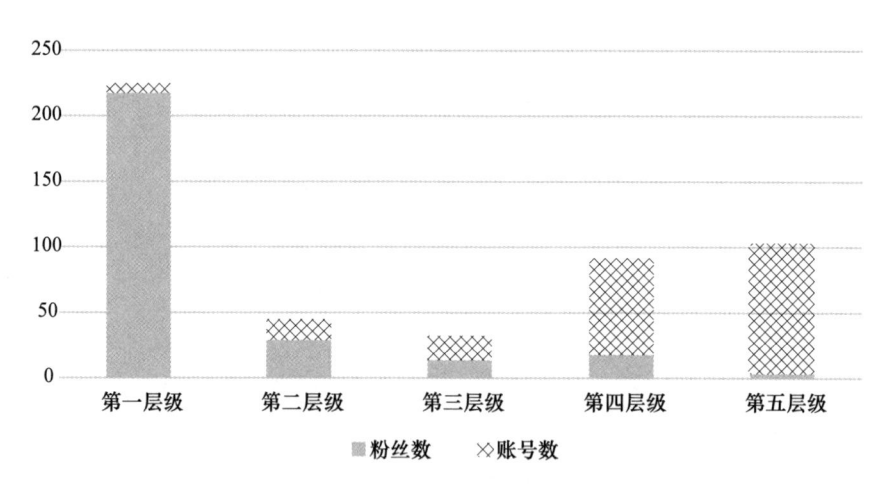

图 3　某市宗教界新媒体账号数与粉丝数示意图

"两会")运营的共 31 个新媒体账号,每个账号都吸引到超过万人以上的粉丝,合计共 249.5 万人,占该市所有宗教新媒体账号粉丝总数的 88.8%。这是该市宗教界拥有最具影响力新媒体的 20 个单位,这也表明,该市新媒体账号的影响力较为明显地向着若干大账号集中。

再从各个宗教的情况看,该市佛教界的 110 个账号共有 167.8 万名粉丝,道教界的 28 个账号共有 94.4 万名粉丝,佛道教的这些账号总计吸引了 262.2 万名粉丝,占总数的 93%。基督教界的 74 个新媒体账号共有 15.88 万名粉丝,占比 6%。伊斯兰教和天主教的账号分别有 1.86 万名粉丝和 1.15 万名粉丝,两者一共占了粉丝总数的 1%。除了道教以外,佛、基、天、伊四大教的账号粉丝数与这几个宗教在现实中的人数比例格局基本一致。道教尽管在现实中人数不多,且其新媒体账号数量也较少,但这些账号的粉丝数却列居第二,远超过基督教。这或许意味着道教所代表的中国传统文化吸引了更多的非信徒。

总之,从某市宗教界所运营的新媒体账号可以看出,移动互联网时代发布宗教信息以建立的微信公众号、微信小程序为主,宗教信息散布在这些新媒体平台。但是,主要通过粉丝数所反映的关注度和影

散布与集聚：宗教信息在互联网上的结构特征初探

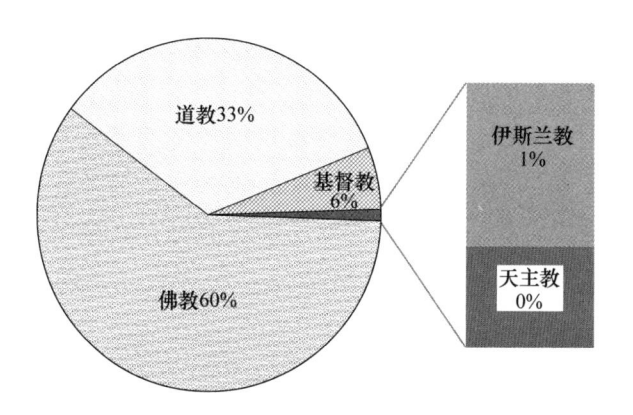

图4 某市各宗教新媒体账号粉丝数

响力主要集中在有限的几个账号。

四 散布与集聚：宗教信息在互联网上的结构特征及其价值

以上分析所采用的数据和案例，反映了《管理办法》出台落实前，我国互联网宗教信息的结构性特征。这一时期由于没有专门针对互联网宗教信息发布与传播的规范性文件，互联网宗教信息在一种近乎自然的状态下发展。当然，这种自然状态并非完全无序的，它同样受到有关互联网治理的其他法律法规以及一般公序良俗规范之制约。宗教信息在这种相对自然的状态下所形成的结构性特征，在一定程度上是宗教信息在发布者、使用者以及互联网技术本身的发展共同作用下的产物，体现了互联网宗教信息产生、传布的规律。在《管理办法》生效后，新的规范将对宗教信息在互联网上的呈现有更加明晰的规范和调整，但此前的结构性特征所反映的互联网宗教信息的运动规律，将在新的规范性框架下继续得以呈现。也就是说，互联网宗教信息的散布性与集聚性特征将重新出现。因此，把握这一特征，能够更有效地在《管理办法》的引导下确保互联网宗教信息的健康发展。

互联网宗教信息的结构性特征，主要体现为散布与集聚的并存。

散布是指宗教信息扩散在不同的互联网应用中，集聚是指宗教信息相对集中在若干互联网应用中，以若干互联网应用为主要的发布与传播途径。宗教网站与新媒体平台也呈现出同样的散布与集聚特征，这种特征尤其体现在网站与新媒体平台中宗教信息的关注度与影响力上。对这一结构特征的把握，可以推进我们对互联网宗教信息的理解，改变过去单纯依据网站数量的估算来理解互联网宗教信息的不足。

以往关于互联网宗教的研究，都倾向于认为互联网促进宗教的发展，其主要理由是宗教类网站、网页的数量在10多年里有了快速增长。① 但是，这种判断存在诸多问题。这些问题主要是：①不同研究者估算的中文宗教网站或网页的数量相差很大，且没有基于统一方法而获得的长时段连续性数据，因此无法判断宗教网站和网页的增减情况；②由于国家互联网管理举措、网站运营者自身能力等原因，宗教类网站和网页的变动极大，很多网站事实上无法打开浏览，不具有扩大宗教信息传播和宗教影响的作用，但仍然包含在被统计的宗教网站的总数中；③所估算的宗教类网站和网页数量，虽然单独看规模巨大，但即使按最大值估算，放在中文网站和网页的总体规模中，其所占比重也是极其微不足道的；④通过点击率、浏览量等反映的网站影响力在宗教网站中有极大差异，大量宗教网站的浏览量相当低，充其量只是部分信徒的内部信息交流工具，虽然挂在网上，但基本无法吸引公众关注。因此，仅仅根据宗教网站、网页的数量估算无法相对准确地了解互联网对宗教增长是否有影响。互联网上宗教类网页的数量及其增减，与现实中宗教规模的增减、宗教的吸引力和影响力等很难直接挂钩。

而从互联网宗教信息的结构特征出发，可以较为清晰地把握宗教信息在互联网上可能的影响力和受关注度，并且明了大部分宗教信息

---

① Shengju Xua, and Heidi A. Campbell, "Surveying Digital Religion in China: Characteristics of Religion on the Internet in Mainland China", *The Communication Review*, Vol. 21, No. 4, 2018, pp. 253 - 276.

可能居于受众面小、影响力弱的境况中。这就意味着,在依据《管理办法》治理和规范互联网宗教信息的过程中,应将重点放在集聚着宗教信息的互联网应用以及相关的互联网平台,对于大量散布而受关注度微弱的平台与传播途径,可以在日常管理中,发挥多元治理主体的积极性加以规范和引导,不必平均用力,分散有限而宝贵的行政管理资源。

当然,对互联网宗教信息结构特征的分析只是一个初步的研究,或是下一步研究的起点。在《管理办法》生效后,互联网宗教信息的运动与分布规律还需要继续深入研究,并在此基础上将研究视角扩展到互联网宗教信息的内容、传播方式、影响方式等更加复杂的主题。

互联网宗教信息功能的哲学思辨与逻辑推演

◇梁卫国

作为一个新兴的研究领域，不同研究者对互联网宗教信息功能的"他者"有"网络宗教""互联网宗教""互联网+宗教""宗教网络舆情"等模糊性表述。甚至有的学者在自己同一篇文章中对这些概念的表述也是不一致的。因此，建立科学的互联网宗教信息功能的概念系统，日益成为互联网宗教信息功能研究的必要前提。那么如何建立这一概念系统呢？我们认为，可以从**互联网宗教信息功能的逻辑推演、互联网宗教信息功能学术谱系、哲学基础、概念内部**给予辨析。

一 现代信息论视域下的人神交往：互联网何以改变宗教？如何改变宗教？

在缪勒等宗教学家看来，宗教的本质就是那种"**领悟无限者（神灵）的主观本能**"。这位"无限者（神灵）"既不是感性所能领悟的，也不是理性所能理解的。感觉所感知、理性所理解的那些东西（当然可有多种表达）都只能是有限之物，而宗教的"神灵"则是超感知、超理性的无限者。既然人们无法感知、理解那个无限存在者，那么人如何来认知神灵呢？缪勒等人认为，人的自我意识还有一种"信仰"

互联网宗教信息功能的哲学思辨与逻辑推演

的潜在功能，这是除了感觉和理性这两种能力以外的能力。① 关于人如何才能主观地、天然地"领悟"到那个"无限者（神灵）"，宗教学家指出了很多修行的路径，比如佛教的戒定慧，基督教的信望爱，伊斯兰教的五功六信等；哲学家也有很多论述，比如柏拉图的理念世界的观点，笛卡尔通过有限的"我在"和无限的上帝观念的矛盾推导出上帝实体的存在，康德通过感性、知性、理性等理念论证认为人难以认识无限者等。在这里，我们尝试用现代信息论来阐述这一人神交往路径。

我们假设将此"无限者"（不管其被称为上帝、安拉、佛陀、梵天还是其他名称的神灵）称为 A，为实现认识、亲近 A 的目的，人们 C 选择了经典文献（如《圣经》《古兰经》《阿含经》《道德经》《阴符经》等）、雕塑建筑（如寺庙、道观、教堂等）、语言文字（如梵语、希腊语、波斯语等），甚至是音乐舞蹈（如梵呗、基督音乐、弥撒仪式等）等中介者 B 来把 A 表达出来。在没有互联网之前，佛像、十字架、寺庙、教堂这些"表法"的工具 B 通过自己的物理属性（可触摸、有重量、有体积、有密度、有颜色、有气味等）实现着与自己本体 A 的信息互动，信息按照 A→B→C 或 C→B→A 的方式往复反馈、流动。比如，一位在禅堂做早课的佛教比丘 C_1，在用 B_1《佛教念诵集》来唱诵《心经》的时候，可以对观世音菩萨、舍利佛尊者等神灵 A_1 做"随文观想""随文入观""随文作观"。这样，这位比丘就会获得一种对最高崇拜者的宗教体验（如感恩佛陀的慈悲、崇敬佛法的大能等），"与这个更高的世界达成或融洽或和谐的关系"，"一种新的热情像天赐的礼物一样进入生活"。② 在此过程中，信息按照 $A_1→B_1→C_1$（$C_1→B_1→A_1$）方式流动。那么 C_1 与佛像、经书 B_1 和他心中 A_1 之间更多的是一种"刺激—反应"关系。在这种往复循环中，比丘"领悟"到了那个"无限者"，并获得自己特有的宗教经验

---

① 卓新平：《重新认识宗教学之源端——麦克斯·缪勒评传》，《世界宗教文化》2019 年第 1 期。

② 威廉·詹姆斯：《宗教经验种种》，尚新建译，华夏出版社 2008 年版。

和宗教感受。这些感受对比丘发挥独特作用的同时，宗教也发挥出功能。比丘或获得对困境现状的解释（此时正是磨炼、修行时），从而得到心灵的宁静和安慰；或强化自己对般若智慧的追求；或减少对他人的憎恨，缓和与其他人关系，激发真诚和英雄气概。

如果我们回到宗教活动现场，就会发现在这里的中介物 B 几乎都是在一定空间、一定时间的某个实体物质，常常是由原子组成的具有长宽高、有重量、可触摸、有颜色的有形物质 B，而不可能是其他地点的 B′或者其他时间的 B″。但超越空间限制、实现 24 小时在线的互联网 I 出现后，互联网 I 就可以将 B′或 B″导入信息沟通之中。这样原本的 A→B→C（C→B→A），就变成了 A→B′→C（C→B′→A）或 A→B″→C（C→B″→A）。我们以图 1 来表述互联网出现后对宗教功能发生的革命性变化。

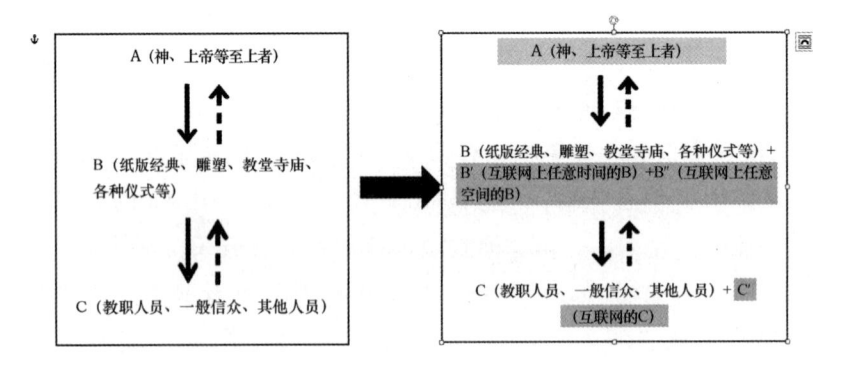

图 1　互联网成为宗教功能的革命性变量

B′和 B″的出现对宗教功能具有重要的、革命性的意义。它们的出现意味着在人类与无限者（神灵）沟通中出现了新的变数，此变数增加了意识自由发挥作用的空间。正因为意识有了无数可能性所构成的自由空间，一种表达才能够被另一种表达所解释，一种信息才能被另一种信息所理解，一种新的批判、反思才成为可能。从内容上看，正是互联网 I 提供了信息沟通的新平台，关于人神的交往关系就会演变出新的怀疑、追问、分析、比较、排除、抉择、诠释、创造等功能。从形式上看，I 的这个变量使宗教信息的数量增加了 B′和 B″。此信息数量是如此之多，提供速度是如此之快，信息宛若爆炸一般涌现到我们生活的世界。有人称这一现象为信息爆炸（Information Explosion）。这个信息爆炸改变着世界的政治、经济、文化等社会结构，成为信息时代的重要特征；而作为文化的一部分的宗教自然也被冲击、被塑造、被改变。

二 互联网成为宗教发挥功能的革命性变量

有人不免要问，既然宗教被冲击、被塑造、被改变，那么这些冲击、塑造、改变具体体现在什么地方呢？我们认为，互联网成为宗教功能发挥的革命性变量，至少体现在以下五个方面。

1. 宗教教义教理教规、宗教知识、宗教活动和其他涉及宗教的信息不断地被大量制造、复制和传播，这为更多人认知、体验宗教奠定基础；而宗教功能也在更多人那里发挥作用。在数量上，互联网宗教信息比非互联网宗教信息多得多，这些海量信息为人类处理信息生产、管理、检索等技术的出现奠定需求基础，比如提高运算能力的人工智能技术、提升网民信任度的区块链技术、提升视听互动效果的传感器技术等。这些技术也互为因果、相互促进，从而进一步促进信息大量产生。这些往返塑造、互为因果的宗教信息自然为宗教在个人、组织、社会等地方发挥功能奠定基础。

2. 互联网宗教信息的虚拟性创造出了一个更加强大的虚拟世界，依托虚拟空间宗教新功能得以创生并开始大量涌现，而**这个新功能是互联网出现之前的宗教所没有的**。在虚拟世界，信众有了更多的眼睛、耳朵等视听体验和感受。比如利用 GeoSpace 的虚拟仿真技术就能在网络上创造出一个虚拟的寺庙、教堂，而不必在实体物理土地空间上建造一个寺庙、教堂。在此虚拟空间，人们可以不用到实体寺庙教堂去（可能就是在一部联网的智能手机面前），也可以参加礼拜、唱诵，也能流下感恩的泪水，也能体验到人神合一，也能得到情感升华。这种网络上的宗教功能，给予人们新体验，宗教功能产生新变化。又如，在2020年新冠疫情期间，为防止病毒传播，人与人之间面对面的实体交流减少，而在互联网上，人们的祭祀、祈祷、修行等宗教活动明显增加。

3. 正如有了货币之后，人们越来越多地使用货币而逐渐减少使用金银一样，有了网络以后，人们越来越多地使用互联网宗教信息而逐渐减少对非互联网宗教信息的使用。随着网络成为万能的映射表达，互联网宗教信息功能在人的生活中占据越来越重要的位置。现在离开网络我们几乎寸步难行，点外卖、逛淘宝、看直播、订酒店、订电影票、打出租、坐地铁、收付款……当我们不知道自己想要什么宗教产品的时候，系统会自动给我们推荐产品；当我们没有钱购买服务的时候，平台允许我们提前预支。有时候，互联网平台企业甚至比我们都更了解自己。它们知道我们买过什么，知道我们住在哪里，知道我们有多穷，甚至知道我们长啥样（刷脸）。网络不仅拓宽了信仰和仪式等宗教活动的表达，而且将这种表达无限扩大至整个物理世界。也即，物理世界那些用来表达崇拜行为的佛像、十字架、陨石等器物载体，都可以用图片、影像、文字等形式映射到虚拟的网络世界。虽然这个虚拟的世界可能不好直接用触觉感知，但这种虚拟方式产生了远距离的传输、延伸了人类思维的范围。当然，随着技术进步，虚拟与现实差距越来越小，比如使用虚拟环境技术，参与者可以有更加直观的视觉、听觉感受，并可能交互地观察和操作虚拟世界，身临其境不仅不是梦，而且还会比现实更"现实"。如果"可见世界是更广阔的精神世界的一部分，前者的主要含义来自后者"[①]，那么互联网宗教信息可能会在人的器物世界中占据越来越重要的地位。

4. 互联网宗教信息有利于消除各信仰群体之间的误解和对立，降低军事对抗的可能性，发挥维护世界和平、促进人们和睦相处的

---

① 郭本禹：《威廉·詹姆斯与超个人心理学》，《南京师大学报》（社会科学版）2010年第5期。

功能。

5. 当人们越来越多地使用互联网工具来体认、追求无限存在者（神灵）的时候，那些之前需要通过物理器物实体表达的神灵信息，就越来越被计算机的正负电流抽象得越世俗化、私人化、平面化。[①]

当然，互联网成为宗教功能发挥的革命性变量还体现在其他方面。比如，互联网宗教信息的虚拟性既给人以创造性，又产生虚假性；它的快捷交互性既传播宗教信息文明，又创造网络暴力；它的超越性既给人以广阔自由，又带来制约失衡。

三 互联网宗教信息功能的逻辑推演

如果我们研究一个合成物的功能，那么可以近似地将其功能等同于此合成物各个组成部分功能的交集。按照此逻辑，如果我们要研究互联网宗教信息的功能，我们可以在宗教 R（religons）、互联网 I（iternet）、信息 M（message）这三个母概念功能的基础上来进行分析；并且可以得出公式1。

$$F_{(功能)} = R_{(功能)} \wedge I_{(功能)} \wedge M_{(功能)} + B_{(整体大于部分之和的部分+其他)};\quad （公式1）$$

在这里，$\wedge$ 为且；$R_{(功能)}$ 为宗教的所有功能集合；$I_{(功能)}$ 为互联网的所有功能集合；$M_{(功能)}$ 为信息的所有功能集合。

如果按照这一思路就可以将 $R_{(功能)}$、$I_{(功能)}$、$M_{(功能)}$ 三者集合列举出来，并求这三个矩阵的乘积。也即，求出三个矩阵的特征值就是互联网宗教信息的功能。我们尝试如下：

$R_{(宗教功能)} = \{R_1$ 社会角度：R_{1-1} 政治功能、R_{1-2} 经济功能、R_{1-3} 教育功能、R_{1-4} 道德功能、R_{1-5} 文化（详见 R_7 社会角度之文化功能论）R_{1-6} 科技、R_{1-7} 哲学…$R_{1-\infty}$；

R_2 个人角度：R_{2-1} 信仰、R_{2-2} 认识、R_{2-3} 调适、R_{2-4} 慰藉…$R_{2-\infty}$；

[①] 金勋：《互联网时代世界宗教的新形态》，《中国宗教》2015年第4期。

数字化时代的"互联网+"宗教研究

R_3 信仰角度：R_{3-1} 强化精神共同体，R_{3-2} 群体自身的团结，R_{3-3} 传承文化，R_{3-4} 心理调适，R_{3-5} 增强教徒间的认同感，R_{3-6} 为共享的价值和目标提供一种非理性的解释…$R_{3-\infty}$；

R_4 仪式的角度：R_{4-1} 社会群体定期重新巩固自身的手段，R_{4-2} 赋予人生不同于动物更深刻意义，R_{4-3} 通过仪式周而复始地来巩固信徒共同的感情…$R_{4-\infty}$；

R_5 积极功能：R_{5-1} 意义阐释，R_{5-2} 整合社会，R_{5-3} 稳定秩序…$R_{5-\infty}$；

R_6 消极功能：R_{6-1} 维护统治阶级，R_{6-2} 掩盖剥削的本质…$R_{6-\infty}$；

R_7 社会角度之文化功能论：R_{7-1} 人类精神文化生活中的高层次文化，R_{7-2} 哲学、道德、文学、艺术、科学等各种精神文化范畴的第一母胎，R_{7-3} 大多数民族和国家的精神支柱和文化方向，R_{7-4} 提升人生和改良社会，R_{7-5} 在民族文化中的地位和作用有不同类型，R_{7-6} 信仰依托和道德教化，R_{7-7} 与世俗文化的互动表现为良性和恶性的交替并存①，R_{7-8} 在伦理方面使人类的生活与行为神圣化，R_{7-9} 可能获得最强大的社会控制权，R_{7-10} 为人类提供了较强大的内聚力，R_{7-11} 使人类成为自己命运的主人，R_{7-12} 消除人生的一些苦闷②…$R_{7-\infty}$；

$R_{n-\infty}$ }

说明：n>7，为正整数；鉴于马林诺夫斯基、吕大吉、牟钟鉴、张志刚等学者大都把宗教作为一种文化来研究，故本文特别从宗教的文化功能进行研究。

$I_{(互联网功能)}$ = { I_1 硬件资源共享：I_{1-1} 工业控制系统，I_{1-2} 工业管理系统，I_{1-3} 决策支持系统…$R_{1-\infty}$；

I_2 软件资源共享：I_{2-1} 降低个体被纳入系统的成本，I_{2-2} 在线集体行动，I_{2-3} 扩大了环境/系统区分的范围…$I_{2--\infty}$；

I_3 用户间信息互换：I_{3-1} 政治传播呈现出扁平化，I_{3-2} 去科层化，I_{3-3} 共同责任治理，I_{3-4} 智能化，I_{3-4} 实现随时监视…$I_{3--\infty}$；

$I_{n-\infty}$ }

$M_{(信息功能)}$ = { M_1 自然功能：M_{1-1} 可被选择、提炼、整序、转换等加工功能，M_{1-2} 存贮功能，

---

① 牟钟鉴：《宗教文化论》，《西北民族大学学报》(哲学社会科学版) 2012 年第 2 期。
② 张志刚：《宗教是什么？——关于"宗教概念"的方法论反思》，《北京大学学报》(哲学社会科学版) 2006 年第 4 期。

互联网宗教信息功能的哲学思辨与逻辑推演

M_{1-3} 传递功能（在广泛的空间、较长的时间范围中传递）[1]；

M_2 社会功能：M_{2-1} 认识功能：信息作为物质与意识的中介，人们通过不同信息，来认识、区别各事物，M_{2-2} 知识功能，作为一种社会化、系统化的知识，借助信息，可以大大拓宽人类的知识领域，M_{2-3} 资源功能，信息是促进社会、经济和文化发展的关键性资源，M_{2-4} 管理功能，就是信息的输入输出和反馈的过程，信息是决策和计划的基础，是监督、调节的依据和纽带。

$M_{n-\infty}$;}

这样以来，对互联网宗教信息的功能问题，就转化成了求解 $R_{(宗教功能)}$、$I_{(互联网功能)}$ 和 $M_{(信息功能)}$ 三个矩阵的共同特征值的问题。但是这三个矩阵相乘后，其结果必然是一套复杂的函数关系。我们认为，就本文研究对象来讲，在这三者中，$R_{(宗教功能)}$ 处于核心地位。如果宗教功能是互联网宗教信息用之不竭的研究资源的话，那么互联网的功能和信息的功能因素则是这个资源的"加持"。在实践中，互联网与信息的功能常常是放到一块使用的，我们可以近似地将互联网和信息的功能两者合并为互联网信息的功能。为简化运算，我们在这里选取其中比较重要的功能进行研究，这样可以得到公式2：

$$F_{(功能)} = IM_{(互联网信息的功能)} \wedge R_{(宗教功能)} + B_{(整体大于部分之和的部分+其他)} \quad （公式2）$$

$IM_{(互联网信息的功能)}$ = {I_{1-3} 决策支持系统，I_{2-1} 降低个体被纳入系统的成本，I_{2-2} 在线集体行动，I_{2-3} 扩大了环境/系统区分的范围，I_{3-1} 政治传播扁平化，I_{3-2} 去科层化，I_{3-3} 共同责任治理，I_{3-4} 智能化，I_{3-4} 实现随时监视等；M_{1-2} 存贮功能，M_{1-3} 传递功能，M_{2-1} 认识功能，M_{2-2} 知识功能，M_{2-3} 资源功能，M_{2-4} 管理功能…}

为进一步简化运算，我们将 $R_{(宗教功能)}$ 进行重点处理：

$R_{(宗教功能)}$ = {R_1 社会角度：R_{1-1} 政治，R_{1-5} 文化，（详见 R_7 社会角度之文化功能论），R_{1-6} 科技、R_{1-7} 哲学；

R_2 个人角度：R_{2-1} 信仰，R_{2-2} 认识，R_{2-3} 调适，R_{2-4} 慰藉；

---

[1] 萧浩辉：《决策科学辞典》，人民出版社1995年版。

数字化时代的"互联网+"宗教研究

R_3 信仰角度：R_{3-1} 强化精神共同体，R_{3-2} 群体自身的团结，R_{3-3} 传承文化，R_{3-4} 心理调适，R_{3-5} 增强教徒间的认同感，R_{3-6} 为共享的价值和目标提供一种非理性的解释…$R_{3-\infty}$；

R_4 仪式的角度：R_{4-1} 社会群体定期重新巩固自身的手段，R_{4-2} 赋予人生不同于动物更深刻意义，R_{4-3} 通过仪式周而复始地来巩固信徒共同的感情；

R_5 积极功能：R_{5-1} 意义阐释，R_{5-2} 整合社会，R_{5-3} 稳定秩序；

R_6 消极功能：R_{6-1} 维护统治阶级，R_{6-2} 掩盖剥削的本质；

R_7 社会角度之文化功能论：R_{7-1} 人类精神文化中的高层文化，R_{7-2} 哲学、道德、文学、艺术、科学等各种精神文化范畴的第一母胎，R_{7-3} 大多数民族和国家的精神支柱和文化方向，R_{7-4} 提升人生和改良社会，R_{7-5} 在民族文化中的地位和作用有不同类型，R_{7-6} 信仰依托和道德教化，R_{7-7} 与世俗文化的互动表现为良与性的交替并存①，R_{7-8} 在伦理方面使人类的生活与行为神圣化，R_{7-9} 可能获得最强大的社会控制权，R_{7-10} 可能为人类提供出强大的内聚力，R_{7-11} 使人类成为自己命运的主人，R_{7-12} 消除了人生的一些苦冈②；}

这样显然会得到 $IM_{(互联网信息的功能)} \times R_{(宗教功能)}$ 系列组关系，换言之，$IM_{(互联网信息的功能)}$ 的每个子项要与 $R_{(宗教功能)}$ 的每个子项相乘。这样得出的才是互联宗教信息的功能。

比如，以 $I_{2-2在线集体行动}$ 为例，就会得出系列结论：

1. $F_{(互联网宗教信息具有在线组成集体行动的政治功能)} = I_{2-2在线集体行动} \times R_{1-1政治}$。在线组成集体行动的政治功能会带来宗教以信仰的方式参与到政治生活中，这种参与既可能带来民主和公开的网络政治，也可能带来网络暴政。

2. $F_{(互联网宗教信息具有共建、共商也可能会破坏人类的高层文化的文化功能)} = I_{2-2在线集体行动} \times R_{1-5文化的功能}$ （公式3）

即，$I_{2-2在线集体行动} \times$ （R_{7-1} 人类精神文化中的高层文化，R_{7-2} 孕育后来各种精神文化门类如哲学、道德、文学、艺术、科学等的最初母胎，R_{7-3} 大多数民族和民族国家的精神支柱和文化的精神方向，R_{7-4} 提升人生和改良社会，R_{7-5} 在民族文化中的地位和作用有不同类型，R_{7-6} 信仰依托和道德教化，R_{7-7} 与世俗

---

① 牟钟鉴：《宗教文化论》，《西北民族大学学报》（哲学社会科学版）2012 年第 2 期。

② 张志刚：《宗教是什么？——关于"宗教概念"的方法论反思》，《北京大学学报》（哲学社会科学版）2006 年第 4 期。

文化的互动表现为良性与恶性的交替和并存[1]，R_{7-8} 在伦理方面使人类的生活与行为神圣化，R_{7-9} 成为最强大的社会控制力量，R_{7-10} 为人类提供了强大的内聚力，R_{7-11} 使人类成为命运的主人，R_{7-12} 消除人生的苦闷）。

相乘后得出 12 个功能：（1）互联网宗教信息功能有以在线集体行动方式构建人类高层次文化；（2）在线孕育新的哲学、道德、文化、艺术等；（3）在线建构很多国家、民族共同的精神支柱（网络图腾、网络电视）；（4）在线提升人生和改良社会；（5）实现民族在线，抢救不同的文化传统；（6）人们集体在线强化信仰和道德教化；（7）在线上实现与世俗文化互动，形成良性、恶性共存……（12）在线互动消除人生的苦闷。

3. $F_{(在线集体行动在个人信仰、认知、调适、慰藉功能)} = I_{2-2在线集体行动} \times R_{2个人角度}$（公式 4）

$R_{2个人角度}$（$R_{2-1信仰}$、$R_{2-2认识}$、$R_{2-3调适}$、$R_{2-4慰藉}$）

相乘后得出 4 个功能，在线集体行动在个人信仰、认知、调适、慰藉方面发挥不同功能。

……

7. $F_{(在线集体行动在维护统治、掩盖剥削功能)} = I_{2-2在线集体行动} \times R_{6消极功能}$（$R_{6维护统治阶级}$、$R_{6掩盖剥削的本质}$）（公式 7）

这样至少会得到 7×16＝112 种组合。对于这些组合，分开阐述就是在线集体行动视角下的互联网宗教信息功能的内容。

四 互联网宗教信息功能在宗教学研究的地位

自英国学者麦克斯·缪勒 1870 年发表《宗教学导论》以来，宗教学研究已有 150 年的历史，其研究大致遵循着四条路径。一是关于历时性比较研究，出现了宗教的起源和演化的不同体系。主要有英国

---

[1] 牟钟鉴：《宗教文化论》，《西北民族大学学报》（哲学社会科学版）2012 年第 2 期；牟钟鉴：《宗教在民族问题中的地位和作用》，《中央民族大学学报》1998 年第 3 期。

人类学家泰勒的"万物有灵论",法国斯宾塞的"祖灵论",英国史密斯、法国杜尔凯姆等人的"图腾说",天主教神父威廉·施密特的"原始启示说"等。二是关于共时性研究,对特殊的宗教、具体宗教问题和宗教现象的实证性研究,出现了宗教学分支学科,比如,宗教史学,宗教社会学(以杜尔凯姆和马克斯·韦伯为代表),宗教心理学(如美国斯塔伯克1900年的《宗教心理学》,留巴、詹姆士、奥托等欧美学者),宗教现象学(如荷兰的宗教现象学派莱乌、布雷克、克里斯坦森)等。三是以存在和意识等原理为基础开展的马克思主义宗教学研究。这方面关于宗教理论的研究主要有《宗教学通论》①《马克思主义宗教观研究》② 等;还有关于五大宗教专门史、断代史和哲学思想的研究,如汤用彤、方立天等人的研究,《世界佛教通史》《近现代居士佛学研究》③,卓新平的基督教研究,马西沙的民间信仰研究等。四是关于宗教跨学科交叉研究,主要是宗教与政治、宗教与经济、宗教与社会、宗教与哲学、宗教与民族、宗教与艺术、宗教与科学、宗教与道德等宗教与其他社会现象或文化形式关系的研究(上述路径参见图2)。

鉴于互联网宗教信息是随着互联网发展而出现的一种宗教社会文化现象这样的事实,在学术谱系上,互联网宗教信息功能在相当程度上应该属于宗教社会学的一个分支(如图2)。这是因为宗教社会学的研究对象是宗教与社会的关系;研究内容是社会因素对宗教起源和发展的影响,宗教的社会功能论是其非常重要的一个研究流派④。而互联网宗教信息反映的内容正是宗教与社会的关系,我们研究的功能问题也属于宗教社会学中的一个重要问题。就此意义而言,对于互联网宗教信息功能的研究,我们自然要使用杜尔凯姆的神圣与世俗论、

---

① 吕大吉主编:《宗教学通论》,中国社会科学出版社1989年版。吕大吉:《宗教学通论新编》(上下),中国社会科学出版社2010年版。
② 陈荣富:《马克思主义宗教观研究》,四川人民出版社2008年版。
③ 刘成有:《近现代居士佛学研究》,巴蜀书社2002年版。
④ 孙尚扬:《宗教社会学》,北京大学出版社2003年版。

互联网宗教信息功能的哲学思辨与逻辑推演

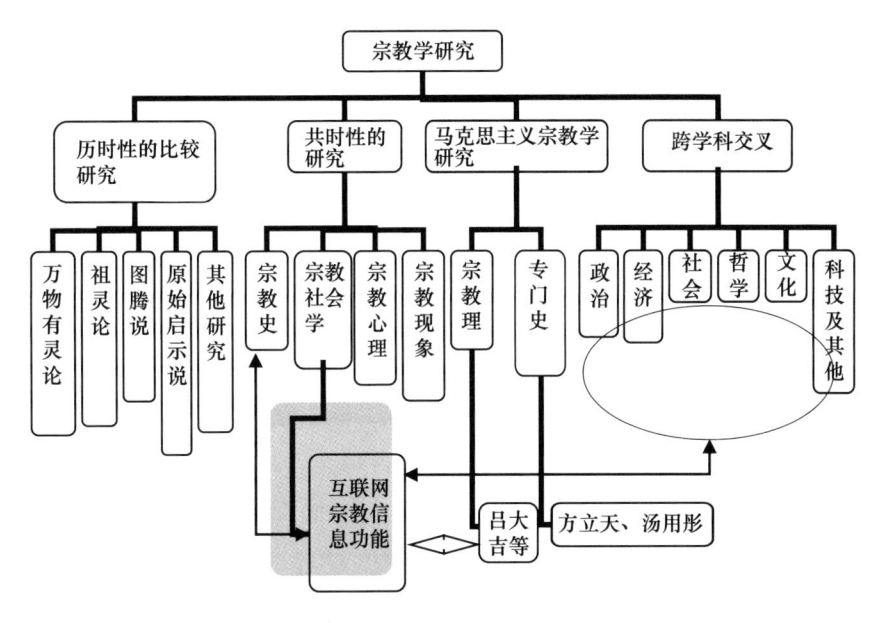

图2　互联网宗教信息功能在宗教学研究中的位置图示

马克斯·韦伯的新教与资本主义论、马克思的存在和意识的关系论、布拉格学派的结构功能主义论等经典社会学的理论进行研究，在研究方法上自然要采取定量、定性、观察调查等方法。

五　互联网宗教信息功能的定义、内涵和范围

既然在本文导论中已经明确了互联网宗教信息功能的概念和范围，为什么还要在此对这一问题进行界定呢？笔者认为，从专业宗教研究角度来讲，如何确切地理解"互联网宗教信息功能"的定义、内涵和范围应该是探讨学术的首要问题。但由于互联网宗教信息的复杂性、多样性和时代局限性等原因，这一问题依然没有得到足够的重视和回应。

在这里，我们的研究仍然是遵循着比较宗教学语言研究的传统来进行。从语境和本源看，"互联网宗教信息功能"是由"互联网""宗教""信息""功能"这四个词所构成、所反映的那个"他者"

实体，并与互联网宗教（宗教在线、线上宗教）、互联网信息、宗教信息（信息宗教）、互联网时代等上位概念密切相关。在这四者中，就词背后意义来看，"宗教功能"和"互联网"这两者是核心概念。因此，对互联网宗教信息的功能研究，除了第一节中对其从逻辑角度进行表述和公式表示外，还可以从构词法的词源学角度进行论证。

（一）互联网概念的辨析：从计算机互联到量子网络

互联网是个技术的概念，比较典型的定义有三种。第一，互联网指"由世界范围内的计算机网络互相连接在一起而构成的网际网络"。第二，互联网指"用通信线路和通信设备将分布在不同地点的多台自治的独立的计算机系统采用诸如串联或并联等不同方式互相连接起来，并按照共同一致的网络协议（语义、语法、时序等，如 TCP/IP 协议、IPX/SPX 协议、NetBEUI 协议等），共享计算机、服务器、智能设备等硬件、软件和数据资源的系统"[①]。第三，互联网指"按照某种协议将计算机联络到一起的网络，常见的如 PC 端的光纤电子数据线网络和智能手机端的无线（以空气为传递介质）数据网络"。

互联网技术经历了三个历史发展阶段。Web1.0（第一代）使我们通过互联网来搜集知识、解决问题；Web2.0（第二代）主要体现的是一种交互式、探究式学习并实现人机互动；Web3.0（第三代）是一种用 Web 智能化自适应的个性化学习平台。[②] 如果一一对应的话，第一代主要体现为网站、社区、BBS 等；第二代主要体现为如 Facebook、Twitter、微信、移动互联网等社交媒体的兴起；第三代体现为人工智能、电子商务、物联网等技术的智能化时代。从趋势上，刘峰等人认为互联网发展会越来越像人的大脑，在人工智能技术支撑下，互联网会越来越智能、越来越有智慧（见图 3）。需要指出，互联网技术的各代之间并未泾渭分明地严格区别，而常常是水乳交融地

---

① "科普中国"科学百科词条编写与应用工作项目，https://baike.baidu.com/item。
② 孙立会：《互联网的过去（Web1.0）、现在（Web2.0）、未来（Web3.0）对改善学习方式的影响》，《现代教育技术》2009 年第 19 卷第 Z1 期，第 7—8、63 页。

互联网宗教信息功能的哲学思辨与逻辑推演

在一起，这也是本文将人工智能作为互联网技术的重要原因。

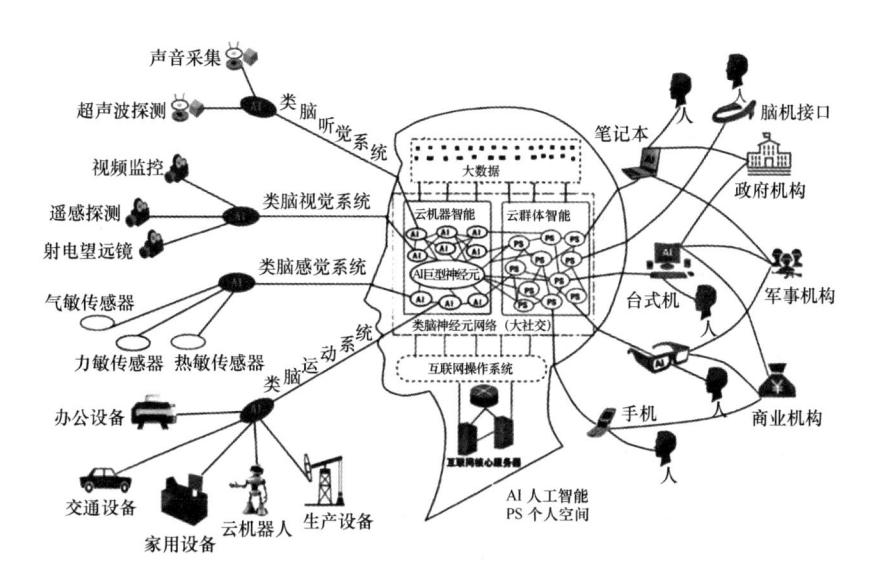

图3 互联网大脑模型①（刘锋先生勾画）

互联网技术处于快速发展状态。2020年2月，美国白宫发布了《美国量子网络战略构想》。该《构想》指出，"未来5年，美国企业、实验室将展示实现量子网络的基础科学和关键技术，这些科学和技术主要包括量子互连、量子中继器、量子存储器、量子信道以及洲际天基纠缠分布等"。"未来20年，量子互联网链路将利用网络化量子设备，实现经典技术无法实现的新功能。"② 量子互联网对传统通信方式一定程度上有颠覆性改变，其传播速度超光速、信息传输一次

---

① 刘锋：《构建超级智能未来系统的三原则》，http：//blog. sciencenet. cn/blog - 39263 - 1203133. html，2019年10月23日，引用时间：2020年2月21日。

② 《美国量子网络战略构想》，《综合澎湃新闻》《自然》《科学》等，https：//www. sohu. com/a/374874683_ 464025。量子是物质和能量最小单位，量子传播速度超光速的，其加密方式是一次一密。我国也在加快量子科技发展，中央政治局第二十四次集体学习强调：深刻认识推进量子科技发展重大意义，加强量子科技发展战略谋划和系统布局。《人民日报》2020年10月18日第1版。

257

一加密等将为互联网发展带来重要改变。

本文主要采用第二种互联网的定义，主要研究人工智能互联网，同时兼顾第一代搜索引擎互联网和未来的量子互联网。

（二）宗教的概念：社会功能与社会文化体系辨析

宗教的概念比较复杂。自1870年宗教学作为一门独立学科以来，关于宗教的概念有200多个，宗教学之父英国学者麦克斯·缪勒认为"世界上有多少种宗教，就有多少种宗教的定义"。关于宗教的定义，按照美国学者严德尔（Keith E. Yandell）的认识，一般倾向于把宗教的定义归为两类。"一类定义是实质性的、学术性的：某个特定的宗教由被其信徒接受并使他们成为此宗教信徒的信念所定义，而一般意义上的宗教由所有宗教都宣称为它们所共有的那些信念所定义。另一类定义是功能性的或实用性的：宗教由所有宗教都共有的或所宣称的宗教的社会功能来定义。"① 按照此标准，他认为，"宗教就是迷信地接受上帝存在这个信念"是一个非中性的实质性定义。"宗教就是在上帝面前获得认可的行为"，这是个部分是实质性的、部分是功能性的非中性的定义。根据他的理解，"一种宗教就是一套概念系统，这个概念系统提供一种对世界及在其中生存的人类的地位的解释，它基于这样一种说明：在这种解释中生命体应当怎样生活，以及在一套仪式、制度以及实践中应当如何表达出这种解释与生活方式"。② 在中国学界比较公认的是吕大吉先生关于宗教下的定义："宗教是关于超人间、超自然力量的一种社会意识，以及因此而对之表示信仰和崇拜的行为，是综合这种仪式和行为并使之规范化、体制化的社会文化体系。"③（见图4）

---

① ［美］凯斯·E. 严德尔：《当代宗教哲学导论》，谢晓健、郭永盛、郭双鹰译，中国人民大学出版社2010年版，第12页。
② ［美］凯斯·E. 严德尔：《当代宗教哲学导论》，谢晓健、郭永盛、郭双鹰译，中国人民大学出版社2010年版，第13页。
③ 吕大吉：《宗教学通论新编》，中国社会科学出版社1998年版，第79页。

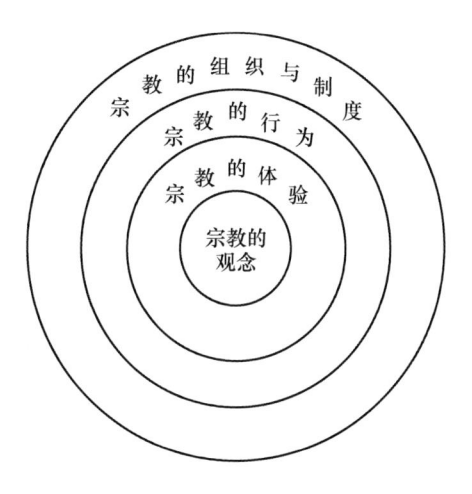

图4 吕大吉先生关于宗教的定义①

（图中由外至内：宗教的组织与制度、宗教的行为、宗教的体验、宗教的观念）

本文在借鉴严德尔和吕大吉先生关于宗教概念的基础上，把宗教看作一种以信仰为中心的社会文化现象，并着重从社会功能角度来定义宗教。

（三）信息的概念：事物运动和运动状态变化的方式

信息是看不见、摸不到的抽象意识和知识。信息、物质和能量被称为构成客观世界的三大要素。物质和能量只要使用就会不断减少，而信息是可共享的，不会因为使用而减少，反而在使用中得到不断扩充、不断再生、永不枯竭。那么何为信息？信息最初指人们通过口头、书面或其他方式所传递的消息（见表1）。而作为现代科学技术基本概念的信息，则是伴随着维纳创立的控制论和香农开创的信息论而发展出来的。目前关于信息的定义有50多种，都具有一定合理性。本文主要采用常见的概念，即信息"是各个事物运动的状态及这些运动状态变化的方式"②。不少人认为，信息功能在于它的不确定性，

---

① 吕大吉：《宗教学通论新编》，中国社会科学出版社1998年版，第79页。
② 曹雪虹：《信息论与编码》，清华大学出版社2009年版，第3页。

已确定的事物不含有信息。

信息具有如下特征。第一，新鲜性。接收者在收到信息之前，是不知道信息的内容的，因此信息对接受者来说就是新知识、新内容。第二，确定性。信息是有用的知识，可以减少事物的未知或不确定性。第三，共享性。信息可以被携带、存储和处理，可以被分享。第四，可测量性。信息是可衡量的，计算机中有许多信息度量单位。度量单位的换算关系是：1Byte = 8bits，1kB = 1024B，1MB = 1024kB，1GB = 1024MB，1TB = 1024GB。TB 之上还有 PB、EB、ZB、YB、NB、DB 等。还有人认为，依赖性、再生性、可扩充（收缩性）、可共享性、可预测性、有效性和可加工性等也是信息的特征[①]。

表1　　　　　　　　　　　信息技术的五次革命

发展阶段	核心内容	时间	功能
第一次信息技术革命	语言产生并广泛应用	大约 1400 多万年到 800 多万年前	人脑对信息的存储和加工提高，利用声波传递信息；人类处理信息能力有了一次质的飞跃
第二次信息技术革命	文字的发明和使用	大约 4800 多年前	文字作为信息的载体，使信息的存储和传递取得重大突破
第三次信息技术革命	造纸术和印刷术的发明应用	公元 105 年蔡伦发明造纸术，北宋毕昇发明活字印刷术	信息存储质量提高，信息交流的范围扩大；信息的存储和传递突破了时间和空间的限制
第四次信息技术革命	电报、电话、广播、电视以及其他通信发明应用	1844 年莫尔斯发明电报、1876 年贝尔发明电话、1929 年发明电视	信息的传递进一步加快；信息的传递突破时空限制
第五次信息技术革命	电子计算机的发明及计算机与通信技术相结合的现代通信技术	1946 年第一台电子计算机诞生	信息的处理和传递速度惊人提高，人类利用信息的能力得到空前发展；信息的存储和传递突破了时间和空间的限制

① 刘建明主编：《宣传舆论学大辞典》，经济日报出版社 1993 年版。

互联网宗教信息功能的哲学思辨与逻辑推演

"人的认识是一个有中介的主客体相互作用的过程。信息以间接存在的形式连接着思维主体和客体对象，通过它的各种功能，使主体能动地获得关于客体对象的意识。"按照此逻辑，互联网宗教信息的功能主要有显示与代示功能；联系与组织建构功能；传播、宣传与教化功能；预测、监测与评价功能；保持、模拟功能；启示与预见功能。①

（四）宗教功能论的辨析

在《现代汉语词典》中，功能（Function）是效能、功效的意思。在数学、符号学、医学等学科上，功能主要是指事物所表现出来的作用和效果；在文化、哲学上，功能主要是指作为整体文化一部分的某文化对整体文化所做的贡献。按照此逻辑，宗教功能主要是宗教对整体文化体系中所做的贡献。而文化是人化的自然，是人类在物质生产过程中形成的物质和精神财富；按照干春松先生等人的分类，文化主要由器物文化、制度文化、思想文化等组成。依据此理解，宗教的功能就是宗教对器物文化、制度文化、思想文化的贡献。

除了弄明白4个词组的基本概念外，本文认为要回答"增加了互联网这个变量群后，宗教的功能有何变化"这一问题，还需要对宗教功能这一核心概念进行辨析。

宗教功能论是宗教社会学中的一个重要理论流派，也是迄今为止宗教社会学中影响最大和演技持续时间最长的理论范式之一②。孙尚扬指出，这种理论范式的基本预设是，社会是由各种社会组织机构和这些机构的社会制度共同组成的一种动态平衡系统；在这样一个社会综合系统中，动态平衡系统的每一个组成部分或构成要素之间都不可避免地保持着一种共生共存、唇齿相依、互相依存的关

---

① 龚怡萱：《试述信息的基本功能》，《大学图书情报学刊》1995年第3期。
② 孙尚扬：《宗教社会学》，北京大学出版社2001年版。

系。自然每一部分的具体变化都会影响其他部分以及整个系统的存在状态，也即作为社会系统的组成部分的各种建制都有自己独一无二的功能，一旦失去这种特定功能，就意味着这一部分将不再存在。在功能主义的视野中，作为一种社会建制、社会制度、制度化的社会行为，和作为社会结构特有部分的宗教，对社会履行着一些极其重要且不可或缺的功能，比如整合社会秩序、赋予人生意义、提供道德规范参考等。

　　按孙尚扬先生的理解，虽然功能论在斯宾塞和孔德那里出现端倪，但只有杜尔凯姆才是这一理论范式的真正创始人。杜尔凯姆认为，宗教的功能在于，宗教意识作为一种制度化的社会行为，对社会的凝聚和整合起着积极的作用。然而，杜尔凯姆关于宗教思想的真正基础或宗教崇拜的对象等同于社会本身的主张，却遭到当代社会学家，特别是结构功能主义者的普遍否定。有人认为，杜尔凯姆的观点，与其说是对宗教功能地位的凸显或对宗教功能地位的拔高，不如说是对宗教的亵渎，因为杜尔凯姆简单地在神圣的世界和凡俗的世界之间画上了等号。结构功能论的主要代表人物帕森斯就认为，在杜尔凯姆那里存在着一种循环论证的倾向：杜尔凯姆不仅倾向于把宗教范式作为社会的象征，而且倾向于把社会最基本的方面看作一套道德和宗教情感的范式。因此，帕森斯一方面否认杜尔凯姆关于宗教的崇拜对象就是社会之本身的判断；另一方面则通过其内化和社会化而实现的社会整合理论，明确了宗教有如下两种功能：第一，宗教是道德的价值，是情感和行为体系的规范；第二，宗教平衡了合理期待的行为后果与实际能看到的后果之间的不同。

　　根据以上分析，研究互联网宗教信息既要研究其在社会系统中的角色定位及其与其他信息的关系（这是结构问题在学科定位方面有所涉及），也要研究一个社会得以存在而需要宗教去适当解决的那些社会问题（心灵慰藉、社会整合、秩序维护等）。社会存在是人们交往和活动的物质性的生活实践，这种实践需要人口因素、自然环境、生产方式的互动和交往。要使这种实践得以维持和存在，互联网宗教信息宗教具有特殊作用。在互联网宗教信息宗教快速发展，成为构成社会结构的基本特征、性质和要素，并逐渐形塑现实社会形态和实体的时候，结构功能主义可以解释分析互联网宗教信息的功能问题。

（五）宗教主要作为一种社会文化体系来发挥功能

宗教可以被定义为一套信仰和实践体系，它被某个群体用来对抗人类生活中的终极问题。这种制度表现了人们对死亡恐惧、挫折恐惧和恶意割裂人际交往的反抗。一种宗教就是一种象征体系，其功能在于在社会当中营造出强有力的、普遍的和长远的情绪与动机，其方式在于，对社会整体存在秩序的理念给予系统阐释并且赋予这些观念实在性。[1]

除了营造社会动力、情绪动机，赋予社会秩序实在性这些共性外，在不同历史时期、不同社会制度、不同的地理区域宗教的功能是各不相同的。在原始社会，氏族部落的成员大都共同崇拜相同的神灵，常常有组织地参加共同的宗教崇拜活动。这些共同的宗教信仰和崇拜活动把每一个氏族成员都凝结在氏族社会的组织结构之中，以面对外族的入侵和自然灾害的侵扰。宗教发挥整合社会的作用并高居云端。在阶级社会里，部落的融合在带来信仰对象和信仰行为融合的同时，也带来多种宗教的彼此竞争，在融合和竞争中，一些新兴宗教和教派时常出现，新旧教派之间、教派内部之间、教派与教派之间的信徒往往由于社会利益的不同和信仰上的差异，导致各种形式的冲突和斗争。在互联网上，共同的礼仪行为，共同的教义信条，共同的教会生活制度，共同的戒律规范……强化了宗教的社会性，把广大信仰者纳入共同的组织和体制，规范了他们的信仰和行为，影响以至于决定了他们的整个社会生活，这就使宗教在

---

[1]　[美]凯斯·E. 严德尔：《当代宗教哲学导论》，谢晓健、郭永盛、郭双鹰译，中国人民大学出版社2010年版，第13页。

现实生活中成为一种重要的社会力量。这些社会力量往往以文化、艺术、哲学、道德等形式表现出来，不仅塑造了信徒的信仰和灵魂，而且规定了他们的价值观和价值取向。从这个意义上说，宗教主要作为一种社会文化体系来发挥其功能。如果说政治靠力量发挥功能，经济靠利益发挥功能，而宗教作为一种文化主要靠价值评判来发挥功能。相比政治的强制性、经济的逐利性，宗教常常以润物细无声的方式发言，潜移默化地改变社会秩序。当然，在激烈社会冲突的时候，宗教也会变成社会变革的重要武器，但宗教大部分时间是上善若水任方圆的器具。

西方宗教学家对宗教概念、本质和功能有丰富论述，这为我们研究互联网宗教信息的功能奠定了基础。缪勒通过"语言疾病说"论证了诸神不过是人创造"名称"的结论，共同的宗教信仰则表现为共同的术语或词。因此宗教具有语言共通性的特征，从本质上具有对无限者的自发崇拜且不断追求使其不断完美的过程特征，从起源上呈现形态多元的特征。按照其观点，我们可以推断出，不管形式有多复杂，互联网宗教信息都是在人类的自发崇拜且不断追求使其不断完美的过程中显现功能的。"人类学之父"泰勒提出的万物有灵论，是按照因果的同一性或一致性的原则进行的类比，他认为推知各类宗教最深层、最根本的根据是对"灵魂"或"精灵"的信仰。死后灵魂的存在导致了对来世和冥界的信仰（死者灵魂的新居主要在天上、地上、地下）。高级的神与下级的精灵那种上下级统属关系的原型是社会管理的秩序。斯宾塞提出了宗教起源于祖灵崇拜的理论。弗雷泽的"巫术先行论"和马雷特的"前万物有灵论"认为，宗教本质上是指神灵统治世界、控制自然和生命的信仰，以及信仰者必须取悦于神。施米特从强调原始至上神的全知、全能、全善、全在（无所不知、无所不在、无时不有等），进一步推断出世界各国宗教的独特性或统一性。宗教社会学的创立人杜尔凯姆和马克斯·韦伯认为，只有具备够使社会集体成员团结起来的那种共同信仰，社会才能保持它自己的结构，维护社会的一致性。显然，互联网宗教信息在构建社会结构和维

互联网宗教信息功能的哲学思辨与逻辑推演

护这个社会结构的一致性上发挥着作用。这种作用主要通过信仰和仪式两个基本范畴得以体现。20世纪20—40年代,帕森斯提出了"模式维持体系"。宗教心理学者冯特认为,宗教信仰是以人的心理活动或心理因素为基础的,且这种心理活动不是泰勒和弗雷泽等人所倡导的理智活动,而是人的情感活动和意志活动。我们认为,互联网宗教信息也是信仰者的感情活动、意志活动、理智活动在网络上规律性的反映。这些反映表面上看虚拟的网络世界运动,实际上则真实的社会现实。这个现实是一种不以人的主观意志为转移的存在,对于这种存在因势利导要比一禁了之更具有实在意义。

马克思主义宗教观关于宗教的本质、特征和功能论述也十分丰富。比较有代表性的观点有"人创造了宗教,而不是宗教创造了人";"宗教的本质是在幻想中的实现,因为人的本质不具有现实性";"宗教里的苦难既是现实的苦难的表现,又是对现实的苦难的抗议";"废除作为人民的虚幻幸福的宗教,就是要求人民的现实幸福"[1];"宗教的自我异化也必然表现在世俗人对僧侣或者世俗人对耶稣基督——因为这里涉及精神世界——等等关系上"[2];"神是人。……不是向'神',而是向自己本身复归,才能重新获得自己的人性、自己的本质"[3]。吕大吉先生从物质和意识的关系出发,认为宗教具有观念、体验、行为、制度四要素,卓新平认为宗教是人们认识把握世界的一个方式,在全球化时代,世界宗教呈现出世俗化、公民化与现代化的趋势;多元化、本土化和普世化走向;极端主义、原教旨主义、价值干涉和反主流文化等趋向。对互联网宗教信息来讲,其本身也是人性的流露、是人自己的本质,是人对现实不平的抗议,具有长期性、群众性、特殊复杂性等特征。其功能的发挥不能就功能

---

[1] [德]马克思:《〈黑格尔法哲学批判〉导言》(1843年10月中—12月中),载《马克思恩格斯全集》第1卷,人民出版社2009年版,第3—4页。

[2] [德]马克思:《1844年经济学哲学手稿》(1844年5月底6月初—8月),载《马克思恩格斯全集》第1卷,人民出版社2009年版,第165页。

[3] [德]恩格斯:《英国的状况——评托马斯·卡莱尔〈过去和现在〉》,载《马克思恩格斯全集》第3卷,人民出版社2002年版,第520—521页。

论功能，而应该回到现实世界、回到社会本身、回到人自己中寻求其功能的意义。

  当然，宗教作为几千年人类重要的精神生活，又有诸多流派，也在不同地区存在，西方学者和马克思主义的研究者所总结的功能一定不能概括其全部，因此，我们依据这些结论对互联网宗教信息功能的研究也难以涵盖其全部。无论如何不同，但我们大体上认为，宗教作为一种信仰体系，在人类认识自然、阐释人生、维护秩序、调整人际关系方面，对于人类的哲学、法律、道德、艺术、政治、经济、文化等文明起到积极的促进作用。互联网宗教信息的基础是，人类本身具有的神的观念，人们对神的信仰与崇拜；其社会功能主要在于维系社会稳定和社会一体化。

  从逻辑上讲，如果互联网、宗教、信息的概念没有明确的话，建立在这三个概念基础上的互联网宗教信息的概念也就难以确定。实践中，为了规范互联网宗教信息，对互联网宗教信息做一概念上的明确、可操作化是必要的。或许正是在此意义上，中国新修订的《宗教事务条例》并没有对"互联网宗教信息"进行定义，首次定义出现在《互联网宗教信息服务管理办法征求意见稿》中，其定义为，互联网宗教信息是互联网上"有关宗教教义教规、宗教知识、宗教文化、宗教活动等涉及宗教的信息"。虽然标准的编制为实践操作提供一定的依据和遵循，但理论上的内在矛盾不会因为操作层面而消泯于无形，不仅如此，随着技术和社会的发展，理论上的冲突可能会更趋于复杂化或多样化。因此，在互联网、宗教、信息等概念没有统一基础上建立的互联网宗教信息及其功能的概念不仅应该随着互联网和宗教的发展而有所变化，而且应该随着技术和社会的变化而变化。

  但为了研究的需要，本文将互联网宗教信息功能的定义为，互联网宗教信息内部固有的效能，它是由互联网宗教信息内部要素结构所决定的，是一种外在与互联网宗教信息内部相对稳定独立的机制。

六　互联网宗教信息功能的分类

对于形态复杂多变的研究现象，我们按照某种统一原则或标准对其分门别类研究，这是一种行之有效的研究方法。"一切真正的科学均以分类为基础，只有在我们处于不能成功地对各种信仰予以分类的场合，我们才会承认，宗教的科学实际上是不可能成立的。"① 只有正确地分辨互联网宗教信息的各种类型，我们才会有科学的互联网宗教信息学。目前，学界对互联网宗教信息功能的分类还不多。本文尝试对互联网宗教信息及其功能进行分类。

（一）按与社会的关系，互联网宗教信息可分为社会信息和非社会信息。互联网宗教社会信息又称互联网宗教文化信息，是人们创造的、以文化和概念的形式呈现在互联网上的具有广泛社会价值的信息。比如，在线佛教经典、在线《圣经》《古兰经》和在线寺庙雕塑等。互联网宗教非社会信息是以能量波动形式存在的自然物质系统的状态和结构，以及环境对人的自然力作用的信息，比如网络上的日月星辰、山川河流等。

（二）按信息的性质，互联网宗教信息可分为互联网宗教语法信息、互联网宗教语义信息、互联网宗教语用信息。语法信息指按照语法规则发布的信息。比如，互联网宗教信息传递中，图片格式、大小，音频视频时间长短的限制，微博对发布字数的限制等。语义信息是宗教文本、宗教图片、音视频等载体表述的意义信息。语用信息主要是互联网宗教信息所实现功能等信息。如果说声音、图像、计算机、网络等都是表"法"的手段或工具的话，那么其表达的意义、实现其功能则分别是语义信息（意义信息）和语用信息。

（三）按照信息来源的不同，可分为直接互联网宗教信息和间接

---

① 麦克斯·缪勒：《宗教学导论》，陈观胜、李培茱译，上海人民出版社2010年版，第68页。

互联网宗教信息。直接信息即信众或网民从直接经验中所获得的信息，如通过对寺庙参观、参与寺庙法会活动所获得的信息。直接互联网宗教信息主要是宗教事实或宗教现象信息，即人们直接感知宗教这一事物运动的存在形式。间接互联网宗教信息是人们通过书籍、石刻、文献、资料、数据等中介知识获得的对客观事物的认识信息，如在网络上随文观想、对无限者渴望的表达等。从宗教社会学的角度来看，这些信息主要功能在于提供一个社会的"意义和秩序"。

（四）按照信息变化的状况，可分为动态信息功能和静态信息功能。动态信息指随时间而变化的信息，如通知公告、法会消息、各地佛讯、地方动态等；静态信息是不随时间变化而变化的信息，如《圣经》下载、历史文献、资料和贮存的知识等。动态互联网宗教信息和静态互联网宗教信息是相对的。

（五）按照信息记载方式等标准还可以分为有记录互联网宗教信息功能和无记录互联网宗教信息功能；按照信息是否精确可分为，精确互联网宗教信息功能和模糊互联网宗教信息功能；按照信息知晓程度可分为未知互联网宗教信息功能和冗余互联网宗教信息功能；按照受众获得的利害可分为有害互联网宗教信息功能和无害互联网宗教信息功能等。[①]

（六）按照表现形式可分为图片形式的互联网宗教信息功能、视频形式的互联网宗教信息功能、文字的互联网宗教信息功能。

（七）按照内容可分为：有关宗教教义教规的互联网宗教信息功能、宗教知识的互联网宗教信息功能、宗教文化的互联网宗教信息功能、宗教活动等涉及宗教的互联网宗教信息功能。

（八）按照宗教的主题分类，即互联网佛教信息功能、互联网道教信息功能、互联网伊斯兰教信息功能、互联网天主教信息功能、互联网基督教信息功能。

---

① 刘建明主编：《宣传舆论学大辞典》，经济日报出版社1993年版。

（九）按照宗教的分类①。从历史的角度看，可分为原始宗教信息功能、古代宗教信息功能、历史宗教信息功能和世界宗教信息功能。从区域可分为民族宗教信息功能、世界宗教信息功能。

（十）按照载体可分为宗教博客，虚拟宗教社区，宗教聊天室，宗教即时通讯群组，宗教视频和音乐网站，宗教网络电台，宗教用品、印刷品交易网站等。②

（十一）其他分类。关于宗教的分类，在《宗教学通论》中，吕大吉先生有地理学、民族学、语言学、进化论、现象学、地理学和宗教要素的结构性分类。按照此逻辑，互联网宗教信息也可以按照这些视角进行分类。

本文在这里之所以将互联网宗教信息功能做这么细致的分类，一方面是反映现实、回应现实的应有之意；另一方面也希望为后来研究者深入研究提供一个逻辑起点。

七 互联网宗教信息功能的技术属性

前两节我们主要从逻辑和概念的角度对互联网宗教信息功能做了分析。看了这么多烦琐的分析后，不少研究者可能会问，那么互联网宗教信息的功能与非互联网宗教信息的功能到底有何区别呢？笔者认为两者的区别仅仅就在于有无互联网这个中介物。正是有了互联网才有了互联网宗教信息，在互联网出现之前或者互联网出现之后没有在线上呈现的信息都是非互联网宗教信息（见表2）。

如果两者的区别是由互联网所造成的，那么可能会有研究者问，互联网有何神奇的力量而造成这些区别呢？

答案是：正是互联网的技术力量造成了这种区别。一方面是技术发展使然；另一方面是宗教界主动适应现代技术的结果。互联网的技

---

① 吕大吉主编：《宗教学通论》，中国社会科学出版社1989年版。
② 赵冰：《中国宗教互联网状况简析》，《理论界》2010年第4期。

表 2　传统宗教信息与互联网宗教信息功能对比

	信息源头	传播媒介	传播形式	传播内容	传播地点	受众心理	反馈机制	信息获得难易程度	优缺点	影响
传统宗教信息	宗教组织、宗教院所、教职人员等	教堂式的、点对面的、宣教式的、上对下传播	声音和文字	宣教式。劝服从式。内容一般严肃	定向传播、宗教场所	信息交流、获得救赎等	点对面、反馈慢	获得较难	受众容易受到环境、参与人员等感情所感染	权威性强、对受众影响巨大
互联网宗教信息	宗教组织、企业组织、政府机构、教职人员、其他组织和个人	传统媒体、互联网网站、应用程序、论坛、微博客、公众账号、即时通信工具、网络直播等	文字、图片、音视频	非常复杂丰富、包括政策、重要内容解读、人物、言论、法制等	互联网上、用户手机上、实现随时随地	获得精神的放松、求知信息的满足、甚至有游戏、对比等、满足各种心理需求	点对点、点对面、反馈及时	有网络的地方、有智能手机、电脑的地方、实现了网络随时随地	舆情发酵迅速、传递信息及时	解构某些权威、针对性强、活动具有虚拟性

资料来源：笔者根据有关资料整理。

互联网宗教信息功能的哲学思辨与逻辑推演

术的基本属性是以可计算性为理论基础,以演绎逻辑背景下的形式系统为理论框架,以确定性算法下的分步求精为算法内涵,以递归函数类为计算对象,以人工智能图灵机为装置模型。[①] 技术属性是互联网宗教信息的特有属性。此属性对其功能发挥起着根本的基础性作用。我们所说的互联网又称计算机网络,指将处于不同空间的数台计算机(含计算机的外围设备),通过电线、光纤、无线等线路连接起来,在网络操作系统(比如 Windows,Unix)、网络管理软件及网络通信协议(CIP/TCP)的管理和协调下,实现资源共享和信息传递的计算机系统。互联网有不同的分类方法(见图5)。

—— 1.传输技术普通电信网,数字数据网,虚拟专用网,微波扩频通信网,卫星通信网

—— 2.传输介质双绞线、光纤等有线网(Wired Network)和无线网(Wireless Network):无线电话网、语音广播网、无线电视网、微波通信网、卫星通信网。

—— 3.传播方式广播式网络,点-点网络(Point-to-point Network)

图5 互联网的分类

从技术的角度看,人工智能计算机网络具有可靠、高效、独立、可扩充、廉价性和易操作的特征。可靠性主要指,在网络系统中,如果一台计算机出现故障,其工作可由其他机器来取代。高效指在任何遥远距离的用户,只要能够连到网络系统中,就可以即时、快速、直接地交换数据。独立性指计算机用户是相对独立的;可扩充性指系统功能用户可以很方便、灵活地接入新的计算机;廉价性是微机用户可以共享主机的功能特点,节省投资和降低成本;易操作性是指对于计算机网络用户来说,掌握网络使用技术比掌握主机技术更简单、更实用。

有人根据载体将人工智能计算机网络分为微机互联网和移动互联

---

① 王亚军:《计算机科学发展史上的里程碑》,《计算机时代》2004年第7期。

网两个阶段。在微机互联网阶段，人们主要通过台式计算机联网，主要使用微软公司的操作系统，主要技术是HTTP协议、HTML语言、Enquire浏览器等。在移动互联网阶段人们通过手机实现计算机联网，一般以2007年美国苹果公司发布智能手机为起始点。在此阶段，主要技术是手机APP应用系统、Google系统和安卓系统等。当然，也有不同人从不同角度对计算机网络有其他分类方法，但"互联网未来是没有边界的，任何载体都能实现互联网的终端功能，无论是展示还是交互能力都不输现在的任何设备"。未来，人工智能的互联网还会快速发展。

小结

通过对互联网宗教信息功能的逻辑推演，对其在宗教学研究的位置、概念、分类、技术属性等方面的分析，我们初步建立起了互联网宗教信息功能的理论框架。这个框架对于整体把握互联网宗教信息具有重要意义。就理论框架方面，如果利用人工智能的计算机语言（如Python）按照一定规则将公式中因子计算出来，或许更能提高框架的直观性和科学性。

互联网宗教治理现代化的理论、历史与实践逻辑
——以《互联网宗教信息服务管理办法》为例

◇韦　欣

自 20 世纪末期以来，互联网技术的快速发展，深刻革新了传统人与人、人与社会组织之间的关系。党的十八大以来，以习近平同志为核心的党中央主动顺应信息革命发展潮流，高度重视、扎实推进网络安全和信息化工作，推动网信事业取得历史性成就和历史性变革，党的二十大报告进一步对于我国加快建设网络强国、数字中国提出了明确要求。2022 年 3 月 1 日出台的我国首部互联网宗教领域部门规章《互联网宗教信息服务管理办法》（以下简称《办法》），标志着我国对互联网宗教事务的管理具有明确的法规依据，意味着全面依法治国理念在互联网宗教事务领域的深入落实，进一步推动我国互联网宗教领域治理体系和治理能力现代化事业进入新时代。

作为目前信息传播和交流的重要载体，宗教和互联网的关系比从前任何时候都要紧密，在看到互联网能便捷传播信息的同时，也应该清晰地看到非法或极端组织存在利用互联网传播社会负面信息的风险。[1] 2016 年，习近平总书记在全国宗教工作会议上强调，"做好党的宗教工作，把党的宗教工作基本方针坚持好，关键是要在'导'上想得深、看得透、把得准，做到'导'之有方、'导'之有力、

---

[1] 索昕煜：《浅议互联网时代的宗教舆情及其治理》，《中国宗教》2022 年第 1 期。

'导'之有效，牢牢掌握宗教工作主动权"①。《办法》的制定和实施，以国家治理现代化为根本取向，将互联网宗教事务治理与国家治理逻辑相统一，体现了我党在新形势下与时俱进的现代化治理能力。

《办法》施行以来，互联网宗教事务有了显著的积极治理效果，在充分保障宗教信仰自由和宗教界合法权益的同时，也打击了披着宗教外衣实施违法犯罪的行为。2022年10月，习近平总共书记在党的二十大报告中指出："我们以巨大的政治勇气全面深化改革，许多领域实现历史性变革、系统性重塑、整体性重构，中国特色社会主义制度更加成熟更加定型，国家治理体系和治理能力现代化水平明显提高。"②《办法》的制定过程基于既有相关法律法规和国家治理在互联网宗教领域的经验，发展和完善了国家在互联网宗教领域的治理能力，是中国特色社会主义国家治理现代化在实践中的重要体现。因此，有必要以理论逻辑、历史逻辑和实践逻辑探讨制定和实施《办法》的必要性和重要性。

一 《互联网宗教信息服务管理办法》实施的理论逻辑

国家治理现代化是互联网宗教信息治理的根本取向。2013年，党的十八届三中全会通过的《中共中央关于全面深化改革若干重大问题的决定》提出，全面深化改革的总目标是完善和发展中国特色社会主义制度，推进国家治理体系和治理能力的现代化。由此，国家治理现代化被上升到国家建设和发展的重大战略任务层面。③ "坚持和完善中国特色社会主义制度、推进国家治理体系和治理能力现代化，是

---

① 习近平：《全面提高新形势下宗教工作水平》，《人民日报》2016年4月24日第1版。
② 习近平：《在中国共产党第二十次全国代表大会上的报告》。
③ 张来明：《以国家治理体系和治理能力现代化保证和推进中国社会主义现代化》，《管理世界》2022年第5期。

关系党和国家事业兴旺发达、国家长治久安、人民幸福安康的重大问题。"习近平总书记对国家治理现代化战略的深刻认识，是把握新时代党的奋斗目标、切实做好互联网宗教工作的根本遵循。网络空间是亿万民众共同的精神空间，没有互联网治理的现代化，就没有治理体系和治理能力的现代化。一个安全、稳定、繁荣的互联网空间，对一个国家乃至世界和平与发展都具有重要意义。关于如何坚持和完善中国特色社会主义制度、推进国家治理体系和治理能力现代化，习近平总书记在十九届四中全会第二次全体会议上的讲话中指出，要抓好三件事：一是坚持和巩固；二是完善和发展；三是遵守和执行。[1]

《办法》的制定和实施坚持和巩固了中国共产党对宗教事务的领导。《办法》明确指出："从事互联网宗教信息服务，应当遵守宪法、法律、法规和规章，践行社会主义核心价值观，坚持我国宗教独立自主自办原则，坚持我国宗教中国化方向，积极引导宗教与社会主义社会相适应，维护宗教和顺、社会和谐、民族和睦。"这一规定是对中国共产党领导宗教事务管理原则和一贯方针的遵循。

《办法》的制定和实施完善和发展了全面依法治国的国家现代化治理理念下，互联网宗教事务的法规依据。《办法》根据《中华人民共和国宪法》《中华人民共和国网络安全法》《互联网信息服务管理办法》《宗教事务条例》等法律法规，明确了互联网领域宗教事务的边界和权利，充分体现了以人民需求和社会发展规律相结合的法治理念。

《办法》的制定和实施遵守和执行了国家治理现代化对互联网宗教领域治理的要求。国家治理现代化要求国家治理与现代化有机的结合，国家治理即坚持以人民为中心的价值导向，公权力对国家事务的治理，现代化即要求与时俱进，符合时代发展需要。[2] 目前，互联网

---

[1] 马玉飞：《新时代深入推进我国宗教中国化的理论与路径探讨——学习习近平总书记关于宗教工作的重要论述的体会》，《中国宗教》2022年第9期。
[2] 李洪雷：《论在法治轨道上推进国家治理体系和治理能力现代化》，《广东社会科学》2002年第4期。

与人民日常生活的联系愈发紧密，在便利享受接收各类资讯的同时，一些不法分子也借由互联网传播有害信息。《办法》的出台，对保障宗教信仰自由、遏制非法宗教信息传播具有重大意义，深刻体现了互联网宗教事务领域以国家治理现代化为根本取向。

二 《互联网宗教信息服务管理办法》实施的历史逻辑

自人类社会出现以来，宗教就是其中重要的组成部分，对人世界观、人生观、价值观的形成和发展有着重要的影响。纵观全球，宗教在许多现代国家中依然扮演着重要的角色，如亚伯拉罕诸教塑造了欧美、中东和非洲多国的价值体系和思想文化体系；佛教和道教在中国民间有着广泛的影响等，都表明了宗教这一古老的文化现象和人类思想活动在当今仍然具有重要影响。中国是个多宗教的国家，可以在法律允许范围内自由地进行宗教活动，中国公民也可以自由地选择、表达自己的信仰和表明宗教身份。作为马克思主义、无神论政党，中国共产党依然充分尊重信教人士的信仰自由。据统计，2018年我国信教公民近2亿人，宗教教职人员38万余人，宗教团体约5500个，依法登记的宗教活动场所14.4万处，经国家宗教事务局批准设立的宗教院校共91所。[①] 回顾中国的宗教史，从原始的天地崇拜，到本土道教的创立，再到佛教、基督教、伊斯兰教等外来宗教的传入和落地，中国社会对各类信仰展现了很高的包容性。但是受中国长期以来农业社会的特征，以及稳固的"士—农—工—商"等级制度安排影响，即所谓的"皇权不下县"，国家治理长期无法有效延伸至基层单位，也导致了对宗教的治理也难以上升至国家治理层面。其结果，一方面，各类非邪教信仰在民间野蛮生长；另一方面，当社会出现问题时，缺乏有效治理的极端宗教团体往往会对政治与社会稳定造成冲击，如五

---

① 国务院新闻办公室：《中国保障宗教信仰自由的政策和实践》，2018年。

斗米之乱、太平天国运动、同治陕甘回乱等。

进入 21 世纪，互联网技术的革新深刻地影响人们生活的方方面面，为适应时代发展的需要，信息化也成为宗教传播和交流的重要手段。然而，互联网并非法外之地，人们在享受互联网带来的高效、便利的同时，也应该注意到不法组织利用互联网进行违法犯罪的风险。[1]"我们要本着对社会负责、对人民负责的态度，依法加强网络空间治理，加强网络内容建设，做强网上正面宣传，培育积极健康、向上向善的网络文化，用社会主义核心价值观和人类优秀文明成果颍淑民心、阴助国政，做到正能量充沛、主旋律高昂，为广大网民特别是青少年营造一个风清气正的网络空间。"习近平总书记对互联网的论述为互联网治理指明了方向，填上了以人民为中心的底色。因此，制定和实施《办法》，将互联网宗教事务纳入现代化国家治理体系中，既是顺应历史发展趋势体现了国家互联网治理的逻辑，也是对习总书记嘱托的全面贯彻落实。

三 《互联网宗教信息服务管理办法》实施的实践逻辑

2016 年，习近平总书记在网络安全和信息化工作座谈会上指出："互联网是一个社会信息大平台，亿万网民在上面获得信息、交流信息，这会对他们的求知途径、思维方式、价值观念产生重要影响，特别是会对他们对国家、对社会、对工作、对人生的看法产生重要影响。"在未完善相关法律法规之前，常有不法分子和组织利用互联网的便利，在网上传播谣言、毫无底线地进行商业炒作……在宗教领域更有挟佛敛财、借宗教名义进行风险信息传播。严重破坏了互联网环境，对社会和个人都产生了不利影响。例如，"法轮功"曾利用网站

---

[1] 王海全：《互联网宗教信息服务管理办法颁布实施的重大意义及贯彻落实的对策建议》，《世界宗教文化》2022 年第 4 期。

和各类社交软件向社会传播其邪教思想;"全能神"头领逃亡国外后,仍不断利用互联传播"末日"邪说,操控境内信通从事非法犯罪活动;"心灵法门"头目卢军宏利用大众祈福免祸心理鼓吹"消病除灾"的歪理邪说,并通过网络销售物品实施诈骗、大肆敛财。各色非法组织在互联网上的传播严重危害了人民群众生命和财产安全,不仅盘剥信徒钱财,非法牟取暴利,还扰乱国家经济秩序,严重威胁着国家安全、社会稳定。为营造风清气正的网络环境,《办法》是多年来基于互联网管理经验的成熟产物,也对整治宗教在互联网领域的乱象、维护和保护广大信教人士的合法权益有重要作用,是我国宗教事务治理实践逻辑对中国特色社会主义国家治理现代化理论逻辑和历史逻辑的统一。

(一)互联网宗教治理的整体性特征

此次《办法》由国家宗教事务局、国家互联网信息办公室、工业和信息化部、公安部、国家安全部五部委联合制定。不同于以往多部门联合制定的《意见》和各类法律法规主要侧重于局部探索、破冰突围,而未能对某领域的全局性形成一个较为完整的规范。但本次《办法》的出台,规定了互联网宗教信息传播的主体、内容、场域,从法律法规等方面实现了由点及面的全面深化治理的转变。

在主体方面,《办法》指出,取得《互联网宗教信息服务许可证》的宗教组织可以由其宗教人员通过依法自建的网站、应用程序、论坛等互联网渠道阐释教义教规中有利于社会和谐、时代进步、健康文明的内容,引导信教公民爱国守法。对正规宗教而言,其教义本身即是导人向善;对不法组织而言,以明确的法律法规限制了其非法传播,高度符合我国宗教信仰自由的宪法精神。

在内容方面,《办法》从维护国家政权、保证司法公正、促进社会稳定三大方面明确为宗教在互联网上的传播划出红线。关于维护国家政权,《办法》规定了宗教在互联网上传播的信息不得"煽动颠覆国家政权、反对中国共产党的领导、破坏社会主义制度、国家统一、民族团结和社会稳定,宣扬极端主义、恐怖主义、民族分裂主义和宗教狂热";在保证司法公正上,《办法》指出,在互联网上的宗教信息传播不能因其自有影响力干扰国家法纪;在促进社会稳定方面,《办法》禁止了在互联网上传播的宗教信息非法吸收教徒,干扰他人信仰自由,以宗教名义敛财、传播迷信思想,假冒宗教教职人员开展活动等。

在场域方面,《办法》规定了宗教信息的传播只能在依法申请的互联网渠道中进行宗教活动,为宗教的合法传播划定了清晰的区域。保障了互联网整体有序的环境,加强了对互联网宗教事务的治理,为合法的互联网宗教活动构建了稳定的平台,对违法、违规的宗教活动有了有效的控制。

(二) 互联网宗教治理的系统性特征

《办法》的制定过程反映了党发挥总揽全局、协调各方的作用。推动了各类社会组织在党统一领导下协调行动、增强合力,为构建系统完备、科学规范、运行高效的党和国家机构职能体系提供了宝贵经验。在完善和发展中国特色社会主义制度、推进国家治理体系和治理能力现代化上提供了有力的组织保障。[①]

近年来,宗教组织和个人利用互联网站、应用程序、论坛、网络直播等多个互联网载体传播其教义、进行其活动。尽管给信教群众带来了便利,但也出现一些值得注意的突出问题,主要有:打着宗教旗号,在网上从事各种形式的非法敛财和封建迷信等活动;在网上开设虚拟的宗教活动场所,进行无序的宗教活动;利用其影响力发表抹黑宗教政策的言论,危害人民政权的稳定;勾结境外势力,传播极端宗教思想和分裂主义思想;挑起宗教间矛盾,影响群众宗教信仰的选择自由等等。

[①] 应松年:《加快法治建设促进国家治理体系和治理能力现代化》,《中国法学》2014年第6期。

互联网是个人和社会组织充分表达言论自由和接受信息的工具，但并非法外之地。《办法》以《中华人民共和国宪法》为指导思想，《宗教事务条例》《中华人民共和国网络安全法》《互联网信息服务管理办法》等法律法规为立法依据，明确了管理对象和管理内容，指明了管理标准，清晰了管理边界，划分了行政管理主体与范围，系统性地确定了互联网宗教信息的管理体系架构。《办法》的制定和实施，是贯彻落实全国宗教工作会议精神的重要举措，是确保我国网络安全和意识形态安全的迫切需要，是提升宗教事务治理体系和治理能力现代化水平的必然要求。

开放、传播迅速的互联网特征是造成非法组织利用宗教在互联网上进行违法犯罪活动的根本原因，《办法》规定了宗教组织和个人需依法申请《互联网宗教信息服务许可证》，在规定范围内，进行合法宗教活动，维护了互联网宗教事务的有序进行，起到了源头治理的作用。互联网在当下各领域都发挥了重要影响，各领域对互联网的依赖也越来越深，加强对互联网宗教事务的现代化治理并不是要打击人民群众的信仰自由，反而是为了保护人民群众生命财产安全和信仰自由的重要举措。《办法》不仅指向不法组织利用宗教外衣进行危害社会安全与稳定的活动，对潜在风险做出了明确限制。因此，《办法》着眼标本兼治，找准了群众信教需求和社会稳定的动态平衡点，形成了一套统筹发展和安全的制度措施办法，指导各部门把互联网信息治理现代化的理念深度融入社会发展的各环节、全过程。

（三）互联网宗教治理的协同性特征

互联网宗教事务并不是单纯的宗教事务治理，或者互联网事务治理，而是涉及了宗教、互联网、公共安全等多领域的协同治理。因此，《办法》强调多部门协同，这不仅体现在其制定过程由国家宗教事务局、国家互联网信息办公室、工业和信息化部、公安部、国家安全部五部委共同参与，还体现在《办法》的实施过程中，

"宗教事务部门依法对互联网宗教信息服务进行监督管理，网信部门、电信主管部门、公安机关、国家安全机关等在各自职责范围内依法负责有关行政管理工作。省级以上人民政府宗教事务部门应当会同网信部门、电信主管部门、公安机关、国家安全机关等建立互联网宗教信息服务管理协调机制"。《办法》中第五条之规定，明确了中央和地方之间的协调以及各级别多部门在实施过程中垂直协调与横向合作的职能。

四 《互联网宗教信息服务管理办法》实施下的治理难点与突破

（一）网络监管整体难度与日俱增

不同于网络Web1.0时代，网络服务内容提供商提供内容，用户只能单向被动地接受由权威内容服务提供商提供的内容。在当代互联网生态中，去中心化是主要特征之一，即人人都可以参与到在互联网上发布和传播资讯。其结果是网络主体和内容趋于多元化，参与其中的主体都可以在网络上发表自己的思想和看法，且难受到有效的监管。信息技术进步日益智能化强化了网络去中心化的特点，大数据爬虫技术、智能数据处理和分析平台的发展让网络信息收集和处理变得更加智能化，网络使用者传播和收集信息更加快捷，加快了咨询的传播速度，一些"阅后即焚"的社交软件的出现更是改变了传统信息发出者和接收者之间的互动模式。信息传播速度的加快、信息的隐匿性的增强，加大了网络监管的难度。[1] 此外，非法组织如通过技术手段在海外建立网站，或使用境外网络社交软件以规避国内监管，不仅是互联网宗教治理所面临的一大难点，也是整个互联网治理中的一大难点。

面对日益复杂的互联网环境和快速发展的技术手段，应加强产、

---

[1] 高健：《我国网络空间内容传播治理研究》，《人民论坛·学术前沿》2022年第1期。

学、研合作，增强技术手段，创新管理技术。合理利用人工智能、舆情管理等技术手段加强对非法使用互联网的监管，提高互联网舆情的研判能力，使互联网监管处于总体可控之中。

（二）职能部门之间的协调问题

互联网宗教治理既涉及技术层面，又涉及思想层面，《办法》的切实施行有赖于多部门高效协调。尽管中央网络安全和信息化领导小组与国家互联网信息办公室是两个专门管理互联网的部门，但由于涉及互联网宗教内容的多元化与专业化，两个部门在进行宗教互联网事务管理时，对一些宗教相关内容或缺乏专业的判断。因此，如何加强各涉及互联网宗教治理职能部门的协调，使各部门都能充分发挥其所长，是保障《办法》真正落实的关键之一。此外，宗教与其信众出于自身发展，对网络的需求日益增加，而互联网企业的发展也需要扩大客户群体。互联网企业作为市场主体既有保证各组织和个人有序使用互联网的义务，也有扩展市场的权利。因此，担有部分互联网治理职能的互联网企业，如何正确处理发展需求与执行相关互联网治理法律法规之间的关系，则更突出了企业与社会、企业与政府部门之间高效协调互动的作用。

如何加强各部门之间的有效协调，加强高质量复合型人才培养是关键所在。从前的人才策略主要将重点放在本领域的人才建设上，但是互联网快速发展的现状带来的新形势要求跨学科交流和人才的储备。因此，加强互联网宗教治理的跨学科人才建设，是促进各职能部门高效协调的有力办法。

（三）对宗教组织有较高的要求，或将影响对群众信教需求的满足

宗教因其自有的一套价值观，对世俗的认识有别于其他团体，特别是本土的道教与佛教，出世态度强烈，在受教育水平、生存能力方面属于远落后社会现代化整体程度的人群，如果对运用互联网进行自

身和团体建设予以限制，可能使其进一步落后于现代化发展目标，进而不利于推进满足宗教信仰群众的正确、合理、有效引导。若宗教不能保障群众的信仰需求，一些非法组织可能将趁机填补，进而带来社会不稳定因素。[1] 由于《办法》规定了"仅限于通过其依法自建的互联网站、应用程序、论坛等由宗教教职人员、宗教院校教师讲经讲道"等，宗教组织若要进行互联网宗教活动，则需较高的相关知识水平，一些宗教组织或难达到。届时将难以满足广大网民中信教人士的需求。

正视正面宗教供给问题，需要进一步深化供给侧改革，充分考虑宗教团体发展水平的团体内差距和团体间差距，避免"一刀切"式的政策实施造成宗教团体的"短板效应"，阻碍了宗教问题治理现代化进程。需要加强相关部门对宗教界的业务指导，合理合规提高其网络素养，使正面宗教供给满足网民中信教人士的需求。

五 结论

21世纪以来，互联网发展迅速，对传统的信息传播方式和速度产生了颠覆性影响，我国高度重视互联网领域意识形态阵地建设，相继出台了一系列法律法规以规范有序的互联网环境。宗教长期以来是人类社会共同面对的重要议题，宗教的价值观、世界观和人生观对部分人群有深刻的影响，历史经验告诉我们保障正面宗教活动的有序进行，严厉打击披着宗教外衣的非法组织所进行的犯罪活动，对保障社会长治久安有深远的意义。互联网加宗教的趋势是时代发展大背景下的产物，但是网络并非法外之地，将互联网宗教治理纳入国家一体化治理体系的有机组成部分，是实现国家治理现代化战略的必要举措。《办法》的制定是以国家治理现代化为理论基础，结合了多年互联网

---

[1] 张卓：《互联网宗教传播实践及其风险治理——以汉传佛教为中心的考察》，《世界宗教文化》2022年第2期。

治理与宗教治理经验，进一步完善了在互联网宗教事务领域国家治理体系和治理能力现代化，对维持维护风清气正的互联网环境，保障人民信仰自由有重大影响。为贯彻落实《办法》精神，在实施过程中应正确认识复杂多变的互联网环境，不断加强人才队伍建设和相关技术水平提升，并深化宗教领域供给侧改革，加强政策宣传培训和业务指导，使其为保障社会和谐稳定发挥应有作用。

第五章　互联网宗教与数字人文的对话

中国数字人文宗教研究的现代转型*

◇向　宁

中国宗教学领域在数字人文研究现代化转型中面临三方面问题：一是在"互联网+"渐趋深入时，打破中国宗教学数字人文研究分支的梳理与阐释受限于传统思维的现状；二是中国宗教学数字人文研究局限于应用案例的落地，研究思维和研究范式的更迭根基常被忽略；三是数字人文的探索更聚焦于跨学科方法的应用，尤其是计算机科学的方法，却对系统性的基本要素的建构与传统宗教学的对话缺乏关照。

一　对中国数字人文宗教三个标志性研究分支的体系化梳理

"数字"人文宗教的"数字"可将其广义理解为打破传统的宗教研究对象的呈现、存储、分析、组织、互动及传播的新方式。从口耳相传、书写印刷、互联网传播等演变中，毕昇活字印刷术就曾改变了佛教在民间流布的状况[1]，活字印刷《金刚经》对佛教民间传播状况产生了较大影响。因此，在中国宗教学视角下，广义的数字人文既新

---

* 原文载于《西南民族大学学报》（人文社会科学版）2023年第2期。
[1]　张卓：《互联网宗教传播实践及其风险治理——以汉传佛教为中心的考察》，《世界宗教文化》2022年第2期。

颖，又复古。宗教学研究对象的呈现、存储、分析、组织、互动及传播变迁从未中断，只是二进制、互联网及人工智能的计算思维、计算本质和计算力[1]的冲击使得计算机在宗教学的应用尤为突显，因而数字人文宗教也成为热点议题。

互联网场域宗教行动者[2]的数字化生存痕迹[3]促使宗教学研究中"人文"与"数字"相遇且深度交叉。其交叉维度来源于中国宗教学对宗教观念/思想、情感/体验、行为/活动、组织/制度的持续关注[4]，中国宗教功能和结构的研究[5]，及宗教性质七维度框架[6]（实践和仪式的维度、体验和情感的维度、叙事或神话的维度、教义和哲学的维度、伦理和法律的维度、社会和制度的维度、物质维度）等。因而不同于结合数字人文发展方向以宗教学传统资源的创新性转化导向为主的传统思维下进行的数字典藏、数字文本分析与远读、可视化的梳理方法，本文认为，"问题导向及数据驱动范式研究"已成为宗教学数字人文研究的重要且与现实进行密切对话的核心组成部分。

（一）学科传统资源的创新性转化导向

中国宗教学学科传统资源的创新性转化导向部分，本文并未采用数字人文常用的数字化、远读、可视化的递进顺序爬梳，而是根据当前阶段学科传统资源的数字化程度、具体应用场景及知识加工深度三个维度的逐步深化进行的梳理。

1. 文献计量学研究已起步，但与中国宗教学的对话有待深化。孙立媛等基于文献信息计量学方法，以CSSCI（1998—2016年）收录的179篇论文为中心，从论文数量与基金分布、作者与单位分布、期

---

[1] 吴军：《计算之魂》，人民邮电出版社2022年版，第13—18、61—72页。
[2] 方文：《文化自觉之心》，中国人民大学出版社2022年版，第192—219页。
[3] ［美］尼古拉·尼葛洛庞帝：《数字化生存》，胡泳、范海燕译，电子工业出版社2017年版。
[4] 吕大吉主编：《宗教学纲要》，高等教育出版社2019年版，第34—41页。
[5] 杨庆堃：《中国社会中的宗教》，范丽珠译，四川人民出版社2020年版。
[6] 李建欣：《新时代宗教学学科体系刍议》，《世界宗教文化》2020年第5期。

刊分布、基于关键词的研究热点与发展趋势分析，探究了马克思著作对我国宗教学的影响、研究现状及研究热点。①

2. 典籍图片等学科资源数字化、数据库建设及再出版较为成熟。1994年中华电子佛典工作开始筹备，1996年《法音》在互联网发布电子版。②佛教文献数字化总库建设的基本原则：起于最底层、信息全覆盖、过程可追溯、功能可扩展。③已有研究成果基于数字化资料和专题数据库，围绕研究对象、研究主题引领检索、收集、整理直至纸质出版的全流程，太虚大师研究史料④和在中国古典数字工程基础上出版的《禅宗六祖师集》⑤是此类研究的代表性成果。

3. 专题数据库建设及应用场景查询逐步上线，开放性和功能性有待进一步拓展。流失海外敦煌文物的数据库平台设计⑥、数字敦煌资源库已取得阶段性成果；其中，数字敦煌资源库架构设计还采用了动态资源与静态资源分离、应用服务器与数据库分离等技术，优化并提高了性能，进而满足高性能、高可用、可扩展和安全等需求⑦。四类佛教史料数据库有佛教书目、佛教拓片、佛教典籍、佛学数字图书馆，其中佛教史料数字化建设仍存在的资源整合、数据库兼容、资源共享三方面问题。⑧

4. 知识深加工及可视化呈现与互动吸纳了多元方法论，呈现出

---

① 孙立媛等：《基于CSSCI的马克思著作对宗教学影响力探究》，《西南民族大学学报》（人文社科版）2019年第1期。
② 《〈法音〉在国际互联网（Internet）上发布电子版》，《法音》1996年第5期。
③ 方广锠：《谈汉文佛教文献数字化总库建设》，《世界宗教研究》2016年第1期。
④ 王颂主编：《太虚大师新出文献资料辑录·民国报刊编A》，宗教文化出版社2019年版。
⑤ 明贤：《佛教中国化的数字文献新成果评〈禅宗六祖师集〉》，《中国宗教》2022年第10期。佛教中国化数字文献新成果：《禅宗六祖师集》正式出版发行，明贤法师（微信公众号），https://mp.weixin.qq.com/s/X-9mbTgwacy72LVT1KrhUA. 2022年10月7日。
⑥ 罗华庆、杨雪梅、俞天秀：《流失海外敦煌文物数字化复原项目概述》，《敦煌研究》2022年第1期。
⑦ 俞天秀、吴健、赵良、丁晓宏、叶青：《"数字敦煌"资源库架构设计与实现》，《敦煌研究》2020年第2期。
⑧ 李湘豫、梁留科：《佛教史料数字化的运用与展望》，《中国宗教》2011年第6期。

信息管理学科底层逻辑支撑的体系化研究的发展态势。莫高窟249窟虚拟现实展示已实现[1]，敦煌图像数据的建设基础、信息组织、词表构建、数据模型、资产管理系统、数字叙事系统等服务也应用在敦煌智慧数据研究与实践中。[2]

（二）研究议题共同体及多维基础设施建设导向

1. 研究议题共同体凸显：与其他人文学科的方法论共同体先导的发展路径不同，宗教学领域在数字人文方向上研究议题共同体成果更为凸显。与数字人文宗教密切相关的七个主流概念丛为：互联网宗教、互联网宗教舆情、互联网宗教信息、互联网宗教信息服务、数字宗教、数字人文宗教、计算宗教学。这七个概念丛各有侧重，其结构及关系仍需结构化、流程化梳理；各概念丛有其深意，有待结合实证研究，对其内涵和外延进一步系统化阐释。

2. 方法论共同体建设：宗教学领域数字人文研究的方法论共同体建设仍处于起步阶段。有研究以行动者中心建模方法来研究互联网佛教舆情观点演化机制[3]，还有学者以计量经济学方法探索互联网佛教去商业化行动对政府执行力感知[4]和政府信任[5]的影响，基于人工智能领域的监督学习、分词及词云制作等方法工具，有研究将计算宗教学应用于宗教商业化治理的精准研判中[6]。

3. 平台及基础设施建设：平台建设渐趋成熟；基础设施建设还

---

[1] 金良等：《莫高窟第249窟VR（虚拟现实）展示系统的设计与实现》，《敦煌研究》2021年第4期。

[2] 王晓光、谭旭、夏生平：《敦煌智慧数据研究与实践》，《数字人文》2020年第4期。

[3] 向宁：《佛教互联网舆情观点演化机制的行动者中心模型研究》，《世界宗教文化》2017年第5期。

[4] 向宁等：《互联网佛教去商业化行动对政府执行力感知影响的实证研究》，《世界宗教文化》2019年第6期。

[5] 韦欣等：《互联网佛教去商业化行动与政府信任——一个基于实证模型的考察》，《世界宗教研究》2020年第2期。

[6] 向宁：《对挂寺名景区的涉佛教商业化治理现代化研究》，《世界宗教文化》2022年第5期。

需进一步对话与整合。自 2016 年 8 月到 2022 年 10 月，"中国社会科学论坛（2016·宗教学）"（"互联网宗教与全球治理"为其分论坛之一）、"互联网＋宗教事务"福州论坛（2017 年 12 月）、首届互联网＋宗教舆情论坛（2019 年 10 月）、第二届互联网＋宗教舆情论坛（2020 年 10 月）、第三届互联网＋宗教舆情论坛（2021 年 11 月）、首届数字人文宗教研究论坛暨第四届互联网＋宗教舆情论坛（2022 年 10 月）等展开较为频繁的学术研讨，中央统战部宗教研究中心 2020 年 12 月举办世界宗教形势研讨会，2021 年 12 月举办国内、国际宗教形势研讨会。在中国宗教学垂直领域基础数据库建设方面，2016 年 1 月 18 日正式上线的藏传佛教活佛查询系统[①]，以及 2017 年开题的"中国宗教研究数据库建设（1850—1949）"项目[②]，都是中国宗教学数字人文研究基础设施建设的重要组成部分。

（三）问题导向及数据驱动范式研究

问题导向下数据驱动范式主导对中国宗教行为、情感、组织、制度的近乎实时类研究，是中国宗教学数字人文研究分支的拓展，是契合数据驱动第四研究范式的重要组成部分，也是中国宗教学学术研究的新增长点。但现阶段此研究分支常被数字人文宗教研究者所忽略。此类研究直面现实需求，对涉宗教社会现象的描述、解释与预测研究成果的时效性要求较高，具备一定的迫切性。

1. 互联网与宗教的双向作用

互联网对宗教影响的趋势判断及反思开启于 20 世纪下半叶。1997 年国内宗教学界已关注到网络与宗教融合后的变迁，对于互联网究竟会不会改变以及可以在多大程度上改变宗教等问题开展探讨。[③]

---

① 张国产：《藏传佛教活佛查询系统正式上线首批可查 870 名活佛》，《中国西藏》2016 年第 2 期。
② 默生：《"中国宗教研究数据库建设（1850—1949）"开题》，《社科院专刊》2017 年 3 月 24 日。
③ 王建平：《电子网络会改变宗教吗？》，《世界宗教研究》1997 年第 4 期。

数字化时代的"互联网+"宗教研究

美国作家杰夫·扎列斯基1997年的著作《数字化信仰》(*The Soul of Cyberspace*)得到国内学界关注,尤其是书中对数字化时代信仰变化的阐述。① 2003年国内已基于国际互联网的特性、两类主要的宗教网站的四类主要目的来对国家宗教事务管理的冲击、挑战及对策进行阐述。②

宗教工作媒体及宗教界互联网信息服务的建设、反思及社会性回应,涵盖了宗教媒体应对机遇与挑战的路径③、宗教界对自身互联网思维缺乏的反思④、互联网时代宗教发展方向及举措⑤、宗教界合法权益维护⑥的法治化进程的推进、涉宗教谣言治理⑦等。

以线下空间研究对象(国家及地区、不同宗教、宗教团体等多元主体)为主线,已有研究对其在线上空间多样的宗教行为及其数字痕迹所呈现的形态及发展概况进行调研、分析与挖掘。有研究从梵蒂冈网络传播兴起的背景和原因、梵蒂冈网络传播的双面性价值取向及梵蒂冈网络传播的格局入手,分析了梵蒂冈网络传播态势。⑧ 多个研究聚焦不同宗教梳理并介绍了基督教在互联网上的传播状况⑨,以及以佛教网站为例开展的佛教传播研究⑩。有研究着力于宗教组织维度,分析当代西方基督教教会的网络传教行为⑪;还有对长沙市圣经学校

---

① 陈戎女:《数字化时代的信仰》,《世界宗教文化》2000年第3期。
② 刘金光:《国际互联网与宗教渗透》,《中国宗教》2003年第8期。
③ 胡绍皆:《新时代宗教媒体的机遇与挑战》,《中国宗教》2020年第7期。
④ 姜子策:《道教界的"互联互通"转型中的道教互联网建设与新媒体发展》,《中国道教》2016年第5期。
⑤ 张诚达:《互联网时代道教发展的方向和举措》,《中国宗教》2017年第6期。
⑥ 《〈网络综艺节目内容审核标准细则〉:不得恶搞、调侃、攻击宗教》,《法音》2020年第2期。
⑦ 《12377盘点4月份十大网络谣言》,《中国信息安全》2017年第5期。
⑧ 许正林、乔金星:《梵蒂冈网络传播态势》,《世界宗教研究》2011年第1期。
⑨ 吴义雄:《互联网上的基督教新教》,《世界宗教文化》2000年第2期。
⑩ 肖尧中:《试论网络视域中的宗教传播——以佛教网站为例》,《宗教学研究》2008年第4期。
⑪ 赵冰:《"四全媒体"与"神圣网络":当代西方基督教会"网络传教"行为分析》,《世界宗教文化》2016年第4期。

教堂进行调查问卷,分析在线宗教行为的基本特征①。

2. 相关法治化建设的细化与深化

在法治化进程中,2021 年 12 月 3 日,国家宗教事务局公布了《互联网宗教信息服务管理办法》②(以下简称《办法》),自 2022 年 3 月 1 日起施行。"压实互联网平台主体责任"是《办法》各项规定落实的关键所在③,促使其加强对互联网涉宗教信息的自我把关、自我审核,并把有害信息封堵在源头,进而把好互联网宗教事务管理"第一道关口";《办法》的颁布是对《条例》的细化,在行政成本高、工作力量不足的情况下,《办法》将对宗教事务日常工作开展有所助益。有研究④梳理了《办法》的立法依据、基本状况、意义、可能遇到的情况和问题及对策建议。

3. 学科核心概念丛的中国化建构

2016 年已有研究指出,互联网宗教是"互联网时代的宗教,是在互联网中的宗教",并概述了互联网宗教、网络宗教事务与宗教网络舆情的交叉点。⑤ 互联网宗教与人类命运共同体⑥及宗教中国化议题⑦涌入眼帘,并对网络宗教事务管理的概念界定、管理原则、法律责任等进行了梳理⑧,互联网宗教的研究与治理研究也从上层架构、中层策略与落地路径得以趋近实践⑨。互联网宗教研究融入了以冯·

---

① 唐名辉:《在线宗教浏览行为的基本特征探索——以长沙市圣经学校教堂为调查点》,《宗教学研究》2009 年第 3 期。
② 《国家宗教事务局公布〈互联网宗教信息服务管理办法〉》,《中国宗教》2021 年第 12 期。
③ 董栋:《压实互联网平台主体责任把好互联网宗教事务管理"第一道关口"》,《中国宗教》2022 年第 1 期。
④ 王海全:《〈互联网宗教信息服务管理办法〉颁布实施的重大意义及贯彻落实的对策建议》,《世界宗教文化》2022 年第 4 期。
⑤ 郑筱筠:《全方位开展互联网宗教研究》,《中国宗教》2016 年第 7 期。
⑥ 郑筱筠:《互联网宗教与人类命运共同体》,《世界宗教文化》2018 年第 1 期。
⑦ 释明贤:《新时代佛教中国化:佛教网络舆情监测与公共美誉度维护探究》,《世界宗教文化》2018 年第 6 期。
⑧ 董栋:《关于我国网络宗教事务管理问题的思考》,《世界宗教文化》2016 年第 5 期。
⑨ 释明贤:《互联网宗教研究与治理:上层架构、中层策略与落地路径》,《世界宗教文化》2020 年第 6 期。

诺依曼体系结构为主导的互联网得以兴起的发展背景，其内涵拓展到基于冯·诺依曼体系结构及其二进制支撑的运算、控制、存储、输入、输出体系，将网络空间及其相关的线下空间的宗教学领域问题、研究对象及其时空坐标系、理论及方法进行映射的研究。①《办法》中"互联网宗教信息"与"互联网宗教信息服务"两个基本概念内涵被进一步细化，有研究将互联网宗教信息分为国内互联网宗教信息、外媒涉华宗教议题和境外互联网宗教信息三种类型。②

4. 宗教的互联网数据的深度挖掘产生了远读式的新知识点

针对全国佛教活动场所"互联网+"应用程度分析，研究发现"互联网+"（网站、微博、微信）应用程度和佛教活动场所本身的地理分布特征不尽一致，并且发现随着网站、微博、微信的可及性、便捷性的提升，互联网应用程度深化和普及程度也在演进与变化。此研究又将"互联网+"应用程度数据与县域GDP、宗教舆情热度、新冠疫情期间佛教界抗议捐助相关数据进行叠加，进而分析了全国佛教活动场所"互联网+"应用程度与多维度经济社会人文领域关键变量交叉的可视化知识呈现。③有研究基于百度指数等辩驳了互联网促进宗教增长的复兴神话，提出目前尚无证据表明互联网实质性地促进了现实中的宗教增长，"互联网与宗教的结合是当今时代的正常现象，也是宗教在'数字化社会'继续生存的必然要求"④。

5. 互联网宗教舆情研究是大数据时代宗教史的重要"书写"方式

通过互联网宗教舆情的描绘、规律及后效的分析，互联网宗教舆情研究使宗教史的书写逐步迈向"实时"史、"全路径"史、"全景"史、"可视化"史。多位学者基于法海事件、兴教寺事件、

---

① 黄奎、王静、张小燕、向宁：《新时代宗教学热点问题回顾与展望》，《世界宗教文化》2021年第6期。
② 李华伟：《大数据与互联网宗教信息的治理》，《世界宗教文化》2022年第4期。
③ 明贤：《全国佛教活动场所"互联网+"应用程度分析》，《中国宗教》2020年第12期。
④ 黄海波、黑颖：《互联网宗教的"复兴神话"及其祛魅》，《世界宗教文化》2022年第4期。

瑞云寺事件①、景区微博改名事件②、佛教去商业化行动及涉互联网宗教政策及政教学三支队伍共同参与的治理进行后效分析③。有研究以佛教视角从传媒工具和舆情传播规律的演进，勾画互联网宗教舆情的新版图；之后从五个方面描绘了互联网深化时代的宗教信众新特性；最后从佛教美誉度和佛教网络舆情两个维度探索了新时代佛教中国化的落地路径。④

二 中国宗教学数字人文研究的适切思维：线上—线下二元结构中数据驱动下行动者中心范式

中国宗教学数字人文研究的真正开启，不仅在于研究分支的完整性梳理，更在于适切思维和研究范式等基础工作的完备。

（一）"线上—线下"新二元结构凸显

此二元结构所引发的愈来愈广泛的关注，是相伴于移动互联网、社交媒体及各类 App 的发展进程的。移动互联网对"网随人走"⑤的落地，极大地促进了线上时空所吸引的人数规模、时间和注意力的总体占比、活动内容对生活的多维度覆盖以及社会行动者主体意识和话语权再分配等，这些都展现出此二元结构的重要性。截至 2022 年 6 月⑥，我

---

① 周齐：《2013 年中国佛教发展形势及其热点事件评析报告》，载邱永辉《中国宗教报告（2014）》，社会科学文献出版社 2015 年版，第 20—44 页。
② 向宁：《佛教互联网舆情观点演化机制的行动者中心模型研究》，《世界宗教文化》2017 年第 5 期。
③ 韦欣等：《互联网佛教去商业化行动与政府信任——一个基于实证模型的考察》，《世界宗教研究》2020 年第 2 期。
④ 释明贤：《新时代佛教中国化：佛教网络舆情监测与公共美誉度维护探究》，《世界宗教文化》2018 年第 6 期。
⑤ 唐绪军主编：《中国新媒体发展报告（2013）》，社会科学文献出版社 2013 年版，第 1—28 页。
⑥ 中国互联网络信息中心（CNNIC）：《第 50 次〈中国互联网络发展状况统计报告〉》，http：//www.cnnic.net.cn/n4/2022/0914/c88 - 10226.html，引用时间：2022 年 12 月 1 日。

国网民规模已达 10.51 亿人，普及率达到 74.4%；其中手机不断挤占其他个人上网设备的使用比例，使用手机上网的网民占比达 99.6%；每人每周上网时长为 29.5 小时。线上—线下新二元结构为人文研究与数字的相遇及深度交叉研究提供了基础的、交叠的时空维度观察视角。线上—线下的二元结构对宗教学研究的影响主要体现在以下四个方面。

一是传统研究关注的深化与拓展。以宗教史和宗教区域研究为例，线上—线下二元结构拓展了以宗教学线下时间、线下地域为主逻辑的宗教史和宗教区域研究。此线下时间—线下地域唯一主逻辑的研究即使增加了对线上的关注，也侧重于对线下宗教的线上内容的关注，仍有所遗漏和缺失、不够完整。在线上—线下二元结构下，互联网使得宗教行动者线下区域的物理性区隔在一定程度上被重新布局和链接，不同宗教行动者的"临近"与"聚集"在线上、线下两个空间并不总是同步的。以空间为主坐标，不同佛教行动者会存在线下与线上皆同处、线下与线上皆不同处、线下不同处但线上同处、线下同处但线上不同处的四种相对状态。因线上时间可被编辑而与线下时间错开的可能性（2022 年南京"玄奘寺供奉牌位事件"即此类线上时间被编辑引发舆情的代表性事件），后续研究需将时间、空间的线上和线下都纳入考虑，因而不同宗教行动者会呈现出八种相对状态。前四种是在线下线上时间皆同时的前提下，线下与线上皆同处、线下与线上皆不同处、线下不同处但线上同处、线下同处但线上不同处；后四种是在线下同时但线上不同时的前提下，线下与线上皆同处、线下与线上皆不同处、线下不同处但线上同处、线下同处但线上不同处。

二是新研究维度和细节的凸显。Science 2009 年一篇《计算社会科学》的论文引发人文社科研究者的关注，计算社会科学与大数据进入人文社科视野，文中提到了"一门计算社会科学正在浮现，充分利用对史无前例的宽度、深度和规模的数据进行收集和分析的能力"。[1]

---

[1] Lazer David, et al., "Computational Social Science", Science, Vol. 323, No. 5915, 2009, pp. 721 – 723.

新二元结构下，互联网场域的数字痕迹为宗教学研究拓展了研究对象，宗教行动者在日常数字化生存①中产生了大量数字痕迹②，使得传统宗教学研究对象凸显了更多的全新研究维度和细节。

三是宗教行动者的思想、体验、行为、组织的平台和技术支撑发生更迭。移动互联网的普及带来了"人随网走"到"网随人走"的发展态势。从Web1.0到Web2.0，信息传播从单向传播转为双向传播③，与此同时媒介的更迭④及浸媒介和超媒介的发展⑤、微信和微博类社交媒体等也呈现出特色的传播规律，如：独特圈子文化深度传播的微信、小微能量大的微博等⑥。这些基础设施的建设和社交媒体的发展为大宗教行动者的思想、体验、行为、组织提供了新样态的平台和技术支撑。

四是宗教学研究对象底层数据的获取及分析方法更为多元。2012年计算宗教学⑦的提出，将计算机建模等方法论作为宗教学研究的核心驱动力之一。线上—线下新二元结构中互联网基础设施建设所涵括的数据及方法论，尤其是预训练模型的深度学习进入应用领域，为宗教学研究落地更迭研究范式、拓展研究维度提供了更适切的工具以及更多的可能性。

（二）模型驱动到数据驱动

中国宗教学研究也正亲历第二、第三范式（模型驱动）到第四范

---

① ［美］尼古拉·尼葛洛庞帝：《数字化生存》，胡泳、范海燕译，电子工业出版社2017年版。

② ［美］阿莱克斯·彭特兰：《智慧社会：大数据与社会物理学》，汪小帆、汪容译，浙江人民出版社2015年版，第12页。

③ 刘畅：《"网人合一"：从Web1.0到Web3.0之路》，《河南社会科学》2008年第2期；沈阳：《元宇宙的大愿景》，《青年记者》2022年第4期。

④ ［加拿大］马歇尔·麦克卢汉：《理解媒介论人的延伸》，何道宽译，译林出版社2015年版。

⑤ 李沁：《沉浸媒介：重新定义媒介概念的内涵和外延》，《国际新闻界》2017年第8期。

⑥ 唐绪军主编：《中国新媒体发展报告（2013）》，社会科学文献出版社2013年版，第1—28页。

⑦ Nielbo, K. L., et al., "Computing Religion: A New Tool in the Multilevel Analysis of Religion", *Method & Theory in the Study of Religion*, Vol. 24, No. 3, 2012, pp. 267–290.

式（数据驱动）的更迭。数据驱动范式为中国宗教学研究带来了新的学术增长点，但宗教学在模型驱动和数据驱动的研究还有待丰富。模型驱动到数据驱动的范式演变背景是 2006 年吉姆·格雷（Jim Gray）所发表的《第四范式：数据密集型科学发现》（*The Fourth Paradigm：Data-Intensive Scientific Discovery*），开启了研究者对第四范式及数据驱动研究的关注。"实验科学"的第一范式以记录和描述自然现象为主；"理论科学"的第二范式开启了用模型归纳总结过去记录的现象；"计算科学"的第三范式基于计算机的出现及普及侧重，对复杂现象进行模拟仿真及对复杂现象的推演；"数据密集型科学"的第四范式的主要特征是快速处理海量数据，通过分析总结归纳得到理论发现。[①]

在模型驱动上，宗教学相对于其他人文、社科领域，质性研究、对调查数据分析及统计学模型研究等第二范式为主。基于 CGSS 和 CFPS 调查数据，有研究探讨了当代中国基督教的三个面向：基督徒的规模和格局、基督徒的人口及社会分层特征、基督徒的社会心态；[②] 基于 Stata14.0 的 robust 回归，有学者讨论了宗教信仰与政府信任的关联；[③] 有研究基于 KGSS 数据，从韩国社会的宗教结构及其多样性、不同宗教群体的社会人口特征、宗教态度与行为、宗教对社会态度与行为的影响四个维度，分析了当代韩国社会的宗教特征及其影响。[④] 2012 年，克里斯托弗·尼尔博等所提出的计算宗教学[⑤]侧重于计算机建模仿真方法在宗教学的应用，但宗教学领域的计算机建模研究颇为鲜见。

---

① 孟天广、张小劲：《大数据驱动与政府治理能力提升——理论框架与模式创新》，《北京航空航天大学学报》（社会科学版）2018 年第 1 期。
② 北京大学宗教文化研究院课题组：《当代中国宗教状况报告——基于 CFPS（2012）调查数据》，卢云峰执笔，《世界宗教文化》2014 年第 1 期。
③ 黄海波：《信任视域下的宗教：兼论基督教中国化——基于长三角宗教信仰调查数据的分析》，《世界宗教研究》2017 年第 3 期。
④ 王卫东、金知范、高明畅：《当代韩国社会的宗教特征及其影响：基于韩国综合社会调查 2003—2018》，《世界宗教文化》2022 年第 1 期。
⑤ Nielbo, K. L., et al., "Computing Religion: A New Tool in The Multilevel Analysis of Religion", *Method & Theory in the Study of Religion*, Vol. 24, No. 3, 2012, pp. 267 - 290.

数据驱动上，中国基于大数据来开展的数据驱动范式的宗教学研究仍有待开启和拓展。数据科学的研究热点及发展趋势[1]、元数据（关于数据的数据）以及元分析（关于分析的分析）更频繁地引起学界关注。2013年5月，关于科特迪瓦整个国家的数据这一世界第一个数据公地[2]受到关注，揭幕仪式由阿莱克斯·彭特兰主持。大数据与以信息和想法流动社会物理学引发国内较为广泛的关注；其中，社会物理学是一门"旨在描述信息和想法的流动与人类行为之间可靠的数学关系"[3]的定量的社会科学。阿莱克斯·彭特兰等提出了数据"面包屑""社会之镜"和涵盖了拥有权、使用权和处置权的"个人数据商店"（PDS）等理念，并指出"和显微镜和望远镜为生物和天文研究带来革命一样，生活实验室里的'社会之镜'将会让关于人类行为的研究焕然一新"[4]。尼古拉·尼葛洛庞帝更使数字化生存[5]成为一门显学，尤其对比特、关于比特的比特、比特的时代的陈述，为人们提供了对第四范式研究"数据"的底层逻辑维度的透视力。

（三）变量中心到行动者中心

社会行动者被放置在中心位置可作为中国宗教学数字人文研究的起点。传统的心理计量学范式（psychometric paradigm）和跨学科研究范式（interdisciplinary paradigm）中[6]，简单的线性切割和碎片化的

---

[1] 朝乐门、邢春晓、张勇：《数据科学研究的现状与趋势》，《计算机科学》2018年第1期。

[2] [美]阿莱克斯·彭特兰：《智慧社会：大数据与社会物理学》，汪小帆、汪容译，浙江人民出版社2015年版，第15页。

[3] [美]阿莱克斯·彭特兰：《智慧社会：大数据与社会物理学》，汪小帆、汪容译，浙江人民出版社2015年版，第7页。

[4] [美]阿莱克斯·彭特兰：《智慧社会：大数据与社会物理学》，汪小帆、汪容译，浙江人民出版社2015年版，第5—19、185—212页。

[5] [美]尼古拉·尼葛洛庞帝：《数字化生存》，胡泳、范海燕译，电子工业出版社2017年版，第2—79页。

[6] Emmons, R. A., & Paloutzian, R. F., "The psychology of religion", *Annual Review of Psychology*, Vol. 54, No. 1, 2003, pp. 377–402.

变量描述无法真实地还原人们在线上空间行为和情感（激情、喜悦、苦恼和悲愤等）的交织，也无还原和描述整个事件发生过程中大量互不相识的行动者不间断地非线性互动的逻辑和运行机制，因而亟须引入社会行动者中心视角，进而开拓在线上空间进行非线形互动的问题导向及数据驱动下近乎实时类的中国宗教学交叉研究。

社会行动者"作为整体的不可解析的社会存在，是生物行动者、文化行动者、社会能动者的三位一体"[1]；这从社会行动者与社会行为、社会生活的关系等方面梳理了社会行动者的定义及边界。社会行动者是社会行为的负荷者，同时实际社会行为是基于社会行动者自身的生物特质、文化资源及社会语境生发的。对于社会生活而言，社会行动者既是参与者，也是建构者。社会行动者不能化约并还原为社会结构中的地位、身份、角色，抑或微观的人体个体特征、内在欲望冲动，乃至宏观的社会结构、制度、过程或文化规范等。

三 中国宗教学数字人文研究需建立系统工程性的基础设施：以互联网佛教舆情研究为例

互联网宗教舆情是中国宗教学数字人文研究集大成者的重要着力点，此研究领域融汇了线上—线上二元结构、事件及数据驱动、中国宗教学典籍及学科架构为深度分析活水之源、社会行动者中心范式拓展跨学科理论方法的典范研究的四方面特征。

---

[1] 方文：《群体边界符号如何形成——以北京基督新教群体为例》，《社会学研究》2005年第1期。

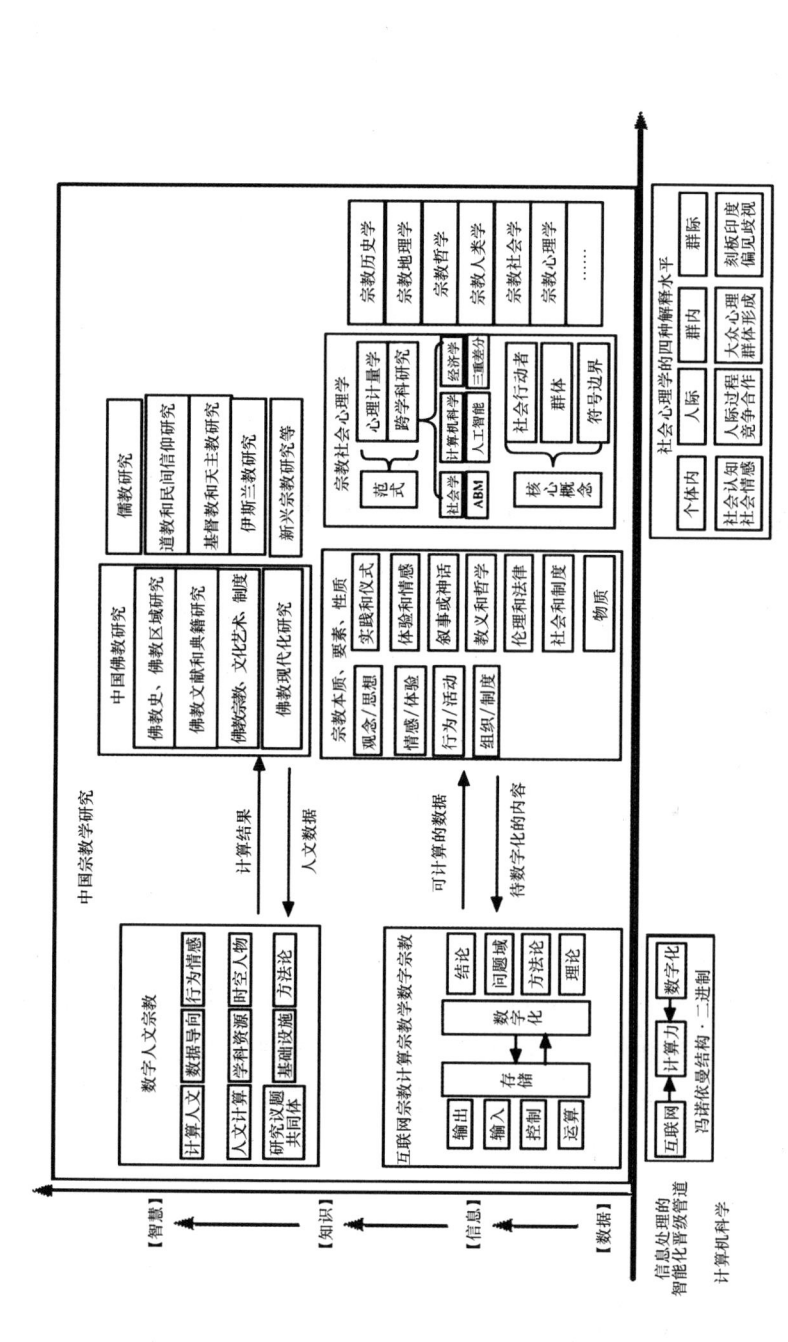

中国数字人文宗教研究的现代转型

图 1 中国宗教学数字人文研究需建立的系统工程性基础设施（以中国佛教研究和宗教社会心理学为例）

301

（一）互联网佛教舆情事件填充了线上—线下二元结构中数据驱动研究的基础原料

互联网宗教舆情常以涉宗教的互联网舆情事件为先导，结合互联网舆情的传播规律，从宗教学学科视角来对舆情事件进行分析的专题研究。此领域的研究议题涵盖但不限于概念梳理和学科建构、多元数据源的挖掘、互联网宗教舆情的热点议题及发展趋势、舆情事件的研判分析与规律总结、跨学科方法论的应用等。

线上—线下新二元结构下，基于宗教特有的线上线下的传播途径和模式，实体宗教发展几千年才形成的分布格局逐渐被打破[①]。伴随着大数据时代、移动互联网时代的来临，大众的主舆论场已从传统媒介转移到互联网，互联网舆情已成为社会舆情的主体[②]，并相应地呈现出四V特点：数据量巨大（Volume）、数据类型繁多（Variety）、价值密度低（Value）、流通速度快（Velocity）。互联网从跨领域到全领域的发展趋势，使得涉宗教的时空观、情感、行为、组织、制度被推动着随之发生变化，近年来涉及宗教的很多热点事件，大多是通过网络快速地形成了一定辐射范围的社会舆情及一定深度的对共同关注问题的系列讨论，因而对互联网宗教舆情进行研究的重要性日益凸显。

以中国佛教为例，伴随着"互联网+"的深入，2013年以来的中国佛教史发生了历史性转折——法海事件爆发。《中国宗教报告（2014）》发布了《2013年在中国佛教发展形势及其热点事件评析报告》[③]，并在其后历年跟踪汇总年度佛教舆情事件，其中大部分与互联网和新媒体的舆情传播有关。凤凰网华人佛教评价法海事件是"亲历转折、亲抚界碑、亲证信仰的时刻""佛教敢发声是时代的进步"。

[①] 郑筱筠：《互联网宗教与人类命运共同体》，《世界宗教文化》2018年第1期。
[②] 喻国明、李彪：《2009年上半年中国舆情报告（下）——基于第三代网络搜索技术的舆情研究》，《山西大学学报》（哲学社会科学版）2010年第1期。
[③] 周齐：《2013年中国佛教发展形势及其热点事件评析报告》，载邱永辉《中国宗教报告（2014）》，社会科学文献出版社2015年版，第20—44页。

中国数字人文宗教研究的现代转型

之后一个又一个事件通过网络发酵、传播、引起关注,并最终得到解决:法门寺景区在持续冒用"法门寺"之名被佛教信众微博用户发现后,爆发了"日行一善,每日一滚"的持续的自发抵制活动,促使它更换了微博注册用名,微博命名中对微博关联场所性质是景区而非寺院进行了更为清晰的界定。在佛教信众持续不绝的呼吁下,兴教寺①和佛教八大祖庭免遭政绩工程的魔爪,西安曲江模式这一以豪夺寺产、打造伪寺院为抓手的粗放型增长方式及其弊端被大范围反思。大量有损佛教形象的不实信息和互联网谣言被抵制②。公司运维却挂寺名景区的涉佛教商业化治理事件、佛教去商业化行动、疫情下佛教舆情治理等,在一次又一次的佛教互联网舆情事件中,政、教、学三支队伍合力直面互联网场域佛教舆情事件,佛教界也改变了既往面对宗教合法权益受损问题时沉默且不敢发声的态度。在时间跨度、平台迭代中,互联网佛教舆情事件体现出中国佛教一直在主动、深度拥抱互联网技术,也为当代中国佛教研究的范式转型提供了基础原料。

---

① 南方都市报:《保住有僧人的兴教寺没和尚的寺庙是荒唐》,http://bodhi.takungpao.com/topnews/2013-04/1548315.html,2013 年 4 月 17 日。

② 央视网:《中国佛协:呼吁严肃查处"假僧人"事件》,http://news.cntv.cn/20120410/117086.shtml,2012 年 4 月 13 日。中国佛教协会:《中国佛教协会回应假僧人事件吁严处还佛门清净》,https://www.chinabuddhism.com.cn/xw1/hwzx/2017-08-03/18791.html,2017 年 9 月 1 日。凤凰网佛教:《知名网络写手水木然被刑拘:造谣莆田人承包 90% 寺庙》,https://fo.ifeng.com/a/20160522/41611588_0.shtml,2016 年 5 月 23 日。中国佛教协会:《关于网络招聘和尚等不实信息的声明》,https://www.chinabuddhism.com.cn/e/action/ShowInfo.php?classid=506&id=40374,2019 年 4 月 29 日。澎湃新闻网:《苏州寒山寺"高薪招聘尼姑"寺院辟谣:不收女僧》,https://www.thepaper.cn/newsDetail_forward_1310491,2015 年 4 月 30 日。环球网:《苏州寒山寺"高薪招聘尼姑"寺院辟谣:不收女僧》,https://china.huanqiu.com/article/9CaKrnJIJkM,2015 年 4 月 30 日。凤凰网华人佛教综合:《"和尚船震"真相大白 抹黑佛教网友要索赔》,https://fo.ifeng.com/news/detail_2014_08/14/38189442_0.shtml,2014 年 8 月 20 日。微信公众号 chan:《【辟谣】"五行币"邪教组织剃光头举办婚礼混淆视听,实与佛教无关!》,https://mp.weixin.qq.com/s?src=3&timestamp=1659771048&ver=1&signature=DmIQd3esaq5EJVktSYff49ND0XUk3y SrOcF5vn*Ce0X-77c4CGrHpMGHJbhhkTAt5rBVKgIMUuuQ-7scJ1xmzjML8XelU0dmBWXAGtTeAZGEJRJLNuKs3I S7IQkpa0HTPNn*jB3sXVfmcVB1nHJaj8jweeIVZGbiW1iNdPwWkM=,2017 年 4 月 30 日。

303

（二）中国宗教学典籍、学科架构及宗教工作经验为涉宗教互联网舆情的深度分析的活水之源

互联网宗教舆情具备了领域特异性的事件驱动、多渠道的数据支撑、多视角的精准研判、"智慧—知识—信息"导向的可视化表示的四方面特征。其中"智慧—知识—信息"导向的提出借鉴了人工智能领域的信息处理的智能化晋级管道"数据—信息—知识—智慧"（D-I-K-W）①，结合中国宗教学的领域特异性，建构互联网宗教信息的生产、传播、影响的完整链条；同时结合中国宗教工作和各大宗教的思想、历史、宗派、典籍、区域性研究等智慧、知识、经验进行契合互联网逻辑的创新性转化，反向赋能网络空间的涉宗教数据和信息的抓取及分析。

互联网佛教舆情研究可从佛教研究核心典籍汲取较为完备的结构和基本要素。《大唐西域记》等佛教典籍对佛教生活基本要素进行了翔实的描述。互联网佛教舆情研究所关注的基本要素，早已在中国佛教典籍中被结构化阐释。以佛教史和区域佛教研究为例，传统佛教区域研究曾聚焦于线下地域的宗教研究②，关注佛教所在地域的释名、疆域、数量、岁时、邑居、衣饰、馔食、文字、教育、族姓、兵术、刑法、敬仪、病死、赋税、物产等多维度的社会文化心理维度。互联网场域宗教行动者的观念、感情、行为、组织都在发生转型，互联网宗教舆情研究的活水之源是对世界宗教经典结构性要素及最新动态等完备要素进行充分、深度的挖掘。

中国佛教研究学科结构化建构较为完整。改革开放40多年来，我国大陆地区佛教学术研究所取得的成就和大致的发展趋向主要体现在以下六个部分：其一，佛教历史研究（佛教通史研究、佛教断代史研究、佛教近现代史研究、佛教区域史研究、佛教宗派史研究）；其

---

① 陈钟：《从人工智能本质看未来的发展》，《探索与争鸣》2017年第10期。
② 玄奘：《大唐西域记》，辩机撰，广西师范大学出版社2007年版。

二，佛教哲学、文化艺术、制度信仰等研究；其三，佛教文献整理和典籍研究；其四，藏传佛教研究；其五，对国外佛教研究；其六，对一些重要问题的研究（佛教中国化问题、佛教与社会主义社会相适应问题、人间佛教问题、佛教现代化问题）。[①]

中国宗教工作经验可为互联网宗教舆情研究提供更为完整的选题视角。以线上空间宗教行为研究为例，现阶段学术研究却褊狭地聚焦宗教互联网传播行为，但鲜有研究提及互联网对国家宗教形象塑造、宗教慈善及人道主义援助、涉宗教的社会冲突的劝服和规避[②]、破除封建迷信[③]、抗疫行动、防疫知识微信公众号文章及相关表情包的开发[④]等行为的积极作用的挖掘与探索。这会对中国宗教工作法治建设产生一定的负面影响。中央统战部国家宗教事务局的代表性微信公众平台账号之一——"微言宗教"（微信号为"zgzj-wyzj"，账号主体为"中国宗教杂志社"），其群发消息对互联网场域中国正规宗教团体、宗教活动场所、宗教教职人员的宗教行为内容提供了更完整的视图。致力于互联网宗教舆情研究的学术共同体在拓展和深化中国互联网场域宗教行为的调研与分析时，需规避个人视野和关注的偏狭，甚至因对某宗教的刻板印象而导致选题有偏，进而更完整地呈现互联网场域中国宗教行为的全貌。

（三）社会行动者中心范式为吸纳跨学科理论与方法提供实践框架

以量化实证方法切入宗教学数字人文及互联网宗教舆情研究，尤

[①] 魏道儒：《改革开放四十年来的佛教研究》（上），《中国宗教》2018年第8期；魏道儒：《改革开放四十年来的佛教研究》（下），《中国宗教》2018年第9期。
[②] 黄平：《互联网、宗教与国际关系——基于结构化理论的资源动员论观点》，《世界经济与政治》2011年第9期。
[③] 陈伟涛：《简析互联网对佛教传播的影响》，《学理论》2012年第23期。
[④] 林璐、王丹彤：《宗教中国化的当代实践武汉市黄陂区佛教协会的抗疫行动》，《中国宗教》2021年第2期。

其是非线性、复杂的宗教行动者互动研究，社会行动者中心范式为其把握宗教现象和研判宗教规律提供了吸纳跨学科理论与方法的工具箱和落地路径。本节以行动者中心的宗教社会心理学为例，进而说明社会行动者中心范式对互联网宗教舆情研究案例的体系化建构，及其为跨学科理论与方法的引入所提供的基础实践框架。

在互联网宗教舆情深度研判的跨学科理智资源的吸纳上，宗教社会心理学宗教行动者核心构念吸纳了社会心理学四种解释水平的理智资源，为互联网佛教舆情中众多类型行动者的多样化互动方式提供可参考的归类准则。威廉·杜瓦斯[①]将人类社会的互动大致分为个体内、人际水平、群体内水平和群际水平，当然具体对应到实践中一个事件的互动也有可能并非单一模式，而是这四种解释水平的联合。围绕形形色色的互联网佛教舆情事件，依据威廉·杜瓦斯的四种解释水平的划分原则，将互联网佛教舆情事件划分到不同的解释水平中，进而与各解释水平的理智资源进行更充分的对话，诸如人际水平的观点演化类事件，群内水平的文化认同类事件，群际水平的谣言治理类事件，涉宗教商业化治理事件，宗教去商业化行动事件，疫情下涉宗教多元协同治理舆情事件等。

在互联网宗教舆情事件的多元方法论的应用上，回顾威廉·杜瓦斯所提出的人类互动四种解释水平时，本研究发现宗教学领域，宗教社会心理学的"宗教行动者"[②]、行动者中心建模方法的"行动者"、计算科学的"类""对象""属性"概念可在一定程度上对应互动情境中的个人与群体及其变量，并经由互动环境和互动规则等的预置，对多个解释水平上群体资格理论所揭示的规律进行一定程度的解释性研究。在宗教行动者局部的、清晰的互动所产生的非线性复杂问题，如：互联网宗教舆情研究，计算社会学的行动者中心建模方法、计算机科学的机器学习等跨学科方法具有不可替代的优势。

---

① [比利时] 威廉·杜瓦斯：《社会心理学的解释水平》，赵蜜等译，中国人民大学出版社2011年版。

② 方文：《文化自觉之心》，中国人民大学出版社2022年版，第192—219页。

（四）跨学科方法论共同体的逻辑和应用的阐述需契合中国宗教学者现状

中国宗教学量化实证研究仍多是基于调研所得的问卷数据，通过统计模型结果进行分析，现有研究成果主要分为两类：一类是对方法自身的介绍，侧重方法论的概念内涵外延的梳理；另一类侧重此方法在一个具体案例中的应用。

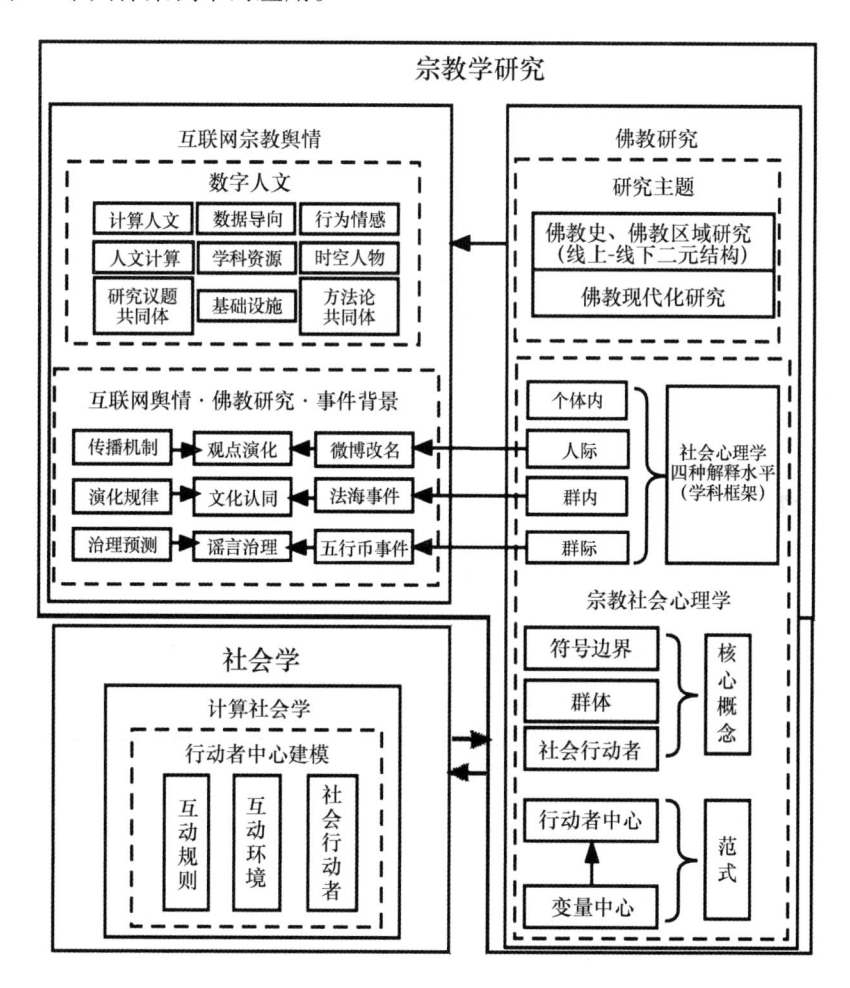

图 2　互联网宗教舆情研究与计算社会学的联结尝试

此类成果存在三方面问题。一是所引入的跨学科方法常见于社会学统计方法，对更侧重计算科学、经济学、数学等跨学科方法论的引入，颇为鲜见；二是随着计算社会学、计算语言学、计算经济学等新学科与计算科学的进一步融入，宗教学需要找寻到更充分吸纳多学科的计算本质、计算思维、计算力和多元计算方法的切入口；三是在宗教学领域对跨学科方法论的介绍以及具体案例的应用，对人文学科研究者惯常的学术训练而言，切入口难度大、思维逻辑有差异点。

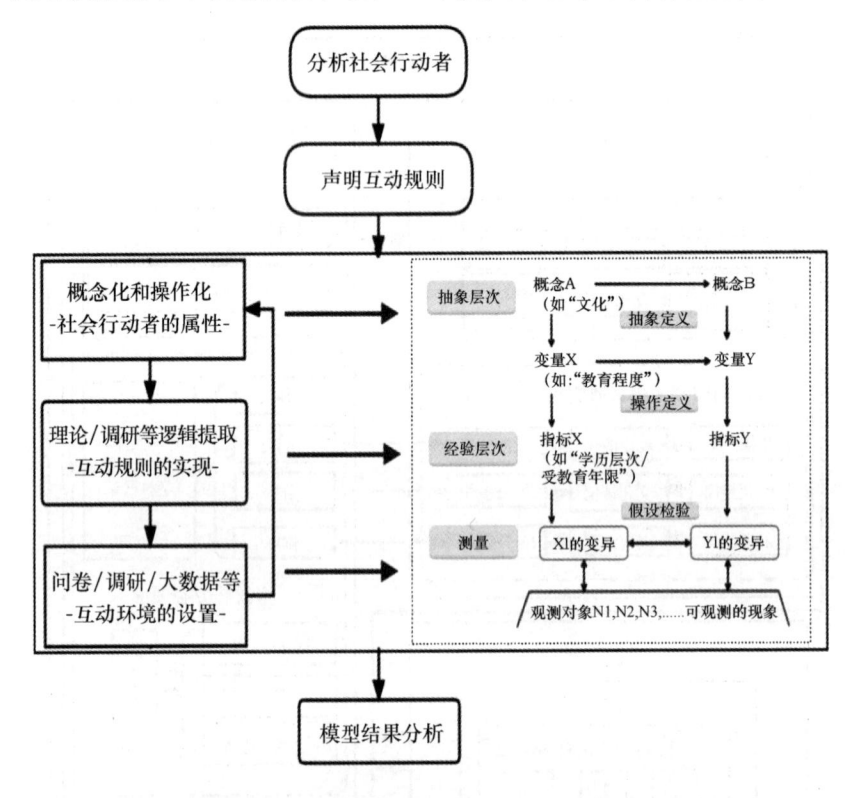

图3 宗教学借鉴社会学传统量化实证研究步骤吸纳行动者中心建模方法

其中，第三类问题的解决是第一、第二类问题的基础。互联网宗教舆情研究对交叉学科方法论的吸纳及宗教学在数字人文方向的探索，切入口择选在从跨学科方法论及其背后的学科支撑，对宗教学等人文学科研究者而言难度较大，其必要性也是有待商榷的。人文学科研究者，以自身学科研究方法及学科框架或社会科学研究方法及学科框架为中介，吸纳计算科学、计算社会学、计量经济学等多元方法论资源，其可及性将大幅提升，难度也有所降低，进而提升交叉研究多学科对话和融合的可行性。宗教学领域吸纳跨学科方法论时，在宗教学学科框架基础上，基于社会学研究步骤，将跨学科方法进行领域适切的步骤化调适，助力涉宗教的互联网舆情研究的流程化推进，进而推进宗教学三大体系建设、提升互联网宗教舆情治理体系和治理能力的现代化水平。

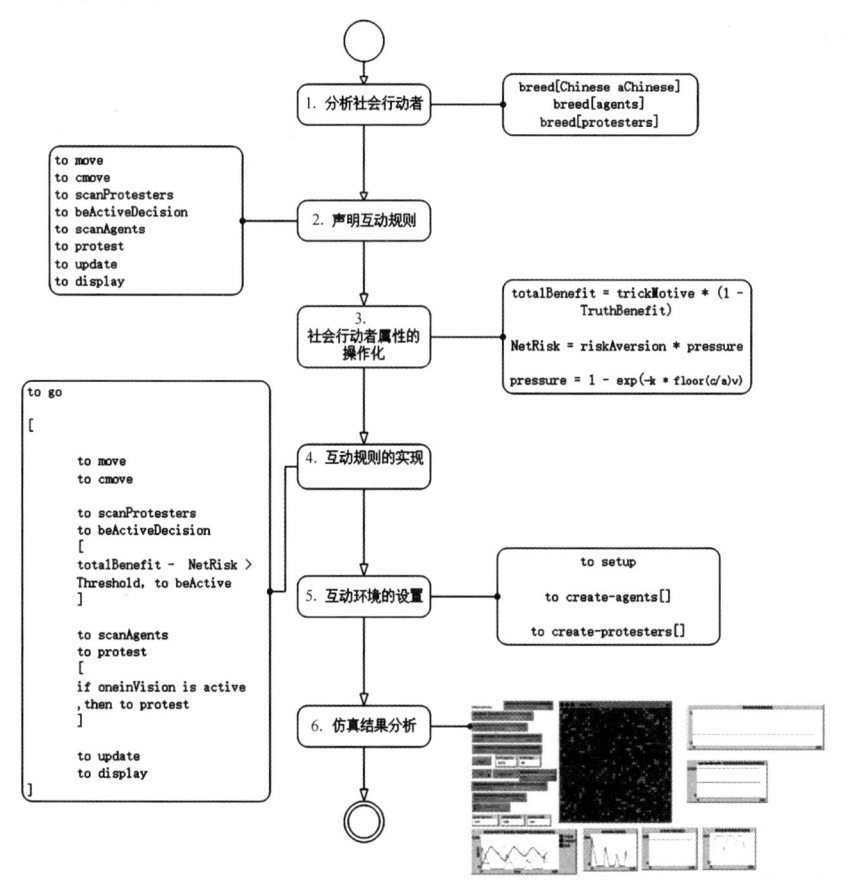

图4 更契合中国宗教学研究者的计算社会学领域行动者中心建模六大步骤通用框架

四 结论

本文基于中国宗教学对数字人文领域特异性解读将问题导向及数据驱动范式研究纳入中国数字人文宗教三个标志性研究分支的体系，并引入"线上—线下二元结构中数据驱动下行动者中心范式"中国宗教学数字人文研究的适切思维，最后以互联网佛教舆情研究为例阐述中国宗教学数字人文研究需建立系统工程性的基础设施，进而希望打破中国宗教学传统思维对数字人文宗教研究分支的束缚，为中国宗教学数字人文发展铺垫基础性思维和研究范式，并以互联网宗教舆情为例阐释建构中国宗教学数字人文发展的基本要素和基础设施建设的系统工程性建构。

孔庙从祀人物从祀时间考[*]

◇常会营

吉、凶、军、宾、嘉五礼是中国古代政教制度的重要内容。孔庙从祀制度，作为中华祭祀文化之重要体现，是中国古代重要政教制度之一，属于吉礼范畴。孔庙配享和从祀制度可溯源于周代，而其先圣、先师之称历代沿袭。孔庙从祀自东汉明帝发端，历经魏晋南北朝、隋唐、宋元明清，止于民国初年。孔庙从祀制度之形成发展与经学之变迁有着密不可分的关系。笔者此前于《传经与传道：孔庙从祀制度与经学变迁——以董仲舒从祀孔庙为例》一文中，结合相关史料及学界研究成果，从传经与传道之角度，对孔庙从祀制度形成发展与经学变迁之关系予以探赜考察，并总结出孔庙从祀制度的历史发展规律。[①] 那么，孔庙从祀制度的历史发展规律是否真的在孔庙从祀人物从祀孔庙过程中起到了决定性历史作用？还是需要予以进一步客观检验的。

而在孔庙从祀制度起源发展长达近二千年的过程中，截至清末民初，孔庙两庑从祀人物达 156 人之多（不包括崇圣祠之从祀人物，因为其主要是明代嘉靖时期为特殊政治需求即"大礼议"而设，清代

---

[*] 本文系国家社会科学基金重大项目"董仲舒传世文献考辨与历代注疏研究"（项目号：19ZDA027）的阶段性成果。

[①] 常会营：《传经与传道：孔庙从祀制度与经学变迁——以董仲舒从祀孔庙为例》，《世界宗教研究》2022 年第 5 期。

和民国因之，不具有历史的普遍性，当然其从祀人物亦部分地反映此一历史规律，可以作为一独立个案进行研究。①此如同行道之儒从祀在清代之兴起，但亦不如传经之儒与传道之儒具有历史之普遍性一样）。那么，这里就有一个问题，孔庙从祀人物之从祀时间与其卒年平均相距大约有多长时间？这一平均相距时间是长还是短？最长时间有多长？最短时间有多短？为什么有的相距时间很长，有的相距时间却很短？其中是否有历史规律可循，也即是否符合笔者所总结的孔庙从祀制度的历史发展规律？凡此种种，颇值令人探寻考察。这样的研究论题，应该是之前孔庙从祀研究所未曾涉及的，本身富有一定新意。而且，这样一种研究，的确使得孔庙从祀制度特别是其历史发展规律之研究，有了大数据之支撑，使得该项研究有了一定科学性、精确性和可靠性。这样一来，它就是一种人文研究和科学研究之结合，也即儒学、庙学、历史学、社会学、统计学等多学科结合的研究方法。

  首先，我们来看一下孔庙从祀人物之从祀时间与其卒年相距时间，以及其平均相距时间。

---

  ① 明嘉靖九年（1530），张璁建议于学校内另建启圣祠奉祀孔子父亲，而以四配等人之父配祀，这个建议被朝廷采纳，于是全国各级学校一律单建启圣祠，主祀孔子父亲叔梁纥，以颜回之父颜无繇、曾参之父曾蒇、子思之父孔鲤和孟子之父孟孙激配享，以程颢和程颐之父程珦、朱熹之父朱松、蔡沈之父蔡元定从祀。明万历二十三年（1595），增加周敦颐之父周辅成从祀。清雍正元年（1723），世宗追封孔子的五代先人为王，于是将启圣祠改称崇圣祠，主祀孔子五代先人，仍以四配之父等配享从祀，雍正二年（1724）又增加张载之父张迪从祀。咸丰七年（1857）增加孟子之兄孟皮为配享，位居四配之上，成为五配。崇圣祠正面奉祀孔子的五代先人，五代祖肇圣王木金父居中，高祖裕圣王祈父和祖父昌圣王伯夏位于东侧，曾祖诒圣王防叔和父亲启圣王叔梁纥在西侧，五圣王前面东侧奉祀孔孟皮、颜回之父颜无繇和子思之父孔鲤，西侧奉祀曾子之父曾蒇和孟子之父孟孙激。从祀的先儒周辅成、程珦和蔡元定在东庑，先儒张迪和朱松在西庑。参见孔祥林、孔喆《世界孔子庙研究》（上），中央编译出版社 2011 年版，第 203—305 页。从以上明清启圣祠（崇圣祠）配享从祀颜曾思孟之父的人物来看，程颢和程颐之父程珦、朱熹之父朱松、蔡沈之父蔡元定、周敦颐之父周辅成、张载之父张迪，皆是北宋五子（除去邵雍）之父亲，是北宋著名理学家，亦可谓传道之儒之父，由此亦可见明清时期对传道之儒的重视远远超过对汉唐传经之儒的重视。

一　孔庙从祀先贤先儒之从祀时间与其卒年相距时间

我们可以先参看清代包括民国文庙从祀先贤先儒情况一览表①，因为清代是孔庙从祀的完结期，特别是作为古代君主制或帝制时代的终结时代，亦作为古代经学之终结时代，孔庙从祀人物基本上是这一历史时期最终厘定的。而民国初年作为古今之变的历史转折时期，北洋政府大总统徐世昌执政时期（1918—1922年），他一力推动，将清代大儒颜元、李塨最终从祀孔庙，这便是孔庙从祀历史之终结。从整个孔庙从祀历史以至中国思想史、哲学史、儒学史、教育史，乃至中国政治发展史来看，以上皆具有重要意义。②

---

①　参见常会营《北京孔庙祭孔礼仪研究》，北京燕山出版社2019年版，第165—169页；并参孔庙和国子监博物馆《孔庙历史沿革展》。笔者后又据所能查考到之资料信息，对诸位先贤贤儒之生卒年，做了较为详细的补充统计。由于年代太过久远，故大多只能是约数（钱穆先生《先秦诸子系年》附录"诸子生卒年世约数"，亦是约略纪年）。但由于其生卒年代，皆在我们可推知查考的其真实所处之时代生活区间，故可作为考察统计数据。在此需补充指出，孔子之部分弟子，由于有孔子生年及生平活动参照，历史资料中包括《史记·仲尼弟子列转》等有某年孔子在何处，弟子某某等，故有部分弟子至少生年是可考的。若其卒于孔子卒年之前，《史记》等史料亦有所载，其生卒年亦可知，例如颜回、子路等，包括孔子之子孔鲤。

②　在这里，我们还需特别注意的，便是文庙从祀人物中一位缺席的先秦大儒荀子（公元前340—前245年）。近年来学界亦有荀子复祀孔庙之声（如郭齐勇先生等）不断传出，亦是对此种境况不满之表达。荀子作为儒学在先秦的杰出大儒，学界一般以孔（子）孟（子）荀（子）并称。而这样一位大儒，最终在历时二千年层层累积形成的文庙从祀人物列表里竟然长期空缺，这是不应当的。如果说荀子在宋神宗元丰七年（1084）从祀孔庙，虽然仅仅是从祀，另外还有汉人扬雄和唐人韩愈一起，不及孟子之"配享"大成殿般尊贵。此一情况，已经初步反映了孔庙从祀标准由唐代重传经之儒到宋代逐步重视传道之儒之转变。但毕竟宋元时期，荀子之作为儒家先秦大儒之重要历史地位，还是得到朝野之肯定的。然而随着理学大兴，传道之儒备受尊崇，理学家奉孟子为宗师，性善论取得绝对优势，成为裁量学术的准绳，程朱特别是朱子之一言便可定其是否可从祀孔庙。北宋程颐便说道："荀、杨性已不识，更说甚道？"（《二程集》卷一九）"荀卿才高学陋，以礼为伪，以性为恶，不见圣贤。"（《二程集》，《外书》卷一〇）而后，宋末朱学后劲熊铄、明代宋濂（《孔子庙堂议》）、王祎及程敏政，皆以荀子言"以性为恶，以礼为伪"而挞伐之，张九功甚至又加以"学传李斯，遂基坑焚之祸"之罪名。于是，嘉靖九年（1530）（转下页）

孔庙的156位从祀先贤先儒生卒年皆有的有84位，约占总人数的54%；有生年缺卒年的从祀先贤先儒有17位，约占总人数的11%；有卒年缺生年的从祀先贤先儒有2位（一位是公孙侨，东周人，清1857年祀。孔子同时郑国人。卒于公元前522年。另一位是刘德，汉代人，清1877年从祀。卒于公元前130年），约占总人数的1.3%；生卒年皆不详的从祀先贤先儒有53位，约占总人数的34%。通过图表可以看出，时间越往后，例如汉代、三国、魏晋南北朝、隋唐、宋元明清，从祀先贤先儒的生卒年除个别不详外，基本上是生卒年可知的。而有生年缺卒年、有卒年缺生年以及生卒年皆不详的情况主要集中在先秦，其中生卒年皆不详的孔子弟子占了大多数（孔门七十二贤中绝大多数），另有东周时代大儒公羊高、穀梁赤以及孟子弟子（公都子、万章、公孙丑），还有汉代几位先贤先儒（高堂生、毛亨、毛苌及后苍），而此后生卒年皆不详的，只有宋代大儒辅广（清1877年从祀）以及元代大儒赵复（清1724年从祀），这都是极个别的例外。那么，孔庙从祀先贤先儒的从祀时间与其卒年平均相距时间是多少呢？我们根据图表能够知晓其生卒年（包括有卒年无生年）的先贤先儒，一共86位（约占总人数的55%），其时间跨度包括了东周、汉、三国、魏晋南北朝、隋唐、宋元明清各个历史时期，可以据其做一个大数据统计（表1）。

（接上页）孔庙改制中，荀子惨遭罢祀，饮恨至今近五百年。虽清儒特别是乾嘉学派对其多有褒奖，清代礼学复起，晚清荀学集大成者王先谦亦言"荀子论学论治，皆以礼为宗"（《荀子集解》，"序"），甚至挺孟学的康有为亦承认"孟子礼学甚浅"，而严可均（1762—1843）《荀子当从祀议》和姚谌（1835—1864）《拟上荀卿子从祀议》皆支持荀子复祀孔庙，并试图证成荀子与"六经"的关系，而纪昀（1724—1805）《四库全书总目提要》将孟荀之争定位象征儒学内部纷争的"朱陆异同"，遂致荀子声望日隆，复祀似不无期待；然而，世事难料，清末民初西学东渐，加上古今文之争，荀子复祀之事受到延搁。清末中国遭遇二千年未有之变局，连带殃及荀子，又蒙上不白之冤，维新变法人士极力抨击之。民国以来知识分子如学界领袖胡适、吴虞等亦抨击之。故清末之从祀典礼、民国仅有的一次从祀荣典，荀子皆无法入列。钱穆（1895—1990）亦认为孟、荀遥相对立，"性善论终究是儒学正统，则无可疑"，牟宗三（1909—1995）亦断言荀子"非儒者之正宗"，陈独秀（1879—1942）更疾呼"应毁全国已有之孔庙而罢其祀"，故荀子复祀愈加渺茫。具体可参黄进兴《优入圣域：权力、信仰与正当性》，中华书局2010年版，第365—383页。

孔庙从祀人物从祀时间考

表1①

序号	姓名	年代	先贤或先儒	生卒年	从祀时间	卒年至从祀时间历时（年）	补充说明（例如罢祀和复祀时间）
1	公孙侨	东周	先贤（东庑）	？—前522年	清1857年从祀	2378	孔子同时郑国人
2	蘧瑗	东周	先贤（西庑）	约公元前585—约前484年	唐739年从祀	1222	1530年罢，1724年复
3	林放	东周	先贤（东庑）	公元前552—前480年	唐739年从祀	1218	1530年罢，1724年复
4	南宫适	东周	先贤（东庑）	公元前521年（一说公元前502年）—前445年	唐739年从祀	1183	孔子弟子，孔子侄女婿
5	公冶长	东周	先贤（西庑）	公元前519—前470年	唐739年从祀	1208	孔子弟子，孔子的女婿
6	漆雕开	东周	先贤（东庑）	公元前510—前450年②	唐739年从祀	1188	孔子弟子
7	高柴	东周	先贤（西庑）	公元前521—前393年	唐739年从祀	1131	孔子弟子
8	梁鳣	东周	先贤（东庑）	公元前522—前440年	唐739年从祀	1178	孔子弟子
9	任不齐	东周	先贤（东庑）	公元前545—前468年	唐739年从祀	1206	孔子弟子
10	燕伋	东周	先贤（西庑）	公元前541—前476年	唐739年从祀	1214	孔子弟子
11	陈亢	东周	先贤（东庑）	公元前511—前430年	唐739年从祀	1168	孔子弟子
12	乐正克	东周	先贤（东庑）	约公元前300—前200年	1724年从祀	1923	孟子弟子

① 学界需要特别予以注意的是，公元前和公元后的相距年数计算，由于实际运算中间增加了公元0年，而事实是公元0年并不存在，公元前1年到公元1年之间相隔1年，故我们事实上多算了1年，故在运算结果上减去1年。单纯公元前或公元后的数学计算，则不受此影响。中国大陆和中国台湾关于孔子诞辰纪年往往相差一年，便是由于此种运算错误所引起，并受到学者质疑，故我们不能不对此予以高度重视。
② 漆雕开生卒年，参见钱穆《先秦诸子系年》附录"诸子生卒年世约数"，商务印书馆2001年版，第693页。

315

续表

序号	姓名	年代	先贤或先儒	生卒年	从祀时间	卒年至从祀时间历时（年）	补充说明（例如罢祀和复祀时间）
13	周敦颐	宋	先贤（东庑）	1017—1073年	宋1241年先儒，明1642年升先贤	168	
14	程颢	宋	先贤（东庑）	1032—1085年	宋1241年先儒，元1313年先儒，明1642年升先贤	156	
15	张载	宋	先贤（西庑）	1020—1077年	宋1241年先儒，明1642年升先贤	164	
16	程颐	宋	先贤（西庑）	1033—1107年	宋1241年先儒，元1313年先儒，明1642年升先贤	134	
17	邵雍	宋	先贤（东庑）	1011—1077年	宋1267年先儒，明1642年先贤	190	
18	伏胜	汉	先儒（东庑）	公元前260—前161年	唐647年从祀	807	
19	董仲舒	汉	先儒（西庑）	公元前179—前104年	元1330年从祀	1433	
20	孔安国	汉	先儒（东庑）	公元前156—前74年	唐647年从祀。孔子十一代孙	720	
21	刘德	汉	先儒（西庑）	?—前130年	清1877年从祀	2006	
22	杜子春（预）	汉	先儒（东庑）	222—285年	唐647年从祀	362	
23	许慎	汉	先儒（西庑）	约58—约147年，一说约30—约121年	清1875年从祀	1728	

续表

序号	姓名	年代	先贤或先儒	生卒年	从祀时间	卒年至从祀时间历时（年）	补充说明（例如罢祀和复祀时间）
24	郑玄	汉	先儒（东庑）	127—200 年	647 年从祀	447	1530 年罢，1724 年复
25	赵岐	汉	先儒（西庑）	约108—201 年	清 1910 年从祀	1709	
26	诸葛亮	蜀汉	先儒（东庑）	181—234 年	清 1724 年从祀	1490	
27	范宁	晋	先儒（西庑）	约339—约401 年	唐 647 年从祀	246	1530 年罢，1724 年复
28	王通	隋	先儒（东庑）	503—574 年	明 1530 年从祀	956	
29	陆贽	唐	先儒（西庑）	754—805 年	清 1826 年从祀	1021	
30	韩愈	唐	先儒（东庑）	768—824 年	宋 1084 年从祀	260	
31	范仲淹	宋	先儒（西庑）	989—1052 年	清 1715 年从祀	663	
32	胡瑗	宋	先儒（东庑）	993—1059 年	明 1530 年从祀	471	
33	欧阳修	宋	先儒（西庑）	1007—1072 年	明 1530 年从祀	458	
34	韩琦	宋	先儒（东庑）	1008—1075 年	清 1852 年从祀	777	
35	司马光	宋	先儒（西庑）	1019—1086 年	宋 1267 年、元 1313 年从祀	181	
36	杨时	宋	先儒（东庑）	1053—1135 年	明 1495 年从祀	360	
37	游酢	宋	先儒（西庑）	1053—1123 年	清 1892 年从祀	769	
38	谢良佐	宋	先儒（东庑）	1050—1103 年	清 1849 年从祀	746	
39	吕大临	宋	先儒（西庑）	1042—1090 年	清 1895 年从祀	805	

续表

序号	姓名	年代	先贤或先儒	生卒年	从祀时间	卒年至从祀时间历时（年）	补充说明（例如罢祀和复祀时间）
40	尹焞	宋	先儒（东庑）	1071—1142年	清1724年从祀	582	
41	罗从彦	宋	先儒（西庑）	1072—1135年	明1619年从祀	484	
42	胡安国	宋	先儒（东庑）	1074—1138年	明1437年从祀	299	
43	李纲	宋	先儒（东庑）	1083—1140年	清1851年从祀	711	
44	李侗	宋	先儒（东庑）	1093—1163年	明1619年从祀	456	
45	张栻	宋	先儒（西庑）	1133—1180年	宋1261年、元1313年从祀	81	
46	吕祖谦	宋	先儒（东庑）	1137—1181年	南宋1261年、元1313年从祀	80	
47	陆九渊	宋	先儒（西庑）	1139—1193年	明1530年从祀	337	
48	袁燮	宋	先儒（东庑）	1144—1224年	清1868年从祀	644	
49	陈淳	宋	先儒（西庑）	1483—1544年	清1724年从祀	180	
50	黄榦	宋	先儒（东庑）	1152—1221年	清1724年从祀	503	
51	真德秀	宋	先儒（西庑）	1178—1235年	明1437年从祀	202	
52	蔡沈	宋	先儒（东庑）	1167—1230年	明1437年从祀	207	
53	何基	宋	先儒（东庑）	1188—1268年	清1724年从祀	456	
54	魏了翁	宋	先儒（西庑）	1178—1237年	清1724年从祀	487	

续表

序号	姓名	年代	先贤或先儒	生卒年	从祀时间	卒年至从祀时间历时（年）	补充说明（例如罢祀和复祀时间）
55	文天祥	宋	先儒（东庑）	1236—1283 年	清 1843 年从祀	560	
56	王柏	宋	先儒（东庑）	1197—1274 年	清 1724 年从祀	450	
57	金履祥	元	先儒（西庑）	1232—1303 年	清 1724 年从祀	421	
58	刘因	元	先儒（东庑）	1249—1293 年	清 1910 年从祀	617	
59	陆秀夫	宋	先儒（西庑）	1235—1279 年	清 1859 年从祀	580	
60	陈澔	元	先儒（东庑）	1260—1341 年	清 1724 年从祀	383	
61	许衡	元	先儒（西庑）	1209—1281 年	元 1313 年从祀	32	
62	方孝孺	明	先儒（东庑）	1357—1402 年	清 1863 年从祀	461	
63	吴澄	元	先儒（西庑）	1249—1333 年	明 1435 年从祀	102	1530 年罢，1737 年复
64	薛瑄	明	先儒（东庑）	1389—1464 年	明 1571 年从祀	107	
65	许谦	元	先儒（西庑）	1270—1337 年	清 1724 年从祀	387	
66	胡居仁	明	先儒（东庑）	1434—1484 年	明 1584 年从祀	100	
67	曹端	明	先儒（西庑）	1376—1434 年	清 1860 年从祀	426	
68	罗钦顺	明	先儒（东庑）	1465—1547 年	清 1724 年从祀	177	
69	陈献章	明	先儒（西庑）	1428—1500 年	明 1584 年从祀	84	
70	吕柟	明	先儒（东庑）	1479—1542 年	清 1863 年从祀	321	
71	蔡清	明	先儒（西庑）	1453—1508 年	清 1724 年从祀	216	

续表

序号	姓名	年代	先贤或先儒	生卒年	从祀时间	卒年至从祀时间历时（年）	补充说明（例如罢祀和复祀时间）
72	刘宗周	明	先儒（东庑）	1578—1645 年	清1822 年从祀	177	
73	王守仁	明	先儒（西庑）	1472—1529 年	明1584 年从祀	55	
74	孙奇逢	明	先儒（东庑）	1584—1675 年	清1827 年从祀	152	
75	吕坤	明	先儒（西庑）	1536—1618 年	清1826 年从祀	208	
76	黄宗羲	清	先儒（东庑）	1610—1695 年	清1908 年从祀	213	
77	黄道周	明	先儒（西庑）	1585—1646 年	清1825 年从祀	179	
78	张履祥	清	先儒（东庑）	1611—1674 年	清1871 年从祀	197	
79	王夫之	清	先儒（西庑）	1619—1692 年	清1908 年从祀	216	
80	陆陇其	清	先儒（东庑）	1630—1692 年	清1724 年从祀	32	
81	陆世仪	清	先儒（西庑）	1611—1672 年	清1875 年从祀	203	
82	张伯行	清	先儒（东庑）	1651—1725 年	清1878 年从祀	153	
83	顾炎武	清	先儒（西庑）	1613—1682 年	清1908 年从祀	226	
84	汤斌	清	先儒（东庑）	1627—1687 年	清1823 年从祀	136	
85	李塨	清	先儒（西庑）	1659—1733 年	民国1919 年从祀	186	
86	颜元	清	先儒（东庑）	1635—1704 年	民国1919 年从祀	215	

那么，孔庙从祀先贤先儒之从祀时间与其卒年平均相距大约有多长时间？根据上表统计，将86位先贤先儒从祀孔庙时间距离其卒年时间相加，总时间为49125年；再除以86，可得其平均相距时间约为571.22年。这一时间对于"人生不满百"之常人而言，确乎有些太过久远了。即便"向天再借五百年"，也不过刚刚到这一平均时间。从这一平均从祀孔庙时间看，中国历史之悠久，中华文明之源远流长及其历史延续性，儒家道统之恒久性与持续性，亦确可得以彰显。

通过上表我们可以看出，从祀孔庙先贤先儒其从祀时间与卒年间隔最长的为公孙侨，生于东周（春秋），与孔子同时，郑国人。其作为先贤，从祀孔庙东庑，生年不详，卒于公元前522年，清1857年祀，其从祀时间距离其卒年约为2378年。时间第二长的为刘德，汉代人，其作为先儒从祀孔庙西庑，亦是生年不详，卒于公元前130年，清1877年从祀，其从祀时间距离其卒年约为2006年。第三名为乐正克（约公元前300—前200年），东周（战国）人，孟子弟子。1724年，其作为先贤从祀孔庙东庑，距离其卒年约为1923年。

从祀孔庙先贤先儒从祀时间与卒年隔最短的居然有两位（并列第一），一是许衡（1209—1281年），元代大儒，1313年，其作为先儒从祀孔庙西庑，距离其卒年仅仅32年；以如此之快的速度从祀孔庙，已然绝无仅有，未曾想还有一位先儒与之比肩，那就是陆陇其（1630—1692年），清代大儒，1724年作为先儒从祀孔庙东庑，与其卒年亦是仅隔32年。其从祀时间与卒年间隔第二短的是王守仁（1472—1529年），即阳明先生，明代大儒。1584年，作为先儒从祀孔庙西庑，距离其卒年仅55年。其实间隔时间已然非常之短，但亦只能位居历史第二位。其从祀时间与卒年间隔第三短的为吕祖谦（1137—1181年），宋代大儒。1261年，其作为先儒从祀孔庙东庑（元1313年复从祀孔庙），距离其卒年为80年。其从祀时间与卒年间隔第四短的为张栻（1133—1180 年），宋代大儒。1261 年，作为先儒从祀孔庙西庑（元 1313 年复从祀孔庙），距离其卒年为 81 年。因为吕祖谦和张栻皆是宋代大儒，张栻较吕祖谦仅仅年长 4 岁，其卒年亦仅仅相差 1 年，而其从祀孔庙时间亦仅仅相差 1 年，因此可以说两位大儒时间几乎是同步的，与间隔时间最短的许衡和陆陇其一样，难分伯仲。

除此之外，我们必须予以考虑的，便是孔庙大成殿中四配、十二哲之从祀时间与其卒年相距时间。下面，我们再予以考察分析。

二　孔庙大成殿中四配、十二哲之从祀时间与其卒年相距时间

孔庙大成殿四配，即复圣颜子、宗圣曾子、述圣子思子和亚圣孟子。再次是十二哲，即孔门十哲（孔子的十个高徒），分别是闵子骞、冉雍（仲弓）、端木赐（子贡）、仲由（子路）、卜商（子夏）、冉伯牛、宰予（宰我）、冉有（冉求）、言游（子游）、颛孙师（子张），另外加上康熙五十一年（1712）和乾隆三年（1738）分别升哲位的朱熹和孔子高徒有若。孔庙大成殿四配十二哲时间跨越了东周（春秋、战国）和宋代，主要集中在春秋时期孔子弟子 13 位、战国时期孔子之孙子思以及再传弟子孟子 2 位，最后一位是宋代大儒朱熹。我们亦可列表 2 予以统计。[①]

[①] 表 2 中四配、十二哲之生卒年主要参见钱穆《先秦朱子系年》附录"诸子生卒年世约数"，商务印书馆 2001 年版，第 693—698 页。

孔庙从祀人物从祀时间考

表2

序号	姓名	年代	配祀或哲祀	生卒年	配祀或哲祀时间	卒年至从祀孔庙时间历时（年）	补充说明（例如罢祀和复祀时间）
1	颜回	东周	配祀	公元前521—前481年	唐玄宗开元八年（720）从祀；宋神宗元丰七年（1084）配祀	1200	
2	曾参	东周	配祀	公元前505—前436年	唐玄宗开元八年（720）从祀；宋度宗咸淳三年（1267）配祀	1155	元延祐三年（1316）补祀
3	孔伋（子思）	东周	配祀	公元前483—前402年	宋徽宗大观二年（1108）从祀；宋度宗咸淳三年（1267）配祀	1509	元延祐三年（1316）补祀
4	孟轲	东周	配祀	约公元前390—前305年	宋神宗元丰七年（1084）配祀	1388	
5	闵子骞	东周	哲祀	公元前536—前487年	唐玄宗开元八年（720）从祀	1206	
6	冉雍	东周	哲祀	公元前531—年？	唐玄宗开元八年（720）从祀		
7	端木赐	东周	哲祀	公元前520—前450年	唐玄宗开元八年（720）从祀	1169	

续表

序号	姓名	年代	配祀或哲祀	生卒年	配祀或哲祀时间	卒年至从祀孔庙时间历时（年）	补充说明（例如罢祀和复祀时间）
8	仲由	东周	哲祀	公元前542—前480年	唐玄宗开元八年（720）从祀	1199	
9	卜商	东周	哲祀	公元前507—前420	唐玄宗开元八年（720）从祀	1139	
10	冉伯牛	东周	哲祀	约公元前544—？年	唐玄宗开元八年（720）从祀	1200	
11	宰予	东周	哲祀	公元前520—前481年	唐玄宗开元八年（720）从祀	1181	
12	冉求	东周	哲祀	公元前522—前462年	唐玄宗开元八年（720）从祀	1164	
13	言偃	东周	哲祀	公元前506—前445年	唐玄宗开元八年（720）从祀	1169	
14	颛孙师	东周	哲祀	公元前503—前450年	唐玄宗开元八年（720）从祀；宋度宗咸淳三年（1267）哲祀	1176	
15	有若	东周	哲祀	公元前518—前457年	唐玄宗开元八年（720）从祀；清乾隆三年（1738）哲祀	1176	
16	朱熹	宋	哲祀	1130—1200年	宋理宗淳祐元年（1241）先儒，清康熙五十一年（1712）哲祀	41	

由此统计，孔庙大成殿中四配、十二哲之从祀时间与其卒年相距时间总数为15896年，除以生卒年的总人数14，可得平均从祀时间约为1135.43年。孔庙大成殿中四配、十二哲之从祀时间与其卒年相距时间最长为孔子之孙孔伋（公元前483—前402年），字子思，东周（战国）时人。宋徽宗大观二年（1108）从祀；宋度宗咸淳三年（1267）升为配祀。元延祐三年，即1316年补祀孔庙。其从祀时间与其卒年相距时间约为1509年。四配、十二哲之从祀时间与其卒年相距时间第二长的为孟轲（约公元前390—前305年）东周（战国）时人。宋神宗元丰七年（1084）配祀。其从祀时间与其卒年相距时间约为1388年，而其余除朱熹外亦皆在1000年以上。四配、十二哲之从祀时间与其卒年相距时间最短为朱熹（1130—1200年），宋代人，宋理宗淳祐元年（1241）以先儒从祀孔庙，清康熙五十一年（1712）升为十二哲。其从祀时间与其卒年相距时间为41年。

由是，结合前面我们对孔庙两庑从祀先贤先儒的统计，再加上这里孔庙大成殿中四配、十二哲之从祀时间的统计，我们可以看到孔庙从祀人物从祀时间与其卒年相距时间总数为65021年，除以人数100，可得平均从祀时间约为650.21年。如果综合孔庙两庑先贤先儒以及大成殿四配、十二哲，朱熹凭借从祀时间与其卒年相距时间41年的极快从祀纪录，可以上升至最快从祀孔庙的第二位，位列元代大儒许衡（32年）和清代大儒陆陇其（32年）之后，明代大儒王守仁（55年）退居第三位，同时代的宋代大儒吕祖谦（80年）和张栻（81年）位列第四位和第五位。孔庙从祀人物从祀时间与其卒年相距时间最长的位次则保持不变，与孔子同时代的东周（春秋）先贤公孙侨（2378年）位列第一，汉代先儒刘德（2006年）位列第二，孟子弟子东周（战国）时代的先贤乐正克（1923年）位列第三，汉代大儒许慎（1728年）位列第四，汉代大儒赵岐（1709年）位列第五。

因为笔者之前曾撰写董仲舒从祀孔庙的相关文章，认为董仲舒直到元代方从祀孔庙，从祀时间非常之晚，但从以上统计来看，他尚未进入从祀时间最长的前五位。但是，如果我们再继续往下排一下，就大致可以看到其排名亦是非常靠前的。孔庙从祀人物从祀时间与其卒年相距时间最长的除了以上前五位之外，孔子之孙位列四配之列的东周（战国）先贤孔伋即子思（1509 年）位列第六，三国蜀汉大儒诸葛亮（1490 年）位列第七，汉代大儒董仲舒（1433 年）位列第八。由此来看，大儒董仲舒之从祀时间 1433 年，亦是非常之长的了。而位列第九的则是东周（战国）先贤孟子（1388 年）。

最后，我们来考察一下，为什么一些先贤先儒从祀孔庙需要花费如此之长的时间，而另外一些先贤先儒从祀孔庙则花费时间非常之短，甚至去世之后短短三四十年时间便从祀孔庙了？这里面是否亦存在一定历史原因和历史规律，值得我们予以探究。

三 孔庙从祀人物从祀时间长短不一之缘由试探

孔庙从祀人物从祀时间或长或短，除了历史人物卒后个人遭际的偶然性之外（这确实难以排除，例如某一朝代或某一统治者的个人偏好），又有什么重要历史原因？它是否符合笔者所总结出的孔庙从祀制度的历史发展规律？对于这样一个始终绕不过去的问题，学界诸先进曾经给予了一定的学术探索考察。笔者试结合专家学者论述，特别是结合笔者所总结出的孔庙从祀制度的历史发展规律，予以具体探讨。笔者对于孔庙从祀制度历史发展规律概括如下：孔庙从祀自东汉明帝发端，以七十二弟子从祀孔子，可谓传经与传道的合一阶段。魏晋南北朝，尊孔揖颜，以颜回配享，开始重视传道之儒。唐代孔庙从祀正式制度化，并确立"传经之儒"的主导地位。自北宋开始，"传经之儒"地位逐步动摇，传道之儒兴起，而至南宋理宗起，孔庙从祀逐渐以传道之儒为主。元代确立朱子之极高历史地位，科举考试亦以朱子理学思想为准绳，重视传道之儒。明代重视传道之儒，嘉靖改制，贬抑汉代传经之儒。清代虽中间历经乾嘉汉学，汉学有所复兴，对宋儒有一定贬抑,但孔庙从祀总体仍重视传道之儒。①

孔庙从祀人物从祀时间与其卒年相距时间最长的例如与孔子同时代的东周(春秋)先贤公孙侨(2378年)、汉代先儒刘德(2006年)、孟子弟子东周(战国)时代的先贤乐正克(1923年)、汉代大儒许慎(1728年)位列第四、汉代大儒赵岐(1709年)、东周(战国)的先贤孔伋即子思(1509年)、三国蜀汉大儒诸葛亮(1490年)、汉代大儒董仲舒(1433年),他们从祀孔庙历经的时间是非常之长的。他们要么是与孔子同时或稍后的东周(春秋、战国)先贤(公孙侨与乐正克、孔伋即子思),要么是汉代及三国先儒大儒(刘德、董仲舒、许慎、赵岐、诸葛亮),而皆非宋明理学诸儒。也许有学者会说,这不是因为先秦、汉代及三国先儒大儒距离后代时间更为久远吗?但是,我们知道,唐代(647年)已经有诸多先秦和汉儒被从祀孔庙。那么,为什么这几位却没有同他们一起从祀孔庙?而且,宋代诸儒距民国最末从祀时间(1919年)亦近千年,为何却没有宋代诸儒从祀孔庙如此之久者?这恰恰说明,他们没有像宋代诸儒一样,享受到传道之儒所应有的国家特殊待遇。因此,唐宋之变,绝非只是政治、经济、社会生活之高山幽谷式变迁,同样亦是从此前唐代重视传经之儒到宋明(南宋、元明清)重视传道之儒之真实反映。②

---

① 常会营:《传经与传道:孔庙从祀制度与经学变迁——以董仲舒从祀孔庙为例》,《世界宗教研究》2022年第5期。在此亦必须指出,如果按照从祀制度之历史,似乎东汉时期,孔门弟子已经从祀,时间应该提前。但是,如果从另一方面看,孔庙从祀正式国家化制度化,是从唐代开始的,包括孔子释奠制度化亦在唐代。故在统计表中,笔者尊重学界之共识,孔门七十二贤等从祀时间主要界定于唐代。当然,由于孔子弟子大多生卒年不详(能够获知生卒年的大约20位),故这一变数对总体统计并不会产生太大影响。此外,还有一些孔庙从祀人物在孔庙从祀历史上曾出现,后来又罢祀,例如著名者如荀子和王安石父子,包括几位汉儒(嘉靖年间罢祀或改祀)。但由于其数量较少,对整体数据统计亦不会产生太大影响,可以作为个案予以特别历史考察,学界亦有不少专论论及,可供参考。

② 关于唐宋之间传经之儒向传道之儒的变革,赵克生《明朝嘉靖时期国家祭礼改制》(社会科学文献出版社2006年版),黄进兴《优入圣域——权力、信仰与正当性》(中华书局2010年版),朱鸿林《孔庙从祀与乡约》(生活·读书·新知三联书店2015年版),刘续兵、房伟《文庙释奠礼仪研究》(中华书局2017年版),杨朝明、宋立林《孔子之道与中国信仰》(当代中国出版社2018年版)中皆辟相关章节予以论述,兹不赘述。

这一唐、宋之间从祀制度的变革，与笔者所总结的孔庙从祀历史发展规律若合符契，即唐代孔庙从祀正式制度化，并确立"传经之儒"的主导地位。自北宋开始，"传经之儒"地位逐步动摇，传道之儒兴起，而至南宋理宗起，孔庙从祀逐渐以传道之儒为主。正是由于自宋代开始，国家开始重视传道之儒，故先秦诸儒特别是汉代诸儒在孔庙从祀中之不受重视，亦是可以理解的了。这尤以明代嘉靖改制最为明显，嘉靖帝对于从祀先贤先儒之定制，是对唐宋时期特别是元、明以来从祀制度的进一步纠正和完善。而嘉靖孔庙改制主旨亦是推崇理学，以"传道之儒"取代"传经之儒"。故唐代贞观年间从祀经师特别是汉魏诸儒纷遭贬抑，这其中包括戴圣、刘向、贾逵、马融、何休、王弼、王肃、杜预，而郑众、卢植、郑玄、服虔、范甯五人则改祀于乡。由此来看，唐代所从祀之汉魏"传经之儒"几乎被罢祀近半。清代亦重传道之儒，康熙年间注重传道之儒，从其于五十一年（1712）将朱熹升为十哲位次卜子，足以见之。尽管雍正二年（1724）将嘉靖十年（1531）所罢祀孔庙的汉晋传经之儒郑玄、范甯复祀孔庙，但所增祀孔庙之宋、元、金、明、清诸儒，皆是理学大家，传道之儒。乾隆、嘉庆年间汉学大兴，故自上至下尊崇传经之儒，宋明理学受到一定贬抑。然乾嘉年间并未将嘉靖年间所罢祀改祀之汉、魏晋、唐代诸儒再度从祀孔庙，亦未将传道之儒罢祀孔庙。可知当时汉学虽盛，然并未对清代孔庙从祀重传道之儒产生大的影响。[①]

那么，与之相对，孔庙从祀人物从祀时间与其卒年相距时间最短的元代大儒许衡（32年）、清代大儒陆陇其（32年）、宋代大儒朱熹（41年）、明代大儒王守仁（55年）、宋代大儒吕祖谦（80年）和张栻（81年），他们之所以能够以如此之快的速度从祀孔庙，是否亦遵循笔者所总结的孔庙从祀历史发展规律呢？我们可以看到，皇庆二年（1313）六月，元仁宗以许衡从祀，又以先儒周敦颐、程颢、程颐、

[①] 常会营：《传经与传道：孔庙从祀制度与经学变迁——以董仲舒从祀孔庙为例》，《世界宗教研究》2022年第5期。

张载、邵雍、司马光、朱熹、张栻、吕祖谦从祀（《元史卷七十六·志第二十七·祭祀五·太社太稷·宣圣》）。故元代在孔庙从祀制度上，进一步承继了宋制，并有所发展。① 许衡是理学大家，继承并弘扬宋明理学，足可称传道之儒，且与其于元代一同从祀孔庙的先儒周敦颐、程颢、程颐、张载、朱熹、张栻、吕祖谦皆是传道之儒，可知元代对宋代重传道之儒的继承和发展。

清代大儒陆陇其之所以以并列第一位（32 年）之速度从祀孔庙，是否亦与其为传道之儒密切相关？雍正年间亦重传道之儒，雍正二年（1724）将嘉靖十年（1531）所罢祀孔庙的汉晋传经之儒郑玄、范甯复祀孔庙，但所增祀孔庙之宋尹焞、魏了翁、黄榦、陈淳、何基、王柏、赵复，元金履祥、许谦、陈澔，明罗钦顺、蔡清，清朝陆陇其，皆是理学大家，传道之儒。②

宋代大儒朱熹（41 年）之所以第二位的最快速度从祀孔庙，是否亦因为其为传道之儒？据《宋史·志第五十八礼八（吉礼八）·文宣王庙武成王庙先代陵庙诸神祠》："淳祐元年正月，理宗幸太学，诏以周敦颐、张载、程颢、程颐、朱熹从祀，黜王安石。景定二年，皇太子诣学，请以张栻、吕祖谦从祀。从之。"可知，南宋理宗淳祐元年（1241）正月，理宗下诏以周敦颐、张载、程颢、程颐、朱熹从祀孔庙，可见宋理宗对包括朱熹在内以上诸位传道之儒的重视。而且，我们可以看到宋理宗景定二年（1261）入祀的宋代大儒张栻、吕祖谦，亦分别位居从祀孔庙最快的第四、第五名，即吕祖谦（80 年）和张栻（81 年），此绝非一种偶然。清康熙亦特别重视宋明理学，对朱子推崇备至，并于康熙五十一年（1712）将朱子升为十二哲之一，亦可见清代皇帝对传道之儒的重视。

这其中同样备受瞩目的应是明代大儒王守仁（阳明），其从祀孔

---

① 如同时人建言："今天下一家，岂容南北之礼各异……使南北无二制，天下无异礼，亦可见我朝明道统，得礼之中，足以垂世无穷矣。"（宋濂《元史》卷七六）
② 常会营：《传经与传道：孔庙从祀制度与经学变迁——以董仲舒从祀孔庙为例》，《世界宗教研究》2022 年第 5 期。

庙时间距离其卒年仅仅相隔55年,排在最快从祀孔庙的第三位,位居朱熹之后。而朱子和阳明先生又分别是宋明时代程朱理学和陆王心学的代表人物及集大成者,这样的一种位次排列亦让我们再次感受到一种惊异和欣喜。黄进兴先生曾指出:"作为政治教育与学术的一个交集,从祀制可视为近人津津乐道的'文化霸权'理论的古典例子,但这只能就政治、教育、学术三种力量汇合的情况而论。事实上,弱势学术团体常能忍受政治打压,获得伸展,这在孔庙从祀史上屡见不鲜,例如,洛学、朱学、王学在不同时代皆曾被冠以'伪学'之名,迭受压制。日后凭借'学术说服力',终能获得朝廷认可,荣登孔廷,蔚为'斯道正统'。足见学术仍有其自主性,不得一概而论。"[1]确是不刊之论。"正统"一变为"异端","异端"一变为"正统",高山幽谷反复之间,亦足以引发学者对古今及未来学术变迁之无限遐想。而我们亦可从中看到,尽管理学、心学曾经一度势若水火,彼此将对方称为"异端",近现代之学者以牟宗三先生为代表,亦特别注重理学、心学之辨(分)。其实从大历史来看,从孔庙从祀制度历史发展规律来看,理学和心学皆被统治者认定为传道之儒,我们须对此有一清醒之认识。

  我们在统计孔庙从祀人物时,并未以其学术和政治影响来排定位次顺序,而这一统计的结果,却恰恰将二者在历史上的学术地位和政治影响凸显出来,可知这种排列统计的随机偶然性中,又无形中存在一种历史的必然性。如果说我们学者对于曾经存在的历史和历史人物之认识,必然存在很多的感性成分,而这一社会学大数据统计,却为我们提供了一个相对客观理性的事实呈现。而这一理性呈现,又与我们包含很多感性成分的认识渐趋于一致。这不能不让我们为之倍感惊诧。而通过以上诸位最快速度从祀孔庙的先贤先儒之入祀,又与他们共同的传道之儒的身份紧密相关,亦完全符合宋代以后传道之儒地位上升,特别是南宋、元明清皆重视传道之儒的历史传统。

---

[1] 黄进兴:《优入圣域——权力、信仰与正当性》,中华书局2010年版,第250页。

据学者考察，在孔庙大成殿配享从祀人物中，孔子弟子在配享4人中有2人（颜回、曾参），从祀十二哲中有11人，两庑从祀先贤79人中有66人，是孔子庙配享从祀的最大群体，而且占据了孔庙享祀最重要的位置。嘉靖厘正孔庙祀典，将唐代从祀的22人罢祀13人，基本将传经之儒全部赶出孔庙，却按照程敏政的建议，增加了汉儒后苍从祀。雍正年间经朝臣重议后恢复了郑玄和范宁的从祀。清代中期，考据学盛行，传经之儒再次受到重视。同治二年（1863）毛亨被许从祀，光绪元年（1875）、三年（1877）许慎、刘德相继被许从祀，宣统二年（1910）赵岐又被许从祀，使传经之儒最终增加到15位。传道之儒数量仅次于孔子弟子，是孔庙享祀的大宗，配享四配中有2位，从祀十二哲中有1位，从祀先贤79人中有5位，从祀先儒77位中有55位。清雍正二年（1724），诸葛亮从祀文庙，他是入祀孔子庙的第一个行道之儒。从道光开始，逐渐增加行道之儒从祀。道光年间增加唐代陆贽（1827）和宋臣文天祥（1843），咸丰年间相继增加宋臣李纲（1851）、韩琦（1852）和陆秀夫（1859），同治二年（1863）增加明臣方孝孺，将行道之儒增加到7人。[①]

也即孔庙大成殿及两庑172位从祀人物中，孔子弟子便有79人，约占总从祀人数的46%，接近一半。传经之儒最终人数为15人，约占总从祀人数的9%。传道之儒63人，约占总从祀人数的37%，仅次于孔子弟子人数。行道之儒最终人数为7人，约占总从祀人数的4%，是从祀人数中比例最少的；且因其只是在清代才出现，不具有历史的普遍性，故笔者在总结孔庙从祀制度历史规律时并未将其列入。而通过以上数据对比，我们便可以清晰地看出，传经之儒在宋代之后特别是明清时代所遭受的尴尬历史境遇，虽经清代汉学复兴，亦不过最后才剩下15人，较诸历史不但没有增多，甚至不及唐代所定22人之数。这与传道之儒63人相比，仅是对方的四分之一。故宋代之后，特别是南宋理宗以后，包括元明清诸朝代，传道之儒之兴盛是

[①] 参见孔喆《孔子庙附享的历史演变》，《孔子研究》2011年第4期。

罕与匹之的,只有孔子弟子方能与之抗衡。

　　朱子"配享只当论传道"(《朱子语类》卷九十)一句,已然奠定南宋、元明清之从祀标准,而朱子理学之后世被尊为正统(晚明心学短时期曾与之抗衡),逾七百年而不衰,正见其影响力之大,而"道统"之说亦贯之。同时,这一重视"传经之儒"或"传道之儒"的历史传统,亦可上溯至东汉、魏晋南北朝,其中亦有"传经""传道"之合一、分野及侧重。由此,我们可以对孔庙祭祀制度、从祀制度、经学史、教育史乃至中国文化两千年发展,有一个更为全面、客观而明晰的认识,并把握其形成、发展、完善以至式微之整体历史脉络。

杜诗内典的 e 考证：数字人文与宗教文学研究例谈

◇王　帅

数字人文技术的兴起，对于传统文学研究的校勘、笺注、考证、赏析等研究方式提供了全新的思路和方法。在中国文学研究领域，最主要的数字人文技术就是古籍数据库技术和文学编年地图技术。

古籍数据库技术，是在古籍电子化的基础上，实现古籍数据库的搭建与检索，是数字人文技术影响下最先兴起的技术。早在1985年，在钱锺书先生的指导下，栾贵明带领团队研发的"全唐诗速检系统"可被视为这一技术在中国应用的开端。[①] 最近几年，这一技术取得了突飞猛进的发展，目前国家图书馆所研发的"中华古籍资源库"已发布超过3.3万部古籍的版本信息与影像资料；中华书局旗下的"中华经典古籍库"已发布3000多种，累计15亿字的点校本古籍；爱如生公司的"中国基本古籍库"收书1万种，既有可供检索的全文，又提供古籍原版图像。[②] 这些古籍数据库为考证文史问题解决了资料检索的难题，是数字人文技术对于文学研究的最大突破。

文学编年地图，是基于文史考证和数字地图技术而形成的一种检

---

① 郑永晓：《钱锺书与中国社科院古代典籍数字化工程》，《山东社会科学》2019年第6期。

② 何凯：《古籍整理进入数字化时代——从中华书局版〈中华经典古籍库〉成功数字化谈起》，《出版广角》2014年第14期。

索技术。通过这一数字人文平台,可以检索到某人某年在何处、某年某处有何人等问题。这一技术最近也取得了较多的成果。比如中南民族大学王兆鹏主持的"唐宋文学编年系地信息平台"、浙江大学徐永明团队与哈佛大学共建的"学术地图发布平台"、中国社科院刘京臣的"宋代文学地图数字分析平台研究"等。运用数字人文技术开发的文学编年地图平台,可实现浏览检索、关联生成、数据统计、时空定位和可视化呈现五大功能,为解决资料离散和时空分离两大难题提供了可能。[①]

近年来,这两项技术在宗教文学研究领域也得到了应用。众所周知,在中国古代文学研究中,宗教文学的研究向来是重点与难点之一。首先,宗教文学研究必须对宗教学的基本文献、义理等有所了解和认识,这样才能真正地深入文本,探求宗教与文学之间的关系。虽然传统的文史研究者对于宗教也有一定的涉猎,但是,在讨论之时往往有隔靴搔痒的痛处。其次,相较于中国传统经史典籍,宗教文献过于庞杂,而且缺乏系统的整理,在笺注考证过程中使用非常不便。再加之,宗教文献的记载有很大的随意性,内容互相矛盾,需要进行详细地甄辨与考察,这也为宗教文学的研究带来了一定的难度。最后,因为中国古代文人的"漫游""宦游"传统,为我们描述其行踪,进而考证其生平带来了很多的挑战。面对这些难题,数字人文技术的使用可以在某种程度上为我们扩大资料的来源和范围,提供更多直观性的证据。本文拟以杜诗内典的考证,对于这一问题加以介绍和分析。

一 杜诗与杜诗的内典

"子美集开诗世界",杜诗向来被视为中国文学的巅峰。元稹在

[①] 《文学研究在数字人文时代拓展全新视野——访中南民族大学数字人文资源研究中心主任王兆鹏》,中国社会科学网,http://www.cssn.cn/wx/wx_bjzm/202009/t20200909_5180737.shtml,引用时间:2020年9月9日。

杜诗内典的 e 考证：数字人文与宗教文学研究例谈

《唐故工部员外郎杜君墓系铭并序》："至于子美，盖所谓上薄风骚，下该沈宋，言夺苏李，气吞曹刘，掩颜谢之孤高，杂徐庾之流丽，尽得古今之体势，而兼人人之所独专矣。"就指出了杜甫"集大成"之功。[①] 可以说，一部杜诗，既是唐诗的巅峰，也是中国文学的巅峰。也正因如此，杜诗的笺注也成了中国文学的一道亮丽风景线。注杜之风大兴于北宋，后渐成为专学，有"千家注杜"之称。

在杜诗的注释过程中，杜诗的"内典"注释与考证成为一个难点。所谓"内典"，就是藏内典故的意思，指的是佛教、道教等宗教藏经内的典故。自南北朝时期开始，"内典"就经常用来指代宗教经典。如《南史·何风传》："入钟山定林寺，听内典，其业皆通。"这里的"听内典"就是听宣讲佛教经典。《北史·萧詧传》："萧詧笃好文义，所著文集十五卷，内典《华严》《般若》《法华》《金光明义疏》三十六卷并行于世。"这里直接以"内典"二字总领《华严经》《般若经》等佛教经典。在唐代三教合一的思想背景下，杜甫的思想受到宗教的深刻影响。因此，杜诗内有大量的内典。这些内典的注释和研究，可被视为中国古代宗教文学研究的一个代表。

杜诗内典的注释，向来是其中的重点与难点之一。在杜诗的诠释学史上，历来认为钱谦益对于杜诗内典的诠释是比较有代表性的。清人潘耒即认为："牧斋学问闳博，考据精详，家多秘书，兼熟内典。其笺杜也，钩稽奥义，抉摘异闻，他人所不能注者，一一注出，诚有功于少陵矣。"这里可以看出，钱谦益注视杜诗的最重要的便利条件就是其"兼熟内典"。但是，即使渊博如钱谦益，在注释杜诗的内典之时也有失误，而借助古籍数据库技术和数字人文地图技术，我们可以对这一错误进行进一步的纠正。

---

① 元稹：《唐故工部员外郎杜君墓系铭并序》，载杨军撰《元稹集编年校注·散文卷》，三秦出版社2008年版，第207页。

二 "三车肯载书"辨误

杜诗《酬高使君相赠》创作于上元元年（760）[①]"公初到成都，寓居浣花溪寺。时高适为彭州刺史，以诗寄赠，而公酬以此诗也。"[②]全诗云：

> 古寺僧牢落，空房客寓居。故人供禄米，邻舍与园蔬。
> 双树容听法，三车肯载书。草玄吾岂敢，赋或似相如。

诗中"双树容听法，三车肯载书"一句用佛家典故："双树"即娑罗双树，在印度拘尸那拉城阿利罗跋提河边。根据《大般涅槃经》等经典记载此处是释迦牟尼佛涅槃之前讲经说法的地方，用来借代寺院十分恰当。关键是"三车肯载书"一句何解？传统注解多引《法华经·譬喻品》三车的比喻来解释诗意，认为"三车"即佛陀所传的"三乘妙法"，也即佛教教义。如黄鹤注："长者以牛车、羊车、鹿车立门外，引诸子出离火宅。"[③]也认为"三车"就是接引众生出离苦海的"三乘"，即佛教教义，进而代指寺院这一修行场所，和上文的"双树"异名而同义。

但是，钱谦益在《钱注杜诗》中却认为这样的说法是不准确的，他引用《高僧传》中《唐慈恩窥基传》进行了"新笺"：

> 《唐慈恩窥基传》云：基师，姓尉迟氏，鄂国公其诸父也。奘师因缘相扣，欲度为弟子，基曰："听我三事，方誓出家。"奘许之。行至太原，以三车自随，前乘经论箱帙，中乘自御，后乘

[①] 关于此诗创作年份，诸家笺注略有差异，综合考察，以上元元年最符合史实。参见曾祥波《杜诗考释》，上海古籍出版社2016年版，第355—356页。

[②] （唐）杜甫著，杨伦笺注：《杜诗镜铨》，上海古籍出版社1998年版，第312页。

[③] （唐）杜甫著，杨伦笺注：《杜诗镜铨》，上海古籍出版社1998年版，第311页。

妓女食馔。道中，文殊菩萨化为老人，诃之而止。此诗正用慈恩事也。言如容我双树听法，亦许我如慈恩三车自随，但我只办用以载书耳。落句谓文字习气未尽，故下有草《玄》作赋之言。旧注指《法华》三车，不切诗意。①

钱谦益认为此处"三车肯载书"即用"三车和尚"的典故。意思是说自己可以向窥基一样在寺院中满足世俗的欲望，但是自己却没有这样做，只是在寺中读书。从诗意上来看，这样的说法是能够成立的，相较于旧注来说，属实具有一定的新意。得到了古今杜诗学者的赞同，如仇兆鳌《杜诗详注》即全引钱笺来颠覆旧注。陈贻焮先生也认为"钱注颇佳"②。赞同的同时也有批评意见，如浦起龙认为此句的含义就是"假僧车以载书"，钱笺引窥基之典实为"多事"③。其实钱谦益的这条注释，不但是"多事"，而且还是一种误注——无论从诗歌本义来说，还是典故的真伪来看，这条注释都是不能成立的。④关于史料的来源等问题，笔者已有专门的文章辨明。这里仅就古籍数据库技术的应用加以辨别。

我们以"三车"为关键词，在古籍数据库中检索，可以发现"三车"在唐宋时期，是非常常见的一个典故，而且，无论是文人、僧人还是民歌所采用的均是《法华经》的本义。

唐代文人诗中经常引用三车的典故。李白《僧伽歌》："真僧法号号僧伽，有时与我论三车。"王琦注："三车，谓羊车、鹿车、牛车也……当是以三兽之力有大小，三车之所载有多寡，喻三乘诸贤圣道力之深浅耳。"⑤ 明确指出，"三车"就是不同次第的佛法。岑参

---

① （唐）杜甫著，钱谦益笺注：《钱注杜诗》，上海古籍出版社2009年版，第393页。
② 陈贻焮：《杜甫评传·中》，上海古籍出版社1998年版，第642页。
③ （清）浦起龙：《读杜心解》，中华书局1961年版，第403页。
④ 王帅、王红蕾：《杜诗"法华三车喻"钱笺辨析》，《杜甫研究学刊》2022年第3期。
⑤ （唐）李白著，郁贤皓校注：《李太白全集校注》，凤凰出版社2015年版，第860页。

《赴嘉州过城固县寻永安超禅师房》有句"门外不须催五马，林中且听演三车"①。诗中"催五马"即追求世俗功名，而"演三车"即听闻三乘佛法的含义。李白、岑参二人与杜甫同时，其诗文中所用"三车喻"的典故都是《法华经》的本义。可见，这一典故在当时是比较流行的，并无钱谦益所注的"新意"。

唐代僧人也经常引用这一典故，寒山有"门外有三车，迎之不肯出。三车在门外，载你免飘蓬"②的诗句。此处的"三车"意指佛教接引众生的不同法门。广宣《安国寺随驾幸兴唐观应制》有"万乘游仙宗有道，三车引路本无尘"③，诗中"三车"也是接引众生的凭借，也即三乘佛法。纵观这些诗歌，都是以"三车喻"比喻接引众生脱离苦海的佛教修行法门。

唐代民间也经常流行这一典故。悟真《百岁篇》中有"绍继传灯转法轮。三车引喻炫迷津"④一句，就其本意，也是用"三车"比喻渡众生脱离"迷津"的佛法。《敦煌曲子》有"日出卯。令□□□□□。门外三车不用论。□□□□□□"，"六十人间置法船。广开慈谕示因缘。三车已立门前路，念念无常劝福田"。⑤虽然文本残缺不全，但是根据上下文也可以判断，这里的"三车喻"依然是代指佛法。

在两宋时期，这一典故也是非常常见的。宋庠《登大明寺塔》"三车何处在，归鞅欲迷津"⑥。《宿鹿门寺》"三车俱有路，何处驻归辕"⑦；宋祁《善惠大师禅斋》"化城无惮远，门外即三车"；郭祥正

---

① （唐）岑参著，陈铁民、侯忠义校注：《岑参集校注》，上海古籍出版社1981年版，第310页。
② 钱学烈校评：《寒山拾得诗校评》，天津古籍出版社1998年版。
③ （清）季振宜编著：《全唐诗》，中华书局1960年版，第9271页。
④ 任半塘编著：《敦煌歌辞总编》，上海古籍出版社2006年版，第1338页。
⑤ 党银平、段承校编著：《隋唐五代歌谣集》，南京师范大学出版社2014年版，第428页。
⑥ （宋）宋庠撰：《元宪集》，商务印书馆1935年版，第17页。
⑦ （宋）宋庠撰：《元宪集》，商务印书馆1935年版，第81页。

《陈安止迁居》"君若乘三车，愿为车下犊"①；《题清远峡广庆寺壁》"中含五峰秀，寺载三车法"②；黄庭坚《寄新茶与南禅师》"一瓯资舌本，吾欲问三车。"③陈师道《和吴子副知海斋》"法筵应供赖三车，堆案抽身辍算沙"④；释怀深《因读法华经至火宅喻不觉一笑因书偈示孙主簿》"三车亦为儿童设，想见瞿昙别有方"⑤；南宋林希逸"千岁不知棋几局，二乘且论宝三车"⑥；李龏"澜翻口里说三车，一衲唯披百结麻"⑦。纵观这些诗句无一例外，其使用的都是法华经譬喻的本义。用"三车"指代不同次第的佛法。

由以上材料可以看出，"三车喻"是在唐宋时期一个常见的典故，诗人在诗歌中多使用《法华经·譬喻品》的本义，用来代指佛教声闻、缘觉、菩萨三个次第的不同修行法门，进而借指整个佛法。从此也可以看出，钱谦益的"新笺"实是难以成立的。我们也不禁感慨，号称冠绝东南的"绛云楼"实在是比不上初出茅庐的"数据库"。

三 "门求七祖禅"辨析

"门求七祖禅"一句是杜诗内典考证的重要难点之一。杜诗《秋日夔府咏怀奉寄郑监李宾客一百韵》一诗中有：

---

① 北京大学古文献研究所编：《全宋诗》卷七六二，北京大学出版社1998年版，第8862页。
② 北京大学古文献研究所编：《全宋诗》卷七六三，北京大学出版社1998年版，第8870页。
③ （宋）黄庭坚著，陈永正、何泽棠注：《山谷诗注续补》，上海古籍出版社2012年版，第62页。
④ （宋）陈师道撰，任渊注：《后山集》，商务印书馆1937年版。
⑤ 北京大学古文献研究所编：《全宋诗》卷一四〇三，北京大学出版社1998年版，第16148页。
⑥ 北京大学古文献研究所编：《全宋诗》卷三一三八，北京大学出版社1998年版，第37261页。
⑦ 北京大学古文献研究所编：《全宋诗》卷三一三三，北京大学出版社1998年版，第37415页。

身许双峰寺，门求七祖禅。

关于"双峰寺"与"七祖禅"的注释，历来争论不休。根据既往的研究，基本上有以下五种意见（表1）:①

表1

双峰寺何在？	七祖禅何指？	主要代表学者
曹溪双峰山宝林寺	菏泽神会	杨伦、仇兆鳌等
蕲州双峰寺	大照禅师普寂	朱鹤龄
蕲州双峰寺	神会之禅	钱谦益
蕲州双峰寺	南岳怀让	浦起龙
潭州双峰寺	南岳怀让	张培锋

众所周知，在杜甫的时代，禅宗"七祖"之说并没有定论。而且，揆诸诗意，此处的"七祖禅"应该并非确指，意思只是说要追寻能够集成禅宗六祖的智慧。所以想要考证这一问题，需要结合杜甫万年行迹一起进行分析，先确定双峰寺何在？再以此为线索，结合诗意进行详细分析。

根据历代学者的考证，杜甫于乾元二年（760）到达成都。永泰元年（765），杜甫离开成都，经嘉州、戎州、渝州等地，于大历元年（766）达到夔州。《秋日夔府咏怀奉寄郑监李宾客一百韵》即作于到达夔州的第二年（767）。大历三年（768）初，杜甫便乘舟出峡，先到湖北江陵，又转公安，年底到达湖南岳阳，转年（769）又抵达潭州，以后主要居于潭州，直至大历五年（770）去世。根据文学编年地图，可以将杜甫这一时期（765—770年）的行迹做成图1。

杜诗中名言自己"身许双峰寺"，也就是说，自己应该就在双峰寺附近，从中可以知道，老杜在这一阶段主要活动区域都在湖南、湖

---

① 鲁克兵：《杜甫"身许双峰寺，门求七祖禅"论析》，《船山学刊》2011年第4期。

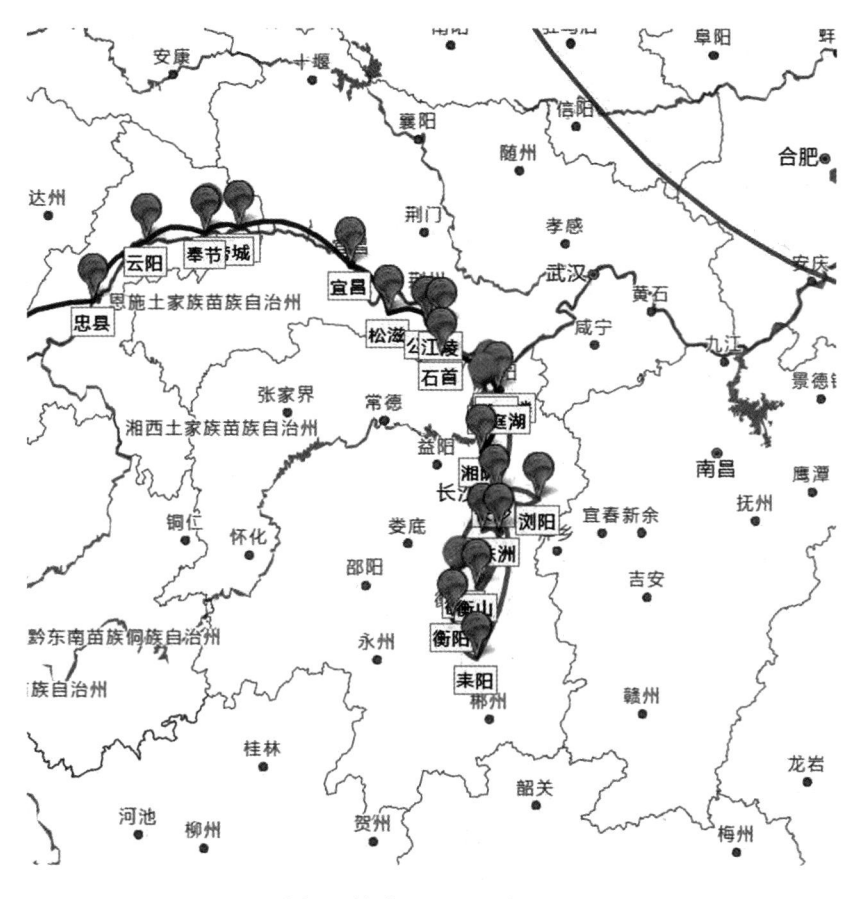

图 1　杜甫 765—770 年行程

资料来源：唐宋文学编年地图数据库。

北的附近。所以，"双峰寺"为"曹溪双峰山宝林寺"之说自然不成立。

那么，双峰寺何指呢？应该就是其行程该范围内的双峰寺。结合杜甫的行程来看，双峰寺应该指的是湖北蕲州黄梅双峰山。双峰山又名破额山，为黄梅四祖寺的主峰。黄梅四祖寺古称幽居寺，原名正觉寺，又名双峰寺，是佛教禅宗第四代祖师道信大师的道场。道信在四十岁左右，入黄梅双峰山聚徒修禅传法，"再敞禅门"。道信应蕲州道俗之请，渡江进入黄梅双峰山，蕲州道俗为他"造寺，依然山行",道信见此处"有好泉石,即住终志"。道信在双峰山传法三十余载,"诸州学道无远不至,刺史崔义玄往而就礼",荆州四层寺法显、神山寺玄爽等许多法师前来参访问道,门徒多达"五百余人",以其所制《入道安心要方便法门》传授门徒。此时,老杜就在双峰山附近,其意自明。通过以上两节,我们可以看出,数字人文技术对于文学研究提供了大量的便捷条件,但是,文学,尤其是宗教文学的研究不能简单依赖"数字",还应更多考虑"人文"因素,否则就会陷入"数据陷阱",使研究简单化。

四 "剖心慰孤愁"的笺注

杜诗《凤凰台》作于唐乾元二年(759),杜甫从秦州(今甘肃天水)前往同谷县(今甘肃成县)。在这次行程中,杜甫按所经路线写了十二首纪行诗。此诗是其中一首,其中有一段"剖心慰孤愁"的描写十分深刻:

亭亭凤凰台,北对西康州。西伯今寂寞,凤声亦悠悠。山峻路绝踪,石林气高浮。安得万丈梯,为君上上头。恐有无母雏,饥寒日啾啾。我能剖心出,饮啄慰孤愁。心以当竹实,炯然忘外求。血以当醴泉,岂徒比清流。

其赤诚悲愤之心跃然纸上,《杜诗镜铨》引沈确士云:句法与前"心以当竹实"等句明犯,古乐府中有此("图以"句下)。张上若云:此公欲舍命荐贤以致太平,因过凤凰台而有感也。心血又分出两项,奇幻("心以"二句下)。蒋云;直入奇老之笔("再光"二句下)。评价非常到位。有学者认为其中"我能剖心出,饮啄慰孤愁"一句受到佛教:"舍身饲虎"故事的影响。

这则故事出现在很多中古时代翻译和流传的佛教经典里,如

杜诗内典的 e 考证：数字人文与宗教文学研究例谈

三国时期康僧会（？—280）翻译的《六度集经》，慧觉（约445）翻译的《贤愚经》，以及昙无谶（385—433）和义净（635—712）翻译的《金光明经》；中古佛教类书《经律异相》和《法苑珠林》也有收录；其他尚有《菩萨投身饲饿虎起塔因缘经》等。

中古艺术如敦煌石窟壁画、云冈石窟、龙门石窟雕刻等，对此故事更是有丰富的表现。特别值得一提的是，杜甫盘桓日久的秦州、同谷等地所在的甘肃省，至今仍流传下来很多表现舍身饲虎本生故事的北朝佛教壁画、雕塑和造像碑塔，如天水麦积山石窟壁画、秦安造像碑塔等，都是杜甫在其生活的时代可以亲见的。①

如果单从数据文献检索和文学编年地图的呈现来看，这一论证似乎可以成立。但是，如果仔细加以分析，无论是从逻辑上还是从事实上来看，这一论证都应该加以进一步的论证与分析。

（一）从逻辑上看，杜诗"剖心慰孤愁"与"舍身饲虎"等故事在精神上属实有相似指出，但是不能贸然断定杜诗就是受佛经影响，还应该考察杜甫的思想体系中是否有其他来源可以提供类似的思想。另外，杜甫属实在甘肃等地盘桓很久，那么这就一定确定杜甫会看到这些壁画吗？即使看到这些壁画，杜甫就一定会受到这些壁画的影响吗？

（二）从事实来看，这一推断也是过于草率的。其众所周知，凤凰是儒家盛世的代表祥瑞。《山海经》"是鸟自歌自舞，见则天下安宁"；《春秋元命苞》"黄帝游玄扈洛水之上，凤凰衔图置帝前，帝再拜受图"；《尚书考灵耀》"明王之治，凤凰下之"。而歌咏凤凰是杜诗的最为鲜明的主题，杜甫自云"七龄思即壮，开口咏凤凰"。陈贻

---

① 田晓菲：《觉悟叙事：杜甫纪行诗的佛教解读》，《上海师范大学学报》（哲学社会科学版）2018年第1期。

焣先生说:"他歌唱凤凰,赞美凤凰,向往凤凰,追求凤凰,一生执着,毫不懈怠。"除此之外,"剖心"是儒家话语体系下表示忠诚的主题。曹操《杨阜让爵报》:"子贡辞赏,仲尼谓之止善,君其剖心以顺国命。"李白《驾去温泉后赠杨山人》诗:"一朝君王垂拂拭,剖心输丹雪胸臆。"杜诗此处的典故,应是儒家话语体系的一个表现,仅以"数据库"思维断定其受到佛教思想的影响,实难让人信服。

五 《舟前小鹅儿》的阐释

杜诗中有《舟前小鹅儿》一首,活泼可爱,生意盎然,是杜甫晚年诗歌中别具特色的作品之一,其诗云:

鹅儿黄似酒,对酒爱新鹅。引颈嗔船逼,无行乱眼多。翅开遭宿雨,力小困沧波。客散层城暮,狐狸奈若何。

该诗内容比较简单,首联用喻,以酒的颜色比喻鹅儿的颜色,既准确传达出小生命的外貌特征,同时也以饮酒的快乐比喻看见小鹅的欣喜与高兴之情。接下来纯以白描的手法写出小鹅在水中游行的状态:它们时而引颈遨游嗔恨船只的追赶;时而自乱阵法吸引游客的目光;在阵阵宿雨中扇动着弱小的翅膀;在层层水波中施展着柔弱的力气。以上四句栩栩如生地刻画出小鹅在水面的情景。面对此情此景,作者不禁担忧起来——暮色降临,游客散去,这些弱小的生命怎么防范狐狸的进攻呢?全诗情趣盎然,且老杜的仁民爱物之心跃然纸上。但是,有学者指出,杜甫这一思想是受到基督教思想的影响:

杜甫的咏鹅诗以诗人自身为吟咏对象的显现场所。这一现象启迪我们去追问杜甫咏鹅诗的本质,这些作品产生的原因,以及它们对真理的关系。海德格尔关于作品与真理关系的论述,为我们认识杜甫的咏鹅诗，提供了一个参照系。从杜甫的咏鹅诗出发，我们可以进而更好地把握杜甫民生诗篇的本质，因而二者在本质上是一致的，它们都是对生命本真状态的关注。杜甫的诗歌创作之所以达到了世界一流水准，与他所生活的时代和生存的境况均有关系。作为唐朝国教之一的基督宗教对杜甫有着潜移作用，以至于他无须变更自己的话语体系就接纳了基督精神。杜甫长期面临的生存压力使得他的思维异常的敏感，以至于在基督精神的推动下他关注到了自身、周边生存物以及宇宙中的其他生命个体。杜甫诗歌这一基本品格使得杜诗具有恒久的认识价值与审美价值。杜诗的认识价值使人们认为它值得一读且百读不厌。①

仔细阅读该文，最主要的证据有三个：第一，杜诗体现出的"**其他生命个体**"的精神与基督教高度类似；第二，此诗的内容与《圣经·马太福音》关于飞鸟的一段论述高度类似；第三，杜甫创作此诗前后一直生活在成都，而成都的基督教是非常发达的，所以杜甫此诗受到了基督教的影响。这个类比研究的本质，也是数据库思维，一方面将检索出来的两个相似"数据"进行机械的类比，忽视其各自背后的人文内核；另一方面简单地以地图作为依据，从外部断定其思想来源，也是不慎准确的。

其实，这种"民胞物与"的仁爱思想正是杜甫醇儒的思想底色。在他的笔下，他将松树比作邻居，可怜它被蔓草纠缠，以致生长缓慢。杜甫细腻的笔触道出："尚怜四小松，蔓草易拘缠。霜骨不甚长，永为邻里怜。""白鱼困密网，黄鸟喧嘉音。物微限通塞，恻隐仁者心。"（《过津口》）诗人的仁心甚至会泽及蝼蚁和小鱼，"盘餐老夫食，分减及溪鱼"，"筑场怜穴蚁，拾穗许村童"，杜甫柔软的仁心使笔下的诗句格外温和，充满怜悯。诚然，在三教合流的多元文化交融

---

① 张思齐：《从咏鹅诗看基督精神对杜甫潜移默化的影响》，《大连大学学报》2013年第2期。

的背景下，杜甫的仁爱思想可能受到宗教思潮的影响，但是这需要仔细地从文本出发，分析其"人文"因素，而不能以"数据库"思维进行简单的类比。

六　结论与讨论

"数字人文"中的数字技术，尤其是数据库技术和文学编年地图技术——对宗教文学的研究起到了非常大的助力作用。可以解决传统宗教文学研究中资料分散、时地分散两大核心问题。"数字人文"中的人文因素——在利用数字技术时，不能单纯地用其来检索结果，这样容易陷入"数据陷阱"，使得文学研究片面化。所以，在使用数字技术时，应该充分重视宗教文学的学科特点，以传统的校雠、笺注、点评等方法作为数字人文技术发展的一个基础。

数字方法与传统人文的多元共生[*]

◇严　程　邱伟云

21 世纪初，随着数字信息技术对学术界的全面覆盖，人文学科也涌现出"数字人文"这一带有明显时代特征的学术新动向。那么，这一新动向将为人文学科乃至其中最为传统的文史研究带来怎样的新变甚至转向？

要回答这个问题，还得从"数字人文"的来历说起。"数字人文"的前身可以称为计算人文，而计算人文所回答的问题，在很大程度上又与 19 世纪末 20 世纪初流行起来的计量分析有关。1946 年第一台计算机问世之后仅三年，意大利神学研究者罗伯特·布萨就开始尝试使用打孔卡片研究和编辑圣托马斯·阿奎那的作品索引，并于 1980 年代正式出版。20 世纪末，汉语人文学界也掀起了计算机热，如钱锺书先生倡导、社科院文学所计算机室实施的"中国古典文献数据库"，又如台湾东吴大学陈郁夫主持建设的"故宫寒泉古典文献全文检索资料库"，以及北京大学李铎等开发的《全唐诗》检索系统，都是这一时期有代表性的计算机辅助人文研究典范。可见，计算人文衍生之初，便致力于服务传统人文研究。21 世纪以来，随着数字技术的演进，"人文计算"开始转向"数字人文"。自 2004 年爱尔兰梅努斯大学数字人文系教授苏珊·施赖布曼（Susan Schreibman）等编

---

[*] 原载于《社会科学报》2021 年 2 月 4 日，稍作修改。

著的 A Companion to Digital Humanities 一书首次使用 Digital Humanities 这一表述，"数字人文"一词即开始在海内外掀起讨论。2009 年，美国现代语言协会在网络空间发起并组织了一场跨越数年的数字人文定义大辩论，并于 2012 年与 2016 年出版的 Debates in the Digital Humanities 纷呈了部分观点。尽管这场辩论及其集结的论著仍未给数字人文以明确定义，不过于诸多讨论中仍可见一概念主轴，数字人文方法的独特性与合法性也就于兹显现。这一"主轴"，正如台湾大学数位人文研究中心主任项洁教授所归纳的，即"借助数字科技方能进行的人文研究"，是"前数字时代难以观察、无法想象、无法进行的人文研究"，是"能够带来概念上的跳跃、而非小规模改善的人文研究"。简言之，亦即只有运用数字人文技术才能提出问题意识并给出答案的人文研究。这一说法具体而微地揭示了"数字人文"的概念主轴，指明了数字人文作为方法的独特性，也进一步确认了其人文内核。

在信息时代，人文学术的研究对象将从纸本文献转为巨量的结构化与非结构化数据，因而人文学者的研究也将成为基于数据对世界进行的观察、探索、提问与分析。这个时代，正处于一个历史书写载体转变的关键分水岭，正如浙江大学姜文涛的研究所指出的，经过这个从印刷文明到数字文明的转折点，数字将成为我们生活的"常态"，数字人文与人文研究间的关系也就不言可喻。那么，这样的"数字人文"与传统人文的关系如何呢？新的研究方法为人文学术带来怎样的发展？又是否像一些学者担心的那样，要取代甚或凌驾于传统人文研究之上？

事实上，从现有的数字人文研究案例来看，好的数字人文研究绝不仅仅在于其"数字性"，而必须对人文性做出更深刻的回应。正如斯坦福大学英文系的弗朗科·莫瑞蒂（Franco Moretti）在其研究论著《远读》中呈现的那样，其方法最初甚至并非"数字"的，但在提出对海量文本的阅读与分析构想后，数字方法成为作者所期待的有力杠杆，并借此完成了诸如对 7000 部英国小说标题的"远读"等研究。哈佛大学费正清研究中心的包弼德也是由传统人文转向数字方法的代表,其领衔建设的"历代人物传记资料库"可以查询和呈现巨量历史人物的社会关系、地理分布及学术传承,推进这一工作的基础即人文学者对历史研究和文献爬梳需求的深切体悟。再如社科院文学所的刘京臣利用进士家谱和姻亲关系构建的社会关系网络,则以高效简洁的方式再现和考察了文化家族在治经、传经方面的影响。如果说以上研究是出于人文学者的专业需求和自觉,因此不会有丧失传统人文性之虞,那么计算机、统计、信管等领域专家加入甚至主持的数字人文研究,如何保证其人文性呢?从北京大学信管学者王军、台湾大学计算机学者项洁、清华大学统计学者邓柯的研究案例中,我们可以发现,即使是技术优势团队主持的人文研究,其问题应该是来自人文学者的需求,其方法和原理应当经得起人文学者的检验,最重要的是,其计算结果的运用和结论的阐释都必须是人文内核的。

当然,近年来人文学界的担忧也不无道理,这些声音促使我们批评地看待数字人文研究。2014 年,哥伦比亚大学美国学研究中心的亚当·克思奇(Adam Kirsch)在 *The New Republic* 杂志上发表了"Technology Is Taking Over English Departments: The False Promise of The Digital Humanities"一文,批判某些数字人文倡导者的极端立场,认为这种"轻文字重图像、轻思想重制作、轻创作重编码"的乱象,将对传统人文核心价值造成挑战乃至颠覆;伦敦国王学院的丹尼尔·阿林顿(Danielle Allington)亦撰文指出,数字人文企图将技术知识定义为一种高于其他人文形式的知识,一旦得逞,以项目和实验室为中心的学习和研究会最终取代人文阅读与写作;紧随其后,明尼苏达大学文学院的提摩太·布伦南(Timothy Brennan)在 The Chronicle Of Higher Education 网站上发表"The Digital-Humanities Bust"一文,再次抨击数字人文研究只看到通过算法所呈现出的文本特点,无法触及文本中有价值的内容。十数年间,类似的担忧未曾止歇。据此可以归结西方学者指出的数字人文学两大危机:其一,担心数字人文将使未来的人文学者只见表层数字和数据,丧失运用大脑深入进行批判性反思的能力,使研究去人文化;其二,担忧青年一代学者通过提升数字人文的地位,以技术为手段在已划定格局的学术场域内争夺学术话语权,挤压甚至消灭其他学术方法,最后会假学科融合之名行取代传统学科之实。

想要避免这些问题,当然不能通过"取缔"数字人文研究来实现。数字时代必将且已经到来,传统人文与数字方法的良性多元共生,才是"后数字人文"时代的可行方向。为人文学科的长远发展计,数字方法与传统人文需更进一步迈向和而不同的多元共生关系。唯有共生发展,方有助于人文学科在数字时代既能赓续传统又能焕发出新的活力。在多元共生论结构下,过去既有的文史方法、统计方法、计算机方法各自朝向自身学科前沿发展的同时,亦可把注于数字人文方法的更新;而数字人文方法也得以在结合多学科方法后,提出能增益各学科既有成果的新视野、推进传统学科的理论发展。在中国数字人文学界中,已有不少学者基于多元共生的研究态度提出成功的数字人文学术研究案例。例如武汉大学王晓光的"九色鹿本生故事画"研究、南京大学陈静与莱斯大学白露共同建置的"中国商业广告档案库(1880—1940)"、清华大学向帆基于中国历代人物传记资料库所进行的中国家谱树的视觉化绘制实践、中国美术学院王平的五代北宋山水画意象聚类研究等,都通过数字方法自动聚类与归纳巨量图像中的图式,并从中揭示一般人文研究容易忽略的长时段图像变化线索,以多元形式介入传统的思想和文化研究。这类研究在设立之初,即由多个不同学科的学者带着不同的诉求和视角参与进来,达成的结果也是面向多学科、多领域的。人文学者在其中的工作,可以是需求的提出者、过程数据的应用者,也可以是阐释者。与以往不同的是,在数字背景之下,人文研究也可借助数字方法这一"瞭望台",提出过去人工时代无法提出、不能回答或难以验证的问题。基于前述成功案例,我们可以期待未来数字人文领域多元共生的良好学术生态。诚如南京大学数字史学中心主任王涛所说的，学术本应百家争鸣，若是有大一统的方法和理念，显然就意味着对学术创新的禁锢。学术研究永续发展的基础与动力，正在于包容多元的新方法和新视角，同时亦不因其更新而必须代替或兼并传统，正如老树逢春，不妨散发新枝，而旧枝的花也仍灿烂着。

当代宗教与灵性心理学学科制度图景[*]

◇蒋　谦　方　文

论文开篇要警醒的是，宗教与灵性心理学没有任何内在的学科偏好或企图，为任何的宗教体系进行合法性论证或背书。它只是直面中外和古今存在无数虔敬信徒的社会事实和社会心理事实，期望基于正当的科学研究程序来系统探究宗教和灵性对社会心理及社会行为不同面向的深刻影响。

一　论题域的设定：学科制度图景

直到 1960 年代，宗教和心理学、宗教精英和心理学家之间还相互猜忌，甚至敌视。在微观层面，宗教关乎人的灵魂救赎，宗教机构和宗教精英也一直试图垄断对灵魂议题的解释权和话语权。而脱胎于哲学玄思的科学心理学，则力图对心理和意识现象进行实证的研讨。为争夺对心灵的解释权，宗教精英和心理学家的竞争和冲突在所难免。就宗教精英而言，他们一直抵制对心灵的实证研究；而对心理学家而言，他们也一直使自身尽可能地远离宗教，逃避对宗教进行系统的实证研究。与其他领域的学者相比，心理学家更少可能卷入或皈依

---

[*] 原载于《世界宗教文化》2022 年第 5 期，有增改。本文系 2020 年度国家社会科学基金一般项目"宗教和灵性心理学的跨学科研究"（项目号：20BZJ004）阶段性成果。本文的写作和修改受惠于赵蜜和马梁英的指点与批评，谨此致谢。

宗教。在这种情势下，宗教心理学尤其是宗教社会心理学的研究几近荒芜，便在情理之中。当然，这种论断并没有忽视学科史的基本事实：心理学的奠基者，在20世纪初就开始关注宗教心理和行为，如威廉·詹姆士有关宗教经验的研究，斯塔伯克有关皈依的研究，以及弗洛伊德有关图腾和禁忌的研究。

但在社会心理学的基石领域（the Cornerstone of Social Psychology）即态度研究领域，有不断增长的证据表明，个体和群体内在的信念、态度和价值观能够对个体和群体的行为产生显著影响。有关吸食毒品、婚外性行为、精神治疗和精神健康等问题的研究表明，宗教性（Religiousness），作为态度—行为因果链节中的内隐变量，无法被漠视：宗教信徒和非宗教信徒相较而言，其内化的宗教信念、态度和价值观，是行为基本的解释或预测变量。这些研究的自然结果，是激发社会心理学家开始逐渐承认和正视宗教态度与宗教信念作为社会心理变量的重要意义。宗教心理学的主体，宗教社会心理学的研究热情，开始孕育破茧。

在艰难的理智探索和智识挣扎历程中，宗教心理学缓慢累积分散的学科制度线索[1]。具有学科制度史路标意义的有这些史实：1961年宗教科学研究学会（the Society for the Scientific Study of Religion）开始出版《宗教科学研究杂志》（Journal for the Scientific Study of Religion），在其中，社会心理学家是宗教实证研究的生力军；随后在1976年，美国心理学会（the American Psychological Association，APA）创立宗教心理学分会（Division Psychology of Religion）；在1988年，《心理学年评》（Annual Review of Psychology），终于第一次有宗教心理学的进展评论[2]，在2003年有了第二次系统评论[3]。

---

[1] 方文：《社会心理学的演化：一种学科制度视角》，《中国社会科学》2001年第6期。
[2] Gorsuch, R. L., "Psychology of Religion", *Annual Review of Psychology*, Vol. 39, 1988, pp. 201–221.
[3] Emmons, R. A., and Paloutzian, R. F., "The psychology of Religion", *Annual Review of Psychology*, Vol. 54, 2003, pp. 377–402.

宗教社会学有关宗教和灵性构念的论辩，也渗透在宗教心理学的心智中。在宗教世俗化和私人化背景下，灵性（Spirituality）构念逐渐凸显。援引宗教社会学的理智资源，如卢克曼的"无形宗教论"或者达薇的"信仰但不归属"模式，宗教可简化为基于制度化体制的对神圣的追求，而灵性则是个体自主性的神圣追求，这里的神圣既包括诸神，也指涉超自然、超验、无限、永恒、终极存在或终极关怀等一组家族相似构念。2008年宗教心理学分会创办期刊《宗教与灵性心理学》（*Psychology of Religion and Spirituality*），2011年正式更名为宗教与灵性心理学学会（The Society for the Psychology of Religion and Spirituality）。由此宗教心理学脱胎换骨，转型为宗教与灵性心理学。

在最近的二十年里，宗教与灵性心理学迈入其成熟期，其学科制度的显著标志为两个不同版本的研究手册的出版。它们依次为《宗教和灵性心理学手册》（2005年第1版；2014年第2版）（*Handbook of the Psychology of Religion and Spirituality*）[1] 和《美国心理学会宗教和灵性心理学手册》（*APA Handbook of Psychology, Religion, and Spirituality*）[2]。

直至今日，宗教与灵性心理学已经积累了浩瀚的英文文献。它们如何为中文学界所用，以构筑中文宗教与灵性心理学理智复兴的智识新平台？如何统合艰难累积的学科制度建构的分散线索，描绘当代宗教与灵性心理学的学科制度图景？如何系统聚焦和批评性总结宗教与灵性心理学核心论题和前沿研究热点？论文选取大型权威引文数据库Web of Science，以"宗教""灵性"和"心理学"为检索词，时间跨度为2001—2020年进行检索，共得到2329篇期刊论文。以这些文献为基础，论文构建期刊引用网络和文献引用网络，以甄别权威期刊和典范文本；构建研究者合作网络和机构合作网络，以定位权威研究者和研究机构；构建关键词共现网络，绘制学科知识图谱，以揭示研究

---

[1] Paloutzian, R. F., and C. L. Park, *Handbook of the Psychology of Religion and Spirituality* (2nd Edition), New York: Guiford Press, 2014.

[2] Pargament, K. I., *APA Handbook of Psychology, Religion, and Spirituality*, Vols. 2, Washington: American Psychological Association, 2013.

热点及其变化趋势,并进一步批判性评论其核心议题。

二 学科制度图景的组分分析

(一) 权威期刊分析

学术期刊是学科成就和研究前沿的主要载体。布拉德福定律表明,任何一个学科的绝大部分专业文献都集中于少数的专业期刊内。宗教与灵性心理学领域的学术论文、调查报告以及文献综述等集中发表在《宗教与健康杂志》(*Journal of Religion & Health*)、《宗教与灵性心理学》(*Psychology of Religion and Spirituality*)、《心理学与神学杂志》(*Journal of Psychology and Theology*)以及《宗教心理学档案》(*Archive for the Psychology of Religion*)等期刊中,这四本期刊合计刊载了该领域超过10%的文献(表1)。

表1　　　　　　　　期刊发文数量排序(前四)

期刊名称	发文数量	2019年/5年影响因子	JCR分区
《宗教与健康杂志》 *Journal of Religion & Health*	80	1.162/1.27	Q4
《宗教与灵性心理学》 *Psychology of Religion and Spirituality*	59	2.367/2.533	Q2
《心理学与神学杂志》 *Journal of Psychology and Theology*	56	0.435/0.935	Q4
《宗教心理学档案》 *Archive for the Psychology of Religion*	51	0.517/0.775	Q4

值得注意的是,虽然这些期刊发文数量多,但其影响因子普遍较低,即使考虑学科类别后分区排名也多处于后25%,尚未对学科发展产生重要影响,同时也可以看出,宗教和灵性议题在心理学以及更广泛的研究领域内并未引起足够重视。为明确对宗教与灵性心理学发展产生重要影响的期刊,选取每年被引频次前50名的期刊建立期刊

共被引网络。结果表明，拥有最多共被引关系的期刊，即度值最高的期刊，被引频次也是最高的。《人格与社会心理学杂志》（Journal of Personality and Social Psychology）、《美国心理学家》（American Psychologist）、《宗教科学研究杂志》（Journal for the Scientific Study of Religion）、《心理学公报》（Psychological Bulletin）、《国际宗教心理学杂志》（International Journal for the Psychology of Religion）五本期刊不仅收录文献涉及的主题相对广泛，期刊影响力也较大。

表2　　　　　　　引用期刊频次排序（前五）

期刊名称	引用频次	度值	2019年/5年影响因子	JCR分区
《人格与社会心理学杂志》 Journal of Personality and Social Psychology	777	83	6.315/7.748	Q1
《美国心理学家》 American Psychologist	658	78	6.536/8.579	Q1
《宗教科学研究杂志》 Journal for the Scientific Study of Religion	629	77	1.133/1.621	Q3
《心理学公报》 Psychological Bulletin	436	72	20.838/24.592	Q1
《国际宗教心理学杂志》 International Journal for the Psychology of Religion	426	73	0.824/1.354	Q4

（二）典范文本分析

被引频次较高的文献可表征学科领域的知识根基及研究方向。表3为按总被引频次对检索文献进行排序的结果。其中"Markets, Religion, Community Size, and the Evolution of Fairness and Punishment"（《市场，宗教，社群规模，以及公平与惩罚的演变》）、"Beyond Beliefs: Religions Bind Individuals Into Moral Communities"（《超越信仰：宗教将个体联结为道德共同体》）两篇为"高被引论文"，即在其发表年份和所属学科领域按被引频次排序后位于前1%的论文。《通往敬畏，一种道德、灵性和美的情感》（"Approaching Awe, a Moral,

Spiritual, and Aesthetic Emotion"）、《宗教作为应对生活压力的意义创造系统》（"Religion as A Meaning-making Framework in Coping with Life Stress"）、《简明 RCOPE：简明宗教应对量表的心理测量现状》（"The Brief RCOPE：Current Psychometric Status of a Short Measure of Religious Coping"）三篇文献被引频次也在 300 以上。

表3　文献被引频次排序（前五）及"高被引论文"

第一作者	文献标题	被引频次	发表年份
Henrich, J.	Markets, Religion, Community Size, and the Evolution of Fairness and Punishment	557	2010
Keltner, D.	Approaching Awe, a Moral, Spiritual, and Aesthetic Emotion	525	2003
Park, C. L.	Religion as a Meaning-making Framework in Coping with Life Stress	355	2005
Graham, J.	Beyond Beliefs：Religions Bind Individuals into Moral Communities	340	2010
Pargament, K. I.	The Brief RCOPE：Current Psychometric Status of a Short Measure of Religious Coping	304	2011

引文计数无法体现出学科知识基础的结构，因此选取每年被引频次靠前的文献建立文献引用网络，表4为网络中共同引用频次最高的五篇文献，其中 *Big Gods：How Religion Transformed Cooperation and Conflict*（《大神：宗教如何改变合作与冲突》）、*The Psychology of Religion：An empirical approach* [《宗教心理学：实证方法》（第 4 版）]、*The God Delusion*（《上帝的错觉》）为专著，《亲社会宗教的文化进化》（"The Cultural Evolution of Prosocial Religions"）、《宗教与灵性的概念化与测量研究进展》（"Advances in the Conceptualization and Measurement of Religion and Spirituality"）为期刊论文。

表4　　　　　　　　引用文献频次排序（前五）

第一作者	文献标题	被引频次	发表年份
Norenzayan A.	The Cultural Evolution of Prosocial Religions	26	2016
Norenzayan A.	Big Gods	22	2013
Hood R.	The Psychology of Religion	20	2009
Dawkins R.	The God Delusion	18	2006
Hill P. C.	Advances in the Conceptualization and Measurement of Religion and Spirituality	18	2003

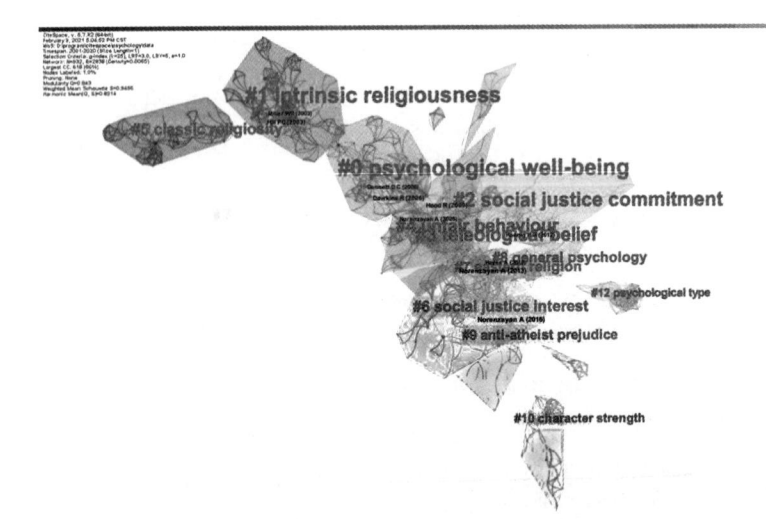

图1　引文网络聚类可视化结果

对该引文网络进行聚类分析，从摘要中提取名词性术语为每个主题类别命名。图1为聚类的可视化结果，紫色到黄色体现发表年份的变化。可以看出，经典宗教信仰、内在宗教性、心理幸福感等相关研究被引用的时间较早，近期受到关注的文献主要集中在社会正义、东方宗教、宗教偏见等主题。

（三）权威研究者分析

宗教与灵性心理学领域发表文献数量最多的作者分别为Francis L. J.、Robbins M.、Cohen A. B.、Davis D. E.、Pargament K. I.，其中，Francis

L. J. 二十年间共计发表 62 篇相关文献，Robbins M. 发表 22 篇相关文献（表5）。综合考虑学术产出数量和质量，Cohen A. B. 和 Pargament K. I. 在该领域内的 h 指数分别为 12 和 11，为宗教和灵性心理学发展做出了重要贡献。

表5　　　　　　　　作者发文数量排序（前五）

作者名称	发文数量	领域内 h 指数
Francis L. J.	62	9
Robbins M.	22	7
Cohen A. B.	16	12
Davis D. E.	15	8
Pargament K. I.	14	11

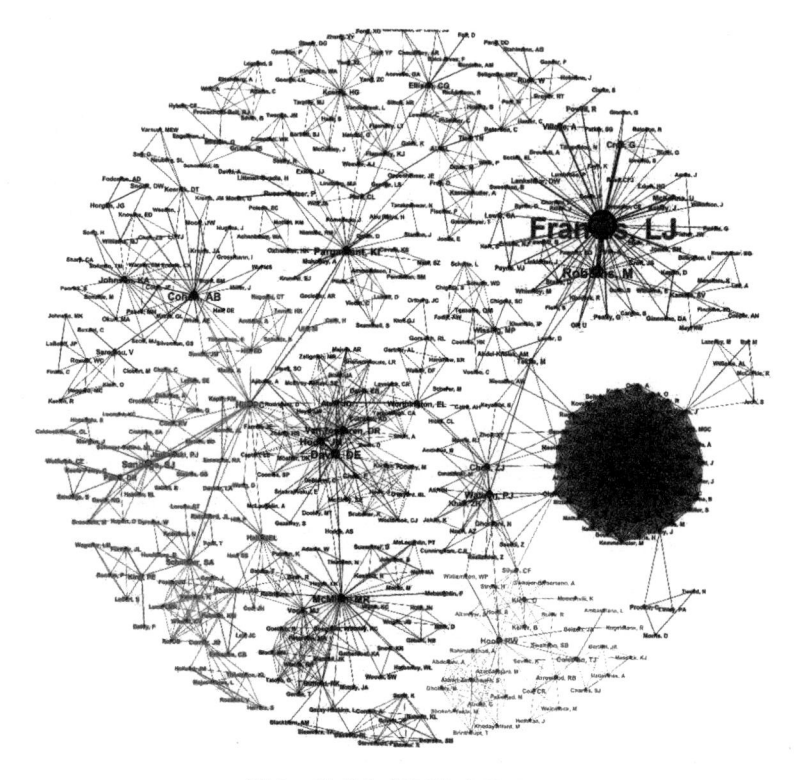

图2　作者合著网络聚类结果

对作者合作关系进行分析，最大连通合著网络包含 515 个作者，平均度值为 13.53，意味着平均每个研究者都与 13 人有过合作关系，科学合作初具规模。网络平均路径长度为 5.977，即从任一研究人员出发，平均六步可以联系到另一研究人员，契合米尔格拉姆的"六度分割"模型。网络平均聚类系数为 0.886，存在较为明显的合作团体，具有小世界网络的部分特征。具体而言，主要形成了 6 个合作团体，分别以 Pargament K. I.、Sandage S. J.、Francis L. J.、Davis D. E.、McMinn M. R. 和 Cohen A. B. 为核心研究者。其中，Francis L. J.、Robbins M.、Davis D. E. 以及 Cohen A. B. 等人度值最高，有着广泛的合作关系，而 Hill P. C.、Chen Z. J.、Worthington E. L. 以及 Pargament K. I. 等人的中介中心性最高，为不同团体之间的合作搭建起桥梁，对整个合著网络的连通起到重要作用。

（四）重要机构分析

宗教与灵性心理学研究机构主要位于英美两国，其中华威大学包括 Francis L. J.、Robbins M. 等研究人员，亚利桑那州立大学包括 Cohen A. B. 等研究人员，佐治亚大学系统包括 Davis D. E. 等研究人员（表6）。结合 2020 年 QS 全球大学心理学学科排名发现，目前心理学研究实力排名世界前列的机构没有广泛参与到宗教与灵性议题的研究中，学科发展依赖学者个人研究兴趣，尚未形成制度体系。

表6　　　　　　　　　机构发文数量排序（前五）

机构名称	发文数量	2020 年 QS 排名
University of Warwick	67	50—100
Arizona State University	63	50—100
University of California System	59	5
University System of Georgia	33	151—200
University of London	31	7

对机构合作进行分析，最大连通子图包括 65 个机构。具体来说，华威大学、杜克大学度值较高，它们与众多科研机构展开合作，形成了以自身为核心的星形合作团体，带动宗教与灵性心理学发展壮大。而亚利桑那州立大学、密歇根大学、哈佛大学等机构的中介中心性较高，表明其与多个科研团体都有合作，充分发挥其关联彼此的作用。

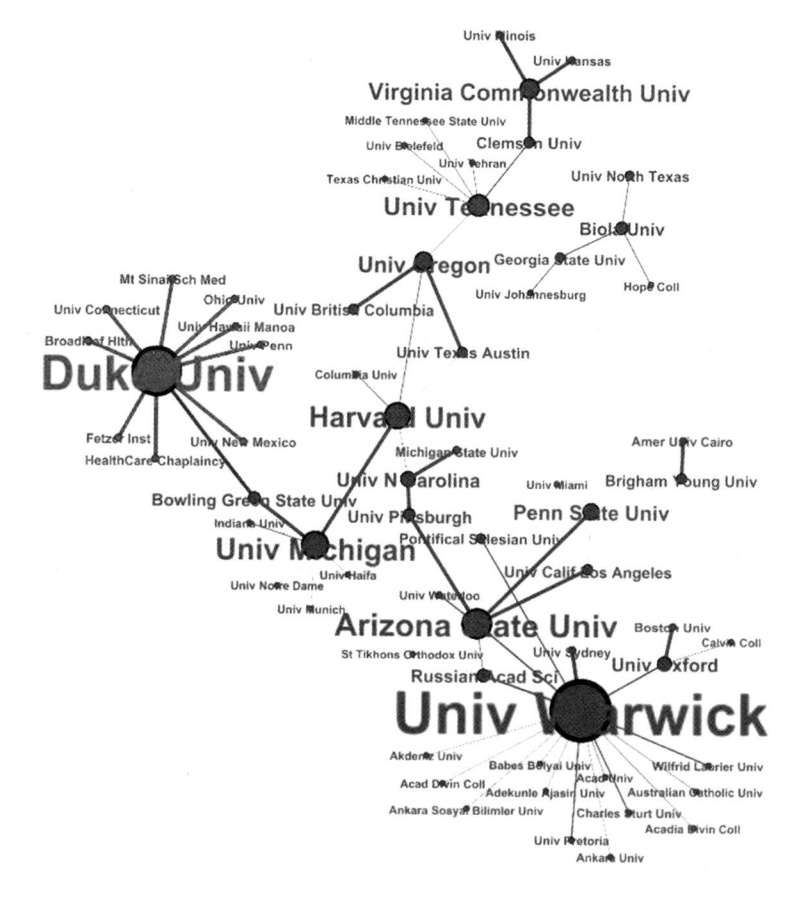

图 3　机构合作网络聚类结果

三　当代宗教与灵性心理学的核心议题

研究发现，"宗教/灵性与健康""宗教/灵性与人格"是两个具有整合意义的研究主题,而宗教/灵性的进化心理学、文化心理学以及认知神经科学,作为新的研究路径,正融会其学科的理智资源和方法资源,不断拓展学科符号边界,推动宗教与灵性心理学的自我超越[1]。

(一) 宗教/灵性与健康

宗教/灵性被发现对健康具有重要影响[2]。宗教/灵性可能作为一种意义创造(Meaning-Making)系统[3],直接对健康产生影响,也可能通过心理、行为或社会等中介机制实现,如自我控制或自我调节[4]、依恋风格[5]、社会网络或社会资本[6]等。

这里留存宗教/灵性作为自变量的测量难题。在早期健康和社会调查中,宗教/灵性的测量往往只注重单一指标,且存在犹太—基督宗教中心偏差,如去教堂的频率或自我报告的灵性程度。当代宗教/灵性的测量,已经超越犹太—基督宗教中心,并由单一面向迈向多维结构,以考察宗教态度和信仰的稳定模式。[7] 健康的衡量标准也日趋精细化,由死亡率扩展到更为具体系统的健康问题,如情感障碍、饮食障碍、疼痛和临终关怀等[8]。

---

[1] 方文:《开启社会心理学的"文化自觉":"当代西方社会心理学名著译丛"(第二辑)总序》,中国人民大学出版社 2021 年版。

[2] Powell, L. H. et al., "Religion and Spirituality: Linkages to Physical Health", *American Psychologist*, Vol. 58, No. 1, 2003, pp. 36 – 52.

[3] Park, C. L., "Religion as a Meaning-Making Framework in Coping with Life Stress", *Journal of Social Issues*, Vol. 61, No. 4, 2005, pp. 707 – 729.

[4] McCullough, Michael E. and Brian L. B., Willoughby, "Religion, Self-Regulation, and Self-Control: Associations, Explanations, and Implications", *Psychological Bulletin*, Vol. 135, No. 1, 2009, pp. 69 – 93.

[5] Granqvist, Pehr et al., "Religion as Attachment: Normative Processes and Individual Differences", *Personality and Social Psychology Review*, Vol. 14, No. 1, 2010, pp. 49 – 59.

[6] Lim, Chaeyoon and Robert D. Putnam, "Religion, Social Networks, and Life Satisfaction", *American Sociological Review*, Vol. 75, No. 6, 2010, pp. 914 – 933.

[7] Hill, P. C. and K. I. Pargament, "Advances in the Conceptualization and Measurement of Religion and Spirituality: Implications for Physical and Mental Health Research", *American Psychologist*, Vol. 58, No. 1, 2003, pp. 64 – 74.

[8] Rosmarin, D. H. and H. G. Koenig, *Handbook of Spirituality, Religion, and Mental Health*, Academic Press, 2020.

在此过程中，宗教应对（Religious Coping）的概念逐渐凸显。在解释面对压力的表现差异上，应对相较于文化、人格等概念的优势，在于可进行认知—行为干预[1]。验证性因子分析发现四种应对模式：以问题为中心的应对、以情绪为中心的应对、社会应对，和以意义为中心的应对，分别对应积极面对、逃避、寻求支持和认知重构四种行动方案。[2] 宗教作为应对的重要资源，意指以与神圣相关的方式理解和处置生活压力，包括依靠神灵赋予的自由和资源主动解决问题，或被动等待命运安排，甚至作为同伴与神灵一起解决问题[3]，以及通过神灵重新理解接受现状和苦痛。

宗教应对强调评估和应对负面事件，积极心理学（Positive Psychology）则关注积极的主观体验、人格特质和社会制度如何塑造美好生活，其与宗教/灵性心理学的交集在于对美德和幸福的关注。宗教/灵性可以促进感恩、诚实、仁爱以及敬畏等道德共同体中美德的形成[4]，而谦卑等美德也可能成为宗教极端主义或意识形态冲突的缓冲区[5]。宗教/灵性与主观幸福感或积极情绪之间存在显著关联，这种相关可能受社会支持、尊重、目的/意义以及宗教认同等因素的调节[6]。但对幸福的过分关注容易落入享乐主义的窠臼，或陷入以幸福衡量灵性，再以灵性预测幸福的循环论证中。对美好生活的追求，应该超越

---

[1] Folkman, S. and J. T. Moskowitz, "Coping: Pitfalls and Promise", *Annual Review of Psychology*, Vol. 55, 2004, pp. 745 – 774.

[2] Zautra, A. J. et al., "An Examination of the Construct Validity of Coping Dispositions for a Sample of Recently Divorced Mothers", *Psychological Assessment*, Vol. 8, No. 3, 1996, pp. 256 – 264.

[3] Pargament, K. I. et al., "Religion and the Problem-Solving Process: 3 Styles of Coping", *Journal for the Scientific Study of Religion*, Vol. 27, No. 1, 1988, pp. 90 – 104.

[4] Schnitker, Sarah A., and Robert A. Emmons, "The Psychology of Virtue: Integrating Positive Psychology and the Psychology of Religion Introduction", *Psychology of Religion and Spirituality*, Vol. 9, No. 3, 2017, pp. 239 – 241.

[5] Davis, Don E. et al., "Humility, Religion, and Spirituality: A Review of the Literature", *Psychology of Religion and Spirituality*, Vol. 9, No. 3, 2017, pp. 242 – 253.

[6] Diener, et al., "The Religion Paradox: If Religion Makes People Happy, Why Are So Many Dropping Out?" *Journal of Personality and Social Psychology*, Vol. 101, No. 6, 2011, pp. 1278 – 1290.

心理特征或过程的积极/消极标签，喜怒哀乐皆是生命的馈赠。

（二）宗教/灵性与人格

人格心理学（Psychology of Personality）关注人性的基本问题，和宗教/灵性心理学之间存在天然的亲和关系[1]。当代主宰的人格模型是"大五人格模型"（the Five-Factor Model of Personality），五因子或五维度分别是开放性、尽责性、外倾性、宜人性和神经质。元分析发现宗教性可看作宜人性和尽责性两种人格特质的文化适应[2]，而开放性可能作为区分灵性和宗教原教旨主义的重要维度。纵向研究发现，人格因素独立于宗教社会化过程塑造对宗教性/灵性的追求，青少年时期的尽责性/开放性而非宗教性/灵性，可以预测成年后的宗教性/灵性[3]。此外，宽恕和谦卑也常作为禀赋宗教底蕴的人格特质被纳入研究中。

派德曼令人惊异地推断相对于大五模型，灵性可构成独立的人格第六维度——个体对神圣追求的程度。他将之命名为"灵性超越性"（Spiritual Transcendence），并且编制了有良好信效度、由24个项目组成的《灵性超越性量表》（Spiritual Transcendence Scale）[4]。灵性超越性的人格维度，已得到跨文化研究的支持[5]。但也有研究认为，宗教性/灵性更接近于价值观而非人格特质，前者主要是对理想目标的认知表征，具有强烈的动机和行动合法化成分；而后者是通过凡俗生活

---

[1] Emmons, R. A., "Religion in the Psychology of Personality: An Introduction", *Journal of Personality*, Vol. 67, No. 6, 1999, pp. 873 – 888.

[2] Saroglou, V., "Religiousness as a Cultural Adaptation of Basic Traits: A Five-Factor Model Perspective", *Personality and Social Psychology Review*, Vol. 14, No. 1, 2010, pp. 108 – 125.

[3] McCullough, M. E. et al., "Personality Traits in Adolescence as Predictors of Religiousness in Early Adulthood: Findings from the Terman Longitudinal Study", *Personality and Social Psychology Bulletin*, Vol. 29, No. 8, 2003, pp. 980 – 991.

[4] Piedmont, R. L., "Does Spirituality Represent the Sixth Factor of Personality? Spiritual Transcendence and the Five-Factor Model", *Journal of Personality*, Vol. 67, No. 6, 1999, pp. 985 – 1013.

[5] Rican, Pavel and Pavlina Janosova, "Spirituality as a Basic Aspect of Personality: A Cross-Cultural Verification of Piedmont's Model", *International Journal for the Psychology of Religion*, Vol. 20, No. 1, 2010, pp. 2 – 13.

中的认知、情绪和行动做出反应的行为模式[1]。面对凡俗生活的琐碎，与灵性超越性关联的敬畏感，在自我体验的渺小之外，假借自我超越，去探索本真我（Authentic Self）的妙义[2]。

（三）宗教/灵性的进化心理学

人类种系史为何演化出宗教现象和制度？跨时空的不同人类群体，为何投入如此多的时间、资源、精力和心力甚至生命，虔诚敬拜他们的神灵？直面宗教/灵性的进化难题，超越宗教/灵性的心理计量学范式的新范式，自1990年代开始孕育。新范式可逻辑合理地被概括为"实验灵性心理学"，其主体是禀赋卓越理论修养的实验社会心理学者。超越量表依赖，实验灵性心理学者基于严谨的实验设计和配套研究程序，力图揭示宗教和灵性变量与其他社会心理和行为变量之间的因果联结。

在进化生物学的概念框架下，多位名家聚焦人类宗教的起源及其功能。研究发现，多种因子如关涉道德的超自然监控的信仰，代价高昂的集体欢腾仪式，以及其他可以促进群内合作团结的信仰、规范和行为，在群际竞争中，作为能够胜出的符号资源或工具，逐渐聚集制度化为名为宗教的文化包，以在人口规模不断扩大的社会中，驯化我们与生俱来的"自私基因"的心理机制[3]。

这一宗教/灵性的文化进化理论（Cultural Evolutionary Theory）得到跨学科研究证据的支持。其一，对关涉道德的超自然监控的信仰与社会规模之间存在正相关关系[4]。其二，宗教启动可以显著增加亲社会行

---

[1] Saroglou, Vassilis and Antonio Munoz-Garcia, "Individual Differences in Religion and Spirituality: An Issue of Personality Traits and/or Values", *Journal for the Scientific Study of Religion*, Vol. 47, No. 1, 2008, pp. 83–101.

[2] Jiang, Tonglin and Constantine Sedikides, "Awe Motivates Authentic-Self Pursuit via Self-Transcendence: Implications for Prosociality", *Journal of Personality and Social Psychology*, 2021.

[3] Norenzayan, Ara et al., "The Cultural Evolution of Prosocial Religions", *Behavioral and Brain Sciences*, Vol. 39, 2016.

[4] Roes, F. L., and M. Raymond, "Belief in Moralizing Gods", *Evolution and Human Behavior*, Vol. 24, No. 2, 2003, pp. 126–135.

为或其可及性，其效果至少与世俗道德制度启动条件下相同①②；参与世界宗教的程度和市场整合程度都可以预测经济博弈中对公平和惩罚的追求③；在非匿名状态下，无神论者在经济博弈中表现出更强的亲社会性④。这些研究表明宗教制度可能和其他政治经济文化制度相互作用，通过道德声誉机制，促进陌生人之间的大规模互动和合作。其三，代价高昂的仪式和戒律数量而非宗教意识形态，在控制条件下，预测了宗教共同体的存续时间⑤；参与宗教仪式而非宗教信仰，预测了对自杀式袭击的支持程度⑥。它们证明，代价高昂的仪式可能增加宗教共同体内部的承诺和信任，从而推动群内合作与群际冲突。

值得强调的是，宗教亲社会性作为一种适应性价值或进化策略，应作狭义理解：有条件的亲社会性如群内偏好或一报还一报策略，在多数情况下优于完全利他或利己策略⑦。也即是说，宗教亲社会性与普适的道德准则之间并不存在必然联系。合作可以意味着修建道路或为无家可归者提供食物，也可以指向有组织地掠夺或发动战争。对神圣的追求与群体身份和宗教认同紧密关联。真实或想象的群际冲突的增加，往往会助长对宗教群体道德界限之外的人如无神论者、同性恋

---

① Pichon, Isabelle et al., "Nonconscious Influences of Religion on Prosociality: A Priming Study", *European Journal of Social Psychology*, Vol. 37, No. 5, 2007, pp. 1032 – 1045.

② Shariff, Azim F. and Ara Norenzayan, "God Is Watching You-Priming God Concepts Increases Prosocial Behavior in an Anonymous Economic Game", *Psychological Science*, Vol. 18, No. 9, 2007, pp. 803 – 809.

③ Henrich, Joseph et al., "Markets, Religion, Community Size, and the Evolution of Fairness and Punishment", *Science*, Vol. 327, No. 5972, 2010, pp. 1480 – 1484.

④ Cowgill, Colleen M. et al., "Generous Heathens? Reputational Concerns and Atheists' Behavior toward Christians in Economic Games", *Journal of Experimental Social Psychology*, Vol. 73, 2017, pp. 169 – 179.

⑤ Sosis, R. and E. R. Bressler, "Cooperation and Commune Longevity: A Test of the Costly Signaling Theory of Religion", *Cross-Cultural Research*, Vol. 37, No. 2, 2003, pp. 211 – 239.

⑥ Ginges, Jeremy et al., "Religion and Support for Suicide Attacks", *Psychological Science*, Vol. 20, No. 2, 2009, pp. 224 – 230.

⑦ Nowak, M. A. and K. Sigmund, "Tit-for-Tat in Heterogeneous Populations", *Nature*, Vol. 355, No. 6357, 1992, pp. 250 – 253.

者或其他种族者的冷漠、偏见与暴力[1]。由此,宗教进化理论留存的难题在于,宗教亲社会性是否可以超越宗教群体边界,广泛的宗教合作与利他如何可能?

(四) 宗教/灵性的文化心理学

宗教/灵性的文化心理学主要关注宗教/灵性作为符号系统,如何维护普适的存在秩序,从而在人类物种中培育普遍、强烈而持久的情绪和动机系统[2]。根据不确定性—认同论[3],减少不确定性是人类的基本动机,获得特定群体成员资格则是最基本的行动策略。宗教认同从组织结构、意识形态和仪式规范等方面应对存在不确定性和道德不确定性,在死亡显著性启动条件下特别具有吸引力。跨文化研究发现,致命疾病相关内容在谷歌上的搜索量,在控制条件下可以预测下一周宗教相关内容的搜索量[4]。如果不确定性或群际冲凸显著且持久,宗教认同则趋极端化,进一步迈向狂热和激进,从而在群际认知、情感和行为层面助长有强烈内群偏好和外群敌意的宗教原教旨主义[5]。研究发现,启动宗教与科学相互冲突的条件下,基督徒感知到的刻板印象威胁更大,在科学推理任

---

[1] Hall, Deborah L. et al., "Why Don't We Practice What We Preach? A Meta-Analytic Review of Religious Racism", *Personality and Social Psychology Review*, Vol. 14, No. 1, 2010, pp. 126–139.

[2] Cohen, Adam B., "Many Forms of Culture", *American Psychologist*, Vol. 64, No. 3, 2009, pp. 194–204.

[3] Hogg, Michael A. et al., "Religion in the Face of Uncertainty: An Uncertainty-Identity Theory Account of Religiousness", *Personality and Social Psychology Review*, Vol. 14, No. 1, 2010, pp. 72–83.

[4] Pelham, Brett W. et al., "Searching for God: Illness-Related Mortality Threats and Religious Search Volume in Google in 16 Nations", *Personality and Social Psychology Bulletin*, Vol. 44, No. 3, 2018, pp. 290–303.

[5] Ysseldyk, Renate et al., "Religiosity as Identity: Toward an Understanding of Religion from a Social Identity Perspective", *Personality and Social Psychology Review*, Vol. 14, No. 1, 2010, pp. 60–71.

务中表现更差[1]。

在宗教认同研究中,宗教残余(Religious Residue)假说,极其令人震撼。所谓宗教残余者即是曾经信过但现在不信的人群,或为前信徒。系统地比较信徒、非信徒和前信徒,研究发现后者在宗教去认同(Religious Deidentification)后仍然保留强劲的宗教认知、情感和行为,其内隐机制为确信增强表演模式(CREDs,Credibility Enhancing Displays)[2]。

宗教认同的文化嵌入性也被系统探讨。就个体主义与集体主义面向而言,天主教徒和犹太教徒的宗教认同、动机和人生经历都以集体为导向,而新教徒则更趋向个人主义[3];次级控制感,即调整自我以接受并适应困境、实现个人在宗教中的精神增长,对于欧裔美国人更为重要,亚裔美国人则更看重社会关系的价值,即与教会中的其他人保持联系[4];中国佛教徒通过尽职尽责的学习和严格的言语与行为规范,建立了以寺庙为中心的宗教认同,美国佛教徒则通过批判性探索和对世俗规范的包容,建立了以自我为中心的宗教认同[5]。在道德判断方面,世界主要宗教都不鼓励婚外性行为,但它们在塑造行为方面并不都同样有效。伊斯兰信徒报告婚前/婚外性行为的可能性最低[6]。

---

[1] Rios, Kimberly, "Examining Christians' Reactions to Reminders of Religion-Science Conflict: Stereotype Threat Versus Disengagement", *Personality and Social Psychology Bulletin*, Vol. 47, No. 3, 2021, pp. 441 – 454.

[2] Van Tongeren, Daryl R. et al. , "Religious Residue: Cross-Cultural Evidence That Religious Psychology and Behavior Persist Following Deidentification", *Journal of Personality and Social Psychology*, Vol. 120, No. 2, 2021, pp. 484 – 503.

[3] Cohen, Adam B. and Peter C. Hill, "Religion as Culture: Religious Individualism and Collectivism among American Catholics, Jews, and Protestants", *Journal of Personality*, Vol. 75, No. 4, 2007, pp. 709 – 742.

[4] Sasaki, Joni Y. and Heejung S. Kim, "At the Intersection of Culture and Religion: A Cultural Analysis of Religion's Implications for Secondary Control and Social Affiliation", *Journal of Personality and Social Psychology*, Vol. 101, No. 2, 2011, pp. 401 – 414.

[5] Di, Di, "Paths to Enlightenment: Constructing Buddhist Identities in Mainland China and the United States", *Sociology of Religion*, Vol. 79, No. 4, 2018, pp. 449 – 471.

[6] Adamczyk, Amy and Brittany E. Hayes, "Religion and Sexual Behaviors: Understanding the Influence of Islamic Cultures and Religious Affiliation for Explaining Sex Outside of Marriage", *American Sociological Review*, Vol. 77, No. 5, 2012, pp. 723 – 746.

对犹太教徒而言，思考不道德的行为并不等于付诸实践，而基督教徒则认为想法与行为具有同等的道德地位①。

而宗教的生物文化理论将神经生物学、认知心理学、社会学和语义符号学相结合，关注文化和大脑如何协同工作②。遗传因素可以塑造心理倾向，但文化会影响这些倾向的行为表现方式。如携带 G/G 型催产素受体基因的人被认为更具社会性，但只在强调宗教的社会联系作用的韩国文化背景下，携带者的宗教信仰才能预测更高的心理幸福感，在欧裔美国人中反而预测了更多的心理痛苦③。这些研究表明宗教/灵性与心理幸福感之间的联系，可能受到遗传和文化交互作用的影响。

（五）宗教/灵性的认知神经科学

宗教信息和非宗教信息如宗教怀疑或无神论的社会认知过程是否存在分化？宗教/灵性的认知和体验如何关联大脑不同区域的活动？宗教体验由谁驱动，宗教认知还是宗教情感？针对第一个难题，可援引当代社会认知的双加工过程模型，来解释宗教/灵性的信息加工。启发式加工和系统加工被认为是两个独立的社会认知过程，构筑人类认知和行为的基础。宗教信仰通常与即时的、自动的、启发式的、认知节俭的和无意识的加工系统有关，而宗教怀疑或无神论则与延迟的、可控的、系统的、认知努力的和特意的加工系统相关④。

---

① Cohen, A. B. et al., "Faith Versus Practice: Different Bases for Religiosity Judgments by Jews and Protestants", *European Journal of Social Psychology*, Vol. 33, No. 2, 2003, pp. 287–295.

② Geertz, Armin W., "Brain, Body and Culture: A Biocultural Theory of Religion", *Method & Theory in the Study of Religion*, Vol. 22, No. 4, 2010, pp. 304–321.

③ Sasaki, Joni Y. et al., "Religion and Well-Being: The Moderating Role of Culture and the Oxytocin Receptor (Oxtr) Gene", *Journal of Cross-Cultural Psychology*, Vol. 42, No. 8, 2011, pp. 1394–1405.

④ Gervais, Will M., and Ara Norenzayan, "Analytic Thinking Promotes Religious Disbelief", *Science*, Vol. 336, No. 6080, 2012, pp. 493–496.

针对第二个难题，预测加工理论（Predictive Processing Theory）[1]被构造以整合神经、认知和行为科学的研究。预测加工理论认为大脑根据已有认知模型预测传入的感官信息，当预测与传入信息不一致时，依据贝叶斯原理调整认知模型，直到预测误差最小化。它强调认知模型的层级结构，复杂认知模型产生的预测，通过反馈连接，影响初级知觉加工；而反映预测与感官信息不一致的预测误差信号，会向前传递到高级加工脑区以建立或调整认知模型，这个过程不断循环直到获得最优预测。

双加工过程模型和预测加工理论的共同之处，可能为宗教与灵性的认知神经科学发现提供了统一解释框架，即超自然信仰和体验主要与不同层级和精度的错误监控或冲突检测密切相关[2][3]。具体而言，宗教幻觉与涉及复杂视觉表征的脑区活动有关，预测编码的错误可能导致体验到未经预测的感觉事件；神秘和超越体验与多感觉整合脑区、伏隔核以及默认模式网络有关[4]，对外部感官信息的依赖可能会导致与周围世界产生强烈的连通感；与超自然实体的交流则关涉心智理论网络[5]，对他人感受预测的过度活跃，可能产生对自然现象和对象的意向性归因；宗教信仰的维持，与涉及认知抑制和错误监控的额

---

[1] Clark, Andy, "Whatever Next? Predictive Brains, Situated Agents, and the Future of Cognitive Science", *Behavioral and Brain Sciences*, Vol. 36, No. 3, 2013, pp. 181 – 204.

[2] Inzlicht, Michael and Alexa M. Tullett, "Reflecting on God: Religious Primes Can Reduce Neurophysiological Response to Errors", *Psychological Science*, Vol. 21, No. 8, 2010, pp. 1184 – 1190.

[3] van Elk, Michiel and Andre Aleman, "Brain Mechanisms in Religion and Spirituality: An Integrative Predictive Processing Framework", *Neuroscience and Biobehavioral Reviews*, Vol. 73, 2017, pp. 359 – 378.

[4] Johnstone, Brick et al., "Selflessness as a Foundation of Spiritual Transcendence: Perspectives from the Neurosciences and Religious Studies", *International Journal for the Psychology of Religion*, Vol. 26, No. 4, 2016, pp. 287 – 303.

[5] Kapogiannis, Dimitrios et al., "Cognitive and Neural Foundations of Religious Belief", *Proceedings of the National Academy of Sciences of the United States of America*, Vol. 106, No. 12, 2009, pp. 4876 – 4881.

叶相关[1]，预测误差信号或监控过程的减少，促使信徒坚持与自然冲突的宗教信仰。

第三个难题关涉宗教体验的驱动。通过对比基督徒与非信徒的大脑活动，研究发现信徒在朗诵《圣经》时激活了背外侧前额叶、背内侧额叶皮质和楔前叶，而与情感处理相关的区域则处于惰性状态。这表明与高阶认知相关的神经网络可能是宗教体验的基础[2]。但也有研究发现，在灵性启动条件下，相比于压力条件，与情感处理相关的内侧丘脑和尾状核活动减少；相比于放松条件，与知觉加工和自我表征相关的左侧顶下小叶活动减少[3]。这些发现表明，宗教与灵性体验涉及复杂的认知和情感过程。当代具身认知（Embodied Cognition）的研究已经确证，笛卡尔的离身认知观（Disembodied Cognition）只是迷思，情感无法独立于认知存在，而是以类似于形状和颜色等"具身性特征"的方式，调节初级知觉加工并被整合到高级认知表征中[4]。

四 结论和讨论

中文学界在宗教/灵性心理学领域也有持续的开拓耕耘，如陈永胜有关西方宗教心理学流派的研究，方文有关宗教群体符号边界和宗教心态地图的研究，郭慧玲有关宗教符号边界的研究，韩布新有关宗教心理的跨文化研究，何其敏有关宗教认同的研究，李朝旭有关民间宗教心理的研究，梁恒豪有关学科概念框架和学科史的研究以及向宁

---

[1] Asp, Erik et al., "Authoritarianism, Religious Fundamentalism, and the Human Prefrontal Cortex", *Neuropsychology*, Vol. 26, No. 4, 2012, pp. 414–421.

[2] Azari, N. P. et al., "Neural Correlates of Religious Experience", *European Journal of Neuroscience*, Vol. 13, No. 8, 2001, pp. 1649–1652.

[3] Miller, Lisa et al., "Neural Correlates of Personalized Spiritual Experiences", *Cerebral Cortex*, Vol. 29, No. 6, 2019, pp. 2331–2338.

[4] Todd, Rebecca M. et al., "Emotional Objectivity: Neural Representations of Emotions and Their Interaction with Cognition", *Annual Review of Psychology*, Vol. 71, 2020, pp. 25–48.

有关佛教舆情的行动者中心模拟的研究等。除此之外，中国社会科学院世界宗教研究所于 2012 年创立"宗教心理学年度论坛"，并且编辑《宗教心理学》年刊（金泽和梁恒豪主编，2013—2019，第 1 辑—第 5 辑；梁恒豪主编，2021，第 6 辑），为中文宗教/灵性心理学的学科制度建设贡献卓著。

　　蹒跚学步的中文宗教/灵性心理学的理智复兴，唯一依赖于勤勉而真诚的研究者共同体，创造性地消化、融通和扬弃中外学科的理智资源，没有恐惧亦没有禁区，自由自在地探索试错。但面对浩瀚的英文宗教/灵性心理学文献，无论如何勤勉，个体学者与研究团队也无法驾驭消化所有这些文本——当然也用不着如此执念。因为这些文献，和中文学界类似，也是良莠不齐，必得沙里淘金。最优的学习文本是最好研究者的最好文本，即"双重最好"。本文基于学科制度的分析框架，采用规范严谨的文献计量学，力图描绘宗教/灵性心理学的当代学科制度图景，甄别、鉴定和定位这些双重最好文本。论文期许为中文宗教/灵性心理学的理智复兴奠基其"文化自觉"的勇气和智识新平台。

面向古籍整理与研究的数字人文技术与实践
——以北京大学团队的工作为核心*

◇杨　浩

一　引言

当下，人工智能技术中"自适应机器学习"（Adaptive Machine Learning，AML）方法在大量数据的驱动下，借助多层神经网络以及高性能计算设备，取得了令人惊讶的成就。"自适应机器学习"通过对大量数据进行分析，从数据中提取特征，掌握了数据中蕴藏的隐含规律，进而解决特定领域的问题。人类所创造的语言被认为是智能表现的重要方式，而古籍又是人类古代文明的主要载体形式，因此可以说，面向古籍的智能处理极富挑战与价值。自从人工智能领域的深度学习焕发生机以来，人工智能技术也逐渐被运用到古籍的智能处理方面，特别是古籍的智能整理方面。同时，人工智能的另一分支领域——主要模拟人类表达知识与组织知识的方式，其最新的进展当属知识图谱的研究。知识图谱以关系为纽带，将人类理解世界的概念作为结点，形成一个知识与知识相互关系的关系网络。借由这个关系网

---

* 本文的研究得到国家自然科学基金国际重点合作项目"中国儒家学术史知识图谱构建研究"（项目号：72010107003）的支持。

络，可以对人类已有知识进行重组。而这个重组的过程，也就是知识的重构过程，甚至可以认为它是知识再生产的新方式。

  本文简要介绍北京大学数字人文中心在中心主任王军教授的带领下，近年来在面向古籍整理与研究的数字人文技术与实践。北京大学在古代文学、古代历史、古代哲学等方面有着深厚的学术传承与学术底蕴。中国近代学术的很多学术大家都与北京大学有着深厚的渊源。古籍作为研究古代文学、古代历史、古代哲学的根本载体，是相关研究的重要依据。因此，北京大学数字人文中心在建立伊始，就确立了以古籍智能处理与研究为核心的前进方向与发展路径，希冀以古籍智能处理与研究为突破口，打造数字环境下人文学科发展的信息基础设施，探索智能时代数据驱动的人文研究范式。

二　面向古籍整理的人工智能技术与平台搭建

  传统的古籍整理包括很多步骤。从流程上来说，如果要对某一本古籍进行整理，需要根据目录学、版本学等知识选择最适合的底本以及校本。底本与校本的选择不仅要依据被选古籍的一些外部知识确定，而且要在校勘的过程中针对不同版本进行判定。当然在具体操作的过程中，确定进行古籍整理的版本还要考虑到具体的条件，例如版本是否容易获得等因素。在一个有可能展开进一步工作的底本和校本的基础上，首先要对其中的文字进行录入与校对。在获得一个大致可信文本的基础上，对文本进行基本的版式整理，包括标题、分段等，同时根据上下文对文字进行校对，包括疑难字的识别、集外字的处理、异体字的归并等。个别难以识别的字，其实可以在后续环节处理。在有一个文字基本可靠的文本基础上，可以对文本进行校勘。校勘在开始阶段可以只是一个简单的对校。在后续环节，比如在标点等环节之后，还可以进行进一步的比勘。在可靠文本的基础上，进一步的工作就是标点与专名识别。标点与专名识别是古籍整理的基础工作。专名识别主要为了更好地服务古籍阅读。因此，基础的古籍整理主要是这样四个方面：文字录入与校对、文本对勘、标点、专名识别。当然，进一步的古籍整理还可以包括：疑难字注音、疑难字词释义、现代语译等。传统古籍整理中的文字录入、标点、专名识别都可以采用人工智能技术进行人机协作的处理。

（一）古籍智能处理的核心技术

针对传统古籍整理中繁复的文字录入、标点、专名识别等工作，人工智能技术都可以有很大的帮助。因此，人工智能技术在古籍智能整理方面主要体现在古籍图像的 OCR、自动标点、自动命名实体识别三个方面。[①]

1. 古籍图像 OCR 技术

传统中文古籍的载体丰富，除了传统的纸张以外，还有甲骨、简帛、石刻等，其中涉及大量的古代汉字的写法。有些数量虽大，但是相比全部古代文献来说是极小的一部分，因此靠人力可以完成。而数量巨大，难以依靠人力完成的部分，主要是宋代至民国时期采用雕版方式印刷的版刻古籍。此外，还有数量众多的抄本或写本古籍。这两部分文献，相当于古代典籍的印刷体与手写体。其中，印刷体容易很多，而手写体的难度显然更大一些。

刻本与抄本古籍的光学字符识别（Optical Character Recognition, OCR）能够极大地提升文字的效率与准确率。[②] 对古籍进行自动识别，是典型的计算机图像处理的应用。具体针对古籍，有一些特别的难点需要处理。传统古籍与现代书籍类似，有很多复杂的版面需要处

[①] 与古籍自然语言处理技术有关的技术综述，参见苏祺等《古籍数字化关键技术评述》，《数字人文研究》2021 年第 1 期。有古籍有关的更全面但简介的综述，参见刘忠宝、赵文娟《古籍信息处理回顾与展望》，《大学图书馆学报》2021 年第 6 期。

[②] 对古籍的 OCR 探索很早，据说北京书同文公司在数字化《四库全书》时就已经开始探索。有学者甚至提出直接建立基于 OCR 的动态的古籍文本库的思路：Donald Sturgeon, "Unsupervised Extraction of Training Data for Pre-modern Chinese OCR", *The Thirtieth International Flairs Conference*, 2017; Donald Sturgeon, "Chinese Text Project: a Dynamic Digital Library of Pre-modern Chinese", *Digital Scholarship in the Humanities*, Vol. 36, Supplement 1, 2021, pp. 101 – 112。

理。版面中的一些要素对于文字读出是干扰项，要专门识别，特别是版心部分。与现代西文图像的自动识别相比，古籍版面有一些特殊之处，主要有三个方面：常见版面为竖排，多有双行小字作为加注，古代汉字个数数以万计。对于这些古籍独有的特点，需要制定专门的对策。古籍图像有关的高质量的开放标注数据较少，也给训练带来了难度。

古籍图像的字符识别过程，从总体上来说分为三个步骤：版式识别、文字识别、文字顺序读出。版式识别的主要难度就是文字行的识别与文字的定位；文字识别的难度，主要是建立训练集，对2万—3万的各类古籍汉字进行识别；文字顺序读取的难度，与版式有一定的关系，但要实现古籍阅读的自然顺序则有一定的难度。在没有标注数据的情况下，一般采用规则的方法。近年来，深度学习的目标检测、文字识别等技术快速发展，在古籍的文字识别上也表现优异。比如，在北京大学团队里，针对古籍图像识别任务进行探索，最终达到在普通版刻古籍上稳定达到95%以上准确率的水平，基本达到可用的水平。（图1）[①]

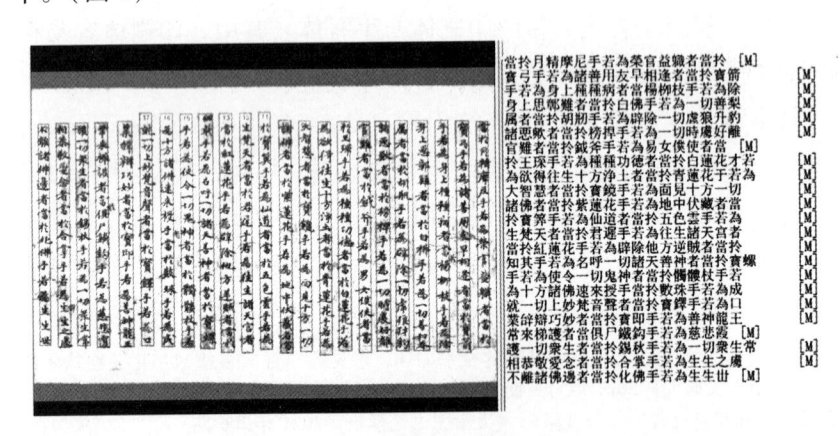

图1 北京大学团队的古籍文字识别效果

[①] 胡书凯：《基于深度学习的古籍文本识别》，硕士学位论文，北京大学，2020年；颜苏卿：《一种高精度古文光学字符识别系统》，硕士学位论文，北京大学，2021年。

2. 古籍文本的自动标点技术

与现代语言的标点符号不同，古籍为了书写与印刷的便利，刻本古籍与抄本古籍都没有标点符号。古人阅读文献的时候，常常用有颜色的笔在古籍上加点或者加圈，即所谓的"句读"，也即俗称的点断。句读是阅读古籍的第一步。如果一篇古文没有办法进行点断，那么基本上也就没有办法理解其中的大意。传统的古文学习都是在老师的带领下，经过长时间的阅读，形成阅读古文的语感，再根据古文中的文言虚词等语言标识，从而对自己经常阅读类型的古籍进行阅读。

2018年年末，Google公司的AI团队的BERT模型开启了自然语言处理领域预训练模型时代。① 北京大学团队率先在古文断句上进行探索，证明BERT模型在古文断句方面的优异表现，准确率比之前的算法提升一大步。② 在此之后，还将自动标点集中在点断位置的判断上，重点训练模型在文本上施加逗号、句号、顿号、冒号、分号、感叹号、问号七种标点的能力，而将书名号、引号作为命名实体识别任务或者相似文本比对等任务，从而使得自动标点的任务更加明确，准确率取得进一步提升，在测试集上的准确率能达到94%以上。③ 根据实际测试，由于古汉语的点断位置本身没有绝对正确的答案，笔者评测的实际准确率还要更高一些。最近，南京农业大学团队公布了SikuBERT的预训练模型，是目前开放的利用颇为便利的预训练模型。④

3. 古籍文本的自动命名实体识别技术

传统的古籍整理规范中，往往建议在古籍文本上施以专名线。专

---

① Jacob Devlin et al., "Bert: Pre-training of Deep Bidirectional Transformers for Language Understanding", arXiv preprint arXiv: 1810.04805, 2018, pp. 4171-4186.

② 俞敬松、魏一、张永伟：《基于BERT的古文断句研究与应用》，《中文信息学报》2019年第11期。魏一：《古汉语自动句读与分词研究》，硕士学位论文，北京大学，2020年。

③ 唐雪梅等：《基于预训练语言模型的繁体古文句读研究》，《中文信息学报》2022年。

④ 王东波等：《SikuBERT与SikuRoBERTa：面向数字人文的〈四库全书〉预训练模型构建及应用研究》，《图书馆论坛》2022年第6期。

名线与书名线形成对照。书名线一般用波浪线标识，专名线则用下划线标识，表示人名、地名、天文名、朝代名、民族名、国名等。此外，职官在古代有其自身的体系，也可以作为单独的一类专名。传统古籍整理中的专名识别，与自然语言处理中的命名实体识别（Named Entity Recognition，NER）是颇为接近的任务。命名实体去除书名，并对其他实体不做区分就是一种专名识别。北京大学团队提出了一种面向古籍实体抽取的整体方案，其中包括一个半自动的预标注模块和一个基于多通道门控的卷积神经网络 MoGCN 的命名实体识别模块，在自建的三个数据集上进行测试，平均 F1 值接近 87%。[1] 结合亚词（偏旁部首、字符结构）在字符表征信息的作用，平均 F1 值可以达到 90% 以上。[2] 而基于预训练模型，基于北京大学数字人文中心的 BERT 模型，利用 BERT + BLSTM + CRF 算法，在《资治通鉴》数据集上 F1 值能达到 98%，在先秦语料上则达到 87%，完全达到了实用的程度。

与古籍自然语言处理有关的还有古汉语分词等技术，北京大学团队也进行了积极探索，如将非参数贝叶斯模型与 BERT 深度学习语言建模方法结合在一起，进行了无指导古文分词研究，取得优异的效果。[3] 同时，还考虑到汉语上古、中古、近古、现代的不同，提出一个跨时代的汉语分词模型，整合特定时代的语言知识，分词的效果要更优。[4]

---

[1] Chengxi Yan, Qi Su, Jun Wang, "MoGCN: Mixture of Gated Convolutional Network for Named Entity Recognition of Chinese Historical Texts", *IEEE Access*, Vol. 8, No. X, 2020, pp. 181629 – 181639.

[2] Chengxi Yan and Jun Wang, "Exploiting Hybrid Subword Information for Chinese Historical Named Entity Recognition", *Proceedings of 6th Special Session on Intelligent Data Mining*, IEEE International Conference on Big Data, 2020.

[3] 俞敬松等：《基于非参数贝叶斯模型和深度学习的古文分词研究》，《中文信息学报》2020 年第 6 期。

[4] Xuemei Tang, Jun Wang, Qi Su, "That Slepen Al the Nyght with Open Ye! Cross-era Sequence Segmentation with Switch-memory", *Proceedings of the 59th Annual Meeting of the Association for Computational Linguistics*（ACL），2022.

在实体标记的基础上，北京大学团队正在探索实体消歧、实体链接两项任务。实体消歧是将不同的实体赋予相同的 ID，标明不同的实体名称实质上表示同一实体。实体链接则在实体消歧任务基础上更进一步，与已有的词典或者百科的词条关联起来。目前内部测试的准确率都在 85% 以上，也差不多达到可用作统计分析的水平。根据实际需要，利用人工智能算法的自动注音、自动注释等也在积极探索中。

此外，文言文翻译为白话方面，目前业界也已经有很多探索，百度公司①、微软公司②、字节跳动公司③皆发布了可供测试的平台，可能主要受限于高质量的对照语料，目前效果一般。北京大学团队在此方面也有探索，目前的效果并没有超过业界水平。

（二）"吾与点"古籍自动整理系统

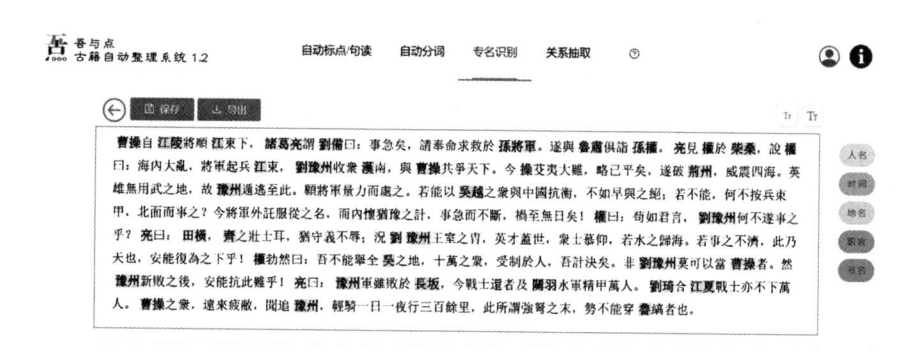

图 2　北京大学团队的自动标点与命名实体识别效果

北京大学团队将已有的主要算法整合成了一个演示系统——"吾与点古籍自动整理系统"④。该系统按照传统古籍整理的流程，开发

---

① 百度翻译，https：//fanyi.baidu.com/，2022 年 10 月 25 日。
② 微软公司翻译，https：//cn.bing.com/translator/，2022 年 10 月 25 日。
③ 字节跳动公司翻译，https：//translate.volcengine.com/translate，2022 年 10 月 25 日。
④ 吾与点古籍自动整理系统，http：//wyd.pkudh.xyz，2022 年 10 月 25 日。

了一个从自动标点、自动分词、命名实体识别的古籍整理平台原型系统。该系统的起点是较为准确可靠的古籍文本数据，经过自动标点、专名识别，能够获得一个施以现代标点，同时标示书名、人名、地名、朝代名的现代整理规范之下的文本（图2）。

（三）人机协作的古籍智能标注平台

在目前的古籍智能处理技术的算法基础上，北京大学团队正在建设基于人机协作的古籍智能标注平台。古籍 OCR、自动标点、自动命名实体识别只是古籍文本处理的第一步，要进行基于古籍文本的数字人文研究，还需要更进一步的标注，才能够进行更深入的文本挖掘。目前没有专门针对古籍文本的标注平台，更没有内置古籍智能技术，支持人机协作的功能的标注平台，从而造成人工标注成本过高。在具体标注任务中，一般文本标注平台还缺少分段、标题等信息的标注功能，更不支持面向古汉语的实体关系标注功能。

为了解决古籍文本的特定标注需求，面向古籍知识库和语料库的生成，北京大学团队设计了一个针对古文信息标注的工具平台。该平台提供标注前的文本整理功能，例如分段和篇章标题信息的标注，同时提供基于知识库的分词词性标注，实体关系标注等标注功能。该平台的最大的特色，与现有的古籍自动标注算法，例如自动标点、自动分段、自动实体识别等相结合的，将自动标注与人工校对结合，能够大量减少标注者的工作量。[①]

（四）"识典古籍"阅读平台与整理平台

为了更好地将古籍知识与内容向大众传播，在字节跳动公司的支持下，北京大学与字节跳动公益部门联合成立了"北京大学—字节跳动开放实验室"。目前该实验室的主要目标是打造互联网环境下内容

[①] 该平台由北京大学数字人文中心设计与开发。张楚悦：《面向资源库生成的古籍标注平台设计与研究》，硕士学位论文，北京大学，2022年。

丰富、使用便捷的古籍阅读平台①。同时为了支持阅读平台的数据加工的需要，还建立有对应的整理平台。

阅读平台设计了简单易用的书库浏览功能，书库目前按照传统的经、史、子、集、道教、佛教六部分类方法。每种分类皆有二级类目，部分有三级类目。平台上对每一种书不仅标示了书名、卷数、作者、作者年代、版本等基本信息，而且还标示了每种书的撰述年代。具体撰述年代，优先采用真正的写作年代。对于大部分写作年代难以考证的书，一般采用作者卒年作为撰述年代。如果作者本身生卒年不详，则根据作者生活的大致年号等进行推算。由此，所有的图书大致按照撰述年代排序。另外，每一种书都有简单的内容简介，以方便学者了解其大致内容。

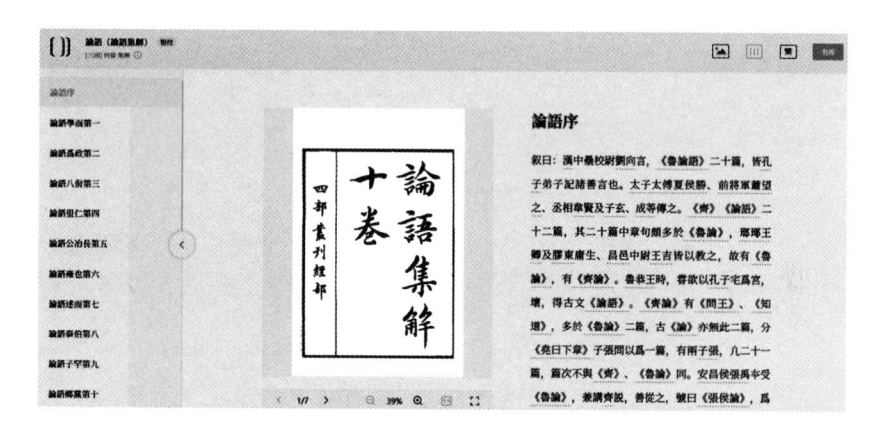

图3　识典古籍阅读平台的内容阅读页面

阅读界面采用图文对照的方式，提高文本内容的可靠性与可用性。文本的质量目前有粗校、精校两种。粗校主要是指文本较为准确，但是标点与实体的识别都是通过机器自动识别，还未经人工校对。精校则是文字、标点、实体（若有的话）均经过人工

---

① 识典古籍，https://shidianguji.com/，2022年10月25日。

的认真校对。除了图文对照的功能之外，还有三级目录的显示，同时还支持隐藏注文、繁简转换等功能。具体电脑端的阅读页面如图3所示。移动端的阅读界面也已经上线，适合手机端、平板端的阅读。

与阅读平台进行无缝衔接的是背后的整理平台。可以将阅读平台中粗校的数据推送在整理平台上进行精加工。具体加工的内容包括但不限于：文字的校对、标题的识别与校对、分段、标点的校对、实体的校对等。同时该平台还支持元数据的修改，古籍图像的OCR与文字校对、文本对勘等。所有这些整理都尝试充分利用计算机技术的优点，在计算机辅助下进行加工与整理，最大程度地减轻整理者的工作量（图4）。

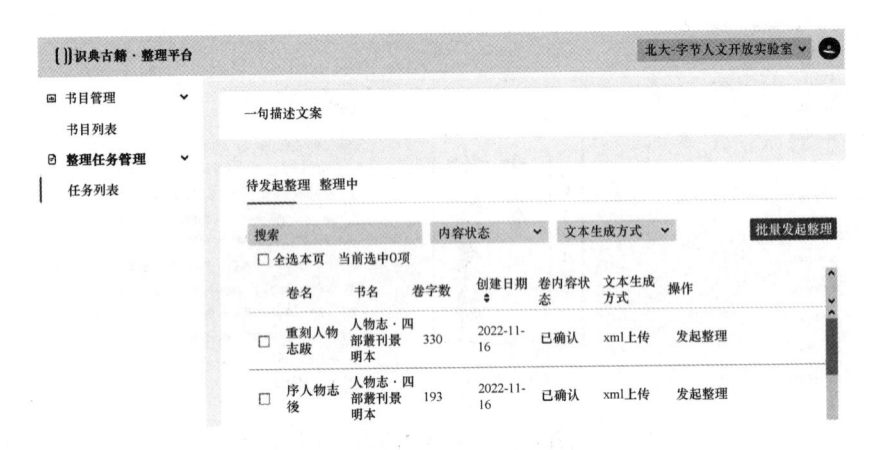

图4　识典古籍整理平台任务列表页面

三　面向古籍的可视化分析系统

深度学习技术在大量数据的支持下，可以帮助传统的古籍整理减轻很多繁复的劳动。但是传统的学术研究领域又与知识之间的关联密切相关，目前深度学习技术在此方面无能为力。因此，在这一方面，北京大学团队重点利用知识图谱能相关技术，同时借助相关的可视化技术予以呈现。

（一）"宋元学案"知识图谱系统

在中国古代思想史上，宋元时期的儒家思想非常活跃，涌现出诸如周敦颐、二程、杨时、朱熹、陆九渊、吕祖谦等一大批思想家。传统人文学者要厘清其中错综复杂而又异彩纷呈的学术史脉络，往往要借助黄宗羲及其后学编修的《宋元学案》一书。然而，这可是一部100多卷、240万字的大书，即使对于传统人文学者来说也颇为浩繁，需要很长的时间才能将其翻阅一遍。至于其中所记录的超过2000多名宋元理学学者、近100个学术流派，更是让人一时难以理清头绪。

北京大学团队利用大约一年时间建构了《宋元学案》知识图谱可视化系统（图5）。[1] 将《宋元学案》中所涉及的人物、时间、地点、著作等提取出来，并借助其他如CBDB、CHGIS等结构化数据，构造成《宋元学案》知识图谱。提供关系图谱、学术流变、师承关系、学派传承等遥读功能，从宏观上纵览整个学术史演化脉络和完整师承网络。同时也可以按照人物、地点、时间、著作、官职等进行传统细读。但此种细读也与传统线性阅读的方式有很大不同，是一种按照人物、时间、著作、官职等多维度重组的阅读方式。本系统通过提供可视化展现、交互式浏览、语义化查询等功能，用户不仅可以纵观宋元两朝学术史的衍化脉络和师承关系网络，而且还可以选择感兴趣的人物、地点、事件或者学说来汇聚相关的资料，阅读其学说的精华片段，而且还可以探索不同人物之间的潜在关系。[2]

---

[1] 宋元学案知识图谱，https：//syxa.pkudh.org/，引用时间：2022年10月25日。
[2] Jun Wang et al.，"A Visualization-Assisted Reading System for a Neo-Confucian Canon"，*Digital Humanities Conference*，会议主办方，会议地址，2020.

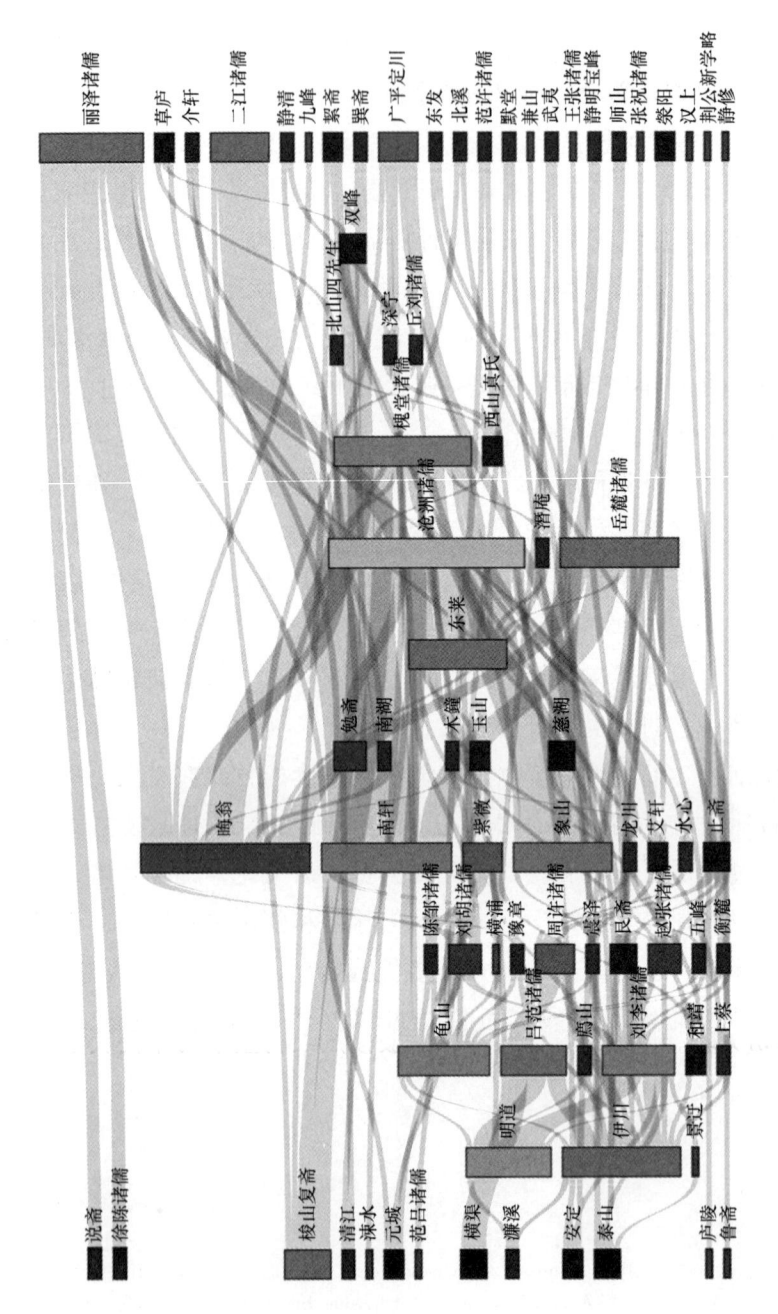

图 5 《宋元学案》知识图谱对各学案关系的可视化展示

（二）古籍目录的数据集成与可视化

中国古代有丰富的目录学著作，最具代表性的无疑是各种官修史志目录，此外还有丰富的各类目录著作。根据这些目录，可以考察图书在古代的存佚情况，考察图书的演变情况，也可以考察各类史志类目之间的演变情况。比如，姚名达《中国目录学史》中专门用表格讨论到《七略》《七录》《隋书·经籍志》《古今书录》《新唐书·艺文志》《崇文总目》《郡斋读书志》《遂初堂书目》《直斋书录解题》《文献通考·经籍考》《宋史·艺文志》《明史·艺文志》《四库全书总目》共十三种书目的分类对应表。①

为了直观分析历代类目与书籍的演变情况，北京大学团队打造了"中国历代典籍目录分析系统"②，这是一套对中国历代典籍目录之间类书与书目之间关系的可视化分析系统。该系统对于历朝史志目录、《四库全书总目》《中国古籍总目》等九种代表性官修目录的数据进行标准化处理与书目认同，并利用可视化手段对各目录之间的关系进行呈现。利用该系统，学者可以方便地对各目录进行检索，直观地查看各目录中书目的分布情况以及各类目的具体收书情况，同时查看与分析目录子类中所收录的具体典籍分类演变情况（图6）。③

（三）朱熹年谱可视化系统

历史人物年谱的信息，本身与相关年谱人物、历史时间有着密切的联系，但同时又与事件地点、历史事件、人物交游、个人撰述等有着密切关联。传统的年谱写作，一般按照人物生平的年代线索展开，是一种系年的线性结构。但是系年的方法虽具有其编年体的优势，但与地点有关的信息则较为分散。

北京大学团队有鉴于此，以浙江大学束景南教授所著《朱熹年谱

---

① 姚名达：《中国目录学史》，上海古籍出版社2011年版，第X页。
② 中国历代典籍目录分析系统，https：//bib.pkudh.org/，2022年10月25日。
③ 李文琦等：《历代史志目录的数据集成与可视化》，《中国图书馆学报》2022年。

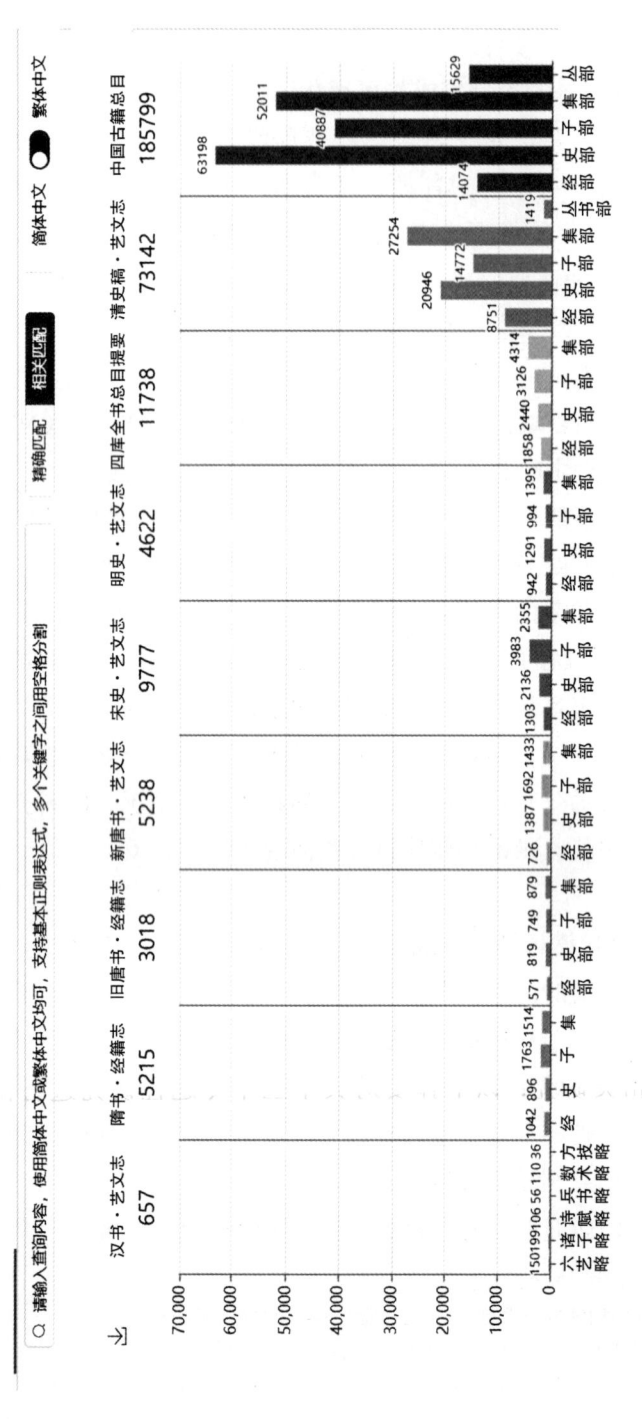

图 6 历代目录的部类大致分布统计

长编》为数据源，以时空为基础架构，设计了朱熹年谱的可视化系统（图7）。①该系统将人、时、地等多因素的系统化分析研究，以地理信息为线索，对朱熹年谱涉及的人物、地点、事件等进行重新组织。该系统本身是一个可交互的查询系统。可以根据事件类别、人物、地点，再加上时间维度的筛选，获取相关的信息。根据实际内容，该系统对具体的事件进行了为学、为政、写作、生活、其他等五大类十四小类的定义。在人物关系中则定义了亲属关系、学术关系（含师生关系、学术交往、学术主题相近、文学艺术交往等子关系）、朋友关系、政治关系（含笼统的政治关系、官场关系、政治奥援、荐举保任、政治对抗等）、著述关系（含记咏文字、墓志文字、序跋文字、礼仪文字、传记文字、论说文字、箴铭文字、书札文字、应酬文字）以及其他关系。地点则可以按照行政区划按照路、府、县等进行交叉选择。在地图中，不仅可以展现出相关条件约束下的朱熹年谱中与朱熹相关的人物以及相关行迹路线。借助该系统，可以生动、直观地展示朱熹的人生经历和思想演化，在此基础上探索分析朱熹生平信息之间可能存在的相关关系。②

四 面向古籍的专题性研究

利用可视化技术以及其他统计分析手段，我们可以从宏观角度对学术史进行分析比较，可以考察某部经典在历史上的影响，也可以借助一定的算法对相关人文问题进行量化分析。北京大学团队开展众多数字人文的相关研究，以下择要对其中三个专题性研究进行简要介绍。

---

① 朱熹年谱的可视化交互系统，https://nianpu.pkudh.org/，引用时间：2022年10月25日。
② 位通、桑宇辰、史睿：《基于知识重构的年谱时空可视化呈现——以〈朱熹年谱长编〉为例》，《中国图书馆学报》2022年第2期。Tong Wei et al., "Web GIS Approach of Entity-oriented Search to Visualize Historical and Cultural Events", *Digital Scholarship in the Humanities*, 2022。

图 7　朱熹年谱可视化系统

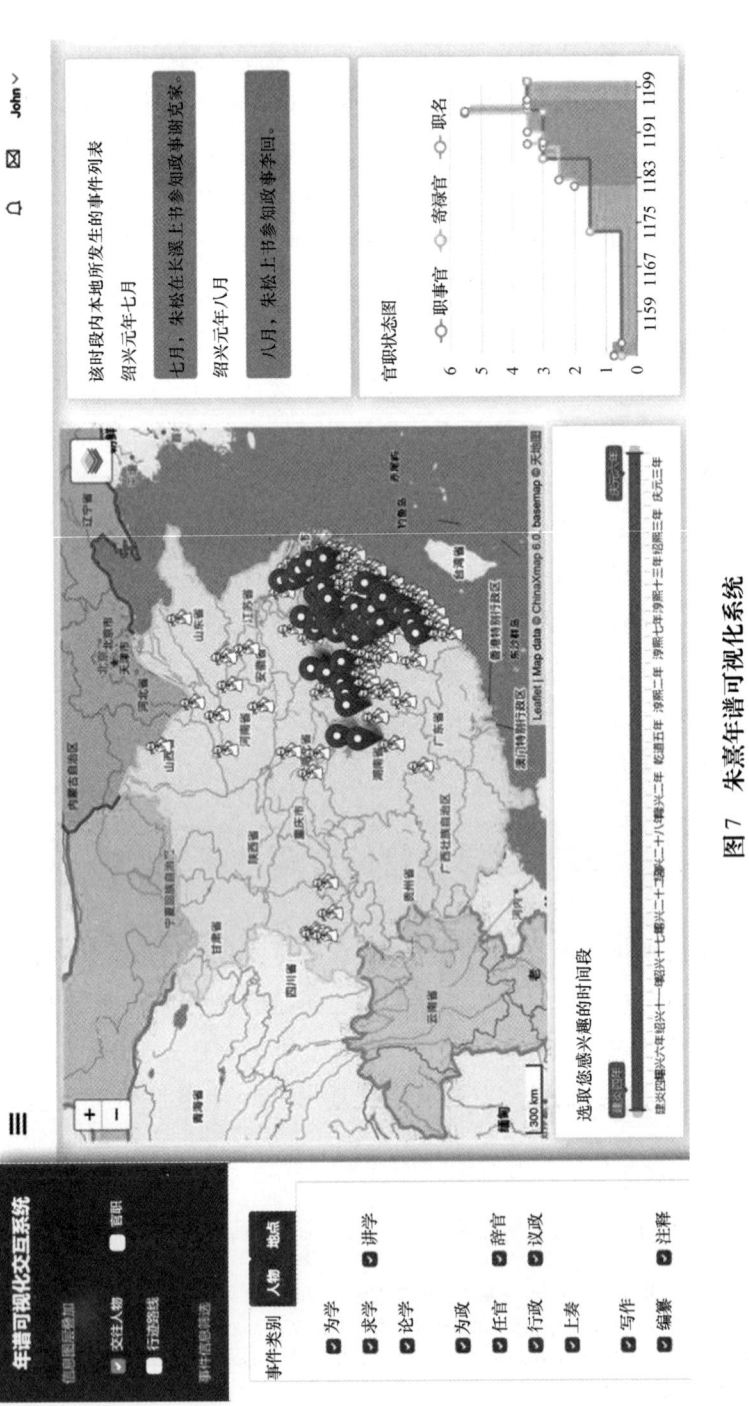

（一）学案体文献的儒家学术史可视化分析

传统的学术史的写作，主要采用学案体的形式。学案体按照小的学派或人物进行分类，每个人物介绍其相关学术传承与渊源，同时简述每个人物的学说特色，对主要人物的代表学说进行摘录。在传统的学案体著作中，最重要的无疑是所谓"四朝学案"，分别是：黄宗羲及其后学所著的《宋元学案》、黄宗羲本人所著的《明儒学案》，以及近代学者徐世昌主持编纂的《清儒学案》。这些著作代表着传统学术视角下宋元明清四朝的学术史。

北京大学团队在《宋元学案》知识图谱研究的基础上，利用学案体文献的体例特征，对学术关系做统计、分类和绘图，实现对儒学师承、家学渊源、流派和交游等多维学术关系的可视化呈现，描绘学术史的整体特征，对四朝学案进行对比分析。通过从三个层面展开分析：宏观层面，对学案文本中的人物及关系数量予以统计描述以了解学术背景概貌；中观层面，对学案传承、学术源流进行可视化；微观层面，通过"先驱→同辈→后继"这一关系序列构建学术传承网络，以发现学案中的"学派"。[1] 比如，从宏观角度看，宋元、明代、清代学术的传承的不同，从可视化的角度印证了学者对三个时期学术脉络的直觉印象。如图8所代表的明代学派传承、图9所代表的清代学派传承与图5所代表的宋元时期学派传承有着明显的不同。

（二）《论语》的文本复用计量研究

古代典籍常有袭用前贤文字的现象，或逐字逐句直引原文，或以相近之意异文复用。踵武前贤的文本复用行为使得先贤的思想观念在后世传播演化、历久弥新。然而许多文献在复用前贤文字时并未直接

---

[1] 王林旭、杨浩、王军：《基于学案体文献的儒家学术史可视化分析与呈现》，《中国图书馆学报》2022年。

c

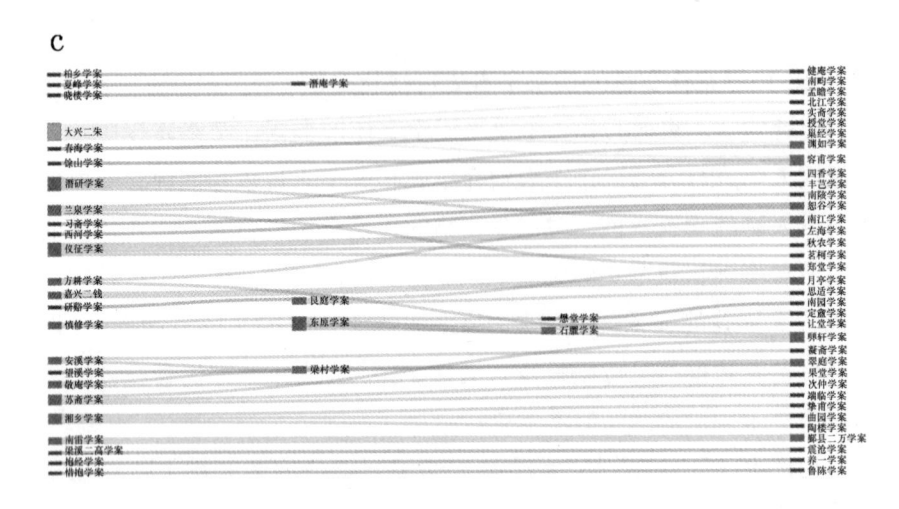

图 8　《明儒学案》的学派传承

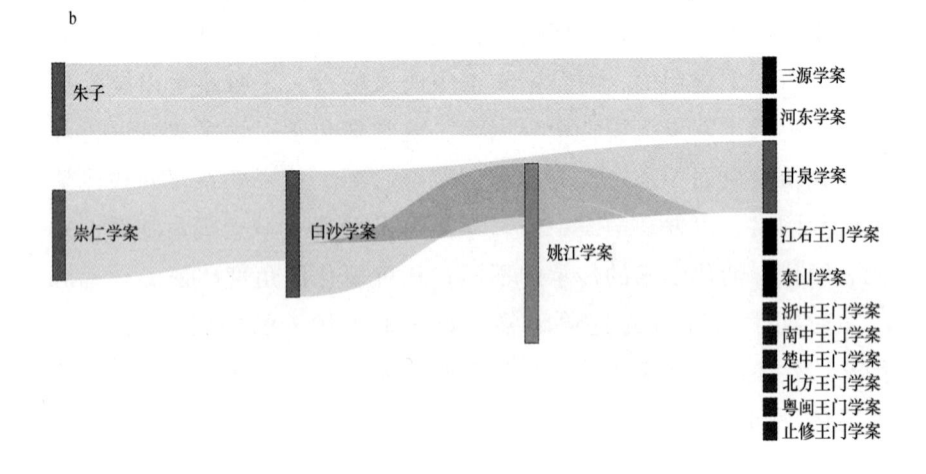

b

图 9　《清儒学案》的学派传承

标明因袭的出处，因此人文学者以往是通过逐句排比对读的方法来研究文本之间的复用关系。

北京大学团队选取《中国学术名著提要·哲学卷》中上始先秦、下迄晚清的 136 本儒学经典书目作为《论语》复用检索的参考语料集合，采用近似最长公共子串匹配方法自动识别和提取后世文献中与

《论语》表述相近、取意相同的复用文本,并从篇目、章节和短语三个由粗到精的文本粒度对平行文本进行计量统计。结合既有的史学研究问题与观点,观察《论语》在中国儒家经典中被广泛复用的思想主题,及不同类型文献对复用内容的侧重;观察《论语》二十篇文本及其思想主题在不同历史阶段的复用频次变化,进而探析不同社会背景下思想内容受关注程度的演变,以及不同历史时期《论语》在中国哲学体系中的地位变迁。① 比如,如图 10 所示,统计《论语》在后世文献中高频复用的短语,可见"一以贯之""巧言令色""君臣之义"等思想格外受到后世的重视。

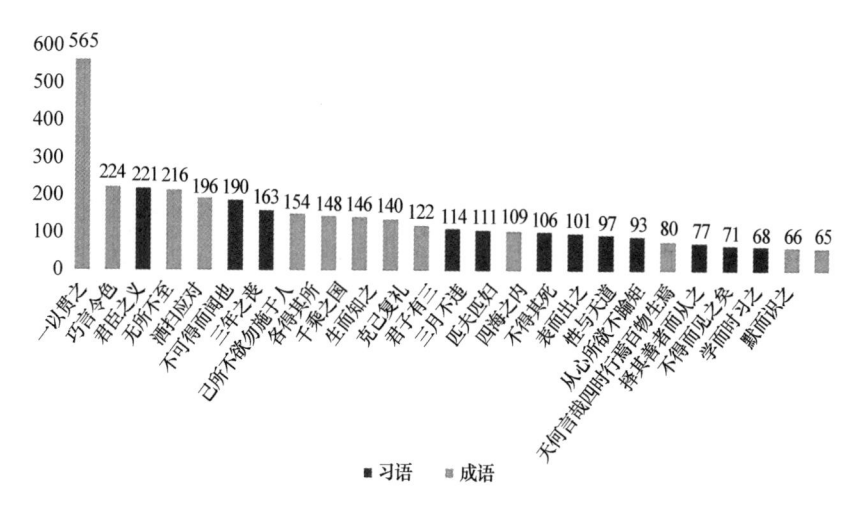

图 10 《论语》在后世中高频复用短语统计

(三)《史记》《汉书》的比较研究

司马迁《史记》和班固《汉书》是正史当中的前两部,也是最为重要的两部纪传体著作。有意思的是,这两部纪传体著作在记述内容上,在西汉开头一段内容是相同的。这就为后世学者研究司马迁、班固撰史方面的异同留下了丰富的素材。历史上将该问题称为"班马

---

① 李佳纯等:《论语在儒家典籍中的文本复用计量研究》,第三届中国数字人文大会,南京,2021 年。

异同"问题。在古代,对两部正史异同问题主要依靠基于直觉的宏观讨论。近代以来,学者借助现代学术方法,也包括统计方法对其中的相似内容进行了种种比较分析。但是由于《史记》《汉书》都不是一个小部头的著作,人力的统计与分析显然有一些限制。

北京大学团队通过对字、词、命名实体、段落等的多粒度、多角度分析,对于《史记》《汉书》进行了比较研究,取得了可喜的成果。主要成果有二:一是,使用一种融入命名实体作为外部特征的文本相似度算法对于《史记》《汉书》的异文进行自动发现,成功识别出过去研究者通过人工手段没有发现的袭用段落,使得我们对于《史记》《汉书》的承袭关系形成更加完整和立体的认识。二是,通过计算异文段落之间的最长公共子序列来自动得出两段异文之间存在的差异,从宏观统计上证明了《汉书》文字风格《史记》的差别,并从微观上进一步对二者语言特点进行了阐释,为理解《史记》《汉书》异文特点提供了新的角度和启发。① 这个研究成果切实地推进了传统的人文领域的研究成果,并且用量化的方法证实了传统人文的直觉判断。比如,图 11 所示,《汉书》在写作的过程中,在《史记》的文字基础上,更倾向于对"之""王""为""而""其""以""于"

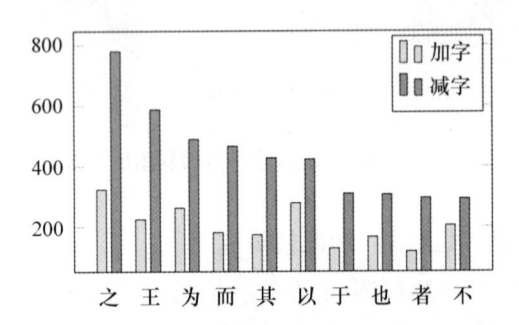

图 11 《汉书》相比《史记》异文删除次数最高的十个字的加字与减字数量,纵轴为加字与减字的频数

---

① 邓泽琨、杨浩、王军:《数字人文视角下的〈史记〉〈汉书〉比较研究》,第二十一届中国计算语言学大会(CCL 2022),2022 年。

"者""也"等非实体性词汇进行删削，体现出《汉书》文字更加精练的特色。

五　结语

北京大学团队在王军教授的带领下，近年来将面向古籍整理与研究作为数字人文研究的重点方向，应用深度学习、知识图谱、文本挖掘、地理信息系统、可视化等技术重构中国历代典籍，打造数字人文研究平台，展开数字人文的相关研究工作。将最新的人工智能有关技术运用在最为古老的传统典籍，在新旧之间碰撞出火花，使得传统古代典籍在新的信息环境下焕发新的光辉。从总体上来说，目前的代表性工作主要有以下三个方面：

第一，在对古籍文本进行各种标注的基础上，全方面推进古籍领域的人工智能处理技术。在人机协作的工作方式指引下，开展古籍OCR、自动标点、词性标注、命名实体识别、实体消歧、实体链接等工作，同时搭建平台对古籍相关数据进行标注与加工。

第二，利用知识图谱等技术，建立古籍中实体之间的关联，利用可视化技术手段，对古籍中蕴藏的知识进行挖掘，同时建设相关可视化系统，为相关的研究问题提供可交互的分析工具。

第三，利用人工智能技术、可视化等手段，针对具体的人文问题进行具体而微的分析，旨在深化传统人文的研究问题，拓展传统人文的研究视域。

道教研究对数字人文宗教技术的应用

◇张　阳

数字人文已经是当前学术研究割离不开的语境，自互联网普及以来，数字化浪潮不仅给宗教学研究带来了传播技术的变革，也深刻影响了学科研究的各个方面，尤其是疫情所造成的隔离，更增强了数字人文平台的话语权。具体到宗教研究，在全国宗教工作会议上，习近平总书记也强调，要加强互联网宗教事务管理。互联网宗教的技术应用与创兴，引发了研究者—研究问题—交流媒介之间关系变革及重构。数字人文平台的技术革新，使得道教问题研究的视角也随之发生转变，道教研究与新媒体技术的结合，肇始于对《正统道藏》等文献的数字化整理与集成，基于数字化集成的道教文献所具备的便捷性和低成本，使得道教文献的数字化整理越来越为学者所看重。同时，随着技术硬件的不断创新，数字人文平台在道教影像化重制、道教舆情分析应对等问题中的应用也备受关注，本文将围绕上述问题做系统性梳理。

一　数字人文技术在道教研究的早期尝试

借助数字人文平台开展道教研究，最早基于对道教文献的数字化整理。国内对道教文献的数字化大规模的整理最早可以追溯到1999年左右，以超星等数字文献平台将《正统道藏》（以下简称《道藏》）数字化处理，使得学者可以脱离纸本，便捷地获得《道藏》的电子

道教研究对数字人文宗教技术的应用

文本资源。在此基础上，蒋门马团队将超星及石竹山道院的电子版《道藏》（2000 年，闽民宗厅 64 号文、闽新出音管 96 号文录制出版）整合至网络平台，提供开放下载服务，使得《道藏》由过去只能购买价值不菲的纸本或通过图书馆借阅，简化到网络电子版获取。2005 年 8 月，蒋门马团队创办了中华传统道文化数字图书馆（白云深处人家网站），该网站提供部分道经和道家、道教研究著述的电子版下载，截至目前，该网站仍然在持续更新，为道教研究者和阅读者提供道教电子文献资源。《中华道藏》出版后，台湾洪百坚等人将这一版本数据识别并进一步校对，提供了最早的可供文字检索的《中华道藏》文本。早期的道教文献的数字化整合，成为道教研究借助数字人文平台的最初尝试，其中虽存在着一些版权归属争议等问题，但这些数字化的文献，使更多的道教研究者可以接触到《道藏》等道教文本，对《道藏》文本研究及道教文献学的发展起到了促进作用，同时也为道教典籍整理和传播问题提供了很好的借鉴和讨论的空间。

有了上述的"试水"，道教文献的数字化开始广受到学者的关注，国家图书馆将馆藏的《道藏》及《万历续道藏》进行了数字化处理，目前可以通过国图门户网站在线阅览；香港中文大学黎志添教授组织团队研发的数字博物馆，该团队利用 GIS 工具，将其长期以来有关广东道教的学术研究成果数字化、网络化。目前，第一期的研究工作基本完成，主要收集了广州及其周边 13 个州县共 150 座道教庙宇的资料。资料包含历史文献、建筑、神像及碑文，数据来源包括地方志，道士和省县市档案馆的档案数据，也包括历史地图以及科仪文本，其中还收录了至今尚存且未发表的拓本及从田野调查获取的碑刻文字。据该道教数字博物馆资料内容显示，数字博物馆已经建立了一个完整的广州道教庙宇的数据库目录，并将这些记录到电子档案中，同时利用地理信息系统（Geographic Information System，GIS）建立一个合适的展现平台和管理系统，用于维护、整理、展现和分析相关庙宇的空间和历史特征；北京爱如生数字化技术研究中心研发的"道教经典库"，整合了《道藏》编和藏外道书编二编，《道藏》编收录明《正统道藏》和《万历续道藏》,藏外道书编收录明清两代后出道书凡2000余部,其版本均采用明清及民国各级善本,通过其自身研发的数字再造技术制作,设计了还原式页面,左图右文,逐页对照;原书之版式及眉批、夹注、图表、标记等无障碍录入,同时具备了检索系统和功能平台,可以进行全文检索和校勘、标点、编辑、复制等研究作业。

国外对道教文献数字化整理则以日本为典型,Kanripo网站平台开发了汉籍电子资源检索功能,可以通过网页平台提供《道藏》等文献的图文对照检索功能,为学人准确使用《道藏》提供了便利。近年来,杨浩等学者在日本Kanripo的数字资源基础上,通过优化整合,创建了"学衡数据"网络平台,除可以对《道藏》进行检索外,还可以将文字版与《中华道藏》、三家本《道藏》及涵芬楼《道藏》同时对比,增加了文本的准确度。"学衡数据"还收入了《四部丛刊》《文渊阁四库全书》《大正藏》《续藏经》等数字资源提供检索。

二 基于不同层次、视角建构起来的道教研究尝试

对宗教仪式、建筑、声乐等文化的图像和影像的保存、重制和再生,是数字人文宗教学近年来的另一个研究面向。这一研究方法的尝试,可以将研究者在田野实践中获得的经验,从平面的书写表达转化为立体的表达形式,分别从时间、空间、显性、协作、价值等多个维度去进行探究,以道教研究为例,这就需要研究者重新思考和审视研究的命题,研究者的价值取向可能直接关系到影像资料的学术价值和记录的真实性。

现代意义上的道教图像和影像保存,最早可以追溯到照相机等摄影器材传入中国,由此保存了近世的部分宫观旧影和道士的照片,以"中国近代影像资料库"为例,该数据平台中收录了很多道观的原始照片,如北京东便门外蟠桃宫(图1,蟠桃宫旧照),今原庙不存,这些旧照留下极为珍贵的历史资料。另如北京东岳庙旧

道教研究对数字人文宗教技术的应用

图 1　蟠桃宫旧照

图 2　北京东岳庙正殿前

照（图2），岱岳殿前的中路，旧照出自阿尔方斯·冯·穆默（Alfons von Mumm）的《德国公使照片日记》，与今天北京东岳庙同角度相比较，庙里中路路基则高出很多，这些影像遗存对研究北京宫观变迁有着重要文献价值。道教影像较早的有《白云观和它的道士们》较为典型，这是恢复宗教政策以后，中国道教协会、北京白云观与中央电视台联合摄制，为后世保存了能够反映20世纪七八十年代北京白云观的面貌的资料。1993年北京白云观罗天大醮也曾全程录制了视频影像，但原始资料很难找到，这些经典的图片和影像，在现在技术条件下，可以进行很好的修复和高清处理，以便更好地呈现当时的资料全貌。

对当代道教进行抢救性保护的影像科仪拍摄等研究，早在1983年就已经开始尝试，时任上海市道教协会会长陈莲笙道长与上海音乐学院合作，拍摄录制了上海、常熟、茅山等地区的部分道教科仪。2011年，"上海道教科仪数字化保存项目"启动。其工作团队基本通过以下工作进行数字化处理：

对已取得成果进行分析与考量的基础上，做了不同程度的电子化的处理：1.文献类资料是指收集到的历史资料，这些资料并不一定直接与科仪相关，如道法问答、经忏等；也有部分历史录像、录音。文献类资料一般以文本的翻拍、扫描的电子图片为主。2.科仪文本经过翻拍、扫描形成电子图片，一部分需要用来拍摄的文本会经过输入成为Word文档。科仪的录像、录音、照片包含正式拍摄以及前期采访的文件。3.口述历史类主要包含了采访中的录像、录音、照片及总结笔记。4.器物类主要包含了法衣、法器的照片，以及绘制的图纸。5.其他来源资料包含了组员或其他地区道友贡献的与科仪相关的一切资料。①

上海的数字化团队上述工作还未涉及科仪影像的拍摄，这种活态文化的展示可以给道教教职人员及研究者带来更直观的视觉感

---

① 陶金：《上海道教科仪的数字化保存》，《中国宗教》2016年，第77页。

受。除此之外，道教图像学计划、泰州道教音乐数字化保护采集、《中华续道藏》道教活态文化影响资料集成等课题，有利于保存道教科仪、音乐等文化的原貌，有利于将道教文化进行数据化的保护。

道教宫观的建筑研究也开始重视数字化技术的应用，高万桑等人的《近现代中国城市道士与庙宇研究计划》、武当山遇真宫大典数字化与虚拟复原研究，对各种道教资料数字化汇编和检索，方便通过检索终端对资料进行利用[①]。同时，数字化复原研究也开始有学者关注，对宗教壁画、绘画的数字化色彩复原，通过对壁画自然变色的过程及壁画颜料成为和色相变化的采样、监测和分析，通过数字化分析，并通过仿真性模拟实验等方法，对壁画等进行复原和保护。基于AR技术在恢复古城和南京明故宫遗址数字化复原技术成功经验，很多道教宫观遗存也可以借鉴这一技术，结合考古研究进行数字化复原与相关资料库的建设。

三 借助数字人文平台的道教舆情研究的应用及挑战

虽然在道教文献及史料方面，数字人文宗教平台的应用已经被学人所关注，但这一技术的应用不仅限于此。随着互联网宗教问题的提出，基于数字人文平台对道教舆情的分析和研究，助力新时代道教治理成为数字人文宗教学视域下的另一个研究面向。互联网宗教的重要性近年来已被学界所关注，对宗教舆情治理的思考多局限在宏观的建构和讨论上，通过对中国知网中相关主题的检索，宗教舆情问题研究在涉疆、涉藏、涉及民族地区题材的论述占了多数。从宗教界别类型入手，关于佛教舆情相关研究的成果占了多数，这为其他宗教舆情分析提供了很好的借鉴。相较而言，对道教舆情问题似乎还是一个较为

---

① 胡士颖：《道教数字人文平台建设刍议》，《中国道教》2019年，第48页。

小众的话题，看似微观的视角，却是不可忽视的研究问题。目前，针对道教舆情问题还没有受到关注，一方面，道教相较于其他宗教，舆情热点不多；另一方面，宗教舆情的敏感性，使得各种数据平台时常进行规避处理。虽然道教舆情的频次不高，其潜在的问题隐患却仍然存在，做好数据的分析研判，从源头预防风险行为发生是道教舆情研究的关键。

1. "流言"的影响力应成为道教舆情的主要分析对象。借助数字网络平台对道教舆情分析研究，是当代道教发展随社会转型与受众接受信息方式变迁的必然结果，使得舆情问题成为今后道教借助新媒体技术应用所关注的重点。由于数字化平台中道教信息传播具有及时、广泛的特性，传播成本相对低廉等优势，这就使得网络信息传播的内容愈发复杂。很多信息尤其在真假难辨或者众说纷纭时，会在短期内聚合成为舆论热点，在各种数字化平台中迅速传播。如果不及时关注和处理舆情，很容易使"流言"成为引发舆情的导火索。"流言"是自古以来社会生活中常见的信息传播现象，也是人们在价值判断上有着分歧和争议的一种现象。[①] 一方面，人们把流言看作正式渠道信息的补充，而现实生活中，流言或小道消息最后被证实为事实的事例并不少见。另一方面，流言由于其暧昧性和不可靠性，不容易与别有用心的谣言相区别，同时又常常会引起不良社会后果，因此，人们一般认为流言是负面的。这种负面的"流言"很容易误导社会，在数字化平台的虚拟空间里，形成即时性、突发性的舆论焦点，从而造成极坏的负面影响，进而破坏道教形象，事后平息舆论的公共成本也会随之增加。

2. 尝试对道教舆情监测设置必要的参数。新媒体环境下，道教相关的很多流言从口头形式的人群间传播替代为在网络形式上的传播，而其真伪性诚如美国心理学家奥尔波特与博斯特曼曾讲到的，这些信息"设计人们信念而目前没有可靠证明标准的陈述

[①] 郭庆光：《传播学教程》，中国人民大学出版社2011年版，第86页。

或话题",这些内容经常涉及一些特殊事件或敏感话题,容易引起人们的关注,更有甚者,很多传播者会为迎合受众兴趣而有意制造假新闻,或者捕风捉影的描述和报道事件,借用互联网技术,传播的速度和广度都成倍递增,在研究道教舆情时,舆情信息收集、案例的分析及化解问题矛盾的角度,都应成为研究的重点,尤其是对道教舆情阈值的设定、各种变量的设定,是防范道教舆情的一项重要指标。

对当代道教问题的关注,已经离不开对数字化平台的应用,官方、民间、宫观组织、普通道众等都开始进行网站、微博、微信公众号、自媒体直播等平台的建设和应用,以此来分享道教的文化和价值理念。这种自发的、低成本的传播方式,使得社会信众可以在最短的时间、较低的成本基础上,获得自己所需要的信息。笔者之前曾对"当代道教发展存在问题的认识"进行了一次针对教职人员及信众的网络调查问卷,在回收的752份有效问卷,其中"以何种渠道关注当代道教、道教中国化等信息"——"网络"占到总受访比例的75.24%(图3),而传统的杂志、报纸等媒体,仅占28.69%的比例。可见互联网对道教的影响力。而道教信众普遍关注的网络平台,中国道教协会官网/微信公众号/微博,占总数的66.31%,因其发布讯息的官方权威性、时效性等原因,成为道众每天所关注的重点。而各地方道教协会官网/微信公众号/微博等占比49.53%,位居其次,通过调查,各地方道协官网,更新及时或者在微信等渠道分享传播迅速的,日访问量也很大,但也有地方协会因为信息更新滞后,当地信众反而会更关注地方宫观的网站、微信公众号平台等,来及时地了解发生和关心的信息。

借助数字人文平台对道教舆情的分析研究,可以对宗教治理提供良好的分析途径。针对上述网络调查问卷研究发现,对新媒体环境下道教能够发挥哪些服务社会作用、对"新修订《宗教事务条例》的认识程度"等问题,都得到了理想的反馈数据。针对《宗教事务条例》(2018年施行),我们分别设置了对"规范互联网宗教信息服

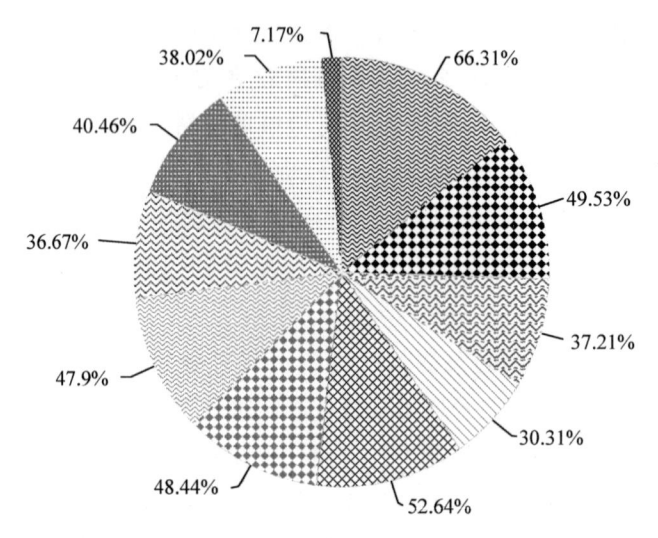

[图表：饼图，各扇区百分比如下]
- 66.31%
- 7.17%
- 38.02%
- 40.46%
- 36.67%
- 47.9%
- 48.44%
- 52.64%
- 30.31%
- 37.21%
- 49.53%

A.中国道教协会官网／微信公众号／微博
B.各地方道教协会官网／微信公众号／微博／APP
C.中央统战部、国家宗教事务局及其"两社"官网／微信公众号／微博
D.地方统战部、宗教事务部门官网／微信公众号／微博
E.各道教活动场所的官网／微信公众号／微博
F.道教领袖／教职人员的微信公众号／微博／博客
G.道教(宗教学)学者的微信公众号／微博／博客
H.道教(宗教学)学术研究机构的官网／微信公众号／微博
I.涉及道教(宗教)的网站／网页／微信公众号／微博／博客／论坛／APP，并不在意具体提供平台
J.涉及道教(宗教)的微信群／QQ群等即时通讯群组，并不在意具体提供平台或对象
K.其他

图3

务""宗教场所法人登记""宗教院校和人才培养"等方面的规定了解程度问题，大部分道众都认为"了解或听说，但很多具体的方面说不上来"，这就可以形成问题导向，在今后的"宗教法制宣传周""宪法和法律法规进宗教场所"等活动中，更有针对性地进行普法宣传。

数字人文宗教学视域下的道教问题研究已经成为道教中国化的一种表现形式，不可否认，网络技术的发达使得道教文化可以从地域性传播扩展到全球范围内的传播与交流，这对道教文化在现代文明进程中发挥更大价值意义深远。与此同时，互联网中对道教问题的批评和质疑之声时有发生，其中不乏歪曲事实的恶意中伤，然互联网不是法外之地，探索网络舆情规律，分析、应对新媒体环境下道教研究中的突出问题，对当代道教发展意义重大。

第六章 研究动态

首届互联网+宗教舆情论坛
——"共建网络空间命运共同体"研究动态

◇课题组

2019年10月24—25日，首届互联网+宗教舆情论坛（2019）"共建网络空间命运共同体"学术研讨会在武汉纵横大饭店举行。研讨会由中国社会科学院世界宗教研究所、武汉大学哲学学院主办，禅林网协办，来自中国社会科学院、中国教育科学研究院、中国社会科学出版社、中国宗教杂志社、法音杂志社、中央统战部、北京市宗教局、中国佛教协会、武汉市佛教协会、黄陂区佛教协会、国家信息中心大数据发展部、上海宗教研究中心、上海国际问题研究院、福建省民族与宗教研究所、北京大学、中国人民大学、中央民族大学、武汉大学、同济大学、中山大学、上海电机学院等20多个单位共47位专家学者出席了此次论坛。研讨会围绕"互联网+宗教舆情发展态势""互联网+宗教舆情热点议题——人工智能、区块链""不同互联网场域的传播机制和规律"等主题，旨在通过推进互联网宗教的学术研究，助推宗教学学科体系、学术体系和话语体系建设，为贯彻落实党的宗教工作基本方针政策、全面提高宗教工作法治化水平、营造清朗的网络空间及共建网络空间命运共同体作出贡献。

开幕式上，武汉大学哲学学院院长吴根友教授首先致辞，当今社会伴随着"互联网+"的快速发展，对各行各业都提出了新的问题和挑战，推动互联网与宗教研究相结合就显得日益紧迫。"互联网+宗教"的理论研究，也将成为新时代中国社会宗教研究的一个重要的组成部分。通过"互联网+"传播机制及其规律的探讨，有利于更清晰、快速、准确地了解舆情的发展态势，有利于"互联网+"重要的研究方法论的建构，进而更好地落实和贯彻党的宗教方针，正确认识我国的宗教工作形势，全面提高宗教工作的法治化的水平，构建人类网络世界的命运共同体。

武汉市佛教协会副会长明贤法师代表协办方禅林网在致辞中提到，首届"互联网+宗教"舆情论坛落地在武汉黄陂除了在实体空间上有着"东道之谊"，在思想空间上，"互联网+宗教"是落脚在宗教和信仰实践上的。科技革命与宗教信仰，自古以来都是构建和重建世界格局的关键变量，因此科技与宗教结合而成的"互联网宗教"，必然有着前所未有的博大气象，也具备着一门当代显学的发展潜质。

中国社会科学院世界宗教研究所所长郑筱筠研究员在致辞中表示，在刚结束的第六届世界互联网大会上，习近平总书记发特信强调，今年是互联网诞生50周年，当前新一轮科技革命和产业革命变革加速演进，人工智能、大数据、物联网等新技术、新应用、新业态方兴未艾，互联网迎来了更加强劲的发展动能和更加广阔的发展空间。本次论坛以"共建网络空间命运共同体"为主题，使得本次论坛具有了更强的现实意义和针对性，能够为加快构建习近平新时代中国特色哲学社会科学学科体系学术体系和话语体系，做出应有的贡献。

开幕式后的主旨报告中，郑筱筠研究员首先作了题为"互联网宗教与人类命运共同体"的主题演讲，她指出，网络宗教的全球化特点是世界各国宗教必须面对的现实，也是互联网宗教今后发展的基础。随着互联网技术的发展，宗教以其特有的线上线下的传播途径和模式，逐渐打破了实体宗教发展几千年才形成的分布格局，对当代宗教的发展提出了挑战。与此同时，互联网时代背景下的人类命运共同体概念的提出将互联网与实体世界紧密结合在一起，互联网宗教在参与建构网络空间命运共同体、人类命运共同体的过程中，是非常重要的一个组成部分。对此，在研究互联网宗教管理方面，必须要厘清几重关系：第一，宗教与互联网之间的关系；第二，互联网宗教与全球治理的关系；第三，人类命运共同体与互联网宗教之间的关系等。宗教作为互联网空间的一个节点，"穿越"于互联网世界和现实世界之中，它可以作为其中一个重要的变量。在全球化时代，中国作为"网民大国"，应积极参与到国际社会的互联网的全球治理体系，其互联网治理和国家治理也将为全球治理提供具有建设性的中国理念、中国主张、中国方案。只有在人类命运共同体的共识中，形成新的世界安全观，世界各国的积极参与和资源共享，提高依法管理的法治能力，宗教的良性发展、互联网空间的治理，真正打造一个风清气朗的互联网空间命运共同体，进而才能为人类命运共同体的发展建构一个可持续发展的空间。

中国宗教杂志社社长刘金光在题为"宗教类媒体应对互联网时代的对策与出路"的发言中谈到，由于互联网新技术应用的不断深入、全媒体的不断发展、新媒体产品的井喷式涌现，导致舆论新生态与媒体格局传播方式发生深刻的变化，新闻舆论工作面临着新的挑战，宗教类的媒体也面临着以互联网技术支撑的全媒体的挑战。由于传播权力分散化、互联网的开放性特点，传统宗教媒体把关人的作用在弱化，宗教的虚拟化与个性化传播使各个宗教组织及个人获得了信息传播的主动权。宗教信息传播在具有及时性、超越时空性、实时高速性特点的同时，也具有宗教信息与活动难以监管、互联网传播的安全性不足等问题。关于宗教类媒体转型向纵深发展的对策与出路，第一，要不忘初心使命，坚持马克思主义宗教观与网络安全观相结合，牢牢把握媒体融合转型发展的政策方向。在尊重公共政策发展规律的前提下，规范宗教在网络空间内的健康有序发展。第二，充分发挥互联网对宗教媒体发展的积极作用，采取有效措施对宗教和互联网双向监管。第三，坚持我国宗教中国化的方向，遵循宗教工作的基本规律，构建中国特色的网络宗教的话语体系。第四，坚持"导"字，牢牢掌握工作的主动点，用"导"的思想方法去认识宗教，用"导"的方式去开展宗教工作。看得透把得准，做到导之有方，导之有力，导之有效。第五，构建网络宗教的话语主导权，注重网络宗教的媒体平台建设，增加传播渠道。第六，打造优质的宗教文化的网络资源，提升宣传能力，利用新技术，提升融媒体的科技水平和信息安全的保障能力。通过加强工作的互联网平台建设、人才建设、法制建设等具体路径，从而不断提升我国网络宗教的建设管理水平。

北京大学外国语学院金勋教授在题为"'芯'与'心'的较量——科技宗教（AI宗教）对人文宗教的挑战"的发言中，以现在宗教市场出现的"AI宗教"为例，提出人们正在面临整个人类文明坐标系的危机。他谈到，当人工智能发展到一定程度，超越人类的强智能阶段到来之后，可能将人类的灵性控制在其范围之内成为其信徒，造成灵性上的对立——这是AI宗教的基本特点。AI宗教目前正面对传统宗教提出了挑战。芯片是机器人的大脑核心所在，人和宗教的前提是人类的心或灵魂，传统宗教定义为人文宗教，"芯"和"心"之间的较量也是科技宗教和人文宗教之间的较量。21世纪人类的文明应该是灵性文明。人类是有灵性和灵性超越需求的，AI是人类集体智慧的产物，但人类的灵魂目前无法灌输给机器。AI宗教和人类宗教最终争夺的真正高地是灵魂的空间。面对这两者之间的张力，人类应当以宗教对治宗教，恢复现有宗教的灵性和本来面貌，以及超越性的本来功能。有这样的信仰共同体和命运共同体，人类社会才可能保持更长远的美好的未来。

明贤法师在题为"互联网宗教研究与治理：上层架构、中层策略与落地路径"的发言中，从宗教界一线实践的角度出发，提出互联网宗教的研究与治理有必要在上层理念架构上确立认识论基础、可行性基础和发展目标；在中层行动策略上厘清技术优越性与技术边界，在技术和价值之间实现制衡；在落地路径上及时总结现有的实际操作经验，清晰而现实地提出需求并满足需求。展望未来，互联网宗教更要把握时代机遇、肩负历史使命，为构建实体与虚拟双重世界的人类命运共同体提供可能性与可行性。

为进一步聚焦论坛主题，深化研讨内容，与会学者分别在三场专题报告中先后展开多角度、多面相深入的学术探讨。

第一场专题报告由武汉大学哲学学院沈庭主持，发言人为中国社会科学院世界宗教研究所副研究员李华伟、上海国际问题研究院副研究员鲁传颖、中国社会科学院世界宗教研究所副研究员梁恒豪、福建省民族与宗教研究所副所长杨文法，他们分别就"积极引导互联网宗教与社会主义社会相适应""网络宗教发展现状、挑战及背后的信息通信技术革命""互联网宗教的概念、形态、传播及影响的心理初探""意识形态、文化实践与人类信仰共同体：互联网宗教事务治理的三个维度"发表了主题演讲，北京大学外国语学院金勋教授对发言进行了评议。

第二场专题报告由中央统战部十一局翟晓明主持，发言人为禅林网无可法师、国家信息中心大数据发展部助理研究员易成岐、中国教育科学研究院助理研究员王晓宁、中国社会科学院世界宗教研究所副研究员黄奎、北京大学经济政策研究所助理研究员韦欣，他们分别就"互联网宗教舆情地理信息平台构建的思路与框架""数据支撑政府治理创新初探""'互联网+宗教舆情'需求测算与用户画像研究""大数据时代网络宗教样态略析""互联网佛教去商业化对政府执行力影响的实证研究"发表了主题演讲，北京大学社会学系方文教授对发言进行了评议。

第三场专题报告由中国佛教协会副秘书长桑吉扎西主持，发言人为中国社会科学院世界宗教研究所副研究员袁朝晖、上海电机学院马克思主义学院讲师赵冰、中央民族大学哲学院博士梁卫国、中山大学传播与设计学院讲师何凌南、中国社会科学院世界宗教研究所助理研究员向宁，他们分别就"数据保护：以宗教数据为例""涉宗教网络动员舆情分析——基于基督教的调研""人类与人工智能共处的隐忧与反思""网络环境下的宗教舆情传播——公众认知和负面事件传播""互联网宗教舆情'问题本位'探寻的系统参数架构探究"发表了主题演讲，中国社会科学院世界宗教研究所副研究员李华伟对发言进行了评议。

专题报告之后，研讨会组织了由十二位专家学者代表参加的圆桌会议，会议由中国宗教杂志社社长刘金光、中国社会科学院世界宗教研究所研究员张晓梅主持。

会议闭幕式由武汉大学哲学学院副院长黄超教授、中国社会科学院世界宗教研究所所长郑筱筠研究员致辞。黄超教授指出，这次会议是首届全方位展示互联网宗教的高端学术会议，具有关注整个世界、整个人类的发展、共建网络空间命运共同体的宏大目标和高远理念，会议的议题设置令人耳目一新、大开眼界。此次会议的成功召开，预示着中国宗教学学科发展的一个新气象、新阶段。郑筱筠研究员在总结中指出，此次会议学者的发言都体现出了高精尖的特点。"高"是从起点上来讲，互联网诞生仅仅50年，方兴未艾，因此"互联网＋宗教"舆情的发展前景潜力无限。所谓"精"是指"互联网＋宗教"舆情研究将会越来越精细化和精密化，这对学术研究的方法、理念以及所掌握的学科前沿的信息量是一种挑战。从未来的学科发展方向来看，"互联网＋宗教"领域的专业分科将会越来越细，需要从不同角度切入来进行更多的关注，才能够真正地对互联网有一个全面的了解。所谓"尖"，指的是"互联网＋宗教"是一个尖端学科，它在不断扩容和向前延伸，这就需要各界领域不断提升自己，不断地鼎力合作，一起来推动这个新兴学科的发展。

第二届互联网+宗教舆情论坛[*]
——"宗教与网络安全"研究动态

◇课题组

2020年10月18日，第二届互联网+宗教舆情论坛——"宗教与网络安全"在腾讯会议线上召开，由中国宗教学会、中国社会科学院世界宗教研究所、中国社会科学院邪教问题研究中心和福建省民族与宗教研究所联合主办，中国社会科学院世界宗教研究所数字人文宗教与宗教舆情研究室承办。来自中央统战部、中国社会科学院、北京大学、南京大学、上海国际问题研究院、福建省民族与宗教研究所、广东省民族宗教研究院等高等院校、科研单位及政府相关部门20余名专家学者参与研讨。

主持开幕式的是中国社会科学院世界宗教研究所数字人文宗教与宗教舆情研究室副主任李华伟副研究员，郑筱筠所长为大会致开幕词。她指出，首届互联网+宗教舆情论坛在2019年10月召开，主题为"共建网络空间命运共同体"，具有重要的学术意义。2020年是一个特殊的年份，新冠疫情对人们在物理空间活跃度的限制作用显著，但与此同时，人们在网络空间活跃度显著增加。本次论坛的主题——"宗教与网络安全"的重要性在今年年初的抗疫过程中以及在后疫情时期特殊的国际国内局势下都显得尤为重要和必要。本次论坛在习近平总书记关于网络安全的系列重要讲话精神的指导下，紧扣宗教与网

---

[*] 原载于《中国宗教》2020年第10期，稍作修改。

络安全问题,对众多重要议题进行了深入探讨。曾传辉、金勋、方文、杨健、李林、张云江、杨德睿、梁恒豪、张宏斌等专家学者围绕相关论题进行了精彩的点评。

论坛闭幕式依然由李华伟副研究员主持,福建省民族与宗教研究所所长杨文法在闭幕式上致辞,郑筱筠所长进行了总结讨论。与会专家学者们聚焦"宗教与网络安全"主题,通过不同学科视角的深入讨论,探讨了互联网+宗教舆情与网络安全的着手路径,并对互联网+宗教舆情的新视角和新方法提出了有益的建议。

一 宗教舆情与网络安全

中国社会科学院世界宗教研究所所长郑筱筠作了题为《大数据时代的网络空间安全与宗教治理》的主旨报告。她指出,大数据时代宗教的全球化网络特点是世界各国宗教必须面对的事实,也是互联网宗教今后发展的基础,网络空间的信息安全及互联网宗教的相关安全问题已上升为各国战略层面性问题。互联网宗教在传播过程中,超越了国界和原有的世界宗教分布格局,实现了信息传递的快捷和及时性,但另一方面也具有模糊性和不确定性。其中,信息传播主体的多元性、不确定性和虚拟空间的出现对世界各国的宗教管理都提出了新的挑战。

中国社会科学院世界宗教研究所数字人文宗教与宗教舆情研究室副主任李华伟在其主旨报告《宗教舆情的类别、特征及其社会治理》中指出,宗教舆情研究在中国是新兴的研究领域,宗教舆情研究不是为了"灭火",作为一门学科,宗教舆情研究需要探索的是宗教舆情规律,以及宗教舆情对国内外社会善治的影响及应对举措。

上海电机学院马克思主义学院讲师赵冰在《"互联网宗教"与国家安全的关联性探讨——以受众与传播效果理论为视角的分析》的发言中指出,在宗教问题已"回归"或延伸至国际关系的今天,需从传播学的受众和传播效果两个角度,对互联网宗教与国家安全的关系假设进行理论探讨。

中国社会科学院世界宗教研究所助理研究员向宁发表的《事实性基础数据在宗教舆情中的应用初探》，首先爬梳了互联网宗教舆情的局部研究脉络，并在研究框架中定位事实性基础数据对精准研判舆情的支撑点；继而，以宗教地理学的问题意识为例，基于史料和当代统计数据，融合空间维度基础数据和省市范围内的海拔、交通、人口、经济多维数据，摸索研究假设的生成方法，为事实性基础数据在宗教舆情中的应用，探索可及的实现路径。

二 互联网宗教研究

武汉市佛教协会副会长明贤作了题为《全国宗教活动场所"互联网+"应用程度报告——以佛教为例》的主旨报告。他基于ArcGIS，以佛教为例，将宗教活动场所的地理信息数据，叠加上其互联网主流传播媒介的赋能水平，生成一系列全国宗教活动场所"互联网+"应用程度分布信息图，展示了宗教活动场所"互联网+"应用程度在地理空间上的普及水平、发展进程、分布特征、潜力空间等。"互联网+"应用程度分布信息图打通线上线下数据，是"互联网宗教舆情地理信息平台"的一个重点应用场景。

华侨大学哲学与社会发展学院张云江教授发表的《网络与个人宗教身份的建构》，从宗教与个体身份的建构、网络"新部落时代"的宗教身份建构、在线互动的宗教表达与交流、宗教组织线上与线下的互动等多个维度探讨了网络对个人宗教身份建构的影响。

上海国际问题研究院研究员鲁传颖认为网络空间和网络空间全球治理等相关概念的定义是多利益攸关方网络空间全球治理理论建构的基础，在其《全球互联网治理的理念与方法》的发言中，他结合网络技术的特征，梳理了网络空间所具备的性质，及其对于其中的行为体、现象的塑造功能。首先，符合网络空间性质的现象、应用场景、企业政策等会更好地获益于网络的赋能。其次，网络在一定程度上打破了固有的科层架构，渐趋扁平化和去中心化，对人类社会的组织结构和对权威的看法等形成了一定的解构力。最后，网络的基本管理架构涵盖了根服务器机制和硬件建设等，其对基于国家为主体的多边治理模式等有深远影响，比如光缆的数量与网络空间的权利、优劣势的发展趋势等密切相关。

南京大学社会学院人类学研究所杨德睿教授基于其人类学者的立场与视角，关注如何对互联网与神圣性之关系展开研究。在《媒介化与中介：互联网与神圣性之关系的人类学研究进路》的发言中，作者首先从"宗教在线"与"线上宗教"的意义辨析入手，进而将媒介化（mediatization）的概念作为绘制当代神圣性界域的地图的入门框架，最后探讨了"媒介化"概念的不足，并举例阐释了"中介"（mediation）概念框架的必要性，进而探讨了对互联网与神圣性之关系的人类学研究进路。

福州大学社会学系甘满堂教授的《宗教传播类微信群空间结构及互动特征——基于一个佛教趣缘微信群的观察》，从宗教主题的微信群类别切入，择选一个宗教趣缘微信群的个案，分析了个案微信群的群内规约、微信群的人员构成及分类、群体内性别与地域结构、线上活动及群内互动交流特点等。

福建师范大学闽台区域研究中心教授吴巍巍将研究视野转向中国台湾的基督教与网络新媒体之间的关系，作了题为《网络新媒体与当代台湾基督教的发展处境》的发言。他较为详细地罗列了当代台湾基督教相关的部分电视台、广播电台、网站与网络、电影与纪录片、综合性出版机构与书店等传播渠道和形态，进而思考网路新媒体与教会发展的关系。

三　宗教、数字化与人工智能

北京大学宗教文化研究院副院长金勋的主旨报告题目是《"心"与"芯"的较量——人工智能时代的新宗教》。他从三个角度——人工智能的概念、人们对人工智能的进步的担忧，以及"AI宗教"时代到来，分析在人类意识层面，"人工智能"与"人类智能"关系的发展趋势，并进一步探讨了"心"与"芯"的高智能较量，对人精神信仰形态、生活方式、人类精神文明的影响。

泉州师范学院历史系副教授刘智豪在《地方宗教中的数字化发展趋势：以台湾新北市为核心的考察》发言中，围绕中国台湾宗教数字化现况、数字化在地方宗教的内容与特色、数字化在地方宗教的发展趋势、地方宗教与数字化的问题四个方面，以"台湾宗教地景调查计划""淡水宗教文化服务计划"执行成果为研究案例，探讨了地方宗教中的数字化发展趋势。

北京大学经济政策研究所助理研究员韦欣探讨的问题是《公私合作在互联网宗教数字治理中应用的文献综述》。她以公私合作模式在多个国家的政府治理能力现代化建设中的成效为对照，分别从公私合作在互联网宗教领域数字治理应用中的必要性、应用案例、面临的挑战及对策三个维度，初步梳理和考察了公私合作模式在互联网宗教领域数字治理应用中的可行性。

第三届互联网＋宗教舆情论坛

——"数字文明建设与互联网宗教研究"研究动态

◇课题组

2021年11月17日，第三届互联网＋宗教舆情论坛——"数字文明建设与互联网宗教研究"在线上举行。来自中央统战部、中国社会科学院世界宗教研究所、中国科学院科技战略咨询研究院、北京大学、清华大学、北京第二外国语学院、上海国际问题研究院、上海宗教文化研究中心、上海电机学院、浙江省民宗委、浙江省佛教协会、武昌佛学院等机构的30余名代表围绕"数字文明建设与互联网宗教研究""数字宗教与宗教舆情""宗教学与网络空间治理""宗教学与互联网宗教信息服务""互联网宗教舆情治理与数字人文对话"五个主题发言，并展开热烈讨论。

一 数字文明建设与互联网宗教研究

中国社会科学院世界宗教研究所所长、研究员郑筱筠在开幕式致辞和《数字文明建设与全球风险社会的互联网宗教治理》的主旨报告中强调，互联网宗教治理既是我国互联网空间治理的一个重要内容，也是提升我国国家治理体系和治理能力现代化的一个重要途径。在总体国家安全观这样的大格局下，以硬核治理和软性治理两个实施系统，对全球风险社会的互联网宗教进行全方位的治理，一起推进新时代数字文明建设。软性治理包括三个层次：第一个层次是人的治理；第二个层次是数据或数据流的治理；第三个层次是资本的治理。互联网宗教舆情重点关注的是数据，所以目前来说，要化被动为主动，坚持国家总体安全观，建立宗教舆情预判制度，利用互联网宗教的技术潜力、判断未来的走势，形成一些软性治理机制，预警各类风险，引领全局发展。

中国科学院科技战略咨询研究院院长、研究员潘教峰在《基于智库双螺旋法的互联网宗教舆情治理思考》中阐释，基于互联网的开放性、互动性与跨界性，互联网宗教的线上舆论场在形成中，呈现出即时性、话题性、复杂性、隐蔽性的特点。潘院长提出运用智库双螺旋理论方法，在问题导向、证据导向和科学导向的内在要求下，通过"双螺旋法"外循环宗教舆情问题剖析和内循环宗教舆情风险研判，提出互联网宗教舆情治理的基本思路和风险应对建议。

浙江省民宗委二级巡视员莫幸福在《当前互联网宗教舆情分析及应对》中提出：一方面，要提高网络宗教的认识；另一方面，要深入研究宗教网络活动和舆情的内在规律。网络宗教行为呈现交互性、开放性、虚拟性、参与性等特点。网络宗教行为与预警可分为五类：新闻信息类、网络出版类、传经布道类、法事法会类、捐赠流通类。最后，莫幸福提出依法治网、加强监管、正面引导、跨部门协作等建议。

中国社会科学院世界宗教研究所数字人文宗教与宗教舆情研究室副主任、副研究员李华伟在《中国互联网宗教活动管理的现状分析》中提到，互联网宗教管理中存在的根本问题在于相关法律法规与互联网宗教发展实际之间存在极大的张力。应尽快出台宽松、合用的《互联网宗教管理办法》，让法律法规真正起到作用。与此同时，要在互联网上大力宣传党的宗教理论和方针政策，提升宗教方面宣传舆论引导的效果，传播正面声音。互联网宗教的治理是一个综合的系统工程，推动形成综合治网格局势在必行。

二 数字宗教与宗教舆情

中央统战部十一局董栋在《关于我国宗教大数据的初步构想》中指出，在推进国家治理体系和治理能力现代化过程中，基于社会学传统的问卷调查方式勾勒出一个大致轮廓，难以满足下一步工作的要求。我们面对宗教治理对象时，不仅需要知道它的轮廓，还要知道它的精准画像；不仅知道它的总量有多少，还要知道它的日活量、月活量以及变化趋势等一系列问题。习近平总书记强调要运用大数据提升国家治理的现代化水平，那么宗教大数据也应当被适时地提上议事日程。关于宗教大数据的思路，首先是关于数据可从多渠道获取，并且更侧重去追问宗教因素在社会上到底有多活跃，而不是追问某一个人是不是宗教信徒。大数据分析也存在一定的问题，比如顶层设计的问题、最关键的标准制定问题、数据安全问题（保密性和个人隐私问题），以及宗教大数据采集和应用的工作机制问题。

浙江省佛教协会副会长释光泉在《坚持佛教中国化方向，自觉适应，守正创新，打造"数字化+智慧寺院"》中提出，当前佛教的数字赋能是佛教拥抱数字化、跟上时代的必然趋势，也是佛教现代化和时代同频共振的重要考验。顶层上以与时俱进、体察时代变化视角，从数字化佛教的定义入手，不断加深对数字化变革本质的理解和把握，积极把握并发挥数字赋能在佛教管理中的作用，大力推进佛教现代化的转型。

武昌佛学院副院长及教务长释明贤在《互联网宗教中国化：以空间属性统合当代宗教舆情与历史图文数据》中指出，疫情撬动了很多领域向互联网转移的巨大潜力，当然也包括对互联网宗教发展的深刻影响和巨大推动。基于禅林互联网宗教舆情研究平台（禅林GIS），释明贤分别从宏观、中观和微观三个视野，分别呈现了中国佛教舆情总体动态、宗教舆情信息研判的应用场景（比如：图片类谣言研判）、多光谱修复佛教石碑和壁画等。基于禅林GIS平台上全国寺院所开通网站、微博、微信的情况可知，伴随传播媒介门槛的降低，宗教向互联网转移的规模在加大。疫情以来，按季度统计的寺院公众号文章数量热力图显示，大数据逐渐绞杀自媒体，大众由热衷制造信息逐步转入依靠信息这一趋势。自疫情暴发以后，佛教自媒体微信公众号文章的篇数呈现出了一部分稳步增长的态势。

北京第二外国语学院中东学院院长侯宇翔在《"新社区"与"数字化"：新冠疫情与中东宗教形势变化》中指出，以伊斯兰教为宗教信仰主体的中东北非地区，在新冠疫情的冲击下，它们在不得不采取限制人流和宗教活动的措施情况下，激发产生的一些以互联网为媒介的穆斯林新社区的迭代变化。中东北非地区伊斯兰教网上新社区的完备化、数字化和社区化，形成了虚拟化、传播路径、便捷的特点，在为他们的信徒提供便捷的宗教生活服务的同时，也有一些安全性的变化。第一个方面是宗教传播主体分散，内容繁多，速度加快，方式多元，宗教事务管理的难度增加了。第二个方面是极端主义和恐怖主义，企图利用网上的社区再度崛起。第三个方面是因为网络社区的兴起，从而消除了地域的限制和空间的间隔，给很多宗教事务管理的属地和原则的相关法规提出了挑战。政府要管理好网络社区、及时管控那些消极面，亟待在宗教互联网舆情领域，建立垂直精准搜索的引擎和舆情分析系统，进而明确新形势下的极端主义和恐怖主义的舆情数据走向。

三 宗教学与网络空间治理

上海国际问题研究院网络空间国际治理研究中心研究员鲁传颖在《网络空间全球秩序生成与中国贡献》中谈及，网络空间秩序的探讨之前主要聚焦在安全方面，疫情期间发生了一些转变，主要体现在三个方面。第一个转变就是它的治理的议程，从安全转向了安全与发展的并重；第二个转变是议程设置的变化，以及治理理念的转变；第三个是关于ICT的供应链技术的转变。中国在网络空间的参与机会，需要我们具备很好的技术基础、对网络空间的全面认知、良好的国内基础以及参与国际谈判的能力。

上海宗教文化研究中心助理研究员杨纪伟在《疫情背景下"云端教会"的发展及其对互联网宗教的启示》中指出，互联网宗教与线下宗教在未来的互动过程中，可能会出现以下三种模式：补充模式、分庭抗礼模式、替代模式。经过研究发现：一是，经过疫情期间云端交互的发展过程，观察网络工作模式，线下活动模式各有特点、各有所长的，线下宗教模式的真实感、宗教情感更强烈些。二是，互联网宗教发展会经历曲折反复，随着未来疫情防控逐步稳定，线下活动恢复，大量的云端可能会消失；但是经过这一次发展，很多云端教会已经在宗教人士中间有一定的影响；疫情后互联网宗教有了较快发展。

中国社会科学院世界宗教研究所马克思主义宗教观研究室副研究员黄奎在《元宇宙叙事、科幻预言与类宗教想象》中指出，瘟疫肆虐全球背景下，人类物理接触受限，实体经济受损，网络依赖增强，"无穷的远方，无数的人们，都和我有关"，穷则思变式数字化生存的"元叙事"、碳基人向硅基人演进的最新版愿景、"思接千载，视通万里"的"元宇宙"2021年横空出世、火爆全球。2021年"元宇宙"这个概念主要指现实世界之外，我们通过技术手段，尤其是数字技术，来构造一个平行的虚拟世界。向内探索数据化的智能电子领域，对人类有很高的要求，以后90%以上的活动可能都要在云端进行，这里面也有其风险。以后"元宇宙"的发展、"元宇宙"的大趋势，可能对探寻与人的完美融合、对整个人类文明的发展都是有好处的。

四 宗教学与互联网宗教信息服务

中国社会科学院世界宗教研究所数字人文宗教与宗教舆情研究室助理研究员张阳在《2021年第三季度宗教热点报告》中提出，从顶层设计对宗教问题的高度关注的视角，谈及了涉疆问题、宗教人才培养、教务及宗教法治化建设问题，并梳理了涉及负面宗教问题的事件。基于第三季度涉及的宗教热点情况，我国宗教治理主要涉及面向总结如下：一、党对宗教的政策，一以贯之的是以党为先，继续引导其与社会主义相适应。二、涉疆等问题的热度持续升温，尤其是新疆问题，由于其民族性、地域性、复杂性等特点，在未来一段时期内如何正确处理好新疆的民族宗教工作的种种问题，依然是国家治理问题的关键环节。三、社会上一些突发热点、新闻引发的舆情，往往会涉及宗教信仰问题，这会给宗教带来一些非常负面的影响，也会增加宗教治理方面的难度。

上海电机学院马克思主义学院副教授赵冰在《讲好中国宗教故事：网络传播环境下中国基督教的公共外交意涵》中提到，中国宗教形象的海外传播过程中实际上是中国目前的基调形象与中国宗教、中国基督教在国内的实际情况严重不符。我们过去取得的改善，在国际上鲜有人知。尤其在网络空间，这些事实却被更大声量的、歪曲事实的关于中国宗教的海量信息所湮没。落到如何建立网络传播，如何讲好中国宗教故事、讲好中国基督教故事，一是更新观念：这个观念事实上主流的宗教团体、宗教群体，对内需要在网络舆论空间更好地起到主流引领作用；对外在海外传播中国形象使命上，观念是不清晰的。二是探索契合网络传播规律的中国宗教、中国基督教故事的讲述方式。三是建立一种联动机制和多方合作的机制。四是中国基督教的故事，包括中国宗教故事，在国际舆论空间的讲述方式，事实上要时刻注意互联网运用方式，内容与技术手段创新同步；只有达成这种同步，我们才能够更好地掌握网络传播过程中的新发展趋势，更好地利用新发展趋势。

新闻编辑梁卫国在《网民对宗教信息的认知和态度》中提到，中央民族大学哲学与宗教学学院和北京民宗委联合开展的一项样本为7219人的抽样调查显示：关注互联网宗教信息的网民大致是20—40岁、大学学历、职业是企事业单位职员的男性公民，他们比较反对封建迷信（异端教义）和网络诈骗，对邪教的网络传播有明确防范，他们主要通过图片和文字方式获得宗教信息。他们对互联网宗教信息保持乐观态度，认为互联网宗教信息在养生保健方面发挥的作用较大。

五 互联网宗教舆情治理与数字人文对话

中国社会科学院世界宗教研究所数字人文宗教与宗教舆情研究室助理研究员向宁在《人工智能与互联网宗教舆情治理现代化——以微信公众号精细识别为例》中指出，社会行动者情感倾向是互联网宗教舆情治理的核心要素。该文抓取了宗教商业化治理相关的三类微信公众号的群发消息，分别为：中国汉传佛教八大宗派祖庭寺院、景区中佛教寺院、挂名佛寺且为公司运营的景区，并精细识别了其情感倾向和群发高频词。

清华大学人文学院讲师、《数字人文》编辑严程在《数字方法与传统人文的多元共生》中认为数字方法并不神秘，现阶段也绝非万能，但在验证旧说、发现新问题和提供新角度方面，确实有其不可忽视的优势。事实上，一向被视为保守学科的文献学和宗教学皆是数字人文领域的先驱，最早关于计算方法的尝试恰恰发生在西方宗教研究领域，而20世纪末在中国兴起的典籍数字化浪潮亦离不开众多老一辈文献学家的支持。21世纪以来，随着数字方法的不断革新和发展，数字人文所能参与的领域亦远超数字典藏和整理，将以新的多元共生姿态参与到传统人文研究中。

北京大学习近平新时代中国特色社会主义思想研究院助理教授韦欣在《新冠疫情下互联网佛教舆情治理效能研究——以微博社交媒体数据为例》中提到，该文以微博社交媒体平台为例，对新冠疫情下互联网佛教舆情的治理效能进行实证分析，就政府引导下的多元主体协同治理模式的综合效能进行探讨，发现佛教界意见领袖在微博平台协助政府部门开展有关疫情防控和心理疏导的舆论发声，促进了关注者的利他互助行为,为有效遏制疫情蔓延做出了积极贡献。该文对互联网宗教舆情的治理体系与治理能力的发展趋势进行研判与展望,为推进国家互联网宗教治理能力现代化提供科学依据和决策支撑。

首届数字人文宗教研究暨第四届互联网+宗教舆情论坛
——"宗教学交叉研究新范式的建构与互联网宗教"研究动态

◇课题组

2022年10月25日，首届数字人文宗教研究论坛暨第四届互联网+宗教舆情论坛——"宗教学交叉研究新范式的建构与互联网宗教"在线上召开。论坛由中国社会科学院世界宗教研究所、中国宗教学会联合主办，中国社会科学院世界宗教研究所数字人文宗教与宗教舆情研究室承办。来自中央统战部、中国社会科学院世界宗教研究所、中国社会科学院哲学研究所、北京大学、中国人民大学、复旦大学、中国社会科学院大学、上海社会科学院宗教研究所、上海电机学院、武汉市佛教协会等机构的30余位专家学者参加了研讨。

中国社会科学院世界宗教研究所所长、中国宗教学会会长、中国社会科学院宗教研究智库副理事长郑筱筠研究员在开幕式致辞中指出，在全球化、信息技术高度发达的数字化时代，加强数字文明建设，加强网络强国建设，构建网络空间命运共同体，可以说是全人类面临的共同任务。针对如何在数字文明建设进程中顺应信息化、数字化、网络化、智能化的方向趋势，高效精准治理互联网宗教，完善化解互联网宗教领域的重大风险这一问题，郑筱筠所长提出：第一，以习近平新时代中国特色社会主义思想为指导，坚持正确的政治立场、学术导向和价值取向；第二，以问题意识为导向，聚焦宗教学领域重大的理论和现实问题，聚焦数字人文宗教这一新兴的领域，聚焦互联网加宗教这一研究领域，多维度地研究宗教发展的规律和特点，不断推动宗教学领域的知识创新、理论创新和方法论创新；第三，积极加强新时代宗教工作三支队伍建设，真正搭建起一个结构合理的人才梯队。最后，郑筱筠所长在致辞中提到，本次论坛是首届数字人文宗教研究论坛，也是第四届互联网+宗教舆情论坛，围绕数字人文宗教与互联网宗教研究、数字人文宗教的跨学科研究、互联网宗教信息服务管理、中国宗教学交叉研究新范式的体系化建构四个主题，设置了四个分论坛，希望在本次论坛中加强学术的深入对话，搭建高层次的文化交流平台，推动方法论共同体的建设。

在主旨报告环节，中国社会科学院世界宗教研究所郑筱筠研究员、中国宗教杂志社社长刘金光、中国人民大学王卫东副教授、中国社会科学院世界宗教研究所李华伟副研究员作主旨报告，最后中国社会科学院宗教研究智库课题组和数字人文宗教与宗教舆情研究课题组发布舆情报告。

中国社会科学院世界宗教研究所所长郑筱筠研究员的《坚持总体国家安全观，加强宗教治理，防范化解互联网宗教领域重大风险》报告主要围绕数字化时代的网络强国战略框架下，坚持总体国家安全观，加强宗教治理方法，化解宗教领域尤其是互联网宗教领域重大风险的理论逻辑和实践路径展开。报告中指出，数字化时代的互联网宗教传播具有上下波动、高高低低、冷热不均、聚散结合的四个特点。数字化空间分布格局和数字化时代宗教传播的特点紧密结合，导致了数字化时代互联网宗教的一定风险，其风险逻辑和运行机制在于：宗教传播中高与低的落差、明与暗的不同、冷与热的分布不均，形成了一个社会治理失明的风险区；另一方面，虽然数字技术已经成为很多人在工作、学习、社交中不可缺少的平台，但数字化的好处未得到均衡的分享，反而加剧了不平等；更重要的是，数字变革甚至开始影响地缘政治、大国关系，这是我们必须注意的风险。报告最后指出，基于上述风险，应坚持总体国家安全观，研究网络宗教风险，加强宗教治理，化解互联网宗教领域重大风险隐患，从五个方面的具体措施更好地加强网络强国建设。第一，在指导思想上，我们必须要坚持总体国家安全，统筹安全和发展两个大局；第二，在战略层面上，要将互联网空间管理纳入国家治理体系中；第三，在法律层面上，建立健全相关的法律法规，依法管理；第四，在技术层面，利用数字技术精准、智能、透明的特点，研判互联网宗教舆情，对重大风险隐患进行去极端化的治理；第五，需要秉持人类命运共同体的理念，发挥相关利益的行为体的重要作用，全方位地推动宗教治理。

中国宗教杂志社社长刘金光在《互联网宗教事务管理面临的问题与解决途径》中提出，《互联网宗教信息服务管理办法》的出台为互联网宗教事务依法管理提供了有力保障，对我国互联网宗教事务管理具有里程碑意义。但当前，互联网宗教事务管理依然面临许多问题和现实挑战。从根本上解决这些问题与挑战，必须从思想建设、非法网络活动治理、切实落实《互联网宗教信息服务管理办法》、进一步明确依法管理主体责任等方面入手，才能管理好互联网宗教事务，发挥好其积极作用。

中国人民大学副教授王卫东在《中国宗教组织和个人的互联网宗教活动》中基于中国宗教调查（China Religion Survey，CRS）、中国人宗教生活调查（Chinese Religious Life Survey，CRLS）、2018年度中国综合社会调查（Chinese General Social Survey，CGSS）三大全国性调查数据，从组织和个人层面对中国的互联网宗教活动情况进行了总体性描述。对于宗教组织，从宗教活动场所能否宽带上网和场所是否提供官方网站、论坛/BBS、博客、微博、微信、QQ群各类互联网应用和服务这两个方面描述其互联网宗教活动。对于个人，则从在互联网上接触到与宗教相关的内容、通过互联网传教/被传教、访问非宗教性网站中的宗教专栏、访问宗教团体或宗教活动场所设立的网站、进行网上烧香与网上朝拜等网上宗教活动这五个方面探讨其互联网宗教活动。在总体描述的基础上，在组织和个体层面进一步分不同宗教对互联网宗教活动进行了比较。

中国社会科学院世界宗教研究所李华伟副研究员在《数字人文在

宗教学研究中的应用初探》中首先从学科史角度和数字人文概念的界定，归纳出数字人文的跨学科、大项目制、使用基于大数据的实验室研究方法、以文本为中心等特征；然后梳理了数字人文技术体系所包括的六个主要方面——数字化技术、数据管理技术、数据分析技术、可视化技术、机器学习、个性化服务；最后阐述了数字人文在宗教学研究中的六大类主要应用，即宗教学领域的大数据文本分析、数字人文与宗教图像的解读、数字方法研究宗教变迁史、将宗教学研究的结构可视化和大众化、建设宗教舆情动态管理的数字人文平台、源于生活—生存—宗教的未来形态分析。

在四场分论坛中，与会学者们分别围绕"数字人文宗教与互联网宗教研究""数字人文宗教的跨学科研究""互联网宗教信息服务管理""中国宗教学交叉研究新范式的体系化建构"主题开展热烈的学术讨论，聚焦宗教学交叉研究新范式的建构与互联网宗教，着力引领数字人文宗教领域的开拓创新，对数字人文宗教与互联网宗教舆情系列研究的概念阐释、理论建构、方法吸纳、应用场景实践等方面进行拓展和深化，致力于推进中国宗教学学科体系、学术体系和话语体系"三大体系"建设。

北京大学社会学系教授卢云峰在《美国宗教智库基本情况及运行机制研究》中提出，近年来，中美关系愈发紧张，美国对中国全方位施压，在对华问题上制造中美对峙局面。在宗教领域，针对宗教自由等问题，美国对华不断攻击，宗教限制、人权等字眼经常见诸美国政府报告和智库研究中。关注宗教问题、提升处理宗教问题的能力，对于我国的发展具有重要的历史意义，建设宗教智库有利于中国应对美国对华攻势。近年来，我国已经加强了宗教学术研究和相关机构建设，建立宗教工作专家库，在咨询机制的建立方面开展了有益尝试，但目前我国宗教智库还处于起步阶段，相较于国外智库成熟的运行机制，还有很多不足，因此，研究国外宗教智库、借鉴智库发展和运作经验十分必要。报告中指出，本研究将主要致力于摸底调研美国涉宗教智库基本情况，并进行分类总结；剖析不同类别涉宗教智库的运行机制,包括资金来源、政治联系、对华态度等;分析美国涉宗教智库的优势和缺点,研判未来发展趋势(包括智库发展及对华态度等);应对美国涉宗教智库国际影响不断扩大、提高我国国际宗教议题话语权的对策建议。

上海社会科学院宗教研究所副研究员黄海波在《宗教在我国互联网上的整体格局:一个宏观视角的初步研究》中通过梳理互联网宗教信息发布与传播的主要渠道和基本类型,《互联网宗教信息服务管理办法》生效前我国宗教类互联网网站份额、关注度与影响力基本状况,以及某市宗教新媒体发展状况,对我国宗教在互联网上的整体格局做出基本分析,并在此基础上讨论与互联网宗教相关的理论问题。

武汉市佛教协会副会长、武昌佛学院副院长释明贤在《疫情期间全国佛教寺院自养情况调查报告》中指出,新冠疫情暴发至今近三年间,针对防控严峻形势,全国佛教宗教类活动场所严格执行党和国家的统一部署,始终把人民群众和宗教场所教职人员的生命健康放在第一位,全力筑牢宗教场所疫情防控安全防线。与此同时,由于宗教活动场所往往处在各轮疫情缓解后社会恢复正常运行的最后一个梯队,普遍在自养问题上遭遇困境。覆盖三大语系、大中小型场所、华北等七大地域的佛教活动场所抽样统计数据和典型案例研究显示,虽然部分寺院在疫情期间尝试通过开辟互联网线上空间来获取自养渠道,但整体境况远不如预期和外界推想。无论是线上还是线下,佛教寺院境况相较疫情之前都大幅缩水,线上困境成为线下低迷的"镜像折射",数量超过七成的小型寺院几乎毫无线上线下动态及相应自养手段。宗教活动场所,特别是佛教活动场所的自养困境亟待从理论、政策和实践层面予以聚焦和缓解,以确保筑牢疫情安全防线的同时,维护宗教活动场所稳定有序运行。

中国社会科学院世界宗教研究所副编审、副教授袁朝晖在《何止Internet?——数字媒介宗教的考察与反思》中指出,近年来,随着互联网和新媒体技术的迅猛发展,涉宗教内容的互联网网站、应用程序、论坛、博客、公众号、网络直播等纷纷涌现,然而,仅止于此吗?从更宽泛的意义上而言，数字媒介宗教更值得我们关注、考察与反思。基于此，本报告并非严格意义上的理论分析，而是通过对于欧美社会中比较常见的具有媒介属性的宗教传播现象做出描述，期待能为更多的学者关注宗教数字媒介这一概念提供一些参考和思索的起点。

中国社会科学院世界宗教研究所副研究员陈粟裕在《论敦煌佛教物质文化遗产的数字化》中提出，现今，对包括可移动文物、不可移动文物在内的物质文化遗产进行数字化工作越来越为各大文博工作单位所重视。20世纪初由于藏经洞的发现、斯坦因伯希和等探险家以"购买"的方式掠夺了大量敦煌可移动文物，导致敦煌文物流失散布于欧洲、美洲、亚洲等地。对敦煌可移动文物的数字化工作，1994年由大英图书馆牵头，截至2021年2月，已经完成143290个目录条目和538821幅图像。12个国家的22个机构参与其中，成为可移动文物数字化工作的范本。另外，敦煌研究院推出的"数字敦煌"项目，主要针对敦煌的不可移动文物，完成了30个洞窟的数字化，但是由于采样数据不够，学术性较弱。

中国社会科学院世界宗教研究所副研究员常会营在《孔庙从祀人物从祀时间考》中结合孔庙两庑从祀先贤先儒及孔庙大成殿中四配、十二哲之从祀时间的统计，孔庙从祀人物平均从祀时间约为650.21年。最快从祀孔庙的包括元代大儒许衡（32年）和清代大儒陆陇其（32年）、宋代大儒朱熹（41年）、明代大儒王守仁（55年），以及宋代大儒吕祖谦（80年）和张栻（81年）。孔庙从祀人物从祀孔庙时间最长的，包括与孔子同时代的东周（春秋）先贤公孙侨（2378年）、汉代先儒刘德（2006年）、孟子弟子东周（战国）时代的先贤乐正克（1923年）、汉代大儒许慎（1728年）、汉代大儒赵岐（1709年）。这一结果，符合笔者所总结出的孔庙从祀制度的历史发展规律，主要体现了自北宋开始，"传经之儒"地位逐步动摇，传道之儒兴起，而至南宋理宗起，孔庙从祀逐渐以传道之儒为主。以上诸位最快速度从祀孔庙的先贤先儒之入祀，与他们共同的传道之儒的身份紧密相关，亦完全符合宋代以后传道之儒地位上升，特别是南宋、元明清皆重视传道之儒的历史传统。

北京大学人工智能研究院副研究员、北京大学数字人文中心副主任杨浩在《面向古籍整理与研究的数字人文技术与实践》中提出，近年来，人们将越来越多的人工智能技术运用于面向古籍的整理与研究。如将图像识别技术运用于古籍图像的文字识别、文字修复等，将自然语言处理技术运用于古籍文本的自动标点、词性标注、命名实体识别、命名实体消歧、命名实体链接、实体关系抽取等。北京大学数字人文中心期望打造数字环境下人文学科发展的信息基础设施，运用深度学习、本体工程、知识图谱、文本挖掘、地理信息系统、数据可视化等技术重构和利用中国古代典籍，建设了"吾与点"古籍自动整理系统、历代古籍目录集成可视化、"宋元学案"知识图谱系统、朱子年谱可视化系统等研究平台，并与相关单位合作开发了永乐大典可视化系统、"识典古籍"阅读平台与整理平台等，期望可以探索智能时代数据驱动的人文研究的新范式。

中国社会科学院哲学研究所副研究馆员、副教授胡士颖在《道教数字人文平台的建设与思考》中梳理出，近些年，"数字人文"（digital humanities）频繁进入中国学者的视野，在人文社会科学领域产生一波又一波的影响，愈加为人所瞩目。尽管学界热情欢迎者有之，满怀狐疑者有之，反对质疑者亦有之，但都开始严肃思考并着手践行（批判）它。随着数字技术不断渗透、数码文化深入普及、智能科技全面应用，数字人文无论是在拓展人文社会科学研究工具与方法意义上，还是具有面向过去、未来的学科综合意义上，都将对知识、思想乃至精神信仰产生革命性的影响。数字人文发展是道教展示、挖掘自身独特资源与文化基因、实现创新转化与整体提升、积极进行跨文化、跨学科与跨地域合作的重要契机，使得文化多样性与文化交流成为可能，因此道教数字化与平台应以重视并着手规划和建设。

中国社会科学院世界宗教研究所助理馆员许津然在《数字赋能宗教学研究——以中国宗教学术网为例》中提到，在我国"互联网+"和"数字化"战略背景下，探索和研究新时代中国宗教学术数字化建设的发展路径，优化数字平台的建设模式，促进中国宗教学术资源的共享与利用，对创造开放、平等、交互的互联网宗教数字空间具有重要意义。报告以"中国宗教学术网"为例，基于互联网思维和数字化服务概念，回顾该平台的建设发展历程，总结数字化建设的模式，力图使数字化平台在宗教研究过程中，对中国宗教学术的传承与创新发挥出更大的价值。

上海电机学院马克思主义学院副教授赵冰在《宗教的数字化传播趋势及各相关概念的辨析》中认为，宗教与互联网等数字化传播技术的结合，是古老宗教在信息社会中的最显著变化和最新发展趋势。由此不仅产生了大量新型宗教活动方式和新表现形式，将来甚至可能从总体上根本改变宗教现有的存在、运行方式。对此，国内学者进行了持续研究，并相应地使用了"网上宗教""网络宗教""互联网宗教""数字宗教"等概念，来定义宗教在互联网等数字技术渗透下的新产物。上述概念的使用，虽然极大地推动了相关研究走向深入。但同时也存在突出问题：其一，各概念的现有界定不甚严谨，使用也尚显混乱。其二，对各概念之间的区别、联系及逻辑关系的清晰论述不多。有鉴于此，报告将立足于宗教数字化传播趋势的内在动力和总体走向，深度剖析上述四个概念之间的区别、联系及逻辑关系。

中国社会科学院世界宗教研究所助理研究员张阳在《道教研究对数字人文宗教技术的应用》中提出，互联网宗教问题成为宗教学研究不可忽视的问题，如今道教学研究已经离不开数字人文技术与理论的应用，道教研究与新媒体结合，从最初利用数字化技术进行文献整理，再到道教影像化重制以及道教舆情分析应对，可以说数字人文宗教视阈正在不断地与道教研究发生联系，数字人文宗教学视阈下的道教问题研究已经成为道教中国化的一种表现形式，不可否认，网络技术的发达，使得道教文化可以从地域性传播扩展到全球范围内的传播与交流，这对道教文化在现代文明进程中发挥更大价值意义深远。

新闻编辑梁卫国在《互联网宗教信息功能的哲学辨析》中运用信息论、数学、词源学等理论对互联网宗教信息功能的逻辑推演、哲学基础、发展阶段、技术属性等进行研究，主要包括互联网宗教信息功能在宗教学中的定位、互联网宗教信息功能的内涵和外延、互联网宗教信息功能的分类、互联网宗教信息功能的技术属性。

北京大学习近平新时代中国特色社会主义思想研究院、北京大学国家治理研究院助理教授韦欣在《〈互联网宗教信息服务管理办法〉实施下互联网宗教治理新格局》中提出，互联网媒介化社会的形成，带来了各种宗教信息的扩散和传播，改变和拓展了宗教信息管理的传统内涵，给政治、经济、文化、社会等方面带来了直接或间接的新形态影响。传统媒体环境下所形成的信息管理体制、管理机制、管理方式已不适应互联网宗教信息传播环境下国家宗教治理新形势的需要，亟待研究新媒体环境下国家互联网治理的实践路径。2021年12月3日颁布的《互联网宗教信息服务管理办法》是以"四个明确"，即明确内容界限、明确平台责任、明确活动范围、明确管理职权，来对宗教类信息互联网传播及相关服务所呈现出来的突出问题进行整治，这将开创中国互联网宗教事务管理的新局面，在此《办法》的实施下，必须辩证和深入认识互联网宗教信息传播带来的国内外环境的双重变化，从而根据全球媒介化社会发展的新阶段、新特征，从国际、国家、社会以及个人四个层面创新并完善互联网宗教信息治理的体制和机制，构建基于的互联网信息治理体系，保障国家总体安全和经济社会的良序发展。

中国社会科学院大学世界宗教研究系博士生殷俊、中国社会科学院世界宗教研究所博士后赵锦浩在《全球化时代互联网宗教研究十年》中，回顾了全球化背景下我国互联网宗教研究在新时代十年的发展历程，从互联网宗教的概念内涵、互联网宗教现状和治理等方面入手，梳理现有文献资料的研究主题、热点议题和主要观点，归纳研究视角和研究方法，分析我国互联网宗教研究的发展趋势，并就进一步推动互联网宗教理论研究和应用对策研究融合发展、加强新时代中国特色宗教学研究提出几点思考。

中国社会科学院世界宗教研究所助理研究员王帅在《杜诗内典的

e考证：数字人文视域下宗教文学研究初探》中提出，数字人文技术解决了宗教文学研究过程中资料分散和时空分离两大难题。通过古籍数据库和文学编年地图等数字人文技术，可以为传统的诗文注释、考证、校雠提供更多的便利。但是，数字技术的使用，还应该以人文考证为基础，否则会陷入"数据陷阱"等问题；更有甚者会出现牵强附会的误读。报告以钱谦益、田晓菲等人对于杜诗内典的研究为例，结合具体的诗文注释和考证，对于这一问题进行了讨论和分析。北京大学社会学系博士生蒋谦在《当代宗教与灵性心理学学科制度图景》中，针对浩瀚的宗教与灵性心理学英文学科资源如何能为中文学界所用，以构筑中文宗教与灵性心理学理智复兴的智识新平台，基于对2001—2020年Web of Science数据库中宗教与灵性心理学2329篇期刊论文的计量分析，援引学科制度视角，力图描绘当代宗教与灵性心理学的学科制度图景，如重要学刊、典范文本、权威研究者及权威研究机构；在此基础上进一步批判性评论其核心论题。

中国社会科学院世界宗教研究所助理研究员向宁在《中国宗教学在数字人文方向探索的三大标志性阶段成果》中提出，中国宗教学对"数字人文"本质的学科特异性解读，接续中国宗教学"数字人文"的历史视角。其他人文学科对数字人文的梳理通常以计算机在人文研究领域的应用为标识；但在宗教学视角下"数字人文"既新颖、又复古。人文社科的数字人文探索多由数字化成熟踏入人文计算，进而发展到计算人文；而宗教学有其特殊性，其以计算人文为先导的路径取向，与2013年前后中国互联网宗教舆情的现实压力、诸多研究者的交叉学科背景等密切相关，因而中国宗教学在数字人文方向的研究积累与其他学科数字人文发展有共通性，也有自己领域特异性。由此，基于中国宗教学对"数字人文"本质的学科特异性解读及以计算人文为先导的路径取向，报告爬梳了中国宗教学在数字人文方向探索的三大标志性阶段成果。

郑筱筠所长在总结中指出，在信息技术高度发达，新媒体、自媒体层出不穷的时代，网络宗教的全球化是世界各国宗教必须要面对的现实，也是互联网宗教今后发展的基础。作为网民人数最多的国家，提升我国参与网络空间国际治理的能力和水平，是我们中国作为一个负责任的大国所应有的使命与担当，更是以中国式现代化全面推进中华民族伟大复兴的题中应有之意。我们应认真贯彻落实党的二十大精神，以学者的使命、责任和担当，推动构建中国特色宗教学的三大体系建设，推动中国自主的知识体系结构的构建，为中华民族伟大复兴贡献自己的一份力量。